발해 사회문화사 연구

서울대학교 규장각한국학연구원 한국문화연구총서 35

발해 사회문화사 연구

펴낸곳 서울대학교출판문화원
펴낸이 성낙인
지은이 송기호

초판 1쇄 발행 2011년 5월 30일
초판 3쇄 발행 2016년 9월 5일
출판등록 제15-3호

주소 (08826) 서울 관악구 관악로 1
대표전화 02-880-5252 **팩스** 02-888-4148
마케팅팀(주문 상담) 02-889-4424, 02-880-7995
이메일 snubook@snu.ac.kr
홈페이지 www.snupress.com

ISBN 978-89-521-1147-0 94910
세트 978-89-521-1069-5

2012 대한민국학술원 우수학술도서

서울대학교 규장각한국학연구원 한국문화연구총서 35

발해 사회문화사 연구

송기호 지음

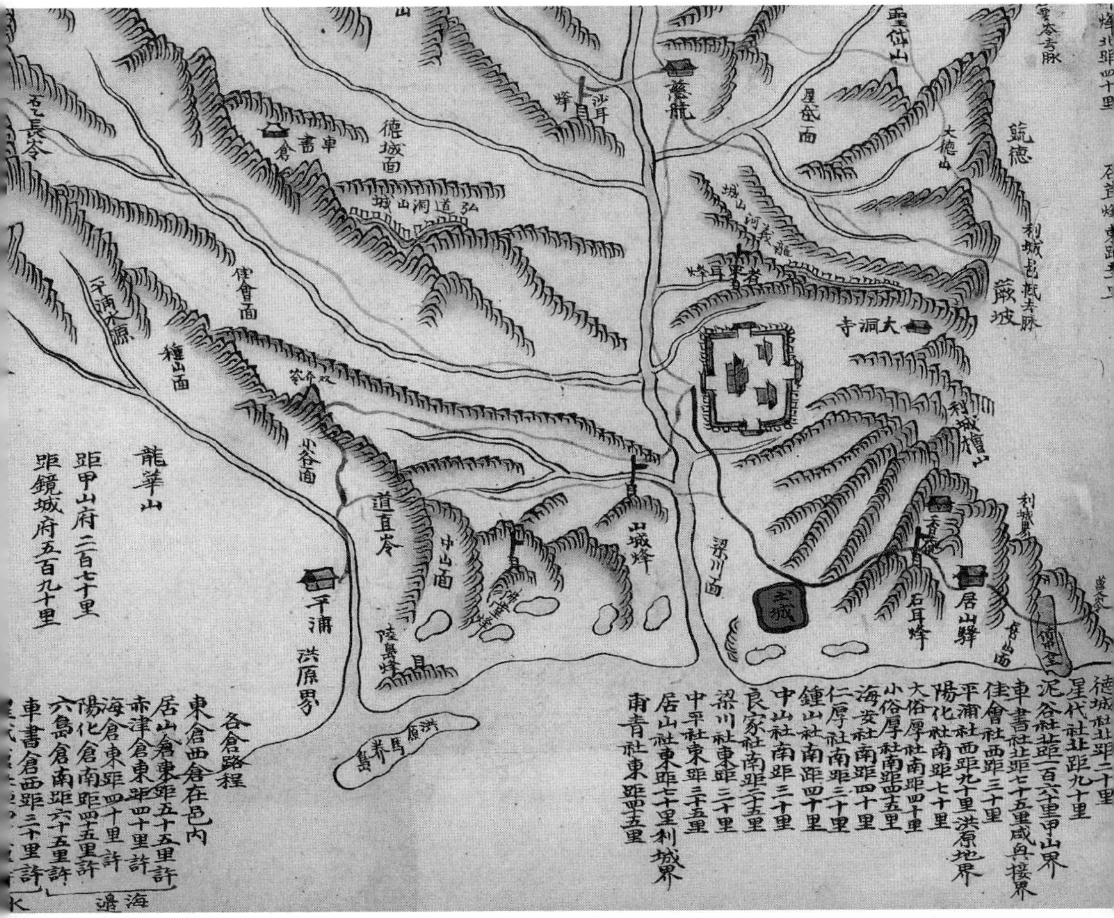

서울대학교출판문화원

Studies on the Social and Cultural History of Balhae State

Kiho Song

Seoul National University Press

책머리에

이번에 발해 연구서로서 두 번째 책을 펴내게 되었다. 박사학위 논문을 책으로 엮어 낸 『渤海政治史研究』(1995) 이후 16년만이다. 앞 책에서는 문헌 자료를 중심으로 발해의 역사적 전개 과정을 복원하는 데 중점을 두었다고 한다면, 이 책에서는 고고학 자료를 많이 활용했다는 데 특징이 있다.

학부 시절에 고대사를 전공하겠다고 마음을 정하고 국사학과생으로는 처음으로 고고학을 부전공했다. 고고학과 과방을 내 집처럼 드나들었고 학부와 대학원을 통틀어 金元龍 선생님 강좌를 제일 많이 수강했다. 翰林大學 史學科에 근무할 때는 春川 新梅里 유적과 驪州 梅龍里 고분군 등의 발굴에 직접 참여했다. 발해사는 문헌 자료가 적어서 고고학 정보에 크게 의존하지 않을 수 없으니, 이런 경험들은 발해사 연구에 두고두고 큰 자산이 되었다. 연구자로서 문헌학과 고고학을 겸용하고자 노력했고, 실제로 학부졸업 논문과 석사학위 논문에서 모두 고고학 자료를 활용했다. 그런 방식의 성과들을 이번에 정리하게 된 것이다.

이 책은 발해의 사회구조 및 문화사, 고구려 계승성을 연구한 논문 12편을 모아서 4부로 구성했다. 제Ⅰ부는 발해 건국 집단의 種族的 屬性에 관한 연구로서 앞 책에서 이미 문헌으로 규명한 것을 이번에는 고고학적으로 뒷받침해본 것이다. 六頂山古墳群은 발해가 고구려계와 말갈계의 연합정권이면서도 고구려

계가 주도권을 쥔 사실을 여실히 반영한다. 다만, 발해 건국의 한 축을 이룬 粟末靺鞨族은 부여계가 아니라 勿吉이 주축이 되어 형성되었다.

제Ⅱ부는 지방 사회의 지배구조와 그 실상을 파악한 것이다. 발해의 지방제도는 세 단계의 변천 과정을 거치면서 정비되었지만, 지방사회에는 독립적인 토착 지배자인 首領이 여전히 온존해 있었고 중앙 권력은 이들 위에 얹혀 있는 형식이었다. 수령 세력을 제대로 해체하지 못한 한계가 있었지만, 발해왕은 皇帝를 자임하면서 이들을 蕃長으로 설정하기도 했다. 발해 5경은 당나라 제도를 모방하여 지방 지배의 거점으로 마련된 것이지만, 이를 장기지속의 제도로 정착시켜 요나라와 금나라에 전해준 것은 발해의 공적이었다.

제Ⅰ부와 제Ⅱ부가 사회사 연구라고 한다면 제Ⅲ부는 문화사 연구이다. 발해 불교의 전개 과정을 처음으로 정리해보고, 일본에 소장된 새로운 불상 명문을 소개한 데서 의의를 찾을 수 있다. 특히 불상 명문은 발해국의 위상과 관련된 중요한 역사적 사실을 전하고 있어서, 外王內帝의 발해 체제를 밝히는 데 결정적인 출발점이 되었다. 그리고 앞으로의 연구 방향을 설정하는 데 도움을 주기 위해 문화사 연구를 정리한 것을 함께 실었다.

제Ⅳ부는 발해사 연구의 핵심 논쟁이 되어 있는 고구려 계승성 문제를 본격적으로 천착해본 것이다. 이 주제는 발해사 연구자들 사이에 뜨거운 감자가 되어 왔다. 따라서 처음부터 달려들었다가는 자칫 수렁에 빠질 수 있겠다는 생각이 들어서 맨 마지막의 연구 주제로 미루어 두고 다른 문제의 규명에 매달렸었다. 그러다가 2005년 4월 하버드대학 학술회의에서 이 주제로 발표하기를 요청받자, 이제는 내 나름대로 답변할 때가 왔다고 생각하여 글을 쓰게 되었고 그 뒤로 세 편의 글을 더 발표하여 보완하게 되었다. 필자는 어려서 찐빵을 먹을 때에 맛없는 부분부터 먹다가 가운데에 남은 달콤한 팥소는 마지막으로 즐기며 먹었다. 연구도 이런 방식을 택한 것이다.

특히 맨 마지막에 실은 논문은 필자에게 특별한 의미가 있다. 1993년 학술회의에서 그야말로 파편적인 사료를 근거로 발해는 왕국이면서 황제국이었음을 밝힌 적이 있었다. 그런데 최근에 龍頭山古墳群에서 발굴된 두 皇后의 묘지명은 이 주장을 입증해주는 결정적 증거가 되었다. 연구자로서의 즐거움은 이런 데서 찾을 수 있을 것이다.

이 책은 전체적으로 발해국의 지배세력, 지방세력, 종교 등의 실상을 실증적으로 규명하면서, 나아가 발해국의 기본 속성을 밝히는 데 주력한 결과물이다. 발해는 말갈인의 나라가 아니라 고구려 계승국이었고, 당나라 지방세력이 아니라 내부적으로 황제국을 지향한 엄연한 독립국이었다. 필자의 결론은 그렇다. 그렇지만 정반대의 견해를 가진 연구자들까지 염두에 두면서 이들을 설복시킬 수 있는 논지인지를 끊임없이 반추하며 가장 객관적인 논문들을 쓰고자 내 스스로 노력해왔다. 그 결실을 이제 다시 세상에 내놓는다.

필자는 발해사 연구서를 3부작으로 구상하고 있다. 첫째가 『발해 정치사 연구』이고, 둘째가 『발해 사회문화사 연구』이고, 이제 앞으로 내놓을 책이 『발해 사학사 연구』이다. 세 번째 책은 발해 연구사 및 발해사에 대한 인식을 다룬 논문들을 엮어낼 계획이다. 그런 다음에 개설서를 집필하여 발해사 연구를 마무리하고자 한다.

발해사를 연구하겠다고 마음먹고 한 우물을 파기 시작한 지 벌써 30년이 넘었다. 중간에 중국과 러시아의 문호가 열려서 발해 핵심부뿐 아니라 그 주변지대의 유적을 답사할 수 있는 호기를 얻은 것은 천만다행한 일이었다. 1990년 8월부터 시작하여 중국 동북지방과 내몽고를 16차례 방문하여 그곳의 주요 유적지를 거의 답사했고, 1992년 8월부터는 러시아 연해주를 19차례 방문하여 발굴 현장을 답사하거나 학술회의에 참가했다. 또 하나의 발해사 현장인 북한의 함경도 지역을 답사하지 못한 것은 아쉬운 일이다. 2009년 2월에 국립문화재연구소의 도움으로 평양을 방문하여 중앙력사박물관에서 발해 유물을 실견한 것은 그나마 위안이 되었다. 북한의 발해 현장을 볼 날이 곧 다가오기를 손꼽아 기다리고 있다.

이 책에는 고고학 자료를 활용하거나 사회문화사를 다룬 논문을 모두 싣지는 못했다. 일찍이 학부졸업 논문으로 「吉林省 敦化地方을 中心으로 한 渤海考古學의 現況에 대하여」(1981. 2.)를 썼고, 그중에서 일부를 재정리하여 「渤海貞惠公主墓碑의 고증에 대하여」(1981. 12.)를 발표했다. 또 석사학위 논문으로 「발해의 '多人葬'에 대한 연구」(1984. 2.)를 썼다. 자료가 거의 없던 시절에 쓴 이 논문들은 당시에는 전력을 다해 작성했지만 지금에 와서 보면 습작 수준이라 도저히 이 책에 수록할 수 없었다. 그 뒤에 발표한 「발해의 歷史와 思想」(1988. 3.), 「발해 城址의 조사와 연구」(1989. 9.)도 역시 그런 이유로 제외했다. 특히 석사 논문을 쓰던 당시에 고고학계는 고분 양식이나 토기를 중심으로 한 부장품 연구에 주로 매달렸기에, 1984년의 학위 논문은 상대적으로 소홀했던 葬法 연구에 관심을 가지고 도전해본 결과물이다. 그런 점에서 사학사적 의의는 있다고 자위한다.

이 책에 실린 12편의 논문에 대해서는 원래의 출처를 뒤에 밝혀놓았다. 지금 시점에서 논문을 대폭 수정하거나 발표 뒤에 간행된 새로운 논문을 주석으로 달 경우에 연구사적 의미가 퇴색할 뿐더러 다른 연구자가 인용할 때에 혼란을 초래할 것이기에 발표 당시의 원상을 유지했다. 오래된 논문은 문장을 다소 다듬고 일부 오류는 수정하는 정도에서 그쳤다.

이 책을 펴내면서 고인이 되신 여러분이 떠오른다. 보름 전에 22주기를 보낸 은사 金哲埈 선생님과 고고학의 길을 열어주신 金元龍 선생님, 한림대에서 함께 근무하며 모셨던 李基白 선생님, 한림대로 이끌어주시고 주례까지 서 주셨던 崔永禧 선생님이 그분들이다. 이밖에 해방후 남한에서 발해사 연구를 개척하시고 필자가 수업을 들었던 李龍範 선생님, 필자가 저서를 해제한 북한의 발해사 연구자인 朴時亨 · 朱榮憲 선생님도 있고, 국내에서 유일하게 서울대학교 박물관에 발해 유물을 소장하게 해준 일본의 鳥山喜一 선생님도 계신다. 또 중국과 러시아의 발해사 연구자로서, 필자의 첫 번째 번역서의 저자이며 한국에서 한 번 잠깐 뵈었던 王承禮 선생님, 역시 필자 번역서의 저자이면서 러시아 발굴 현장에서 가장 많은 도움을 주신 에른스트 블라디미로비치 샤프쿠노프(Шавкунов Э.В.) 선생님, 1990년 첫 답사시 上京城에서 조우했던 발해고고학자 張泰湘 선생님, 1991년 동모산을 함께 거닐었던 劉忠義 선생님, 투병중이면서도 초면에 반갑게 맞아주고 대접해주신 吉林省文物考古研究所 王俠 소장님, 한 번밖에 만나지 못했지만 야무진 논문을 쓰다가 아까운 나이에 세상을 뜬 馬一虹 여성학자도 있다. 국내에서든 국외에서든 한국사를 위해서 발해사를 위해서 평생을 바치신 이분들을 기리고 싶다.

이 책이 나오기까지 몇 사람의 도움을 받았다. 김수진, 홍기승 대학원생이 초교지를 꼼꼼히 읽고 필자가 미처 찾아내지 못한 오류를 수정할 수 있게 해주었고, 중문 초록을 번역하는 데는 연변대학교 尹鉉哲 교수가 수고를 해주고 대학원생 쉬리(許莉)가 재차 수정을 해주었다. 아울러 이 책을 낼 수 있도록 결정해주신 규장각한국학연구원과 서울대학교출판문화원에 감사를 드리며, 특히 이 책의 편집을 맡아주신 이라미 씨에게도 고마움을 표한다.

이제 50대 중반을 넘어서면서 체력도 점차 떨어지고 세월도 유수와 같다는 것을 실감하고 있다. 앞으로 필자가 예정하고 있는 발해사, 생활사 책들을 잘 마무리할 수 있으면 더할 나위 없을 것 같다. 그러기 위해서는 우리 가족의 도움이 꼭 필요하다. 이제 연로해지신 어머니, 아이들 뒷바라지에 고생하는 아내, 그리고 장녀 인지, 차녀 현지, 아들 진용 여섯 식구가 모두 건강하고 단란하게 가정을 꾸려나갈 수 있기를 바라겠다.

머리말을 이렇게 완성한 뒤 하루 뒤인 설날 저녁에 어머님이 갑자기 쓰러지셔서 우리 가족의 꿈은 순식간에 물거품이 되고 말았다. 서른에 홀로 되셔서 온갖 고생을 하시며 우리 남매 뒷바라지에 평생을 보내시다가 여든 셋에 홀연히 세상을 뜨셨다. 평소에 살갑지 못했던 게 죄스럽다. 늘 가까이 계시던 어머니가 이제는 ‘그리운 어머니’가 되어버렸다. “죄송해요 어머님” 이 말밖에는 드리지 못하겠다.

어머님 趙良任 여사 영전에 삼가 이 책을 바친다.

2011년 2월 9일
어머님을 산에 모시고
봄을 기다리는 연주암 아래서
송기호

▌차 례▐

책머리에 / v

제I부 건국집단의 성격 1

제1장 六頂山 古墳群과 건국집단 / 3

1. 머리말 / 3
2. 육정산 고분군의 발굴 자료 / 6
3. 涑州와 粟末靺鞨 고분 / 13
4. 고분 자료의 비교 / 24
5. 건국집단의 구성 / 36
6. 맺음말 / 41

제2장 粟末靺鞨의 원류와 扶餘系 집단 / 65

1. 머리말 / 65
2. 扶餘說과 勿吉說 / 67
3. 勿吉의 西進과 속말말갈 / 72
4. 속말말갈 집단의 扶餘的 因素 / 88
5. 맺음말 / 98

제Ⅱ부 지방지배와 首領 103

제3장 地方 統治와 그 실상 / 105

1. 머리말 / 105
2. 지방 통치제도의 변천 / 107
3. 지방 통치의 실상 / 126
4. 맺음말 / 132

제4장 首領의 성격 / 134

1. 머리말 / 134
2. 首領의 개념 / 136
3. 발해의 首領 / 144
4. 首領과 지방 사회 / 150
5. 맺음말 / 155

제5장 5京制의 연원과 역할 / 157

1. 머리말 / 157
2. 5京制의 연원 / 159
3. 5경의 설치 시기와 역할 / 173
4. 후대에 끼친 영향 / 187
5. 맺음말 / 193

제Ⅲ부 불교와 문화 197

제6장 불교의 전개과정과 몇 가지 특징 / 199

1. 머리말 / 199
2. 건국기의 불교 상황 / 202

3. 文王의 불교 진흥과 王權 강화 / 207
4. 9세기대의 불교 융성 / 212
5. 유민들의 불교 활동 / 225
6. 발해 불교의 몇 가지 특징 / 230
7. 맺음말 / 233

제7장 咸和四年銘 발해 碑像 검토 / 235

1. 머리말 / 235
2. 명문 분석 / 237
3. 양식 검토 / 243
4. 비상의 연대 / 250
5. 맺음말 / 254

제8장 문화사 연구의 현황과 과제 / 259

1. 각국의 연구 개황과 문화 총론 / 260
2. 고고 연구 현황 / 262
3. 문화사 연구 현황 / 277
4. 연구의 시각과 과제 / 280

제Ⅳ부 고구려 계승성 289

제9장 발해의 고구려 계승성 / 291

1. 머리말 / 291
2. 발해인의 자의식 / 292
3. 주변국의 인식 / 296
4. 문물제도 / 300
5. 맺음말 / 304

제10장 발해의 고구려 계승성 補論 / 306

1. 머리말 / 306
2. 연구의 시각 / 307
3. 馬韓과 高句麗, 渤海 / 313
4. '渤海人'의 의미 / 319
5. 맺음말 / 323

제11장 발해 쪽구들의 유래 / 324

1. 머리말 / 324
2. 쪽구들의 전수자 / 326
3. 발해 쪽구들의 특징 / 334
4. 맺음말 / 337

제12장 용해구역 고분 발굴에서 드러난 발해국의 성격 / 350

1. 머리말 / 350
2. 말갈족의 나라인가? / 353
3. 당나라 지방세력이었나? / 366
4. 맺음말: 남은 문제 / 368

논문출전 / 371

참고문헌 / 373

찾아보기 / 401

국문초록 / 411

中文抄錄 / 417

▮ 표 차례 ▮

표 1-1. 六頂山 古墳群 자료 1 / 43
표 1-2. 六頂山 古墳群 자료 2 / 44
표 1-3. 탄소연대 측정치 / 15
표 1-4. 大海猛 上層(제3기) 古墳表(1979년 발굴) / 46
표 1-5. 大海猛 上層 古墳表(1980년 발굴, 일부) / 48
표 1-6. 查里巴 古墳表(1985년 발굴) / 49
표 1-7. 查里巴 古墳表(1986~88년 발굴) / 49
표 1-8. 老河深 上層 古墳表 / 51
표 1-9. 속말말갈 무덤 통계표 / 23
표 1-10. 고분 통계표 1(발해, 吉林省·遼寧省) / 53
표 1-11. 고분 통계표 2(발해, 黑龍江省) / 55
표 1-12. 고분 통계표 3(말갈~발해, 中國) / 57
표 1-13. 고분 통계표 4(발해, 北韓) / 60
표 1-14. 고분 통계표 5(말갈~발해, 沿海州) / 61
표 1-15. 고분 통계표 6(말갈, 아무르지역) / 62
표 1-16. 묘실 평면과 연도 위치의 상관 관계 / 27
표 2-1. 老河深 중층 및 상층 비교표 / 82
표 2-2. 靺鞨 羈縻州 일람표 / 90

표 2-3. 속말말갈 무덤 통계표 / 97
표 5-1. 唐 5京 변천표 / 167
표 5-2. 발해 5京城 및 府城의 규모 / 186
표 5-3. 歷代 多京制의 변천표 / 193
표 5-4. 歷代 5京 비교표 / 193
표 8-1. 발해 문화사 논저 통계표(2002년말 기준) / 261
표 8-2. 발해 무덤 분류안 / 270
표 10-1. 고구려 유민 묘지명 / 321
표 11-1. 불로치카 주거지 표 / 329
표 11-2. 발해 주거지, 절터 및 쪽구들 / 339
표 11-3. 고구려 주거지, 절터 및 쪽구들 / 344
표 11-4. 발해, 고구려 쪽구들의 비교 / 335

▮ 사진 차례 ▮

사진 7-1. 비상 앞면 / 255
사진 7-2. 앞면 세부 / 255
사진 7-3. 명문 / 256
사진 7-4. 앞면 머리부분 / 256
사진 7-5. 오른쪽 측면 / 257
사진 7-6. 왼쪽 측면 / 257
사진 7-7. 咸亨三年銘 비상, 唐 672년 / 257
사진 7-8. 上元三年銘 비상, 唐 676년 / 257
사진 7-9. 儀鳳四年銘 비상, 唐 679년 / 258
사진 7-10. 永淳元年銘 비상, 唐 682년 / 258
사진 7-11. 無紀年銘 비상, 唐 650~700년경 / 258
사진 7-12. 동경예술대학 소장 비상 / 258

▌그림 차례 ▌

그림 1-1. 筒形罐의 비교 / 63

그림 2-1. 雙耳陶壺 / 100

그림 2-2. 말갈식 陶器 / 101

그림 11-1. 족구들 분포 개념도 / 338

그림 12-1. 용해구역 분포도 / 352

그림 12-2. 순목황후묘 / 354

그림 12-3. 금제 관장식 / 357

그림 12-4. 금동제 관장식 / 359

그림 12-5. M13, M14호 / 362

그림 12-6. M10호 / 364

그림 12-7. 용두산고성 / 365

제 I 부

건국집단의 성격

제1장 六頂山 古墳群과 건국집단

제2장 粟末靺鞨의 원류와 扶餘系 집단

太白山
咸興界
頭無山
洪原香坡
長令
平浦水源
種山面
龍華山
距甲山府二百七十里
距鏡城府五百九十里
倉
書
車
德城面
厳山
弘道洞山城
倶會面
小谷面
道直岺
中山面
平浦

제1장 六頂山 古墳群과 건국집단

1. 머리말

발해사 연구에서 가장 첨예하게 대립되어 온 분야가 발해 건국집단의 종족 구성 및 성격과 관련된 문제이다. 주지하다시피 발해를 건국하였던 주축 세력이 高句麗系라는 주장과 靺鞨系라는 주장이 문헌 사료 해석을 둘러싸고 팽팽히 맞서왔던 것이다. 필자도 문헌 사료를 종합적으로 면밀히 검토한 바탕 위에서, 발해 건국집단이 高句麗人과 靺鞨人으로 구성되었고, 이 가운데 고구려인들이 주도권을 장악하고 있었음을 나름대로 밝혀본 적이 있다.[1]

그런데, 근래에 새로운 고고학 자료들이 축적되면서 이를 활용할 수 있는 길이 열리게 되었다. 그동안 애매한 문헌 기록의 해석에만 머물렀던 한계를 극복하고, 새로운 측면에서 접근할 수 있게 된 것이다. 발해를 건국했던 왕족과 귀족들이 묻힌 곳으로 지목되고 있는 六頂山 古墳群을 1960년대 전반에 발굴한 결과를 정리한 보고서가 최근에 중국에서 간행되었고, 발해 건국세력을 구성했다고 하는 속말말갈과 관련된 고분들도 근래에 다수 발굴되어 보고되었다. 게다가 이제는 중국과 북한에서 축적해온 고구려 고분과 유물 정보를 미흡하나마 제대로 활용할 수 있는 단계에 도달하였다.

따라서 이들 세 가지 자료를 체계적으로 정리하여 상호 비교하게 되면, 육정산

1. 宋基豪, 『渤海政治史研究』 一潮閣, 1995, pp.45~76.

고분군의 주인공이 어떠한 인물들이었는가를 어느 정도는 밝혀낼 수가 있을 것이다. 고분은 유적 형성의 성격으로 보건대 주거지나 다른 유적과는 달리 그 자체에 의도성과 목적성이 담겨 있고, 또 무덤의 축조는 先祖 崇拜와 직결되는 행위이므로 고분에 반영되어 나타나는 여러 양상들은 다른 어느 유적보다 전통성과 보수성을 강하게 띨 수밖에 없다. 이런 면에서 볼 때에도 육정산 고분군을 연구 대상으로 삼는 것은 의미가 있다고 할 것이다.

이러한 고고학 자료를 활용하고자 할 때에, 기왕의 연구들이 안고 있는 문제점을 먼저 지적하지 않을 수 없다. 발해 문화의 원류를 논하는 글들을 살펴보면, 두 가지 경향성이 드러난다. 하나는 말갈 문화와의 비교는 무시한 채, 발해와 고구려만 비교하는 태도이다. 朱榮憲의 연구가 대표적인데, 그는 발해가 고구려를 계승한 측면만 일방적으로 강조하면서 말갈적 요소에 대해서는 전혀 언급하지 않았다.[2]

이러한 태도는 그 후 북한 학계에서 일반화되었고, 1980년대에 들어서 더욱 확고하게 굳어졌다. 이때부터 본격적으로 발굴되기 시작한 함경도 지방의 발해 유적은, 그 위치나 문화 전통으로 볼 때에 당연히 말갈적 요소는 거의 찾아보기 어려운 반면에 고구려적 요소가 강하게 남아 있을 수밖에 없다. 그럼에도 이 지역에 나타나는 문화 성격을 발해 전체로 확대 해석함으로써, 말갈적 요소는 완전히 무시되고 있다. 정도의 차이는 있지만, 남한의 연구 경향에도 이러한 모습이 전혀 없는 것은 아니다.

다른 하나는 처음부터 말갈과 발해를 일체화시켜 고구려와 비교하는 태도이다. 魏存成이나 劉曉東의 연구를 예로 들 수 있지만,[3] 실제로는 대부분의 중국 연구자들이 이러한 입장을 견지하고 있다. 발해를 말갈족이 세운 국가임을

2. 주영헌, 『발해문화』 사회과학출판사, 1971, pp.147~171.

3. 魏存成, 「高句麗,渤海墓葬之比較」 『古民俗研究』 1990-1; 劉曉東, 「渤海墓葬的類型與演變」 『北方文物』 1996-2.

전제로 삼고서 연구를 시작하기 때문에 필연적일 수밖에 없다.

발해 문화를 객관화시켜 그 원류를 규명하기 위해서는 상기의 두 가지 태도 모두가 출발점에서부터 문제점을 안고 있다. 발해 문화를 독립시켜 이를 순수 말갈 문화나 고구려 문화와 비교해야 하는 것이다. 다행히 이러한 연구 태도의 일단을 鄭永振의 글에서 찾아볼 수 있다.[4]

이 글에서는 속말말갈이 남긴 고분군을 일단 육정산 고분군과 구별하여 양자를 객관화시켜 비교하고자 한다. 이런 점에서 중국학자들이나 북한학자들과의 태도와는 분명히 다르다고 할 수 있다. 이를 위해서 육정산 고분군 자료를 꼼꼼히 도표와 함께 정리하고, 이어서 속말말갈 고분군 자료도 동일하게 정리해 보겠다. 그 다음으로 두 고분군 자료를 비교하되, 고구려 고분들에 나타나는 여러 양상도 참고하고자 한다. 그럼으로써 육정산 고분군에 보이는 특징이 대체로 어느 전통에 바탕을 두고 있는지를 추정해낼 수 있을 것으로 판단된다.

다만, 고구려 고분군 가운데에서 속말말갈 고분군처럼 직접 비교 대상이 될 만한 것을 하나 선택하기는 어렵다. 직접 비교 대상이 되어야 할 고구려 말기 고분군을 선택하기 어렵고, 또 그렇게 한다 하더라도 고분 양식 이외에 매장 방식을 보여주는 자료나 부장품이 워낙 빈약하기 때문에 비교를 하기도 어렵다. 따라서 지금까지 발견된 고구려 석실분 전체를 대상으로 삼지 않을 수 없고, 심지어는 積石墓 단계의 자료도 활용하지 않을 수 없다. 그런 점에서 또 하나의 비교 대상이 되는 고구려 고분 자료는 기존의 연구를 활용하고, 별도로 정리하지는 않겠다.

마지막으로, 이상의 비교 자료를 토대로 다시 육정산 고분군을 구역별로 구분하여 차례로 고찰하겠다. 그리하여 발해 건국집단의 종족 구성이 상층과 하층에서 어떻게 달리 나타나는지를 분석함으로써 최종적인

4. 鄭永振, 「高句麗·渤海·靺鞨 墓葬形制 比較研究」 『百濟研究』 22, 1991.

결론을 도출해내도록 하겠다.

2. 육정산 고분군의 발굴 자료

육정산 고분군은 1949년에 처음으로 조사되기 시작하여 1964년까지 도합 32기가 발굴되었다. 1949년부터 1959년까지 조사된 12기는 3편의 글에 보고되어 있으나,[5] 내용이 너무 소략하여 고분 구조나 부장품 등의 상황을 개별적으로 파악하기 어렵다. 더구나 이때에 발굴된 고분들은 대부분 육정산 고분군의 핵심부인 제1구역(第1墓區)의 中部와 下部에 위치하고 있어서, 발해 최상층 집단의 성격을 파악하는 데에 긴요한 자료가 되기 때문에 아쉬움이 더욱 크다. 미진하나마 기왕의 보고서에 나와 있는 내용을 정리한 것이 〈표 1-1〉이다.

한편 중국과 북한 연구자들로 구성된 '조중 공동 고고학 발굴대'가 1963년에 試掘한 1기와 1964년에 발굴한 19기에 대해서는 1966년에 이미 북한에서 보고서를 간행하였지만,[6] M205, M211, M212 및 4기의 土壙墓인 M208, M209, M210, M214를 누락시켰다. 이러한 미비점을 보완해주면서 종합적으로 정리된 보고서가 1997년에 중국에서 간행되어,[7] 발굴의 전모를 파악할 수 있게 되었다.

---

5. 王承禮,「敦化六頂山渤海古墓群調查簡記」『吉林省文物工作通訊』 1957; 王承禮·曹正榕,「吉林敦化六頂山渤海古墓」『考古』 1961-6; 王承禮,「敦化六頂山渤海墓清理發掘記」『社會科學戰線』 1979-3.

6. 조중공동고고학발굴대,『중국 동북지방의 유적 발굴 보고(1963~1965)』 사회과학원출판사, 1966.

7. 中國社會科學院考古研究所 編著,『六頂山與渤海鎮-唐代渤海國的貴族墓地與都城遺址-』 中國田野考古學報告集 考古學專刊 丁種 56號, 中國大百科全書出版社, 1997.
이 책의 前言에서 북한과 합동으로 발굴하였던 사실을 적시하지 않았고, 編後記에서도 보고서 初稿가 이미 중국 내외에 유출되었다고 하였으니, 이것은 북한에서 먼저 보고서를 간행하고 또 이 자료를 가지고 '독단적'으로 발해사를 해석해온 그간의 사정에 대해

이를 정리한 것이 〈표 1-2〉이다.

그동안 육정산 고분군은 발해 초기의 왕족과 귀족이 묻혀 있는 곳으로 지목되어 왔다. 이에 따라 이곳에서 출토된 유물들은 고고학 편년의 중요 근거 자료로 활용되어 왔다. 그렇지만, 육정산 고분군의 고분 연대와 관련하여 그간의 과정을 다시 한 번 훑어볼 필요가 있다.

과거에는 발해의 건국지가 어디였는지조차 확인하지 못하다가, 1949년에 이 고분군에서 文王의 둘째 딸인 貞惠公主 무덤이 발견됨으로써 전기가 마련되었다. 여기서 발견된 墓誌를 통하여 그녀가 780년에 이곳에 매장되었고, 아울러 이보다 동쪽에 왕릉으로 추정되는 珍陵이 있었다는 사실이 확인됨으로써, 육정산 고분군이 발해 초기의 왕족과 귀족이 묻힌 葬地라고 단정하기에 이르렀다. 이렇게 되자 자연히 주변에 있는 敖東城, 城山子山城 등을 발해 초기 도읍지와 관련시키는 데에까지 발전하였다. 따라서 육정산 고분군이 발해 초기의 指標遺蹟으로 결정짓는 데에는 정혜공주 묘지가 절대적인 역할을 하였다.

그런데 정혜공주가 780년에 매장되었으므로 육정산 고분군에는 발해 초기의 고분들만 자리잡고 있는 것은 아니라는 사실을 역설적으로 지적해둘 필요가 있다. 대체로 '발해 초기(또는 전기)'는 상경으로 천도한 756년 이전을 지칭하는 용어로 중국 고고학자들이 사용하고 있기 때문이다. 따라서 육정산에서 출토된 도기들이 모두 발해 초기 문화를 대표하는 것으로 보기가 어렵다. 이렇게 육정산 고분군의 연대 하한이 상경 천도보다 더 내려간다는 사실을 명심할 필요가 있다. 또, 육정산 고분군의 연대 폭을 발해 건국에서 정혜공주 사망까지 80여 년으로 삼는다고 한다면, 이 동안에 발해 왕실과 귀족 모두가 매장되었다고 보기에는 이곳에서 확인된 80여 기의 고분은 숫자가 너무 적다.

불쾌감을 표시한 것으로 보인다.

* 이 고분군을 최근에 새로 발굴한 결과가 簡報로 보고되었지만(본서 제12장 주1), 이 글의 논지에는 변함이 없다.

이와 같은 의문점이 있기는 하지만, 현재로서는 이에 상응하는 발해 초기의 고분군이 따로 발견되지 않고 있어서, 일단은 육정산 고분군의 주인공이 발해 초기의 왕족과 귀족이라는 전제 아래 논의를 전개하고자 한다. 이보다 더 시기가 내려오는 고분도 있을 것이지만, 전체적으로 보면 발해 건국집단의 성격을 파악하는 데에 그리 큰 변수가 되지는 않을 것으로 판단된다.

고분의 일반적 속성으로는 입지, 축조 양식, 死者의 매장 방식, 부장품, 인골 등이 고려될 수 있다. 만약 이러한 요소들이 모두 갖추어져 있다면 고분 연구에 최적의 조건이 될 것이지만, 실제적으로 이를 기대하기에는 무리이다. 특히 다른 고분군과의 비교 자료로 활용할 때에는 서로 조건이 다르기 때문에 이 가운데 일부 요소만 고려하지 않을 수 없다.

이제 육정산 고분군 자료를 토대로 이러한 요소들을 차례대로 정리해보겠다(표 1-1, 1-2 참조). 첫째, 고분의 立地 문제이다. 육정산 고분군은 육정산 남쪽에 펼쳐진 두 개의 골짜기 경사면을 따라 조성되어 있다. 그런데 和龍 龍頭山 일대의 발해 고분만 살펴보더라도, 산의 정상부에 위치한 정효공주 무덤이 있는가 하면, 산의 정상에서 기슭에 이르는 경사면을 따라 조성된 용두산 고분군 용해구역이 있고, 또 부근에는 평지에 조성된 龍海 고분군이 있다. 이렇게 한 지역에서도 다양한 입지를 나타내고 있다. 더구나 지형 조건이 다른 원거리의 고분군을 상호 비교할 때에는 이러한 고분 입지는 비교 대상이 되기 힘들 것이다. 따라서 이 요소는 고려의 대상에서 제외하겠다.

다음으로 築造 樣式의 문제이다. 32기의 고분은 28기의 石墓와 4기의 土墓로 대별된다. 석묘는 다시 석실묘, 석곽묘, 석관묘로 세분할 수 있으나, 보고자마다 분류를 달리 하고 있어서 혼란스럽다. M1~M11을 대형과 중형의 석곽묘로 분류하는가 하면,[8] 장방형과 방형의 석실묘로 분류하기도 한다.[9] 그런가 하면,

8. 王承禮 · 曹正榕, 앞논문.

1963~64년에 발굴된 석묘를 羨道 유무와 상관없이 모두 석실묘로 분류한 예도 있다.[10] 따라서 일원적인 기준을 가지고 재분류할 필요가 있다.

육정산의 고분들은 일차적으로 연도의 유무에 따라 석실묘와 석곽·석관묘로 크게 양분할 수 있다. 이렇게 본다면, M1, M2, M4, M5, M101, M105, M201, M202 등이 석실묘에 해당하며, 특히 연도 앞에 墓道가 달린 M2와 M4는 대형 석실묘로 분류할 수 있다. 연도가 없는 것이 분명한 M3, M12, M103, M104, M203은 석곽·석관묘로 분류할 수 있지만, 묘실 안에 목관이 안치되었는지 여부가 명확히 밝혀져 있지 않기 때문에 석곽묘와 석관묘로 다시 세분하기가 어렵다. 단지, 묘실의 상대적인 크기를 기준으로, M3, M12, M203은 석곽묘로, M103, M104는 석관묘로 분류할 수도 있겠다.[11] 묘실의 형태는, 강현숙의 분류 기준[12]을 채택하여 계산해본 결과, 초기에 조사된 12기에서는 방형과 장방형이 각기 6기씩 차지하고,[13] 1960년대에 조사된 14기(토광묘 4기, 파괴분 2기 제외)에서는 5기가 방형, 9기가 장방형이었다.

4기의 토광묘 가운데 M209와 M210은 南壁에 석축을 하였으므로 순수 토광묘로 보기는 어렵고, 석묘 전통을 일부 채택한 土石混築墓에 속한다. 이에 비긴다면 M208과 M214는 순수 토광묘의 전통을 따른 것이다.

다른 한편으로는, 기와를 봉토에 덮거나 묘실 내부에 깐 사실도 주목할 필요가

---

9. 王承禮, 앞논문 1979.

10. 中國社會科學院考古研究所, 앞책.

11. 墓室 각각의 길이×너비가 M3은 2.50×1.60, M12는 2.2×0.8, M203은 2.55×0.7, M103은 1.18×0.54, M104는 1.21×0.62이다.

12. 강현숙, 「고구려 봉토 석실분의 변천에 관하여」 『韓國考古學報』 31, 1994, pp.91~94 이 논문에서 묘실의 길이를 너비로 나누어 1.2 이하이면 方形, 이보다 크면 長方形으로 분류하였다.

13. 초기에 조사된 12기에는 墓室의 크기가 모두 보고되어 있지 않다. 그러나 姜賢淑의 분류 기준으로 따져본 결과 기왕에 크기가 알려진 M1에서 M6까지, 그리고 M11의 분류가 王承禮의 분류(王承禮, 앞논문 1979)와 일치하여 그의 분류를 그대로 따랐다.

있다. 기와의 종류에는 수키와(筒瓦), 암키와(板瓦), 와당이 있고, 기와 문양도 다양하다. 이들은 M2, M209, M210의 경우에 봉토에서 출토되었지만, M4와 M208의 경우에는 묘실 안에서 출토되었다. 이밖에 무덤 바닥에 素紋塼이나 花紋塼을 깐 예는 M2, M4, M6, M7에서 찾아볼 수 있고, 무덤 안에 회칠을 하고 벽화를 그린 흔적을 M2, M6에서 목격할 수 있다. 또 板石으로 천정을 덮은 예가 M2, M5, M105, M215에서 뚜렷이 드러나고, 특히 M2에서는 1~2단의 평행고임과 2단의 삼각고임을 하였다.

다음으로 死者의 매장 방식과 관련된 것이다. 우선 葬具로서 목관을 분명히 사용한 것이 14기(M7은 제외)가 되고, 이 가운데 최소한 4기에서 목곽도 사용되었다. 그밖의 무덤에서는 목관 사용 여부가 확인되지 않았는데, 목관에 사용된 鐵釘의 흔적도 없는 것으로 보아 상당수는 목관을 사용하지 않았을 것이다.

이와 함께 묘실 안에서 시신을 불태운 火葬의 흔적을 보이는 것이 12기 정도가 된다. M1~M11 가운데에도 화장을 한 예가 있을 가능성이 있지만, 무덤 안에서 드러난 木炭이 습기를 흡수시키기 위해서 넣은 것인지 아니면 화장을 하였기 때문인지 애매하게 서술되어 있어서[14] 판단이 어렵다. 다만, 불에 탄 흔적을 따로 지적하지 않은 것으로 보아서 습기 방지 또는 다른 이유로 넣은 것처럼 보인다.

또, 하나의 묘실 안에 여러 사람을 묻는 多人葬 현상[15]도 9기에서 확인되었다. 1차장의 경우에 시신의 頭向으로는 北枕을 한 경우가 8기, 南枕을 한 경우가 2기이다. 이와 함께 M5, M11을 비롯한 몇몇 고분에서 인골과 함께 말, 소,

---

14. 王承禮, 앞논문, 1979, p.204.

15. 多人葬이라 함은 일반적으로 2인 이상이 묻힌 것을 의미할 수도 있지만, 夫婦合葬의 경우를 여기에 포함시키기는 어렵다. 그러나 男女 性別 분류가 되어 있지 않고, 인골의 위치가 교란되어 있는 것도 상당수이기 때문에 부부합장 여부를 따지기가 어려운 형편이다. 따라서 여기서는 3인 이상이 함께 묻힌 경우에 한정하고자 한다.

개 뼈와 같은 獸骨이 다수 출토된 것도 특징적이다.

따라서 매장 방식에서는 목관장, 목곽·목관장과 함께 직접 매장한 예도 있으며, 그밖에 화장, 다인장 및 獸骨 공반 현상이 특징적으로 드러난다.

이제 부장품을 살펴보겠다. 부장품으로는 도기[16]와 銅·鐵製의 금속류, 璧玉과 구슬류로 대별할 수 있을 것인데, 도기를 제외하면 주로 장신구류이다. 이밖에 墓誌, 石獅子像 등이 주목된다. 일반적으로 금속제품보다는 도기가 다양한 변화 양상을 보이기 때문에 편년의 주된 자료로 삼고 있음은 주지의 사실이다. 이렇게 볼 때에 도기에 더 주목할 필요가 있다. 그 구성을 보면 筒形罐[17]이 가장 많은 수를 차지하고, 鼓腹罐[18]이 그 다음을 차지하며, 이밖에 瓶, 盆, 盤, 碗, 碟 등이 소수를 이룬다. 금속제품에는 팔찌, 귀걸이, 반지 및 허리띠 부품이 다수를 차지하고, 화살촉이나 작은 칼, 비녀[19] 등이 있다.

출토된 인골 자체도 훌륭한 연구 대상이 된다. 기본적으로 性別이나 年齡과 같은 개인적인 정보를 얻는 것 이외에도 과학적 분석을 통하여 古病理學, 食生活, 親族構造 등과 같은 다양한 정보를 얻어낼 수 있지만,[20] 당분간은 이 방면에

---

16. 국내에서는 일반적으로 통일신라시대까지 土器란 용어를 사용하고, 고려시대부터 陶磁器란 용어를 사용하고 있다(한병삼, 『토기와 청동기』 교양국사총서 8, 1974 및 金元龍·安輝濬, 『新版 韓國美術史』 서울대학교출판부, 1993 참조). 원래는 굽는 온도나 釉藥 사용 여부 등에 따라 양자를 분류하고 있지만, 실제로는 고고학에서 土器를, 미술사에서 陶器와 磁器를 많이 쓰고 있는 느낌이다. 하지만, 중국에서는 발해 출토품을 陶器라 부르고 있고, 또한 통일신라나 발해 단계의 제작품은 도기로 불러도 무방할 것으로 판단하여 '도기'로 일괄하여 부르겠다.

17. 長腹罐, 筒形深腹罐, 深腹罐, 변형 화분형 단지, 바리 모양의 단지, 靺鞨 단지 등으로도 불린다. 육정산 발굴보고서(1997)에 長腹罐이라 하였으나, 여기서는 筒形罐으로 통일하여 부르겠다. 罐은 항아리, 단지를 가리키는 것으로 壺나 甕에 가깝다. 그렇지만, 주로 중국측 보고서를 이용할 것이므로 여기서는 '罐'이란 용어를 그대로 사용하겠다.

18. 육정산 보고서(1997)에는 圓腹罐이라 하였다.

19. 鑷은 머리꽂이를 의미하나, 도면으로 보아서 비녀(釵)의 일종이다.

20. 洪享雨, 「고고학에 있어서 인골의 연구성과와 방향」 『韓國上古史學報』 17, 1994; 田中良之, 『古墳時代親族構造の研究-人骨が語る古代社會-』 柏書房, 1995.

대해서 전혀 기대할 수 없는 상황이다.

이상으로 육정산의 고분들에 대해서 몇 가지 속성별로 특징적인 내용을 정리해 보았다. 그런데 육정산 고분군 안에서도 구역마다 이러한 특징들이 달리 나타나는 사실에도 주목할 필요가 있다.

우선 무덤의 규모에서 볼 때에, 대형 석실분들이 제1구역의 중·하부에 밀집되어 있고, 제1구역의 상부나 제2구역에는 이보다 작은 고분들이 자리잡고 있다. 벽화 흔적과 함께 석사자상이 발견된 대표적인 석실분인 M2와 M6도 제1구역 중부에 자리잡고 있다. 정혜공주 무덤인 M2는 아주 공들여 쌓았으니, 묘지를 넣고 고임식 천정을 한 것도 이를 말해준다. 이렇게 구역마다 규모에서 차이가 나는 것은 분명히 신분적 차등을 반영하는 것이다. 따라서 두 구역을 일단 분리하여 대비해볼 필요가 있다.

제1구역에는 규모가 큰 석실분이 밀집되어 있을 뿐만 아니라, 묘도 시설도 여기에서만 보인다. 또 짐승뼈가 공반되는 것도 제1구역에 한정되어 있다.

제2구역에는 상대적으로 규모가 작은 무덤이 자리잡고 있고, 토광묘도 이곳에서만 조영되어 있다. 또 현재의 자료로만 판단하건대, 화장의 현상도 제2구역에 집중되어 있다. 반면에 다인장 현상이나 봉토에 기와를 덮은 현상은 양쪽 모두에 보인다. 또 도기 가운데 다수를 차지하는 통형관은 제1구역의 상부에 위치한 M101에서 출토된 口緣(口沿)片[21]을 제외하면, 5점의 완형[22]과 1개의 구연편[23]이 제2구역에서 출토되었다. 이미 지적하였듯이 M1~M11에서 출토된 유물에 대해서 정확한 기록이 없지만, 규모가 큰 무덤이 밀집되어 있는 제1구역의 중·하부에서는 통형관이 발견되지 않은 것으로 판단된다.

이렇게 고분의 위치에 따라 다른 특징을 보이고 있는 것도 염두에 두어야만

---

21. 中國社會科學院考古研究所, 앞책, 圖版 25:3.
22. 윗책 p.33, 圖27:5~9.
23. 윗책, 圖版 25:5.

한다. 이제 이상과 같은 분석을 일단 마무리하고, 다음 단계로 넘어가겠다.

3. 涑州와 粟末靺鞨 고분

『新唐書』 渤海傳에 적혀 있듯이, 발해 건국세력으로 지목되고 있는 말갈족이 粟末靺鞨이다. 속말말갈이란 명칭은 粟末水에서 유래된 것이 분명하므로, 이와 관련하여 다음 기록이 눈에 뜨인다.

> 又郢銅涑三州, 爲獨奏州. 涑州以其近涑沫江, 蓋所謂粟末水也. (『新唐書』 권 219, 渤海傳)

발해의 3개 獨奏州(直隷州) 가운데 하나인 涑州가 속말수 부근에 설치되었다고 하므로, 속주는 속말말갈이 거주하던 곳에 설치된 발해 행정구역임이 틀림없다. 중앙에서 직접 관장하는 행정구역이 왜 이곳에 설치되었는지 기록이 없어서 확인할 수는 없다. 이곳이 거란을 방어하던 요충지였을 가능성을 고려할 수 있겠지만, 扶餘府가 그 역할을 수행했으므로,[24] 이보다는 속말말갈 자체의 중요성 때문일 가능성이 높다. 발해 건국 과정에 고구려인들과 함께 활약하며 건국세력의 한 축을 이루었던 집단이 바로 이들이었던 것이다.

속주 가까이에 있었다고 하는 涑沫江 또는 粟末水는 『魏書』 勿吉國傳에 速末水로 처음 등장한 것으로서, 현재의 北流松花江(제2송화강)을 가리킨다. 따라서 속말말갈과 속주의 소재지는 마땅히 이 일대에서 찾아야 할 것이다. 종전까지 涑州의 소재지로 지적되어 온 곳이 길림시 일대나 그 북쪽에 있는 烏拉街

24. 송기호, 앞책 p.226.

일대였다.[25] 그렇지만 이 견해들은 대체로 추정에 의거하였을 뿐인데, 董學增은 고고 자료를 바탕으로 길림시 東團山 아래의 평지성인 南城子古城을 속주의 소재지로 비정하였다.[26] 발해 상경성에서 출토된 鴟吻과 유사한 것이 이 성에서 출토된 적이 있고, 이곳에서 동쪽으로 1km쯤 떨어진 帽兒山에 발해 고분군이 자리잡고 있는 점을 들었다. 따라서 현재로서는 이곳이 발해 속주의 治所로 유력하다.

근래에는 발해 시기와 그 이전에 속말말갈족이 남긴 고분들이 길림시 및 오랍가 일대, 그리고 楡樹에서 발견됨으로써 이 일대가 속말말갈의 중심지였음이 다시 한 번 분명해졌다. 현재 속말말갈 또는 속주와 관련된 고분군으로서 길림시 모아산 고분군, 永吉 楊屯 大海猛 상층(제3기) 고분군, 永吉 查里巴 고분군, 楡樹 老河深 上層 고분군이 있다. 모아산 고분군에는 여러 기의 석묘(적석묘)가 자리잡고 있는데, 金簪, 金圈, 도금한 半球形 장식물, 하트형 金葉 장식물 등이 출토된 것으로 보아, 속주 소속의 官人들이 묻힌 곳으로 추정되고 있다.[27] 그러나 1980년에 1기만이 발굴되었기 때문에 그 면모는 아직 제대로 밝혀져 있지 않다.

반면에 현지의 속말말갈인들이 묻힌 곳으로 지목되는 곳이 大海猛 상층(제3층) 고분군, 查里巴 고분군, 老河深 상층 고분군이다. 이곳에서는 상당수의 고분들이 발굴되어 전체적인 윤곽이 파악되어 있다. 따라서 이를 중심으로 속말말갈 고분의 특성을 파악해보겠다.

우선, 이들 고분군의 조성 연대를 파악하는 것이 필요하다. 고분 편년에

25. 曹廷杰, 松井等, 和田清, 鳥山喜一, 王承禮, 魏國忠은 烏拉街說을 주창한 반면에, 孫進己와 鄭英德은 吉林市說을 주창하였다. 하지만, 金毓黻은 이 가운데 하나일 가능성만 제기하였다.

26. 董學增, 「吉林東團山原始,漢,高句麗,渤海諸文化遺存調查簡報」『博物館研究』 1982-1, p.91.

27. 吉林省文物志編委會, 『吉林市郊區文物志』 1983, pp.77~78.

표 1-3. 탄소연대 측정치

유적	위치	표본 번호	탄소연대 (B.P.)	보정연대 (년)	출전
大海猛 上層 (제3기)	T2 M3 脚下의 同一水平面上 출토 목탄 (1979년)	ZK-0808	1580±85 1535±85	AD415~636	『考古』 1981-4 p.363 『中國考古學中碳十四年代數据集(1965~1991)』 (1992) p.80
大海猛 上層	T1 출토 木炭 (1979년)	ZK-0809	1505±70 1460±70	AD538~645	위와 같음
大海猛 上層	T10 M19내 출토 人骨(1981)	ZK-1196	1040±75 1010±75	AD980~1150	『考古』 1984-7 p.650 『數据集』 p.81
查里巴	T2006 第1層下 M10 출토 木炭(1987)	ZK-2248	1545±95 1500±95	AD428~643	『考古』 1989-7 p.658 『數据集』 p.81
老河深 上層	T50 M10 출토 木炭 (1981)	WB83-52	1550±65 1510±65	AD431~637	『文物』 1990-7 p.81 『數据集』 p.89
老河深 中層	M1 출토 木炭 (1981)	WB84-07	1595±100 1550±100	AD410~636	『文物』 1990-7 p.81 『數据集』 p.89
老河深 中層	T54 M36 출토 木炭 (1981)	WB83-51	2540±70 2470±70	BC788~410	『文物』 1990-7 p.81 『數据集』 p.89

* 탄소연대 가운데 위는 반감기 5730년 측정치이고, 아래는 반감기 5570년 측정치이다.
* ZK-0808의 목탄 출토 위치와 반감기 5570년 측정치가 두 출전에 각기 달리 나오는데, 원래의 보고인 『考古』에 따랐다.

중요한 근거가 되는 것으로 탄소연대 측정치, 고분에서 출토된 銅錢, 그리고 출토 유물의 상대 연대를 들 수 있다. 우선 탄소연대 측정치이다. 이를 간단히 정리하면 〈표 1-3〉과 같다.

이상이 중국에서 발표한 측정치로서, 보정 연대만 보더라도 415년부터 1150년까지 다양하다. 중국학계에서는 이 수치를 편년의 주요 근거로 삼고 있지만, 역사시대에 들어오면 이들 측정치의 오차 범위가 너무 커지기 때문에 국내학계에서는 편년의 근거 자료로 삼고 있지 않다. 좀 더 전문적인 문제는 차치하고, 노하심 유적의 측정치를 실례로 들어보면 中層에서 출토된 두 개의 木炭 샘플에서 하나는 기원전 788~410년이 나오고, 다른 하나는 기원후 410~636년이 나와 동일 층위의 연대에 너무 차이가 크게 난다. 또 발해시기에 속한다고 보고된 ZK-2248의 측정치는 발해 건국 이전인 428~643년이 나왔고, 역시 발해시기로 편년되는 ZK-1196의 측정치와 현격한 연대 차이를 보인다. 여기에 통계학적인 문제까지 따지게 되면, 이들 측정치는 편년 자료로서의 의미를 상실하게 된다. 그럼에도 중국학계에서는 이상의 자료에서 선별적으로 채택하여 편년의 주요 근거로 삼고 있다.

출토 유물의 상대 비교를 통한 방법에도 문제를 제기하지 않을 수 없다. 상기 3개 유적에서 출토된 유물 가운데 특히 筒形罐에 주목하여 이를 연대 추정의 주요 근거로 삼고 있다. 대해맹 상층에서 출토된 통형관이 東寧 團結 유적, 敦化 六頂山 고분군, 和龍 北大 고분군, 東寧 大城子 고분군, 綏濱 同仁 유적에서 출토된 것과 유사한 사실을 들거나,[28] 사리파에서 출토된 통형관을 역시 단결 유적, 육정산 고분군, 대해맹 3기 출토품과 비교하였고,[29] 노하심 유적에서 출토된 통형관도 단결 유적, 발해 상경성, 육정산 고분군, 대해맹 상층 등의 출토품과 비교하였다.[30] 이밖에 대해맹 상층의 鼓腹罐을 동녕 단결 만기, 발해 상경성, 육정산 고분군 출토품과 비교하였고, 장방형 帶銙, 鉈尾, 銅釧을 화룡 북대 고분군 출토품과 비교하였다. 그 결과, 약간의 차이는 있지만, 대체로 중국의 남북조 중기 내지 隋末부터 발해 조기에 이르는 시기에 이곳에 거주하던 속말말갈족이 남긴 유적으로 추정하였다. 절대 연대로 치자면, 6~7세기에서 8세기 중반까지를 염두에 두고 있는 것이다. 여기에는 물론 위에 제시한 탄소연대 측정치도 큰 역할을 하고 있다. 그러나 도기의 비교만 하더라도 보고서를 자세히 살펴보면, 상당히 자의적이고 상투적인 것을 발견할 수 있다. 도기의

---

28. 吉林市博物館, 「吉林永吉楊屯大海猛遺址」『考古學集刊』5, 1987, p.149; 吉林省文物工作隊·吉林市博物館·永吉縣文化局, 「吉林永吉楊屯遺址第三次發掘」『考古學集刊』 7, 1991, p.49.

29. 尹郁山, 「吉林永吉縣查里巴村發現二座渤海墓」『考古』1990-6, p.576.

30. 吉林省文物考古研究所 편, 『榆樹老河深』 文物出版社, 1987, p.120.

양식이 동일한 것이 아니라 일부 유사(相似)한 점만을 내세워 동시대적인 것으로 파악하는 데에는 무리가 따를 수밖에 없다.

사실 중앙의 통제 아래 도기의 생산과 분배가 이루어지지 않은 상태에서, 서쪽으로 길림시 일대로부터 동쪽으로 멀리 흑룡강 일대까지 광대한 지역에 걸쳐 과연 일률적인 기형 변화과정을 겪었을지 의문스럽다. 따라서 단순히 도기의 기형 변화를 기준으로 한 기존의 편년 체계를 수용하기에는 망설여진다.

다만, 대해맹 상층 M2에서 출토된 山자형 머리를 한 銅釵(비녀)[31]는 東淸 고분군,[32] 虹鱒魚場 고분군,[33] 龍海 고분군[34] 등의 발해 고분군에서 출토된 것과 비교되어 주목된다. 이러한 양식의 비녀가 桓仁 鳳鳴村,[35] 集安 通溝鄉 勝利村[36]에서도 출토된 사례가 보고되었지만, 이들은 고구려 고분이 아니라 발해 고분으로 판단해야 할 것이다. 이 유형의 비녀가 현재로서는 발해시대에 만들어진 독특한 형태로 보이기 때문이다. 이 판단이 옳다면, 대해맹 상층이 발해 시기까지 지속적으로 조성되었음을 확인할 수 있다.

마지막으로 눈을 돌릴 만한 것이 고분에서 출토된 銅錢이다. 노하심 상층 M33에서 五行大布 1개가 출토되었고, 대해맹 상층 M17(1979년 발굴)과 查里巴 M27에서 開元通寶가 각기 1개씩 출토되었다. 五行大布는 北周 武帝 建德 3년(574)에 처음 주조되어 북주(556~581) 말기까지 사용되었다.[37] 또 開元通寶는

31. 吉林省文物工作隊 외, 앞논문 p.47 圖26-14.

32. 연변박물관, 「동청발해무덤발굴보고」『발해사연구』 3, 연변대학출판사, 1992, p.74 그림 20-5.

33. 黑龍江省文物考古研究所, 「黑龍江寧安市虹鱒魚場墓地的發掘」『考古』 1997-2, p.12 圖 16-7, 8.

34. 延邊博物館, 「和龍縣龍海渤海墓葬」『博物館研究』 1983-3, p.78 圖7-4.

35. 梁志龍·王俊輝, 「遼寧桓仁出土青銅遺物墓葬及相關問題」『博物館研究』 1994-2, p.74 圖4-3.

36. 董長富, 「集安出土的幾件渤海時期文物」『博物館研究』 1997-1, p.55 圖3-1, 2.

37. 李俠·曉峰 編著, 『中國北方民族貨幣史』 黑龍江人民出版社, 1989, pp.9~10.

唐 高祖 武德 4년(621)에 처음 주조되어 멸망기까지 당나라의 주요 화폐가 되었다. 그런데 이 화폐는 시기에 따라 형태나 字體, 뒷면의 문양 등이 달라지므로, 이를 개원통보 편년의 근거로 삼고 있다.[38] 대해맹과 사리파에서 출토된 개원통보는 공통적으로 뒷면에 月紋이 있는데, 이 문양은 掐紋, 新月紋, 指甲紋으로도 부르는 것으로서 당나라 중기에 유행하던 화폐에 보인다. 이러한 유형의 화폐가 출토된 비교적 이른 유적으로는 張九齡 무덤(741년)과 源夫人墓(744년)가 있어서, 대체로 현종 개원 연간(713~741) 말기, 즉 8세기 전반부터 유행하기 시작한 것이다.[39]

따라서 노하심 상층에는 北周 시기인 6세기 말을 상한으로 하는 고분이 존재하고, 대해맹 상층과 사리파에는 8세기 전반을 상한으로 하는 고분이 존재하는 것을 확인할 수 있다. 그러면서도 3개의 고분군이 고분 양식이나 매장 습속, 유물 조합상에서 현격한 차이를 보이지 않는 점으로 보아서, 시간적으로 상호 중첩되는 부분이 있을 것으로 판단된다. 물론 이들 유적마다 상한 연대와 하한 연대를 달리 할 것이지만, 현재로서는 독자적인 編年案을 마련할 만한 자료를 더 이상 제시할 수 없다. 여기서는 이들이 일단 속말말갈족이 남긴 유적이라는 판단 아래, 이들을 일괄하여 최소한 574년에서 8세기 전반 사이에 걸쳐 조성된 고분이 포함되어 있다고 결론을 내려도 무방할 것이다. 물론 이 연대폭보다 위로 올라가거나 아래로 내려가는 고분이 존재할 가능성은 충분히 있을 것이지만, 적어도 이들 3개 고분군에 발해 건국 이전의 무덤들과 함께 발해 건국 이후의 무덤들이 섞여 있음은 분명하다. 발해 유적에서 보이는 비녀가 대해맹

38. 徐殿魁, 「試論唐開元通寶的分期」 『考古』 1991-6.

39. 아직 보고되지 않았지만, 鄭仁泰 무덤(664)에서도 이런 화폐가 출토되었다고 하여 이 연대가 7세기 중반까지 올라갈 가능성은 있다(徐殿魁, 윗논문 p.556). 그러나 이러한 유형의 화폐가 8세기부터 집중적으로 출토되고 있어서, 粟末靺鞨 유적에서 출토된 화폐의 연대를 8세기부터로 잡아도 무리는 없을 듯하다.

상층에서 출토된 것도 이들 유적의 하한이 발해 시기까지 내려오는 사실을 뒷받침한다.

이제 각 고분군의 특징을 살펴보겠다. 우선 고분군이 자리잡고 있는 立地이다. 이들 고분군이 자리잡고 있는 지역은 길림성 동부의 백두산 산지와 서부의 松嫩平原의 중간지대로서 낮은 구릉과 너른 분지가 발달해 있는 곳이다.[40] 이 유적들은 공통적으로 송화강 右岸의 평원에 형성된 낮은 구릉에 위치하는데, 1997년 5월에 대해맹과 노하심 유적을 답사해보니 평지에서 기껏해야 3~5m 정도 솟아 있는 듯한 느낌을 줄 정도로 밋밋한 구릉이었다. 사리파 고분군도 漫崗上에 자리잡고 있다고 한 것으로 보아 이와 크게 다르지 않을 것이다.

고분 양식을 보면, 대해맹 상층(이하 표 1-4, 표 1-5 참조)에서는 1기의 石壙墓를 제외한 69기 모두가 토광묘이고,[41] 사리파(이하 표 1-6, 표 1-7 참조)에서는 4기의 石壙墓를 제외한 43기가 토광묘이며, 노하심 상층(이하 표 1-8 참조)에서는 7기의 석관묘를 제외한 30기가 토광묘이다. 따라서 석묘의 숫자에서 다소의 차이는 있지만, 토광묘가 주축을 이루고 있음이 분명하다.

다음으로 매장 방식을 알아보겠다. 목관이나 목곽과 같은 木質 葬具를 사용한 비율은 고분군마다 크게 다르다. 대해맹 상층에서는 전체 40기 가운데 목관 흔적이 확인된 것이 7기에 불과하다. 그 뒤에 발굴된 30기 가운데서도 일부에만 목관 흔적이 있고, 그밖에는 장구의 흔적이 발견되지 않았다고 한다.[42] 노하심 상층에서도 목관 흔적이 있는 것은 전체 37기 가운데 6기에 불과하다. 이렇게 두 고분군에서 목관을 사용한 예가 적은데, 사리파에서는 양상이 전혀 다르다. 발굴된 전체 47기 가운데 38기를 차지하여 대다수가 목질 관곽을 사용하였다.

40. 李振泉·李楨·王本琳·郝凌云 編著, 『吉林省地理』 吉林文史出版社, 1991, p.36.

41. 1981년의 발굴은 아직 정식 보고가 되지 않아서 제외한다.

42. 吉林省文物工作隊 외, 앞논문 p.38.

또 목질 관곽의 형태도 특이하여, 조금 손질을 한 원목이나 板材를 사용하여 쇠못을 박아서 장방형 틀을 짜되, 뚜껑과 바닥은 생략하였다. 또 일부에서는 머리 위쪽이나 아래쪽을 칸막이 하여 부장품을 넣기도 하였다. 발굴 보고자는 잠정적으로 이를 목곽으로 명명하였는데, 육정산에서 보이는 것과 같은 전형적인 관곽 구조와 다르므로 여기서는 일단 '변형 목곽'이라 부르겠다. 이렇게 볼 때에 사리파는 장구면에서 다른 두 고분군과 현격한 차이를 보인다.

그런데, 문헌 기록에는 당나라에 들어와서까지도 말갈이 관을 쓰지 않는다[43]고 하여 이상의 정황과 차이를 보인다. 아마 이것은 원래 토장의 전통을 가지고 있던 말갈이 주변 문화의 영향을 받아 점차 관곽을 사용해가는 과정에 있던 모습을 반영하는 것으로 생각된다. 그런 의미에서 본다면, 사리파에서 더 적극적으로 관곽 문화를 흡수해갔던 것으로 생각해볼 수 있다. 오행대포가 출토된 무덤에는 물론 관이 사용되지 않았고, 개원통보가 출토된 두 무덤 가운데 대해맹에서는 관이 사용되지 않은 반면에, 사리파에서는 변형 목곽이 사용되었다. 이런 점에서 초기에는 문헌기록처럼 관곽을 사용하지 않다가 점차 이를 수용하기 시작하였지만, 8세기 전반 이후에도 지역에 따라 관곽 수용이 달리 나타나고 있었음을 추측할 수 있다. 뒤에 언급하다시피 석묘가 일부 등장하는 것도 역시 외부로부터 영향을 받아 속말말갈의 매장 습속이 변화되는 양상을 보여주는 것이다.

火葬은 대해맹 상층에서 M16, M19와 같이 극히 일부에서만 보고되고 있고, 노하심 상층에서도 5기[44]에서만 발견되었다. 반면에 사리파에서는 33기가 보고되어 화장이 성행했음을 보여준다. 2차장을 한 예는 대해맹 상층 40기 가운데 6기(1·2차장 병존 1기 포함), 30기 가운데 19기(1·2차장 병존 9기 포함)를 차지한다.

---

43. 『舊唐書』 권199하, 靺鞨傳 「死者穿地埋之, 以身襯土, 無棺歛(斂)之具, 殺所乘馬, 於屍前設祭.」.
『新唐書』 권219, 黑水靺鞨傳 「死者埋之, 無棺槨, 殺所乘馬以祭.」.

44. 보고서 본문에서는 6기(p.119)라 하였으나 墓葬登記表에는 5기에만 표시되어 있다.

또 노하심 상층에서는 28기, 사리파에서는 15기를 차지하여, 전체적으로 2차장이 성행하였음을 보여주지만, 특별히 노하심 상층에서 두드러진다. 또, 3인 이상이 묻힌 多人葬 현상은 대해맹 상층 40기 가운데 7기이고, 2인 합장은 5기, 1인 단독장은 21기를 차지한다. 또 같은 곳 30기 가운데에는 다인장과 2인 합장이 15기,[45] 1인 단독장이 15기이다. 노하심 상층에서는 인골이 제대로 남아 있지 않아서 다인장 1기, 2인 합장 2기, 1인 단독장 5기가 확인되었을 뿐이다. 사리파에서는 다인장 9기, 2인 합장 8기, 1인 단독장 26기가 확인되었다. 따라서 이들 고분군은 1인 단독장을 기본으로 하면서 2인 합장이나 다인장도 병행하였음을 파악할 수 있다.

이제 부장품을 훑어보겠다. 부장품으로 특징적인 것은 역시 筒形罐(深腹罐)이다. 출토된 도기를 살펴보면, 개별 고분마다 통형관이 기본을 이루고 鼓腹罐이 그 뒤를 따르는 사실을 쉽게 발견할 수 있다. 대해맹 상층 40기에서 출토된 103점의 도기 가운데 통형관이 63점, 고복관이 8점을 차지하고, 그밖에 帶耳罐, 斂口罐, 壺, 甑, 豆, 碗, 器蓋, 明器가 있다. 같은 곳 30기에서 출토된 64점의 도기 가운데 통형관이 48점, 고복관이 10점을 차지하고, 器蓋와 小壺도 있다. 노하심 상층에서 출토된 37점의 도기 가운데 통형관이 33점, 고복관이 2점, 帶耳罐이 2점이었다. 사리파에서 출토된 51점 도기 가운데 통형관이 23점, 고복관이 16점, 기타 壺, 甁, 鉢, 盂, 杯, 瓮 등이 있다. 이런 점에서 통형관은 속말말갈 무덤에서 출토된 도기 가운데 특징적인 요소로 단정할 수 있다.

鐵과 銅으로 된 금속제품에는 허리띠 부속품, 무기, 장식품 등이 주류를 이룬다. 이 가운데 주목할 만한 것이 銙板(띠꾸미개)이다. 과판에는 두 종류가 있으니, 하나는 방형, 장방형, D자형, 삼각형 등으로 된 것이고, 다른 하나는

---

45. 2인 합장과 다인장의 숫자를 따로 파악할 수가 없다. 다만 2인 합장이 적어도 3기가 되는 것은 확실하다.

장방형 또는 원형의 금속판에 구멍이 복잡하게 많이 뚫려 있는 것이다. 러시아에서는 전자를 突厥式, 후자를 아무르式이라 부르고,[46] 중국에서는 전자(銙板1형)를 帶銙라 부르는 반면에 후자(銙板2형)를 牌飾이라 부른다. 특히 후자는 靺鞨~女眞 유적에 독특하게 나타나는 것으로서, 송화강, 목단강, 아무르강 중류 지역에서 집중적으로 출토된다.[47] 분포 범위를 구체적으로 보면, 남서쪽으로 集安 東台子 유적에서 동쪽으로 연해주까지, 그리고 북쪽으로 아무르강(흑룡강) 중류의 트로이츠코예(Троицкое) 고분군까지 널리 퍼져 있으니, 이를 통하여 말갈~여진 문화의 영향 범위를 가늠해볼 수 있다.[48]

과판2형이 출현한 시기에 대해서는 5세기 또는 6세기 중엽으로 추정하고 있으나, 蘿北 團結, 대해맹 유적의 탄소연대 측정치를 기초로 한 것으로 신빙하기 어렵다. 그러나 대해맹 상층과 사리파에서 다수가 출토되어 발해 건국 이전으로 올라갈 가능성은 충분히 있다. 하한 연대에 대해서는 대체로 11세기로 보고 있고, 실제로 여진 유적에서 출토되고 있어서 발해 멸망 이후까지 지속되었음을 알 수 있다.

노하심 상층에서는 과판이 전혀 출토되지 않았지만, 대해맹 상층과 사리파에서는 두 가지 유형이 모두 출토되었다. 대해맹 상층에서는 鐵帶銙가 73점, 銅帶銙가 149점, 銅牌飾이 56점 출토되었고, 사리파에서는 철대과가 7점, 동대과가 14점, 동패식이 56점 출토되었다. 이런 점에서도 3개의 고분군에서 차이가

46. 바실리예프 유.엠.(Васильев Ю.М.) 저, 濱海 역, 「作爲歷史資料的黑龍江女眞文化的腰帶金屬飾件」『歷史與考古信息』 1995-1.

47. 과판2형에 대해서는 바실리예프 유.엠.의 논문 이외에도 다음 논문을 참고하기 바란다. 天野哲也, 「「靺鞨」社會の特徵-コルサコフ墓地の帶飾板を中心に-」『日本古代の傳承と東アジア』 吉川弘文館, 1995; 譚英杰·趙虹光, 「靺鞨-女眞帶飾硏究」『中國考古學會第八次年會論文集(1991)』 文物出版社, 1996; 王培新, 「靺鞨-女眞系銅帶飾及相關問題」『北方文物』 1997-1.

48. 분포 범위에 대해서는 王培新의 논문에 실린 지도를 참고하기 바란다(王培新, 윗논문 p.24 圖3).

표 1-9. 속말말갈 무덤 통계표

항목 \ 유적	大海猛 上層	査里巴	老河深 上層
土壙墓	69/70(99%)	43/47(91%)	30/37(81%)
木質 棺槨 확인수	7/40(18%)	38/47(81%)	6/37(16%)
火葬	2/49(4%)	33/47(70%)	5/37(14%)
2次葬	25/70(36%)	15/47(32%)	28/37(76%)
多人葬(3인 이상)	7/40(18%)	9/47(19%)	1/37(3%)
筒形罐(/陶器 總數)	111/167(66%)	23/51(45%)	33/37(89%)
鼓腹罐(/陶器 總數)	18/167(11%)	16/51(31%)	2/37(5%)
銙板1(帶銙型)	222	21	0
銙板2(牌飾型)	56	56	0

보인다. 지금까지 언급한 내용을 간단히 정리하면 〈표 1-9〉와 같다.

이 표를 검토하면, 토광묘에 통형관과 고복관을 주축으로 한 도기가 부장된다는 점에서 3개의 고분군이 공통성을 보인다. 그렇지만, 목질 관곽을 사용한 빈도와 화장의 빈도에서 사리파 고분군은 다른 두 고분군과 현격한 차이가 있다. 대해맹 상층과 사리파는 서로 가까이 위치하고 있고 노하심은 이들과 다소 멀리 떨어져 있는 데에도 불구하고, 오히려 먼 지역의 고분군과 유사성을 보인다. 2차장의 빈도에서는 노하심 고분군이 다른 두 고분군보다 훨씬 높게 나타난다. 또 두 유형의 과판이 대해맹 상층과 사리파에서 출토된 반면에, 노하심에서는 전혀 보이지 않는 것도 주목된다. 따라서 세부적인 면에서 3개 고분군이 각각 나름대로의 특색을 지니고 있다.

이러한 차이가 어떤 역사적 사실을 반영하는지 확언할 길은 없다. 그렇지만, 이들이 모두 속말말갈이 남긴 유적이라 하더라도 그 내부에 상당히 독자성을 지닌 그룹이 존재하는 것으로 설정해볼 수 있을 것이다. 고구려에 대항했던 속말말갈의 厥稽部 突地稽가 8部, 勝兵 수천 명을 이끌고 부여성 서북쪽으로부터 수나라에 귀부했던 기록에 따르면,[49] 속말말갈도 최소한 8개의 부로 나뉘어 있었다. 상기의 3개 고분군들은 이러한 部의 성격을 각기 반영하고 있는 것으로 볼 수 있는 것이다.

4. 고분 자료의 비교

이상으로 정리한 육정산 고분군과 속말말갈 고분들을 이제부터 구체적으로 비교해볼 차례가 되었다. 그러나 이를 진행하기 전에 우선 몇 가지 전제조건을 제시하지 않을 수 없다.

먼저, 발해 건국집단은 단일한 종족으로 이루어진 것이 아니었다. 발해의 건국집단은 營州를 벗어날 때부터 이미 고구려인과 말갈인으로 구성되어 있었고, 이들이 요동으로 피신해왔을 때에도 현지의 고구려인들을 합류시켰을 것이다. 그리고 동모산에 건국한 뒤로는 현지의 토착 말갈인, 이곳으로 흘러 들어간 고구려 유민들을 다시 흡수하였을 것이다. 따라서 육정산 고분군에는 동모산으로 이입해왔던 세력이 지니고 있었던 고구려적 요소 및 말갈적 요소와 함께, 이들이 영주 체류시에 체득한 당 문화적 요소가 들어 있을 것이고, 동모산 주변에 흩어져 살았던 말갈족의 문화 요소도 포함되어 있을 것으로 상정된다. 또 발해 건국 직후뿐 아니라 그 이후에도 상당 기간 육정산에 고분이 조성되었던 사실을 염두에 둔다면, 발해인들의 독창적인 문화 요소도 들어 있을 가능성이 있다.

이렇게 육정산 고분군에 다양한 문화 요소가 포함되어 있을 것을 전제로 하지 않으면 오류를 범할 수밖에 없다. 육정산 고분군 자료를 가지고 건국집단의

49. 『太平寰宇記』 권71, 河北道 20, 燕州 「隋北蕃風俗記云, 初開皇中, 粟末靺鞨與高麗戰, 不勝. 有厥稽部渠長突地稽(首)者, 率忽賜來部·窟突始部·悅稽蒙部·越羽部·步護賴部·破奚部·步步括利部, 凡八部勝兵數千人, 自扶餘城西北擧部落向關內附, 處之柳城.」.

성격을 논한 것으로 劉振華의 글이 있는데,[50] 여기서는 육정산에서 출토된 도기, 그중에서도 통형관(V型罐)만을 고찰 대상으로 삼아 大氏 왕실이 말갈계 인물이었음을 주장하였다. 이와 같이 하나의 문화 요소만 들어서 一面的으로 연구하는 것은 자칫 사실을 오도하게 된다.

다음으로, 육정산 고분군에 다양한 문화 요소가 얽혀 있을 것으로 판단되기 때문에, 건국집단의 성격을 규명하고자 할 때에는 지엽적이고 단편적인 요소는 배제하고 중심적이고 특징적인 요소를 찾아야 할 것이다. 예를 들어서 육정산에서 다수를 차지하는 석실묘는 제쳐두고 소수를 이루는 토광묘를 강조한다든지, 통형관은 제쳐두고 다른 형태의 도기를 따지는 태도는 옳지 않다. 응당 그렇게 하여야 함에도 불구하고, 실제 연구에서는 종종 이런 태도를 발견할 수 있다.

셋째로, 육정산 고분군이 두 개의 구역으로 구분되고, 제1구역에서도 중·하부와 상부로 구분된다는 점을 염두에 두어야 한다. 고분의 규모가 이러한 구역 차이와 일치하는 점으로 보아서, 발해 사회 내부의 身分에 따른 배치인 듯하다. 그렇다면 각 구역마다 특징들이 어떻게 달리 나타나는지도 따져보아야 할 것이다.

이제 이러한 전제를 가지고 본론으로 들어가겠다. 다만, 고분의 속성들 가운데 고분의 입지 조건과 인골은 제외한다. 이미 언급하였듯이, 고분 입지는 고분군이 조성된 지역의 지형적 조건에 영향을 받기 때문이다. 예를 들어서 육정산 고분군이 자리잡은 돈화 지역은 길림성 동부의 산간지대에 속하는 반면에, 속말말갈 고분들이 자리잡은 길림시와 楡樹 일대는 평원지대에 속한다. 또 고구려 고분이 집중되어 있는 집안과 평양 일대도 돈화와 다를 수밖에 없다. 그리고 인골에 대한 분석 자료는 전혀 제시된 것이 없어서, 불가피하게 고려 대상에서

50. 劉振華, 「渤海大氏王室族屬新證-從考古材料出發的考察-」 『社會科學戰線』 1981-3.

제외한다.

그렇다면 첫째로 검토할 것이 고분 양식이다. 육정산 고분에서 발굴된 32기 가운데 4기의 토광묘를 제외하고는 28기 모두 석실묘, 석곽묘, 석관묘로 구성되어 있다. 석묘가 전체의 88%를 차지하는 것이다. 석묘와 토묘의 비율에서 속말말갈 고분들과 정반대의 현상을 보인다(표 1-9). 이런 점에서 볼 때에 육정산 고분군은 속말말갈의 전통을 계승하지 않았다.

사실 이러한 석묘 전통과 토묘 전통은 고구려계와 말갈계를 가르는 주요한 기준이 될 수가 있다. 이를 위해서 〈표 1-10〉에서 〈표 1-15〉에 이르는 발해 고분 및 말갈 고분 통계표를 검토할 필요가 있다. 발해 영역 가운데 고구려적 요소가 강하게 남아 있는 북한의 함경도 일대에서는 토광묘가 전혀 보이지 않고, 전부 석실묘를 위시한 석묘들만 발견되었다(표 1-13). 이에 반해서 고구려 영역 밖이었던 러시아 연해주 일대에는 극히 일부를 제외하고는 모두 토광묘이다(표 1-14). 시야를 좀 더 넓혀 흑룡강에 살았던 흑수말갈로 옮겨가보면, 토광묘 일색으로 변한다(표 1-15). 이러한 경향성은 만주 지역의 발해 영토에서도 그대로 드러난다. 토광묘가 집중되어 있는 곳은 속말말갈, 흑수말갈 등이 거주했던 송화강, 흑룡강 연안에 국한되고(표 1-12), 그밖의 길림성, 흑룡강성 지역에서는 극소수의 토광묘를 제외하고는 모두 석묘 계통이다(표 1-10 및 표 1-11). 따라서 발해 중심부에는 석묘가 유행하였고, 그 외곽지대에 토광묘가 성행하였음을 알 수 있다. 또 외곽지대이면서 함경도 지역에서 석묘 일색인 점은, 석묘의 전통이 고구려와 밀접한 연관이 있음을 의미한다. 고구려에서 유행하던 석묘의 전통이 고구려가 멸망한 뒤에 발해에 이어지면서 그 분포 범위가 과거 고구려 영역 밖으로 더욱 확대된 것이다. 고구려 영역 밖이었던 돈화나 상경성에서 석실묘의 전통이 보이는 것은 고구려 문화의 확장으로 해석하지 않을 수 없다.

고구려 석실분이 지상식, 반지하식인 데에 비하여 발해 석실분이 지하식이라는 점을 들어 양자가 다르다고 주장하는 견해도 있지만,[51] 위에서 언급한 전체적인 흐름을 볼 때에 이것은 지엽적인 문제에 지나지 않는다. 더구나 발해 고분이 지하식으로 만들어지는 것은 도중에 당나라 고분의 영향을 받으면서 나타나는 것이고, 초기 석실분들은 고구려와 마찬가지로 지상식이거나 반지하식이라는 점[52]에서도 논지에 오류가 있다.

이러한 대세를 보더라도 육정산 고분군은 고구려의 석묘 전통을 이은 것으로 보아야 한다. 고구려 고분은 초기의 적석묘에서 봉토석실묘로 전환되었고, 봉토석실묘 가운데 單室墓가 발생 초기부터 고구려 말기까지 지속되었다.[53] 육정산 고분군에는 단실묘만 조성된 것을 보아서 고구려의 단실묘 전통이 계승된 것으로 보아야 할 것이다. 또 연도가 확인된 고구려 고분 가운데, 중앙에 달린 것이 좌나 우로 치우친 연도보다 많으며, 방형은 중앙 연도, 장방형은 치우친 연도와 상관 관계가 높게 나타난다고 한다.[54] 육정산 고분군에도 이러한 양상이 그대로 나타나니 이를 정리하면 〈표 1-16〉과 같다.

표 1-16. 묘실 평면과 연도 위치의 상관 관계

	중앙 연도(남벽 중앙)	치우친 연도(偏西)
방형	M2, M4, M205, M206, M207, M213, M215	
장방형	M5, M211	M101, M105, M201

51. 魏存成, 「渤海王室貴族墓葬」『中國考古學會第三次年會論文集』 文物出版社, 1984, pp.261~262; 魏存成, 「第二松花江中游地區的靺鞨,渤海墓葬」『北方文物』 1998-1, p.47.

52. 박윤무, 「발해석실봉토무덤에 대한 고찰」『발해사연구』 2, 연변대학 발해사연구실 편, 연변대학출판사, 1991, p.47; 鄭永振, 「최근년간 중국동북지역에서의 발해유적 조사 발굴과 발해사연구동향」『韓國上古史學報』 9, 1992, p.188; 金太順, 「渤海墓葬研究中的幾個問題」『考古』 1997-2, p.27.

53. 강현숙, 앞논문 p.91.

54. 윗논문 pp.97~98.

이밖에 무덤 천정에는 板石으로 平天井을 한 예도 있으나, 다수는 구조가 정확히 밝혀져 있지 않다. 다만, 정혜공주 무덤에서는 평행고임과 삼각고임을 했는데, 이러한 방식은 고구려 고분에서 가장 일반적으로 보이는 것이다.[55] 그리고 묘실에 灰를 칠하고 벽화를 그린 것은 당나라나 고구려 영향을 받았을 것이나, 고분 양식과 함께 고려해본다면 고구려 영향일 가능성이 크다. 그렇지만, 정혜공주 무덤 안에 圭形 묘지와 석사자상을 넣은 것이나, 역시 M6호에 석사자상을 넣은 것은 당나라의 영향임이 틀림없다. 또 무덤 바닥에 벽돌을 깐 것도 소재면에서 볼 때에 중국이나 고구려 영향을 받은 것으로 판단된다.

다음으로 기와를 봉토에 덮거나 묘실 내부에 깐 문제를 고려할 필요가 있다. 중국학자들은 이러한 전통의 근원을 勿吉에서 찾고 있다. 기록에 의하면, 부모가 여름에 죽었을 경우 무덤 위에 집을 지어 습기에 젖지 않도록 한다고 하였기 때문이다.[56] 그러나 勿吉이나 靺鞨 고분에서 기와를 이용한 사례는 아직 찾을 수 없고, 또한 물길 다음의 말갈 단계에 와서는 이러한 기록이 등장하지 않아 발해와 직접 연계시키기에는 무리가 있다.

반면에 문헌기록에는 없지만, 고구려 고분에서는 봉토 위에 기와나 벽돌을 이용하여 건물을 세웠거나 아니면 무덤 위에 직접 덮었던 것으로 추정되는 예들이 많이 발견되었다.[57] 또는 무덤 내부에서 출토되어 목곽을 직접 덮었을 것으로 추정되는 사례도 있다.[58] 심지어는 백제 초기의 石村洞 적석묘에서도 다량의 기와와 벽돌이 출토되었다.[59] 그런데, 기와나 벽돌이 출토되는 고구려

---

55. 윗논문 p.96 표 참조.

56. 『魏書』 권100, 勿吉國傳 「其父母春夏死, 立埋之, 冢上作屋, 不令雨濕, 若秋冬, 以其屍捕貂, 貂食其肉, 多得之.」

57. 李亨求, 「高句麗의 享堂制度研究」 『東方學志』 32, 1982; 耿鐵華, 「高句麗墓上建築及其性質」 『高句麗研究文集』 延邊大學出版社, 1993.

58. 孫仁杰, 「高句麗積石墓葬具研究」 『高句麗研究文集』 延邊大學出版社, 1993, p.121.

59. 李亨求, 「高句麗와 百濟와의 文化的 關係-高句麗와 百濟의 積石塚과 享堂制度-」 『百濟

고분이 장군총이나 천추총과 같이 적석묘 말기 단계에 국한되고,[60] 봉토석실묘 단계에 들어가면 사라진다고 한다. 그러기에 평양 일대의 고분에서는 한 가지 사례를 제외하고는 찾아보기가 어렵다.[61] 아마 이 시기에는 동명왕릉과 陵寺의 관계처럼[62] 무덤 위의 시설물이 무덤 아래로 내려오는 제도상의 변화가 있었던 것 같다.

그렇다면, 무덤 위에 건물을 짓거나 무덤 위를 덮은 발해의 전통은 물길이나 고구려와 직접 연계시키기에도 시간적 격차가 있다. 그렇다고 신라의 영향으로 판단하기는 어렵다. 6세기 후반 이후로 편년되는 횡혈식석실분 내부에서 수키와나 암키와가 출토되는 사례가 최근에 보고되고 있어서,[63] 무덤 안에 기와를 이용한 사례는 발해와 신라에서 공통적으로 나타난다고 할 수 있겠다. 그렇지만, 기와를 봉토 위에 덮은 예는 신라에서 발견되지 않으므로 발해 풍습을 신라와 연계시키기는 어렵다.

따라서 지금으로서는 직접 접속시킬 만한 사례를 말갈, 고구려, 신라 모두에서 찾기가 어렵다. 그럼에도 무덤 위에서 기와가 출토된 예로만 따진다면, 고구려와 가장 근접해 있다고 할 수 있다. 고구려 석실분 단계에서 무덤 아래로 내려왔던 전통이 다시 발해 시기에 위로 올라가게 된 것이 아닌가 하는 추측도 해볼 수 있다. 이러한 묘상 시설물의 시간적 단절 때문에 고구려로부터의 영향을 부정하는 견해도 있지만,[64] 말갈 무덤에서는 이런 유형의 시설 흔적이 아예

史의 比較研究』 忠南大學校 百濟研究所, 1993.

60. 魏存成, 앞논문 1984, p.262; 耿鐵華, 앞논문 p.410.

61. 이형구, 앞논문 1993, pp.25~27.

62. 전제헌, 『동명왕릉에 대한 연구』 사회과학출판사, 1994.

63. 金昌鎬, 「嶺南地方 橫穴式石室墳 연구에 대한 몇가지 提言」 『嶺南考古學』 22, 1998, pp.116~117; 韓國文化財保護財團 외, 『尙州 靑里遺蹟(Ⅲ)』 1998, pp.187~188 및 p.194. 이 사실은 慶州博物館 李漢祥의 지적으로 알게 되었다.

64. 魏存成, 「高句麗,渤海墓葬之比較」 『古民俗研究』 1990-1(『高句麗渤海研究集成』 高句麗

발견되지 않는 점에서, 아무래도 말갈 전통보다는 고구려 전통에서 그 유래를 찾는 것이 타당할 것이다. 여하튼 이러한 발해 풍습은 주춧돌이 발견된 三陵屯(三靈屯) 고분 단계를 거치고, 다시 정효공주 무덤 단계에 오면 塼塔으로 변하게 된다.

이상으로 육정산에 조성된 석묘, 특히 석실묘, 그리고 이와 관련된 몇 가지 요소들이 주로 고구려 문화에 그 연원을 두고 있음을 밝혀보았다. 이제, 육정산 제2구역 안에서 발굴된 4기의 토광묘에 눈을 돌리지 않을 수 없다. 전술하였듯이 말갈적인 전통을 보여주는 이들 토광묘는 제2구역의 동쪽 끝과 서쪽 끝 부분에 각기 2기씩 자리잡고 있다. 또, 4기의 토광묘 가운데 2기는 순수 토광묘이지만, 다른 2기는 석재를 이용하여 南壁을 쌓았고, 심지어 M209는 남벽 가운데에 연도를 설치하기도 하였다. 이런 점으로 보아서 M209와 M210은 석묘의 요소를 일부 받아들인 것이 틀림없다.

그렇다면, 육정산 고분군에서 약간 보이는 토광묘, 그리고 속말말갈 유적에서 역시 소수를 이루는 석묘들은 어떻게 이해해야 할 것인가? 중국학계에서는 말갈족이 발해를 세웠다는 전제 아래, 말갈족의 활동 범위가 확대되면서 점차 고구려 묘제를 채택했던 것으로 이해하는 것이 일반적이다.[65] 그렇게 된다면, 길림시 일대에서처럼 토광묘 가운데 석묘가 일부를 차지하는 단계를 거쳐서, 육정산 고분군에서처럼 대부분이 석묘로 변하는 단계로 이행하는 것으로 파악된다. 그러나 이러한 과정을 거쳐 토광묘에서 석묘로 이행해 나아갔던 것으로 보기에는 무리가 있으며, 사실 두 지역의 고분들을 하나의 발전 연속선상에 놓을 수도 없다.

육정산 고분군에 두 가지 양식의 고분이 공존하는 것은 건국집단이 고구려계

卷2, 哈爾濱出版社, 1994 재수록, p.370〕.

65. 劉曉東, 앞논문 p.35.

인물들과 말갈계 인물들로 혼성되어 있던 사실을 그대로 반영한다. 또 속말말갈 고분들에 보이는 石墓는 말갈인들이 고구려 묘제를 채택한 결과가 아니라, 발해가 건국된 뒤에 고구려 계통의 발해 묘제에서 영향을 받아 조성된 것으로 보아야 할 것이다. 이미 지적했듯이, 속말말갈 고분군에서 출토된 銅錢과 銅釵는 이들 고분군의 연대가 적어도 8세기까지 내려오는 것을 보여준다. 따라서 발해 건국 이후에 조성된 고분들 가운데 석묘들이 포함되어 있을 것으로 판단된다.

이러한 전파과정을 뒷받침해주는 자료가 있으니, 涑州의 관료들이 묻힌 곳으로 추정되는 모아산 고분군이 그것이다. 여기에는 석묘(적석묘)들이 자리잡고 있어서, 이 일대의 속말말갈 고분들과는 다른 양상을 보여준다. 그렇다면, 중앙에서 파견되었거나 또는 중앙 세력과 밀접한 관계를 유지하고 있었을 발해 관료들은 길림 일대에서도 석묘를 조영하였다는 말이 된다. 그리고 이들의 통치를 받던 그 주변의 속말말갈은 발해 건국 이후에도 대부분 고유한 토광묘 전통을 계승하고 있었고, 일부에서 이러한 발해 무덤 양식을 받아들이게 되었던 것이다.

이제까지 고분 양식 문제를 길게 논의했는데, 둘째로 매장 습속에 관한 문제로 넘어가겠다. 먼저, 목질 관곽의 사용에 관한 사항을 검토하겠다. 육정산 고분군의 32기 가운데 절반 정도에서 목관을 사용하였거나 목관과 목곽을 함께 사용하였음이 확인되었다. 그렇지만 나머지 상당수에서는 목관이 사용되지 않았던 것으로 판단된다. 대해맹 상층과 노하심에서 이보다 낮은 비율로 목관이 사용된 반면에, 사리파에서는 이보다 높은 비율로 독특한 형태의 변형 목곽이 사용되었다. 고구려에서도 적석묘 단계에서 이미 목관과 목곽을 채용하였다.[66] 다만, 봉토석실묘 단계의 장구에 대한 자료가 워낙 없어서 이에 대한 언급은 따로 찾아볼 수 없지만, 고구려 말기까지 목질 관곽을 사용하였을 것이다. 따라서 관곽의

66. 孫仁杰, 앞논문.

사용만 가지고 어느 쪽으로부터 영향을 받은 것인지를 따지기가 어렵다. 혹시, 관곽의 보급 정도에서 고구려가 속말말갈보다 앞섰을 것으로 가정한다면, 육정산 고분군에서 관곽을 사용하지 않은 상당수가 속말말갈에 더 가까운 전통을 지녔을 것으로 추측해볼 수 있을 따름이다.

육정산 고분군에 보이는 화장 현상도 빈도의 차이는 있지만, 3개 속말말갈 고분군 모두에서 찾아볼 수 있다. 고구려에서도 화장 현상을 찾아볼 수 있다. 洞溝 고분군에서 1천 여기의 적석묘를 조사한 결과, 640여 기에서 불에 탄 흔적을 발견하였고 나머지 300여 기에서만 흔적을 발견하지 못했다고 한다.[67] 따라서 화장도 고구려 적석묘 단계에서 이미 성행하였음을 알 수 있다. 봉토석실묘 단계에서는 아직 이와 관련된 보고가 없으나, 이 단계에 와서 화장이 사라졌을 가능성이 농후하다. 사실, 화장 습속은 만주 지역에 널리 퍼져 있던 것으로서, 예컨대 시기를 좀 더 올리면 연변 일대에의 琿春 新興洞 고분군, 龍井 船口 고분군, 汪淸 金城 고분군 등에서도 확인할 수 있다.[68] 따라서, 그 연원을 따지기는 어렵지만, 발해 무덤에서 보이는 화장 현상은 고구려보다는 말갈에 잔존해 있던 습속이 표출된 것으로 보아야 할 것이다.

이와 같은 사정은 다인장과 2차장 문제에서도 동일하다. 대체로 다인장 현상은 2차장과 동반되기 때문에, 이를 함께 다루어도 무리는 없다. 육정산 고분군에서 나타나는 이 현상들은 속말말갈 고분군에서도 동일하게 나타난다. 다만, 고구려 고분에서는 인골 출토 사례가 아주 적어서 이 방면에 대한 연구가 되어 있지 않지만, 2차장의 가능성을 보이는 고분도 전혀 없는 것은 아니다.[69] 또 고구려가 삼년장을 치렀으므로,[70] 武寧王의 경우[71]처럼 임시로 매장하였다가 다시 本葬을

67. 윗논문 p.120.

68. 연변박물관 집필소조, 『연변문화유물략편』 연변인민출판사, 1989, p.45, p.48, p.50.

69. 魏存成, 『高句麗考古』 吉林大學出版社, 1994, p.88.

70. 『隋書』 권81, 高麗傳 「死者殯於屋內, 經三年, 擇吉日而葬. 居父母及夫之喪, 服皆三年,

치렀을 가능성이 크기 때문에, 2차장을 많이 하였을 것이다. 아울러 多室墓의 경우에는 한 무덤에 여러 사람을 묻는 다인장을 하였을 가능성도 고려해볼 수 있다. 더구나, 2차장과 다인장 현상은 연변 일대의 金谷 고분군, 新興洞 고분군, 金城 고분군, 石峴 고분군 등에서도 나타나므로,[72] 화장과 더불어 만주 일대에 널리 퍼져 있던 습속이었을 것이다. 따라서 이러한 습속도 과연 어느 쪽 전통을 반영하는지 파악하기는 어려운 실정이지만, 1차장과 2차장이 혼재되어 있는 현상 등은 아무래도 말갈적인 모습을 더 강하게 띠고 있는 것으로 판단된다.

다음으로, 육정산의 제1구역에서만 나타난 獸骨 출토 현상을 살펴보겠다. 이 현상은 고구려 고분에서 보고된 사례가 없다. 사리파 M15에서 馬頭가 묻힌 예가 있고, 하얼빈 黃家崴子 安車骨部 말갈 무덤과 흑룡강 연안의 흑수말갈 고분들에서도 말과 돼지 뼈가 출토된 예가 있으며,[73] 同仁 문화 유적에서도 말 뼈가 출토되었으므로,[74] 이러한 전통은 역시 말갈족의 습속과 관련된 것으로 보아야 한다. 이것은 주인공이 평소에 타던 말을 희생물로 바쳤다는 문헌 기록과도 일치한다.[75] 그러나 상기 3개 속말말갈 고분군에서는 동물뼈가 묻힌 예가 희소하므로, 안거골부나 흑수말갈과 같은 주변의 말갈족이나, 아니면 돈화 주변

兄弟三月.」

71. 이한상, 「정지산유적의 편년과 성격」 『"공주 정지산" 학술발표회 발표요지』 국립공주박물관, 1998, p.19.

72. 연변박물관 집필소조, 앞책 p.36, p.45, p.50, p.53.

73. 젤레즈냐코프 카.아.(Железняков К.А.) 著, 孫秀仁 譯, 「阿什河下游河灣地帶考古調査收穫」 『黑龍江文物叢刊』 1983-2, p.108.
크루샤노프 아.이.(Крушанов А.И.) 책임편집, 成于衆 역, 王德厚·候玉成 校, 『蘇聯極東史-從遠古到17世紀-』 哈爾濱出版社, 1993, p.167.

74. 楊虎·譚英杰·張泰湘, 「黑龍江古代文化初論」 『中國考古學會第一次年會論文集(1979)』 文物出版社, 1980, p.88.

75. 『舊唐書』 권199하, 靺鞨傳 「殺所乘馬, 於屍前設祭」.

의 말갈족으로부터 영향을 받은 것으로 해석할 수 있을 것이다.

셋째로 살펴볼 것이 부장품이다. 부장품에는 도기와 금속제품 및 옥석 제품들이 있다. 이러한 유물들을 가지고 각기 그 유래와 성격을 밝히는 것은 불가능한 일이다. 더구나 발해 건국집단의 구성이 다양했으므로 유물에서도 당연히 그러한 다양성이 표출될 수밖에 없다. 따라서 소수를 이루는 유물에 연연해서는 건국집단의 주된 성격을 제대로 파악할 수는 없다. 그렇다면, 부장품 가운데 특징적이고 주류를 이루는 요소를 추출하여 이들의 성격을 밝히는 것이 연구의 요체에 해당한다.

그러한 요소로서 두 가지에 눈을 돌릴 필요가 있다. 하나는 통형관(長腹罐, 그림 1-1)이고, 다른 하나는 과판이다. 보고서에 따르면,[76] 육정산 고분군에서 출토된 도기들은 높은 온도에서 구워 단단하고 모래가 아주 적게 섞인 것으로 회색을 띠는 유형, 그리고 낮은 온도에서 구워 덜 단단하고 모래가 많이 섞인 것으로 홍갈색, 회갈색, 황갈색을 띠는 유형이 있다. 통형관은 후자에 속하는 것으로서, 회갈색 또는 홍갈색이고, 입이 비교적 넓으며, 구연부 아래에 突帶(附加堆紋)가 돌려져 있다. 몸통은 길쭉하고, 배는 약간 나왔으며 平底이다. 또 어깨 부분에 문양을 돌린 예도 하나가 있다.

고구려 말기가 되면 도기가 거의 泥質로 바뀌는 정황[77]과 함께, 한강 유역에서 출토된 고구려 도기들도 일부를 제외하고는 모두 泥質胎土로 되어 있는 사실[78]을 고려해볼 때, 육정산 출토 통형관이 고구려와 연계될 가능성은 희박하다. 또 기형에서 볼 때에, 육정산 통형관과 비교할 만한 것이 고구려 長胴壺 II형이지만,[79] 돌대가 없고 몸통이 덜 길쭉하고 배가 더 부른 점 등 여러 면에서 동일

76. 中國社會科學院考古研究所, 앞책 pp.30~32.

77. 耿鐵華·林至德, 「集安高句麗陶器的初步研究」『文物』 1984-1, p.62.

78. 최종택, 「漢江流域 高句麗土器 研究」『韓國考古學報』 33, 1995, p.70.

79. 윗논문 p.81.

계통이라고 판단하기에는 무리가 있다.[80] 중국학자들이 일반적으로 지적하다시피, 이들 통형관은 역시 말갈 도기에서 연원을 찾을 수밖에 없다. 말갈 도기[81]는 대체로 태토에 모래가 섞여 있고, 구운 온도가 높지 않으며, 회갈색, 황갈색, 흑갈색 및 홍갈색을 띤다. 특히, 통형관은 靺鞨罐이라 불릴 정도로 말갈 유적에서 특징적으로 나타나는 것으로서, 입이 벌어지고, 목이 짧으며, 몸통이 길고, 대부분 바닥이 평평하다. 구연부에 톱날무늬가 있는 돌대를 돌린 것이 있고, 또는 문양이 없이 이중구연(重唇, 雙唇)을 형성하기도 한다.

그러므로, 육정산 통형관은 말갈 토기 전통을 따른 것이다. 다만 하나 눈여겨 보아야 할 것은 속말말갈 고분들에서 공통적으로 보이는 톱날모양의 돌대가 있는 통형관이 육정산에서는 보이지 않는다는 사실이다. 톱날무양이 돌대에서 이중구연으로 변해가는 시간적 선후의 반영으로 이해할 수도 있겠으나,[82] 속말말갈 고분들이 육정산 고분군과 시간적으로 중복되는 점을 고려한다면 반드시 그렇다고 할 수 없다. 이를 뒷받침해주는 것이 과판이다.

속말말갈 고분에서는 두 가지 유형의 과판이 출토된다. 노하심 상층에서는 과판이 전혀 출토되지 않았지만, 대해맹 상층과 사리파에서는 두 유형 모두 출토되었다. 그런데 육정산 고분군에서는 과판1형만 출토되고 과판2형은 출토되지 않았다. 이렇게 볼 때에, 육정산 고분군에서 출토된 도기에서 말갈 전통을 강하게 반영하고 있다고 할 수는 있지만, 톱날모양의 돌대가 달린 도기와 과판2형이 출토되지 않는다는 점에서 속말말갈과 직접적으로 연계된다는 결론을 내리기도 어렵다.

---

80. 주영헌은 육정산 통형관을 법동리 하구비 석실분 출토 도기(그림 1-1 참조)와 똑같다 하였으나(주영헌, 앞책 p.164), 동의하기 어렵다.

81. 干志耿, 「靺鞨族及黑龍江流域的靺鞨遺存」 『北方文物』 1985-1, p.27; 吉林省文物考古研究所, 「吉林永吉查里巴靺鞨墓地」 『文物』 1995-9, p.45.

82. 金太順, 앞논문 p.24.

이상으로 고분 양식, 매장 방식, 부장품의 세 가지 큰 범주를 통하여 육정산 고분군의 성격을 고찰해보았다. 고분 양식면에서는 고구려 문화를 강하게 풍기고 있다. 반면에, 매장 습속에서는 관곽의 사용, 화장, 2차장과 다인장의 측면에서 고구려와 속말말갈 어느 쪽 전통이 강하게 반영된 것인지 단정하기는 어렵지만, 고구려보다는 속말말갈 전통에 좀 더 가깝지 않은가 짐작된다. 짐승뼈 공반 현상은 말갈 전통을 보여주되, 속말말갈과는 다른 말갈에서 유래된 것으로 보인다. 부장품면에서도 통형관은 말갈 전통을 강하게 보여주고 있지만, 톱날모양의 돌대가 달린 도기와 과판2형이 출토되지 않는다는 점에서 역시 속말말갈과는 좀 다른 면모를 보인다.

이를 육정산 고분군의 두 구역으로 나누어 다시 고찰해보면, 비교적 대형의 고분이 밀집되어 있는 제1구역 중·하부에는 고분 양식면에서 고구려 영향을 크게 반영하고 있지만, 짐승뼈가 이곳에서만 출토된 점은 역시 말갈적인 전통이 함께 스며 있음을 보여준다. 제1구역 상부와 제2구역에는 말갈적인 토광묘가 포함되어 있고, 화장의 현상이나 통형관의 출토도 이곳에 집중되어 나타나는 점으로 보아 말갈적인 요소가 앞의 구역보다 더 강하게 드러난다. 다음 절에서 좀 더 자세히 살펴봄으로써 결론으로 이어지도록 하겠다.

5. 건국집단의 구성

지금까지 육정산 고분군에 나타나는 여러 가지 요소들을 속말말갈 및 고구려와 비교 검토함으로써, 그 유래의 일단을 살펴보았다. 그런데, 여기서 하나 명심해야 할 것은, 이 비교를 토대로 건국자가 고구려인이냐 아니면 말갈인이냐는 결론을 곧바로 내리는 것은 성급한 일이라는 사실이다.

우선, 고분 자료만 가지고 매장자의 혈통을 따질 수 없다는 점을 지적할 수 있다. 예컨대 말갈 혈통을 지닌 고구려인이 있다고 가정할 때에 무덤에서는 아마 고구려적인 문화 요소가 강조되어 나타나거나, 때에 따라서는 고구려 문화 요소만 나타날 것을 예상할 수 있다. 그러므로 여기서 언급하는 고구려인, 말갈인은 혈통적 측면이 아니라 문화적 측면임을 밝혀둔다.

둘째, 앞서 분석한 고분 관련 속성들이 육정산 고분군에서 일률적으로 나타나지 않는다는 점도 명심해야 할 사항이다. 예컨대 화장이나 다인장, 이차장 등의 현상이 전반적으로 나타나는 것이 아니라 한 부분을 차지하고 있으므로, 그러한 현상이 보이지 않는 고분에 대한 배려도 필요하다.

고분군 전체의 성격을 한 가지로 규정할 것이 아니라, 개별적인 고분 또는 고분군 내부의 구역에 따라 고찰할 필요가 있다. 고분 규모나 출토 유물로 볼 때에, 제1구역 중·하부의 주인공들은 나머지 고분들의 주인공보다 신분적으로 더 높았을 것이다. 따라서 이 구역에서 출발하여 개별적인 고분의 성격을 파악하고자 한다.

제1구역 중·하부에 위치하는 M1~M10의 고분 가운데, 정혜공주 무덤인 M2는 고임식 천정을 비롯하여 고분 축조 양식에서 고구려 전통을 그대로 반영하고 있고, 내부에 회칠을 하고 벽화를 그린 점도 고구려 영향일 가능성이 크다. 그러면서 일부 출토 유물이나 바닥에 깐 벽돌에서 당나라 문화가 결합되어 있는 사실도 인정된다. 또 珍陵으로 추정되는 M6에서도 벽화편과 돌사자상 파편이 출토된 점으로 보아서 역시 고구려와 당 문화 요소가 혼재되어 있다. 이들의 주인공이 왕실 인물이라는 사실을 감안한다면, 大氏가 말갈 혈통을 지녔는지 아니면 고구려 혈통을 지녔는지 고고 자료로 판단할 수는 없지만, 다분히 고구려 문화를 지니면서 다른 한편으로 營州 체재시 또는 발해 건국 이후에 당나라 문화를 체득했던 사실을 짐작할 수 있다.

또 M4의 경우 묘실 내부에서 기와와 벽돌이 출토된 점도 고구려 문화를 반영하거나, 아니면 각기 고구려와 당나라 문화를 함께 반영하는 것이다. 이

고분도 M2처럼 연도와 함께 묘도가 시설되어 있는 대형 석실묘로서, M2나 M6에 못지 않은 사회적 신분을 지녔던 인물이 묻힌 것으로 추정된다.

이들 무덤에서는 이미 앞에서 언급한 말갈식 매장 방식이나 통형관이 보이지 않는다. 심지어 제1구역에서 특징적으로 보이는 짐승뼈도 출토되지 않았다. 그런 면에서 고구려 영향을 강하게 받은 인물이 묻힌 것으로 판단할 수 있다.

이상과 같은 무덤의 주인공은 혈통적으로 原高句麗人이거나, 아니면 異種族 출신으로 고구려에 동화된 인물일 수 있다. 반면에, 짐승뼈가 출토된 M5나 다인장을 보여주는 M3은 말갈적 요소에 가깝다고 할 것이다. 특별히, 말 뼈가 다수 출토된 M5는 앞에서 지적하였듯이 속말말갈보다는 다른 말갈족의 속성을 보여준다. 고구려 고분 양식으로 축조되었으면서도 다분히 말갈적 속성을 반영하는 이런 무덤들은 앞의 고분들보다 좀 더 말갈에 접근해 있는 양상을 나타낸다.

중·하부의 고분들에 대한 보고가 워낙 소략하여 더 이상 논하기는 어렵지만, 이상의 검토를 토대로 추측하건대, 王을 비롯하여 발해 최상층부에서는 기본적으로 고구려 문화를 향유하던 인물들이 주축을 이루면서, 말갈 문화를 지니고 있던 일부 인물들이 포함되었을 것이다.

동일한 골짜기에 위치하고 있음에도 제1구역 상부에는 상대적으로 규모가 작은 고분들이 자리잡고 있다. 묘실의 면적을 따져보면, 중·하부에는 6~8㎡급에 집중되어 있고 12㎡에 가까운 것도 있는 반면에, 상부에는 1~2㎡급과 3~5㎡급에 분포되어 있다. 이것은 제2구역의 고분들이 4~9㎡급에 퍼져 있는 것에 비해도 작은 편이다. 또 중·하부에 비해 연도가 없는 석곽·석관묘의 비율도 높다. 아마 이들은 제2구역에 비해 제1구역의 중·하부 그룹과 친연관계를 가지면서도, 한편으로는 신분적으로 또는 다른 요인으로 구분이 되는 그룹일 것이다.

여기서는 M11에서 짐승뼈가 출토되었고, M101에서 통형관도 확인되었으며, 다인장과 2차장 현상이 보인다는 점에서 말갈적인 요소를 더 띠고 있는 느낌이다.

그럼에도 짐승뼈가 출토된 점이나 화장 현상이 보이지 않는 점에서는 제2구역과 구별되는 독립성을 보인다.

제2구역에는 우선 제1구역에서 보이지 않는 토광묘가 자리잡고 있다. 4기의 토광묘 모두에서 화장 현상이 나타나는 점까지 고려하면, 순수 말갈적인 양상을 다분히 띠고 있다. 그럼에도 2기의 고분에서 석묘로 이행하는 모습을 보여주고 있고, 3기에서 기와가 출토된 점에서 볼 때에 고구려 문화도 습합되어 있음을 확인할 수 있다.

이 4기 고분을 제외한 나머지 고분들은 석묘로 축조되었다는 점에서 고구려 요소를 띠고 있지만, 한편으로 화장과 다인장 및 2차장 현상이 현저히 나타나고, 통형관 매장 사례도 다수 보이는 것은 말갈적 문화 요소가 증가하고 있음을 보여준다. 아마 이 구역에는 말갈 문화를 소유하고 있던 인물들이 더 많이 묻혔을 것이다.

이상으로 보건대, 제1구역 중·하부에서 고구려적 요소를 많이 띠고 있고, 제1구역 상부와 제2구역에서 말갈적인 요소를 상대적으로 더 강하게 지니고 있음을 발견할 수 있다. 물론, 육정산 고분군에는 귀족 아래의 일반민들이나 천민들이 묻혀 있을 가능성은 극히 희박하다. 따라서 발해 지배층 가운데 상층부로 올라갈수록 고구려인의 비중이 커지고, 하층부로 내려올수록 말갈인의 비중이 커지는 사실을 반영한다고 할 수 있다.

특히, 정혜공주 무덤과 진릉에서 고구려 문화 요소가 강하게 남아 있는 사실은 발해 왕실이 고구려계 인물들로 구성되었음을 보여준다. 동모산이 城山子山城으로 추정되는데, 이처럼 산성에 건국한 것은 발해 건국의 핵심 세력에 고구려 요소가 강하게 유지되었음을 뒷받침한다.

이제 화제를 조금 바꾸어서, 營州에서 30년 가까이 살았던 사람들이 발해 건국세력의 주축을 이루었을 것이라는 점을 다시 한 번 상기할 필요가 있다. 그렇다면, 육정산 고분군에서 당나라 문화 요소가 강하게 나타나야 할 터인데,

실제로는 그리 크지 않다. 정혜공주 무덤에 나타나는 당나라 문화 요소는 연대상으로 보건대 영주에서의 생활 경험으로 비롯된 것이 아니라 발해 건국 이후에 당나라 문화를 수용한 결과일 것이다.

그러면, 당나라 요소와는 반대로 왜 고구려 요소가 강하게 나타나는지 한 번쯤 검토해볼 문제이다. 고구려가 멸망한 지 30년이 지났고, 그렇다고 그들이 건국하였던 곳이 고구려 故地도 아닌 데에도 그런 전통이 표출되는 배경을 곰곰히 반추할 필요가 있다. 사실 고구려 문화 요소는 말갈 문화 요소와는 조금 다른 의미를 지니고 있다. 육정산이 말갈 거주지역에 속했고, 또 고구려가 멸망하고 발해가 건국된 뒤에까지도 만주 지역에는 말갈 문화가 영위되고 있었기 때문이다. 따라서 양 문화의 요소를 동등한 조건으로 따지기 어렵다. 건국집단이 당나라 문화를 경험하였고, 말갈 지역에 도읍을 정하였으므로, 이론적으로는 고구려 요소가 굳이 나타나지 않아도 될 터인데, 실제로는 그 요소가 발해 최상층부에서 강하게 보이는 것은, 무엇보다도 이들이 고구려와 밀접한 관련이 있었고 결코 그러한 전통을 버리지 않았음을 의미한다. 고분 양식이 고구려식을 다분히 띠고 있는 것은 이 때문이다.

그렇지만, 매장 방식이나 출토 유물에서 말갈 요소가 진하게 드러나고, 때로는 고구려와 말갈 요소가 동반되어 나타나는 것은, 역사 기록처럼 건국집단에서 고구려인만이 주축을 이루지 않았다는 사실을 반영한다. 그러면서, 말갈적인 요소라 하더라도 짐승뼈가 공반되어 나타나거나, 톱니모양의 통형관이나 과판2형이 출토되지 않는 점은 순수한 속말말갈 양상과도 거리가 있음을 보여준다. 따라서 고구려인만이 건국의 주체를 이루었다거나 순수 속말말갈만이 건국의 주체를 이루었다는 해석에는 문제가 많다. 그리고, 속말말갈이라 하더라도 길림 일대의 속말말갈에서는 다소 멀어진 집단이었음을 보여준다.

『舊唐書』 발해말갈전의 "발해말갈 대조영은 본래 고구려 別種이다"는 기록이나 『新唐書』 발해전의 "발해는 본래 속말말갈로서 고구려에 歸附하였던 자들로서 姓이 大씨이다"는 기록은 대조영의 出自가 고구려와 말갈의 중간적 성격을 띠고 있는 것을 암시한다. 그리하여, 필자는 대조영 일파를 粟末靺鞨系 高句麗人이었을 것이라고 주장한 바 있다.[83] 그러나 비단 대조영 집단만 아니라, 건국집단 내부에도 말갈적 전통과 고구려 전통을 공유하던 사람들이 상당수 포함되어 있었음은 이상의 고고 자료 검토를 통하여서 확인이 가능하다.

6. 맺음말

지금까지 육정산 고분군 자료를 정리하고, 이를 속말말갈 고분 및 고구려 고분과 비교하여 분석한 뒤에, 이러한 비교 자료를 토대로 발해 건국집단의 구성 문제를 재차 고찰해보았다.

육정산 고분군에서는 석묘가 거의 전부를 차지하고, 고분 구조나 내외부의 세부적인 시설에서 고구려 문화 요소를 강하게 띠고 있다. 하지만, 관곽 사용, 화장이나 다인장, 2차장 및 짐승뼈 공반과 관련된 매장 습속이나, 통형관이 가장 많은 수를 차지하는 도기 부장에서 말갈적인 요소도 강하게 띤다. 따라서 전체적으로 볼 때에는 고구려의 고분 양식에 말갈적 매장 습속이 다분히 결합되어 있음을 확인할 수 있다.

다만, 제1구역 중·하부와 그 나머지 구역으로 나누어 개별적인 고분들을 고찰해보면, 구역에 따라 문화적 양상이 조금씩 달리 보인다. 즉, 대형 석실분들이 자리잡고 있는 제1구역 중·하부에서는 일부에서 말갈적 요소도 보이지만, 고구려 요소가 더 강한 양상을 띤다. 그리고 제1구역 상부와 제2구역에서는 상대적으로 말갈 요소가 더 두드러지게 나타난다. 이것은 발해 건국집단에서

83. 송기호, 앞책 p.45.

최상층부로 올라갈수록 고구려인의 비중이 높았고, 아래로 내려올수록 말갈인의 비중이 높았음을 반영한다. 물론 여기서 고구려인, 말갈인은 혈통이 어느 쪽인가 하는 것이 아니라, 어느 쪽의 문화에 더 경도되어 있었는가를 의미한다.

결국, 육정산 고분군에서는 고구려와 말갈 문화가 상호 결합된 양상이 주목된다. 그러면서도 위로 올라갈수록 고구려 문화 요소가 상대적으로 더 많이 보인다. 따라서, 말갈계 고구려인이나 原高句麗人이 상층부를 주도하고 있었고, 그 아래로 내려오면서 말갈인이 좀 더 많은 수를 차지하였던 면모가 도출될 수 있다. 이것은 이미 발표한 문헌 연구와도 다르지 않다.[84] 그런 면에서 육정산 고분군은 발해 건국집단의 구성과 성격을 뒷받침하는 또 하나의 중요한 근거 자료가 된다.

이밖에, 일본 奈良시대의 平城京에서 출토된 木簡에 "貊[85]人給米一升"이라 쓰인 것이 근년에 공개되어,[86] 일본에서 8세기에 발해 사신을 貊人, 즉 고구려인이라 부른 예가 확인되었다. 이것은 797년에 발해를 貊種이라 규정하였던 기록[87]과 함께 지금까지의 논의를 더욱 뒷받침해준다. 발해 건국 1300주년을 맞이하여 이 글을 쓴다.

84. 윗책 pp.72~76.

85. 목간에는 百 앞에 豸보다는 犭이 쓰인 것으로 보이지만, 貊을 의미하는 것은 분명하다.

86. 石川縣立歷史博物館, 『波濤をこえて-古代·中世の東アジア交流-』 1996, p.75.

87. 송기호, 앞책 pp.145~146.

표 1-1. 六頂山 古墳群 자료 1

編號	位置	樣式	羨道有無	葬具	葬法	人數			副葬品			
						1차장	2차장	불명	陶器	金屬類	瓦塼類	기타
M1	1墓區 중부	石室墓	有					2				
M2 (貞惠公主墓)	1墓區 중부	石室墓 (고임 천정)	羨道 (南壁, 中央), 墓道	木棺					陶片1	廣頭釘, 鎏金圓帽銅釘4, 鐵釘	板瓦(封土上), 素面磚	貞惠公主墓誌1, 石獅子2, 壁畵片2
M3	1墓區 중부	石室墓	無					4				
M4	1墓區 중부	石室墓	羨道 (南壁, 中央), 墓道								板瓦(墓室內), 素面磚	玉璧1
M5	1墓區 하부	石室墓 (板石天井)	有 (南壁, 中央)						陶瓶1, 陶盂1	金環1, 鐵環, 鎏金銅飾1, 鎏金帶環1		馬骨 다수
M6(珍陵?)	1墓區 중부	石室墓							陶片		花紋塼	壁畵片, 石獅耳
M7	1墓區 중부	石室墓		木槨?						鐵釘	素面磚	
M8	1墓區 중부	石室墓										
M9	1墓區 중부	石室墓							長頸瓶1	香爐1(부근 출토), 金環1, 裝飾品3, 鍍金裝飾品, 鐵環2		
M10	1墓區 하부	石室墓										
M11	1墓區 하부	石室墓						2				獸骨
M12	1墓區 상부	石棺墓	無	無				1				

* 이 고분들에 대해서는 '墓葬登記表'가 제시되어 있지 않아서 보고서 내용을 정리하였다.

주: 1. 王承禮, 「敦化六頂山渤海古墓群調査簡記」 『吉林省文物工作通訊』 1957.
2. 王承禮·曹正榕, 「吉林敦化六頂山渤海古墓」 『考古』 1961-6.
3. 王承禮, 「敦化六頂山渤海墓淸理發掘記」 『社會科學戰線』 1979-3.

표 1-2. 六頂山 古墳群 자료 2

編號	位置	樣式	羨道有無	葬具	葬法	人數			副葬品			
						1차장	2차장	불명	陶器	金屬類	瓦塼類	기타
M101	1墓區 상부	石室墓	有 (南壁, 偏西)	木棺2?		2 (北枕)	3 (小兒)		陶片 47	銅帶銙5, 銅帶扣1, 銅耳環1, 鐵帶銙1, 棺釘20		
M102	1墓區 상부	石室墓	불명	木棺1		1 (北枕)	9		陶碟 1	銅帶銙7, 銅帶扣1, 鐵帶銙6, 鐵鉈尾1, 棺釘1		
M103	1墓區 상부	石室墓	無									
M104	1墓區 상부	石室墓	無						陶斂口罐1, 直腹罐1, 陶片38			
M105	1墓區 상부	石室墓 (板石天井)	有 (南壁, 偏西)	木棺		2 (南枕)	2			銅指環1, 銅耳環1, 鐵棺釘17		
M201	2墓區 농부	石室墓	有 (南壁, 偏西)		火葬	1 (南枕)			陶瓶1, 陶碗1, 陶盤1, 陶片 50여	銅鐲2, 銅片1	板瓦1 (墓室內)	
M202	2墓區 중부	石室墓	有 (南壁, ?)	木棺	火葬	1 (北枕)			陶長腹罐1			料珠2
M203	2墓區 중부	石室墓	無			2 (北枕)			陶片 약간	銅鐲2, 鎏金銅耳墜2		
M204	2墓區 중부	石室墓	불명		火葬	1			陶長腹罐1	銅鐲1, 銅帶銙1, 銅鉈尾1, 銅環1, 銀指環2, 鐵鏃1		瑪瑙珠2, 料珠1
M205	2墓區 중부	石室墓	有 (南壁, 中央)	木槨 木棺	火葬	2 (北枕); 1 (幼兒)			陶長腹罐3, 陶瓶1, 雙耳盆1	銅指環2, 棺釘		料珠3
M206	2墓區 중부	石室墓	有 (南壁, 中央)	木棺2	火葬	2 (北枕)	3		陶長腹罐1, 陶圓腹罐1	銅鐲3, 銅耳環1, 銅帶扣1, 銅帶銙1, 銅鈴11, 鐵帶銙8, 鐵鏃4, 鐵棺釘13,		瑪瑙珠64, 料珠6
M207	2墓區 중부	石室墓	有 (南壁, 中央)	木棺	火葬?	1			陶壺1, 陶斂口罐1, 陶片 약간	銅鐲2, 銅衣扣(단추)1, 殘鐵環1		

(표 1-2에서 계속)

編號	位置	樣式	羨道有無	葬具	葬法	人數			副葬品			
						1차장	2차장	불명	陶器	金屬類	瓦塼類	기타
M208	2墓區 동부	土壙墓	無		火葬				陶片 10여	銅鐲1	板瓦3, 瓦當1(墓室內)	
M209	2墓區 서부	土壙墓(南壁石築)	有(南壁, 中央)	木槨 木棺2	火葬	2(北枕)	6		陶圓腹罐1, 陶片	銅帶銙2, 鐵小刀1, 鐵棺釘20	筒瓦2, 板瓦18(封土上 및 墓室內)	
M210	2墓區 서부	土壙墓(南壁石築)	無	木棺	火葬	2(北枕)	1		陶片	銅指環1, 銅帶銙11, 鐵帶銙1	瓦片(封土上)	瑪瑙珠4
M211	2墓區 중부	石室墓	有(南壁, 中央)	木槨 木棺	火葬	3	3		陶長腹罐1	銅帶銙6, 銅指環1, 鐵帶銙1, 金指環1, 銀耳環1, 鐵棺釘2, 殘鐵器1		瑪瑙珠4, 玉珠1
M212	2墓區 중부	石室墓	불명	木槨 또는 木棺	火葬							
M213	2墓區 중부	石室墓	有(南壁, 中央)	木棺2		2			陶片 약간	銀耳環1, 鐵棺釘20		
M214	2墓區 동부	土壙墓	無	木槨 木棺	火葬	최소1			陶片 약간	鐵棺釘7		
M215	2墓區 중부	石室墓(板石天井)	有(南壁, 中央)	木棺			일부 2차장	8	陶長腹罐1, 陶片 약간	銅帶銙2, 銅鉈尾2, 銅鐲3, 鐵鑷1, 殘鐵器1		瑪瑙珠2, 瑪瑙管1

주: 1. 조중공동고고학발굴대, 『중국 동북지방의 유적 발굴 보고(1963~1965)』 사회과학원출판사, 1966.
2. 中國社會科學院考古研究所 編著, 『六頂山與渤海鎭-唐代渤海國的貴族墓地與都城遺址-』 中國田野考古學報告集 考古學專刊 丁種 56號, 中國大百科全書出版社, 1997.

표 1-4. 大海猛 上層(제3기) 古墳表(1979년 발굴)

編號	樣式	葬具	葬法	人數	副葬品		
					陶器	金屬類	기타
M1	土壙墓	木棺	仰身直肢	1(男)	陶壺	鐵棺釘4	玉璧
M2	土壙墓			2			
M3	土壙墓			1		鐵帶銙9, 帶扣, 鏃2	
M4	土壙墓	木棺				鐵棺釘	
M5	土壙墓		仰身直肢	1	筒形深腹罐		
M6	土壙墓		仰身直肢	1	長頸鼓腹罐	鐵刀	
M7	土壙墓	木棺		1		鐵棺釘3	
M8	土壙墓			1			
M9	土壙墓	木棺	二次葬	6		鐵棺釘2	
M10	土壙墓		二次葬	3	筒形深腹罐, 紡輪	鐵刀, 帶扣	
M11	土壙墓		仰身直肢	1(男)	筒形深腹罐3	銅牌飾5	
M14	土壙墓			2(男1, 女1)		鐵刀2, 銅帶扣5, 帶扣6, 鉈尾, 飾件	
M16	土壙墓		二次葬	3	筒形深腹罐	鐵鏃2	
M17	土壙墓		仰身直肢	1(女)		銅鐲, 鉈尾, 桃形飾, 銅錢(開元通寶)	瑪瑙珠2
M18	土壙墓		仰身直肢	1	筒形深腹罐		
M19	土壙墓		仰身直肢	4(男2, 女2)		鐵矛, 斧, 鎌, 鏃22, 帶飾28, 鏈, 甲片28, 銅帶扣, 鉈尾, 帶銙5, 耳環2	玉璧
M20	土壙墓	木棺	仰身直肢	1		鐵棺釘	
M21	土壙墓	木棺	仰身直肢	1(男)	筒形深腹罐, 斂口罐	鐵矛, 刀, 甲片4, 棺釘5, 鏃2, 銅帶銙5	
M22	土壙墓		仰身屈肢	1(男)			野猪牙飾3
M23	土壙墓		脚下二次葬5, 仰身直肢1	6	陶器4	鐵鏃16, 甲片50, 帶扣3, 盔形飾, 圓泡飾2	
M24	土壙墓		仰身直肢	1(男)	筒形深腹罐		玉璧
M25	土壙墓		仰身直肢	1(男)		鐵刀, 鏃2, 帶銙2, 圓泡飾2	
M26	土壙墓		仰身直肢				
M27	土壙墓				網墜		石鏃
M28	土壙墓			1(男)	筒形深腹罐2, 侈口深腹罐2	鐵矛2, 馬銜2, 甲片123	
M29	土壙墓		仰身直肢			鐵馬銜, 馬鑣, 鏃15, 甲片277, 銅泡飾2	
M31	土壙墓		仰身直肢	2(男)	筒形深腹罐2	鐵鏃10, 刀, 銅帶銙11	
M32	土壙墓		二次葬	7(男)		鐵帶銙4	

(표 1-4에서 계속)

編號	樣式	葬具	葬法	人數	副葬品		
					陶器	金屬類	기타
M33	土壙墓			1(男)	筒形深腹罐2, 帶耳罐	鐵鏃4, 馬銜, 馬鑣, 鏈, 盔形飾3, 甲片260	石鏃
M34	土壙墓	木棺	仰身直肢	1	筒形深腹罐, 斂口罐, 明器	鐵刀, 棺釘	
M35	土壙墓		仰身直肢				
M36	土壙墓			1	筒形深腹罐2		
M37	土壙墓			?(男)	陶紡輪	銅方牌飾4, 圓牌14, 帶銙6, 帶扣, 鉈尾, 環7, 鐵鏃16	
M38	土壙墓		仰身直肢	1(女)		銅手鐲2, 環2	珠飾4
M39	土壙墓			2 (男1, 女1)	筒形深腹罐2	銅圓牌飾, 鉈尾	玉璧, 瑪瑙珠2, 瑪瑙管2
M40	土壙墓		仰身直肢				
M41	土壙墓		仰身直肢	1(男)		銅環4, 飾件2	
M42	土壙墓		仰身直肢	1(男)		鐵鑣2, 銅環, 銀匙(?)	
M43	土壙墓	無	仰身直肢1, 仰身屈肢1	2(南1, 女1)	筒形深腹罐2, 明器, 陶紡輪	銅帶銙3, 環16, 鐲, 方牌飾10, 十字形飾	瑪瑙珠11
M44	土壙墓		二次葬	8			

주: 吉林市博物館, 「吉林永吉楊屯大海猛遺址」 『考古學集刊』 5, 1987.

표 1-5. 大海猛 上層 古墳表(1980년 발굴, 일부)

編號	樣式	葬具	葬法	人數	副葬品		
					陶器	金屬類	기타
M1	土壙墓						
M2	土壙墓				筒形罐	鐵帶銙, 鐵帶扣, 銅釵, 銅環	
M3	土壙墓						
M4	土壙墓				鼓腹罐		
M5	土壙墓				筒形罐		
M6	土壙墓					鐵魚鉤, 銅帶扣, 銅帶銙, 銅釧	
M7	土壙墓						
M8	土壙墓				筒形罐	鐵刀, 鐵匕1	玉片
M9	土壙墓		二次葬	11(上下層)		銅耳環	骨鏃
M10	土壙墓						
M11	土壙墓		仰身直肢2, 二次葬2	4	陶罐4 (鼓腹罐포함)	鐵帶銙12, 鐵鉈尾2, 銅帶扣, 鐵刀2, 鐵釘	
M12	土壙墓						
M15	土壙墓				鼓腹罐	銅釧, 銅釵	骨鏃
M16	土壙墓		二次葬, 火葬	1	無		
M17	土壙墓				鼓腹罐		
M18	土壙墓		仰身直肢2, 二次葬4	6		鐵帶銙3, 鐵鉈尾, 銅帶銙1	
M19	土壙墓		屈肢, 火葬	2			石斧2
M20	土壙墓						
M21	土壙墓					鐵鏃	
M22	石壙墓		右側屈肢	1(男)	筒形罐3	鐵甲片10여, 鐵矛, 鐵刀3, 鐵鏃1束, 鐵帶扣, 鐵鏃2	木杆 및 箭囊 흔적
M23	土壙墓						
M24	土壙墓						
M25	土壙墓						
M26	土壙墓		二次葬	1	筒形罐3	馬銜	石斧
M27	土壙墓		仰身直肢	1(男)	筒形罐	銅帶扣	
M28	土壙墓				鼓腹罐	鐵甲片	
M29	土壙墓		仰身直肢	2(男女)	筒形罐	銀(銅?)耳環	
M30	土壙墓						
M31	土壙墓				筒形罐	銅帶銙, 銀耳環	

(표 1-5에서 계속)

編號	樣式	葬具	葬法	人數	副葬品		
					陶器	金屬類	기타
M32	土壙墓						

* 1980년도에 발굴한 고분들에 대해서는 '墓葬登記表'가 제시되어 있지 않아서, 보고서 내용을 표로 정리하였다. 따라서 상당수의 내용이 누락되어 있다.
* 葬具: 일부에만 木棺 흔적이 있음.

주: 吉林省文物工作隊·吉林市博物館·永吉縣文化局, 「吉林永吉楊屯遺址第三次發掘」『考古學集刊』 7, 1991.

표 1-6. 查里巴 古墳表(1985년 발굴)

編號	樣式	葬具	葬法	人數	副葬品		
					陶器	金屬類	기타
M1	土壙墓	木質 葬具	火葬, 二次葬	2(男女)	筒形深腹罐2	銅片飾25, 鎏金銅扣飾4, 銅鐲6, 銅環飾6, 銅帶飾, 銅牌飾, 銅戒指, 銅護腕	玉璧, 瑪瑙珠10
M2	石壙墓			3(남녀, 女兒)	陶罐2, 鼓腹罐, 陶壺	鐵矛, 鐵環首刀, 鐵鏃, 鐵帶飾3, 鐵馬銜1	

주: 尹郁山, 「吉林永吉縣查里巴村發現二座渤海墓」『考古』 1990-6.

표 1-7. 查里巴 古墳表(1986~88년 발굴)

編號	樣式	葬具	葬法	人數	副葬品		
					陶器	金屬類	기타
M1	石壙墓	無	二次葬	7	陶盂	銅簪2	骨簪2
M2	土壙墓	木槨	二次葬, 火葬	3		鐵刀, 鐵帶銙4, 鐵鏃6	
M3	土壙墓	木槨+ 木框	火葬	1	鼓腹罐2, 筒形罐2	鐵矛, 鐵鏃, 銅帶銙2, 銅帶卡2, 鐵帶銙4, 鐵帶卡2	
M4	土壙墓	?		?	無		
M5	土壙墓	木槨+ 木框	火葬	2	壺, 鼓腹罐2, 筒形罐	銅帶卡2, 鐵帶鉤, 鐵鏃15	
M6	土壙墓	木槨	二次葬, 火葬	3	陶盂	銅帶銙, 小銅環, 鐵鏃3	玉璧
M7	土壙墓	無	火葬	1	筒形罐	銅釧, 鐵馬鐙2, 鐵帶卡, 鐵鏃6	
M8	土壙墓	木槨	火葬	1		鐵刀, 鐵矛, 鐵鏃, 銅釧, 銅帶卡, 鐵鏃2	礪石
M9	土壙墓	木槨+ 木框	火葬	1	鼓腹罐	銅帶卡, 鐵帶卡, 鐵環	
M10	土壙墓	木槨	二次葬, 火葬	上1, 下3	鼓腹罐2	銅釧2, 銀釧, 銅指環, 銅帶卡, 小銅環11, 鐵刀2, 鐵矛, 鐵鏃9, 鐵馬銜, 鐵帶卡2	瑪瑙珠20, 料珠3, 箭囊

(표 1-7에서 계속)

編號	樣式	葬具	葬法	人數	副葬品		
					陶器	金屬類	기타
M11	土壙墓	木槨	火葬	1	鼓腹罐, 筒形罐		
M12	土壙墓	木槨	火葬	1	鼓腹罐	銅帶卡2, 鐵刀	礪石
M13	土壙墓	木槨	火葬	1	壺, 筒形罐	銅環3, 銅釧, 銅鈴, 十字形銅飾, 小銅環12	瑪瑙珠31
M14	土壙墓	木槨＋木框		1	筒形罐2	銅釧, 銅環3, 小銅環13, 十字形銅飾2, 鐵鏃, 鐵帶卡	瑪瑙珠12, 料珠3
M15	土壙墓	無	二次葬	2			馬頭骨
M16	土壙墓	木槨＋木框	火葬	?		殘鐵片	
M17	土壙墓	木槨	二次葬, 火葬	2		銀釧, 銅鉈尾, 鐵釘2	
M18	土壙墓	?		1	陶瓶	銅帶銙2, 銅牌飾, 小銅環5	瑪瑙珠10
M19	土壙墓	木槨＋木框	火葬	1	鼓腹罐, 筒形罐	銅帶銙7, 鐵刀, 鐵帶卡, 鐵鏃3, 鐵馬銜	
M20	土壙墓	木槨＋木框	火葬	1	鼓腹罐, 鉢2	銅帶卡3, 十字形銅飾2, 銀鈴, 小銅環26, 銅環	瑪瑙珠, 骨珠
M21	土壙墓	木槨	火葬	1		銅牌飾, 銅帶卡2, 十字形銅飾, 銅環4, 鐵刀, 鐵馬銜	瑪瑙珠, 石管
M22	土壙墓	木槨	二次葬, 火葬	4	無		
M23	土壙墓	木槨	火葬	1	鼓腹罐, 筒形罐		
M24	土壙墓	木槨		1	筒形罐	鐵矛, 鐵帶卡5	礪石
M25	土壙墓	木槨＋木框	火葬	1		銅帶卡2, 鐵帶卡, 鐵矛, 鐵鏃2	礪石, 石網墜2
M26	土壙墓	木槨	二次葬, 火葬	2			
M27	土壙墓	木槨	火葬	1		銅環, 鐵鏃, 鐵釘, 銅錢(開元通寶)	玉璧
M28	土壙墓	木槨	火葬	1	筒形罐		
M29	土壙墓	無		無	無		
M30	土壙墓	木槨		1			
M31	土壙墓	木槨＋木框		1	鼓腹罐, 筒形罐2	銅釧, 銅牌飾17, 小銅環23, 十字形銅飾2, 銅帶卡	玉璧, 瑪瑙珠
M32	土壙墓	木槨	火葬	1		銅帶卡	
M33	石壙墓	木槨	火葬	1	無		
M34	土壙墓	木槨		1	無		
M35	土壙墓	木槨	二次葬, 火葬	7		鐵帶卡4, 鐵釘3	
M36	土壙墓	木槨	火葬	1	筒形罐	鐵刀, 鐵鏃4	

(표 1-7에서 계속)

編號	樣式	葬具	葬法	人數	副葬品		
					陶器	金屬類	기타
M37	土壙墓	木槨	火葬	?		小銅環10, 鐵鏃5	
M38	土壙墓	木槨		1		銅環, 鐵帶卡	
M39	土壙墓	無	二次葬	4	無		
M40	土壙墓	木槨	二次葬, 火葬	2	鼓腹罐	小銅環8, 鐵矛, 鐵帶卡2, 鐵鏃2	
M41	土壙墓	木槨 + 木框	二次葬, 火葬	2	無		
M42	石壙墓	無	二次葬	2	無		
M43	土壙墓	木槨 + 木框	二次葬, 火葬	3	無		
M44	土壙墓	木槨	火葬	1	無		
M45	土壙墓	木槨	火葬	1	鼓腹罐2	殘鐵片	

* 木槨은 '덮개와 바닥이 없는 木質 葬具'를 가리키며, 木框은 木槨의 상, 하부에 칸막이를 하여 부장품을 넣은 시설을 의미한다.

주: 吉林省文物考古硏究所, 「吉林永吉查里巴靺鞨墓地」『文物』 1995-9.

표 1-8. 老河深 上層 古墳表

編號	樣式	葬具	葬法	人數	副葬品		
					陶器	金屬類	기타
1	土壙墓	無	二次葬		筒形深腹罐3, 陶碗	鐵刀, 銅環, 銅泡, 銀釧, 銀環2	礪石
2	土壙墓	木棺	二次葬	1(男)	筒形深腹罐3	鐵刀2, 鐵鏃4, 鐵環5, 鐵帶卡, 銀環	
3	土壙墓	無		無	鼓腹罐, 筒形深腹罐, 陶罐	鐵刀, 銅釧	石珠, 瑪瑙珠 2(?)
4	土壙墓	無	二次葬	2		鐵環2, 鐵甲片 다수	玉璧2
5	石棺墓		二次葬			鐵甲片31	
6	石棺墓					鐵甲片41	
7	土壙墓	無	火葬		筒形深腹罐		
8	土壙墓	無	二次葬		筒形深腹罐	銀絲	玉璧
9	土壙墓	無	二次葬		筒形深腹罐2	鐵刀2, 鐵帶卡2, 鐵鏃 다수, 銀環2	
10	土壙墓	木棺	火葬		筒形深腹罐		長石珠, 孔雀綠珠
11	土壙墓	無	二次葬		筒形深腹罐	鐵甲片	

(표 1-8에서 계속)

編號	樣式	葬具	葬法	人數	副葬品		
					陶器	金屬類	기타
12	石棺墓				陶罐2	鐵鏃, 鐵甲片	瑪瑙珠, 琉璃珠
13	石棺墓		二次葬			鐵甲片	
14	土壙墓	無	二次葬		筒形深腹罐, 陶罐2		
15	石棺墓		二次葬	2			
16	土壙墓	無			鼓腹罐	殘鐵器, 鐵刀	
17	土壙墓	木棺	火葬	1			
18	土壙墓	無	二次葬	1	陶罐	鐵鏃11, 鐵帶卡2	
19	土壙墓	無	二次葬		筒形深腹罐2, 陶罐	鐵鏃	
20	土壙墓	無	二次葬		陶罐		
21	土壙墓	無	二次葬		帶耳罐, 筒形深腹罐2	鐵刀, 鐵鏃15, 銀環	
22	石棺墓		二次葬		陶罐		
23	土壙墓	木棺	二次葬		筒形深腹罐	銅環	
24	石棺墓		二次葬	1	陶罐	鐵刀, 鐵鏃, 殘鐵器, 鐵甲片 다수	
25	土壙墓	無	二次葬		筒形深腹罐2	銅帶卡, 銅飾件3	
26	土壙墓	無	二次葬		筒形深腹罐2	鐵刀, 鐵鏃5, 鐵帶卡, 殘鐵器	
27	土壙墓	無	二次葬				
28	土壙墓	無	二次葬		筒形深腹罐2		
29	土壙墓	無	二次葬				
30	土壙墓	木棺	火葬	無	筒形深腹罐3		
31	土壙墓	木棺	火葬	1	筒形深腹罐		
32	土壙墓	無	二次葬		陶罐		
33	土壙墓	無	二次葬	3	筒形深腹罐2, 陶罐, 陶碗	鐵帶卡5, 剪形鐵器, 鐵甲片 다수, 銀釧, 銅錢(五行大布)	
34	土壙墓	無	二次葬		陶罐	鐵帶卡, 殘鐵器, 銅飾件, 鉛塊2	
35	土壙墓	無	二次葬		陶罐	鐵帶卡, 殘鐵器	
36	土壙墓	無	二次葬		陶罐		
37	土壙墓	無	二次葬		陶罐		

* 원보고서에는 陶器를 1, 2, 3型으로 나누었으나, 이 표에서는 1형을 帶耳罐, 2형을 鼓腹罐, 3형을 筒形深腹罐으로 고쳐 적었다.

주: 吉林省文物考古研究所 편, 『楡樹老河深』 文物出版社, 1987.

표 1-10. 고분 통계표 1(발해, 吉林省 · 遼寧省)

*( ) 안은 연도를 표시

명칭	확인고분	발굴고분	石墓	土墓	塼墓, 기타	출전
敦化 六頂山 고분군	80여(49)	12(49, 59) 20(63~64)	石室墓 27 石棺墓 1	土坑墓 4		8, 65
琿春 馬滴達 고분	1(72)	1(73)			벽돌무덤+판석 천정 1	23
琿春 涼水良種場 고분군	?	0	石棺墓	土坑墓	발해~遼, 金	22
琿春 密江 고분군	?	1(42)	石壙墓 1		齋藤甚兵衛 발굴	22
琿春 北大 고분군	?(73년경)	0		土坑竪穴木棺墓		22
琿春 孟嶺河口 고분군	?	0	石棺墓		발해~遼,金	22
汪清 影壁 고분군	10여(83)	2(83)	石壙封土墓1	土坑竪穴墓1		28
汪清 紅云 고분군	?(83)	약10(83)	중소형 石室墓			28
圖們 白龍五隊 고분군	4(?)	0				27
延吉 河龍 고분군	?(78)	0			원시~발해	29
延吉 新豊 고분군	?	0			발해?	29
延吉 新光 고분군	?	1(?)	石壙墓 1		발해?	29
延吉 發展 고분	1(?)	1(82)	石壙墓 1		발해?	29
延吉 烟河四隊 고분군	?	0	石築墓		발해?	29
龍井 龍泉 고분군	6~7(?)	0	石材 노출			20
龍井 龍岩 고분군	26기 이상(79)	2(79)	石室封土墓			20
龍井 英城 고분군	7(83)	1(84)	石槨墓 1			30
龍井 富民 고분군	10(80)	1(84)	石槨墓 1			31
和龍 河南屯 고분	2(71)	2(71)			벽돌무덤+판석 천정 2	6
和龍 北大 고분군	70여~수백 (일제시대)	?(일제)	불명			2, 5, 11, 43, 44, 55
		1(60)	石室封土墓1?			
		1(63)	石室封土墓1			
		54(73)	石室封土墓54			
		2(74)	石室封土墓2?			
		11(88)	石室封土墓11			
和龍 貞孝公主 무덤	1(?)	1(80~81)			벽돌무덤+판석 천정 1	12
和龍 龍頭山 고분군	10여(80)	1(80~81)	石室封土墓1			14
和龍 龍海 고분군	10여(80)	7(82)	石室封土墓7			16
和龍 龍海小學校 고분군	?	0				53

(표 1-10에서 계속)

명칭	확인고분	발굴고분	石墓	土墓	塼墓, 기타	출전
和龍 龍湖 고분군	12기 이상(87)	7(87,89)	대형 石室封土墓 2, 石壙封土墓 1	竪穴式土坑墓 4		53, 54
和龍 石國 고분군	?	0				53
和龍 明岩 고분군	10여(?)	0	石室封土墓			21
和龍 得味 고분군	10여(?)	1(79,84)	石室封土墓 1			21
和龍 長仁 고분군	23(60,84)	0	石室封土墓			21
和龍 青龍 고분군	13기 이상(?)	1(79)	石室封土墓 1			21
和龍 福洞 고분군	3(?)	0				21
和龍 獐項 고분군	2(71?)	0	石室封土墓			21
和龍 惠章 고분군	4(?)	0	石室封土墓			21
安圖 東清 고분군	?(84)	10(90) 3(91)	基壇式 方壇石壙封土墓 4, 無基壇石室封土墓 8	土坑墓 1		45, 51
安圖 龍興屯 고분군	?	0			발해~遼,金	26
古林 帽兒山 고분군	?	1(80)	積石墓		涑州 官人	18
樺甸 馬鞍石 고분군	?	2(84)	長方形石壙墓			32
長白 靈光塔 고분	1(08)	1(84)			벽돌무덤+판석 천정 1	24, 38
撫松 前甸子 고분군	3(?)	3(77)	石室封土墓 3			17
撫松 礆場 西坎 고분군	?(86)	0			고구려~발해	37
集安 洞溝 고분군	?	1(83)	封土石室墓 1(JYGM0)		北大와 유사한 고분 구조	59
集安 勝利村(禹山) 고분군	?	1(75)	소형 封土墓 1			64
集安 東大坡(山城下) 고분군	?	1(76)	封土石室墓 1(M365)		六頂山 출토품과 유사한 長頸瓶	49, 64
集安 紅星村(麻線) 고분군	?	1(75)	封土石室墓 1(M2165)			64
集安 上活龍村(麻線) 고분군	?	1(82)	封土洞室墓 1		8세기 銅鏡	19, 25
桓仁 鳳鳴村 고분군	?	1(90)	石室墓 1		東清 출토품과 유사한 銅釵	58

* 이 밖에 東潮는 吉林省 柳河縣 康石 고분군, 渾江市 七道溝 고분군, 通化市 滑雪場 고분군, 遼寧省 桓仁縣 高力墓子村 고분군, 撫順市 前屯 및 窪渾木 고분군에도 발해 고분이 포함되어 있을 가능성을 제기하였다(東潮, 『高句麗考古學研究』 吉川弘文館, 1997, pp.122~137)

표 1-11. 고분 통계표 2(발해, 黑龍江省)

명칭	확인고분	발굴고분	石墓	土墓	塼墓, 기타	출전
寧安 三靈屯 (三陵屯) 고분군	3(淸,91)	2(33~34, 91~92)	石室封土墓 2			1, 56
寧安 大牡丹 고분	1(58)	1(58)	石室封土墓 1			3
寧安 風水崴子 고분	1(58)	1(58)	石室墓 1			3
寧安 大朱屯 고분군	70여기(60) 또는 약400(63)	5(60)	대형 積石墓 2, 소형 積石墓 1, 雙室墓 2			4, 13, 65
		2(63)	石室墓 1 (1기 불명)			
		14(81)	石室墓 14			
寧安 東蓮花村 고분	1(93)	1(95)	石室墓? 1			62
寧安 洋草溝 고분군	?(81)	2(81)	石墓 (형태 특이)			13
寧安 熱水坑 고분	1(91)	0	積石墓 1			67
寧安 哈達磚廠 고분군	?(81)	0	積石墓			13
寧安 虹鱒魚場(西石崗) 고분군	?(90)	1(84)			대형 磚室墓 1	41, 63
		323(92~95)	封土石室墓, 石壙墓(石槨墓)		磚室墓	
寧安 南陽 고분군	?	?				52
寧安 阿卜 고분군	?	?				52
寧安 巴掌溝 고분군	?	?				52
寧安 上屯 고분군	?	?				52
寧安 狼洞山 고분군	?	?				52
寧安 梁家 고분군	?	?				52
牡丹江 石場溝 고분군	29(?)	18(82~83)	石室封土墓 18(雙室 2기)			47
牡丹江 敖東崴子 고분	?	?				52
牡丹江 江西 고분	?	?				52
牡丹江 三道關 고분군	?	?				52
海林 山咀子 고분군	130여(66)	29(66, 67)	대형 積石墓 23, 소형 積石墓 5, 方形石版大墓 1			9
海林 哈達屯(哈達灣) 고분군	20~30(66)	수십(84)				9, 61

(표 1-11에서 계속)

명칭	확인고분	발굴고분	石墓	土墓	塼墓, 기타	출전
海林 頭道河子(羊草溝) 고분군	112(58)	2(58)	石室墓 2			4, 66
		26(96)	石室墓 26			
海林 江東 고분군	33(58)	0				4
海林 北站 고분군	52(58)	3(83)	石室墓 3			4, 33
海林 東沙(沙河子) 고분군	3(58)	3(83)	石槨墓(積石墓) 3			3, 46
海林 二道河子(二道中學) 고분군	20여(79)	4(83)	대형 石壙封土墓 1, 石棺封土墓 1, 石室封土墓 2			34
海林 三道河子(三道中學) 고분군	수십(?)	?(93)				61
海林 民力 고분군	?	?				52
海林 筊古山 고분군	?	?				52
海林 長石 고분군	?	?				52
穆棱 大石頭河 고분군	?	?				52
林口 大盤道 고분군	?	?				52
林口 板院 고분군	?	?				52
林口 蓮花泡 고분군	?	?				52
東寧 大城子 고분군	?	4(77)	石室墓 3	土坑石蓋墓 1		10
東寧 泡子沿 고분군	?	?				52
東寧 團山子 고분군	?	?				52

표 1-12. 고분 통계표 3(말갈~발해, 中國)

명칭	확인고분	발굴고분	石墓	土墓	塼墓, 기타	출전
永吉 楊屯 大海猛 上層(제3기) 고분군	?(71)	40(79)		長方形 竪穴土坑墓 40	말갈~발해(隋末唐初~唐 중엽)	7, 35, 48, 57
		30(80)	石壙墓 1	土坑竪穴墓 29	南北朝 중기~당 초기, 粟末靺鞨	
		22?(81)	石壙墓 1	土坑竪穴墓 21		
永吉 查里巴 고분군	?(85)	2(85)	石壙墓 1	土壙竪穴墓 1	발해 早期	41, 60
		45(86~88)	石壙墓 3	土坑竪穴墓 42	隋末唐初~唐 중엽, 粟末靺鞨	
楡樹 老河深 上層 고분군	?	37(80~81)	石棺墓 7	土壙墓 30	唐初~중엽(발해 早期)	36
哈爾濱 黃家崴子 고분군	?(37)	?(37~43)		土壙墓?	安車骨部 靺鞨	15
蘿北 團結 고분군	약15기(82)	3(82)		장방형 土坑竪穴墓 3	隋唐, 黑水靺鞨	39, 40
		10(83)		장방형 土坑竪穴墓 10	南北朝~隋唐, 黑水靺鞨	

주: 중국의 고분

1. 東亞考古學會, 『東京城-渤海國上京龍泉府址の發掘調査-』 東方考古學叢刊 甲種 第五册, 1939.
2. 齋藤甚兵衛, 「間島省海蘭平野の渤海遺蹟」 『考古學雜誌』 40-1, 1954.
3. 黑龍江省博物館, 「牡丹江中下游考古調查簡報」 『考古』 1960-4.
4. 呂遵祿, 「黑龍江省寧安林口發現古墓葬群」 『考古』 1962-11.
5. 주영헌, 『중국 동북 지방의 고구려 및 발해 유적 답사 보고』 사회과학원출판사, 1966.
6. 郭文魁, 「和龍渤海古墓出土的幾件金飾」 『文物』 1973-8.
7. 劉振華, 「永吉楊屯遺址試掘簡報」 『文物』 1973-8.
8. 王承禮, 「敦化六頂山渤海墓清理發掘記」 『社會科學戰線』 1979-3.
9. 孫秀仁, 「略論海林山咀子渤海墓葬的形制,傳統和文物特徵」 『中國考古學會第一次年會論文集(1979)』 文物出版社, 1980.
10. 黑龍江省文物考古工作隊·吉林大學歷史系考古專業, 「黑龍江東寧縣大城子渤海墓發掘簡報」 『考古』 1982-3.
11. 延邊朝鮮族自治州博物館·和龍縣文化館, 「和龍北大渤海墓葬清理簡報」 『東北考古與歷史』 1, 1982.
12. 延邊朝鮮族自治州博物館, 「渤海貞孝公主墓發掘清理簡報」 『社會科學戰線』 1982-1.

13. 黑龍江省文物考古工作隊, 「寧安縣鏡泊湖地區文物普查」『黑龍江文物叢刊』 1983-2.
14. 鄭永振, 「和龍縣龍海古迹調查」『黑龍江文物叢刊』 1983-2.
15. K.A. 젤레즈냐꼬프(Железняков К.А.) 著, 孫秀仁 譯, 「阿什河下游河灣地帶考古調查收穫」『黑龍江文物叢刊』 1983-2.
16. 延邊博物館, 「和龍縣龍海渤海墓葬」『博物館研究』 1983-3.
17. 龐志國·柳嵐, 「撫松縣前甸子渤海古墓清理簡報」『博物館研究』 1983-3.
18. 吉林省文物志編委會, 『吉林市郊區文物志』 1983.
19. 吉林省文物志編委會, 『集安縣文物志』 1984.
20. 吉林省文物志編委會, 『龍井縣文物志』 1984.
21. 吉林省文物志編委會, 『和龍縣文物志』 1984.
22. 吉林省文物志編委會, 『琿春縣文物志』 1984.
23. 張錫瑛, 「琿春馬滴達渤海塔基清理簡報」『博物館研究』 1984-2.
24. 方舟, 「長白靈光塔維修中發現地宮」『博物館研究』 1984-2.
25. 集安縣文物保管所, 「集安縣上,下活龍村高句麗古墓清理簡報」『文物』 1984-1.
26. 吉林省文物志編委會, 『安圖縣文物志』 1985.
27. 吉林省文物志編委會, 『圖們市文物志』 1985.
28. 延邊朝鮮族自治州博物館, 「吉林汪清考古調查」『北方文物』 1985-4.
29. 吉林省文物志編委會, 『延吉市文物志』 1986.
30. 李正鳳·李强, 「吉林龍井英城渤海古墓」『博物館研究』 1986-1.
31. 李正鳳·李强, 「吉林龍井富民渤海古墓」『博物館研究』 1986-1.
32. 吉林省文物志編委會, 『樺甸縣文物志』 1986.
33. 黑龍江省文物考古研究所, 「黑龍江海林北站渤海墓試掘」『北方文物』 1987-1.
34. 黑龍江省文物考古研究所, 「黑龍江海林二道河子渤海墓葬」『北方文物』 1987-1.
35. 吉林市博物館, 「吉林永吉楊屯大海猛遺址」『考古學集刊』 5, 1987.
36. 吉林省文物考古研究所 편, 『楡樹老河深』 文物出版社, 1987.
37. 吉林省文物志編委會, 『撫松縣文物志』 1988.
38. 盧連城, 「長白靈光塔名稱考」『博物館研究』 1989-2.
39. 李英魁, 「黑龍江省蘿北縣團結墓葬清理簡報」『北方文物』 1989-1.
40. 黑龍江省文物考古研究所, 「黑龍江蘿北縣團結墓葬發掘」『考古』 1989-8.
41. 尹郁山, 「吉林永吉縣查里巴村發現二座渤海墓」『考古』 1990-6.
42. 黃林啓, 「寧安縣渤海鎭西石崗古墓群出土文物簡介」『北方文物』 1990-4.
43. 정영진, 「1988년에 발굴한 북대발해무덤 및 3채그릇」『발해사연구』 2, 연변대학 발해사연구실 편, 연변대학출판사, 1991.
44. 엄장록·박룡연, 「북대발해무덤연구」『발해사연구』 2, 연변대학 발해사연구실 편, 연변대학출판사, 1991.
45. 박윤무, 「안도동청발해무덤」『발해사연구』 2, 연변대학 발해사연구실 편, 연변대학출판사, 1991.
46. 黑龍江省文物考古研究所, 「黑龍江省海林二道河子考古調查」『北方文物』 1991-1.
47. 黑龍江省文物考古研究所, 「黑龍江省牡丹江樺林石場溝墓地」『北方文物』 1991-4.
48. 吉林省文物工作隊·吉林市博物館·永吉縣文化局, 「吉林永吉楊屯遺址第三次發掘」『考古學集刊』

7, 1991.
49. 張雪岩, 「吉林集安東大坡高句麗墓葬發掘簡報」『考古』 1991-7.
50. 劉曉東·付曄, 「試論三靈墳的年代與墓主人身份」『北方文物』 1992-1.
51. 연변박물관, 「동청발해무덤발굴보고」『발해사연구』 3, 연변대학출판사, 1992.
52. 牡丹江市土地管理局·牡丹江市文物管理站 編著, 『牡丹江市文物保護單位保護區規劃』 黑龍江省文物管理委員會, 1992.
53. 박윤무, 「룡두산 발해무덤구역내의 룡호무덤떼에 대한 고찰과 발굴」『발해사연구』 4, 연변대학출판사, 1993.
54. 延邊朝鮮族自治州文物管理委員會, 「吉林省和龍龍湖渤海墓葬」『博物館研究』 1993-1.
55. 延邊博物館·和龍縣文物管理所, 「吉林省和龍縣北大渤海墓葬」『文物』 1994-1.
56. 鄭永振, 「1991年에 發掘한 三陵屯渤海壁畵墓와 高句麗壁畵墓와의 關係」『韓國上古史學報』 16, 1994.
57. 吉林市地方志編纂委員會, 『吉林市志文物志』 吉林文史出版社, 1994.
58. 梁志龍·王俊輝, 「遼寧桓仁出土青銅遺物墓葬及相關問題」『博物館研究』 1994-2.
59. 孫仁杰, 「集安洞溝古墓群三座古墓葬清理」『博物館研究』 1994-3.
60. 吉林省文物考古研究所, 「吉林永吉查里巴靺鞨墓地」『文物』 1995-9.
61. 李陳奇, 「黑龍江省における靺鞨·渤海考古學の新進展」『渤海と環日本海交流』 環日本海論叢 第8號, 新潟大學環日本海研究會, 1995.
62. 黃景林, 「寧安市東蓮花村渤海貴族墓」『北方文物』 1996-1.
63. 黑龍江省文物考古研究所, 「黑龍江寧安市虹鱒魚場墓地的發掘」『考古』 1997-2.
64. 董長富, 「集安出土的幾件渤海時期文物」『博物館研究』 1997-1.
65. 中國社會科學院考古研究所 編著, 『六頂山與渤海鎮-唐代渤海國的貴族墓地與都城遺址-』 中國田野考古學報告集 考古學專刊 丁種 56號, 中國大百科全書出版社, 1997.
66. 黑龍江省文物考古研究所, 「黑龍江省海林市羊草溝墓地的發掘」『北方文物』 1998-3.
67. 牡丹江市文物管理站·寧安縣文物管理所, 「黑龍江寧安沙蘭熱水坑熔岩石穴遺址調查」『北方文物』 1998-4.

표 1-13. 고분 통계표 4(발해, 北韓)

명칭	확인고분	발굴고분	石墓	土墓	塼墓, 기타	출전
新浦 俗厚里 고분	?	?	돌칸흙무덤			10
新浦 梧梅里 고분군	?	?				10
新浦 中興里 고분군	?	?	돌칸흙무덤			1
北青 坪里 고분군	600~700여(?)	50여(?)	돌칸흙무덤		고구려~발해	3, 6
北青 中里 고분군	?	?	돌곽흙무덤			1
北青 龍田里 고분군	?	?				11
利原 谷昌里 고분	?	?	돌칸흙무덤			10
利原 栗枝里 고분군	?	?				11
洪原 富上里 고분군	?	?				11
花臺 旌門里 고분군	?	?	돌각담무덤			9
花臺 旌門里 창덕 고분군	30여(?)	10(?)	돌칸흙무덤, 돌곽흙무덤			1, 2
花臺 土垣里 고분	?	1(?)	돌칸흙무덤			2
花臺 周儀里 릉산동 고분군	8(?)	2(?)	돌칸흙무덤 2			1, 5
花臺 松洞里 고분군	?(56)	?	돌칸흙무덤			9
花臺 松洞里 송정동 고분군	35~36(?)	3(?)	돌칸흙무덤 3			5
花臺 松洞里 송동부락	?	33(?)	돌칸흙무덤 33			9
花臺 自佳里 수서부락 칼산 고분군	?	?	돌곽흙무덤, 돌각담무덤			1, 9
花臺 錦城里 고분군	?	3(91)	돌칸흙무덤 2, 돌각담 돌곽(적석석곽) 쌍곽무덤 1			7, 9
花臺 龍原里 고분군	?(56)	?	돌각담무덤			9
花臺 荷坪里 고분군	?	?	돌칸흙무덤, 돌곽돌무덤, 돌각담무덤			9
吉州 林洞里 고분군	?	?				11
漁郎 水南里(河南) 고분군	?	?				8
清津 富居里 고분군	380~500여(?)	50여(?)	돌칸흙무덤, 돌칸돌관무덤(다수), 돌관무덤			6, 8, 12, 13
會寧 弓心 황제골 고분군	300여(?)	?	돌칸흙무덤			4, 6
會寧 南山里 탑동 고분(장군무덤) (永綏里)	?	?	돌칸흙무덤			1, 9
會寧 城北里 고분(운두산성 안)	?	?	돌곽흙무덤			9
會寧 金生里 고분군	?	?	돌칸흙무덤			1

(표 1-13에서 계속)

* 이밖에 東潮는 慈江道 慈城郡 法洞里 고분군, 滿浦市 延上里 고분군에도 발해 고분이 포함되어 있을 가능성을 제기하였다(東潮, 『高句麗考古學硏究』 吉川弘文館, 1997, pp.123~126)

주: 북한의 고분

1. 리준걸, 「함경남북도일대의 발해유적유물에 대한 조사보고」 『조선고고연구』 1986-1.
2. 김종혁·리준걸, 「창덕무덤떼 발굴보고」 『조선고고연구』 1990-3.
3. 김종혁, 「청해토성과 그 주변의 발해유적」 『조선고고연구』 1990-4.
4. 리준걸, 「궁심무덤떼발굴보고」 『조선고고연구』 1991-1.
5. 리준걸, 「룡산동 및 송정동 무덤떼 발굴보고」 『조선고고연구』 1991-2.
6. 편찬위원회, 『조선유적유물도감』 8, 발해편, 외국문종합출판사, 평양, 1991.
7. 김종혁·김광남, 「화대군 금성리 무덤떼발굴보고」 『조선고고연구』 1992-2.
8. 궁성희, 「조선력사유적유물 지명표(북반부편 3)」 『조선고고연구』 1994-1.
9. 궁성희, 「조선력사유적유물 지명표(북반부편 4)」 『조선고고연구』 1994-2.
10. 궁성희, 「조선력사유적유물 지명표(북반부편 5)」 『조선고고연구』 1994-3.
11. 장철만, 「동해안일대의 발해무덤에 대하여」 『조선고고연구』 1997-1.
12. 김종혁, 「우리 나라 동해안일대에서 조사발굴된 발해의 유적과 유물」 『발해사연구론문집』 2, 과학백과사전종합출판사, 1997.
13. 「발굴소식: 새로 발굴된 발해무덤과 마구일식」 『조선고고연구』 1998-3.

표 1-14. 고분 통계표 5(말갈~발해, 沿海州)

명칭	확인고분	발굴고분	石墓	土墓	塼墓, 기타	출전
코프이토 고분	1	1(59)	封土積石墓(1호)		발해	1
아브리코스 고분군	4	4(59)	封土積石墓(2~5호)		발해	1
아브라모브카-2(루자노프) 고분군	?	22(89)		土壙墓	5~10세기	10
체르냐티노 고분군	?	4(97~98)		土壙墓	말갈~발해(6~8세기)	8, 9
로쉬노-4 고분군	?	9(88)		土壙墓	9~10세기	10
노보포크로프카 고분군	?	이미 파괴		土壙墓(?)	8~10세기	10
모나스트이르카-3 고분군	92(?)	84(86, 92~96)		土壙墓(4기는 封土墓)	9~12세기	10

표 1-15. 고분 통계표 6(말갈, 아무르지역)

명칭	확인고분	발굴고분	石墓	土墓	塼墓, 기타	출전
마르코보 고분군	?(28)	2(28)		竪穴土壙墓		3
노보페트로프카 고분군	?(64)	5(64)		竪穴土壙墓	6~8세기(출전4)	3, 4
자비타야 고분군	?(09)					3
나이펠드 고분군	?(59)	40(60~61)		竪穴土壙墓	4~5세기(출전4) 5~7세기(출전2) 6세기말~7세기초(출전7)	2, 3, 4, 7
코치코바트카 고분군	?	16(70~71)		竪穴土壙墓	4~5세기(출전4)	3, 4
코르사코보 고분군	520?(?)	386 (76~79)		土壙墓	최대 7~11세기, 주로 8~10세기(출전6) 소수는 7~9세기, 다수는 10~11세기 전반(출전7)	5, 6, 7
두보바야 렐카 고분군		21(75~76)			9~10세기말(출전7)	3, 7
트로이츠코예 고분군	?(67)	280여 (69~74)		竪穴土壙墓	7~8세기(출전7)	3, 7

주: 러시아의 고분

1. Шавкунов Э.В., Государство Бохай и памятники его культуры в Приморье. Наука, Л., 1968 // 샤프쿠노프 에.베. 『발해국과 연해주의 발해 문화 유적』 과학출판사, 레닌그라드, 1968.
2. ア·ペ·オクラドニコフ, ア·ペ·ヂェレヴャンコ, 「ユダヤ人自治州ナイフェリド村の靺鞨族の墓址」『シベリア極東の考古學』 1, 極東篇, 河出書房新社, 1975.
3. Деревянко Е.И., Мохэские памятники Среднего Амура, Новосибирск, 1975 // 데레뱐코 예.이., 『아무르 강 중류의 말갈 유적』 노보시비르스크, 1975.
4. Крушанов А.И., История Дальнего Востока СССР(с древнейших времён до XVII века). Наука, М., 1989 // 크루샤노프 아.이. 책임편집, 『소련 극동사-고대로부터 17세기까지-』 과학출판사, 모스크바, 1989; 成于衆 역, 王德厚·候玉成 校, 『蘇聯極東史-從遠古到17世紀-』 哈爾濱出版社, 1993.
5. Медведев В.Е., Корсаковский могильник: хронология и материалы, НАУКА Сибирское отделение, Новосибирск, 1991 // 메드베데프 베.예., 『코르사코보 고분군: 편년 및 자료』 과학출판사 시베리아 지사, 노보시비르스크, 1991.
6. 天野哲也, 「「靺鞨」社會の特徵-コルサコフ墓地の帶飾板を中心に-」『日本古代の傳承と東アジア』 吉川弘文館, 1995.
7. 王培新, 「靺鞨-女眞系銅帶飾及相關問題」『北方文物』 1997-1.
8. Yury G. Nikitin, Evgeniya I. Gelman, 「Burial Ground of Early Medieval Epoch in the Basin of Suifun River」『北方ユーラシア學會會報』 10, 北方ユーラシア學會, 1998. 4. 1.
9. Alexander Ivliev, 「Archaeological Investigation of Bohai Sites in Primorski Territory of Russia」『渤海 建國 1300周年(698~1998)』 제4회 고구려국제학술대회 발표논집, 고구려연구회, 1998. 9. 11~13.

10. Дьякова О.В., Мохэские Памятники Приморья, Дальнаука, Владивосток, 1998 // 디야코바 오.붸.,『연해주의 말갈 유적』 극동과학 출판사, 블라디보스톡, 1998.

그림 1-1. 筒形罐의 비교(縮尺 不同)

① 육정산 고분군

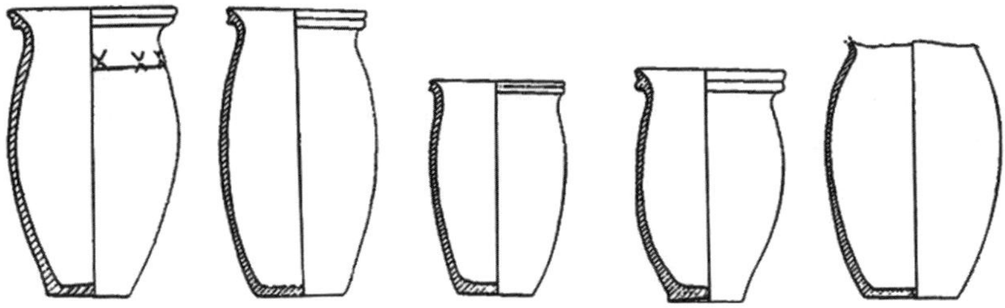

1 2 3 4 5

(1. M205:5 2. M202:08 3. M205:6 4. M205:8 5. M211:10)

② 고구려 長胴壺 II형

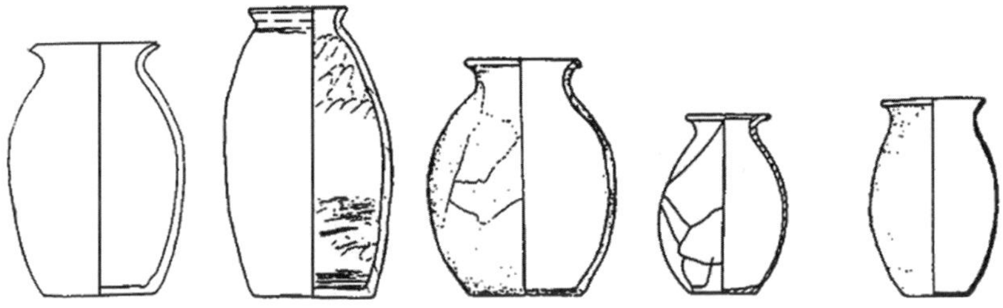

1 2 3 4 5

(1. 구의동 2. 아차산 제4보루 3. 고산동 11호분 4. 석탄리유적 5. 법동리 하구비석실분)

③ 大海猛 上層

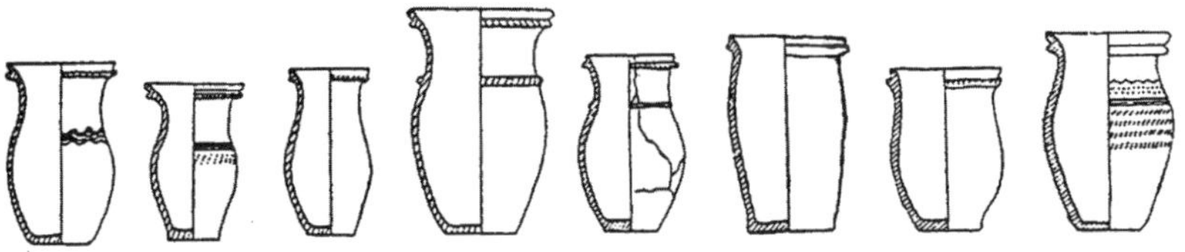

1 2 3 4 5 6 7 8

(1. H1:6 2. M11:2 3. T5①:6 4. T9①:24 5. H1:4 6. M31:1 7. M8:1 8. T10②:4)

④ 査里巴

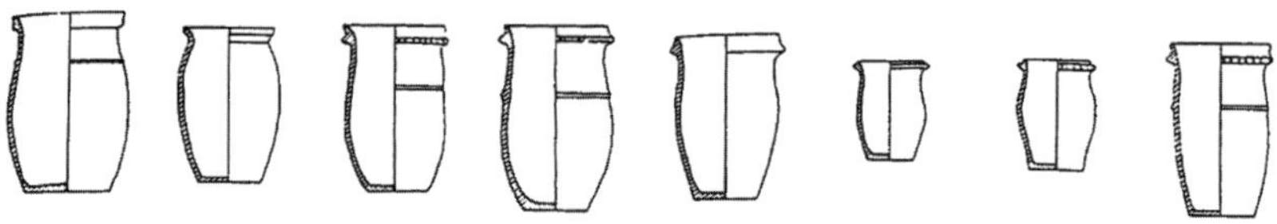

1 2 3 4 5 6 7 8

(1. M3:14 2. M3:2 3. M31:2 4. M31:3 5. M36:6 6. 채집:6 7. M28:1 8. M13:9)

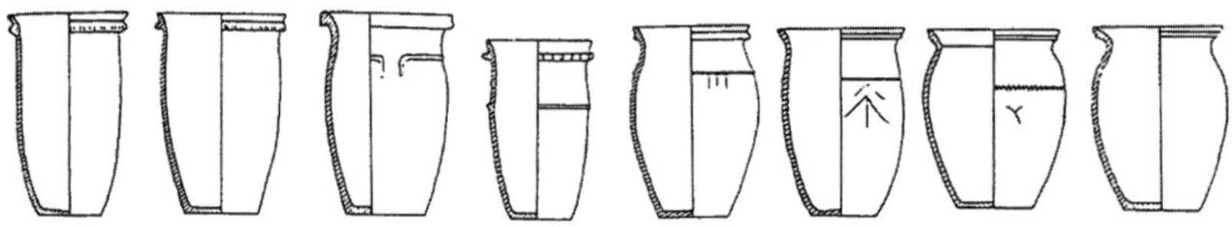

9 10 11 12 13 14 15 16

(9. M11:2 10. M14:13 11. 채집:4 12. M23:1 13. 채집:5 14. 채집:11 15. M14:1 16. M24:1)

⑤ 老河深 上層

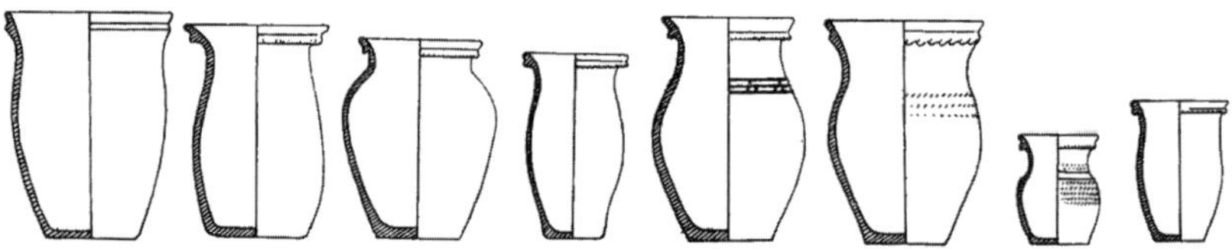

1 2 3 4 5 6 7 8

(1. 上 23:3 2. 上1:1 3. 上 31:1 4. 上14:1 5. 上28:2 6. 上2:8 7. 上33:12 8. 上26:1)

제2장 粟末靺鞨의 원류와 扶餘系 집단

1. 머리말

역사적으로 볼 때에 만주지방에는 크게 東胡系, 濊貊系, 肅愼系 세 계통의 종족집단이 거주하였으니, 말갈족은 가장 동쪽에 거주하였던 숙신계 집단에 해당한다. 이 일대에 거주하던 집단은 처음에 肅愼으로 불리다가 시간이 내려오면서 挹婁, 勿吉, 靺鞨, 女眞, 滿洲族, 滿族으로 명칭이 변화되었다. 이 가운데 말갈은 563년에 처음으로 역사서에 등장한 뒤로 발해가 멸망할 때까지 활동하였으니, 중국으로 따지면 북조 최말기로부터 수나라를 거쳐 당나라 멸망기까지 그 북방에 거주하면서 우리나라의 부여 및 고구려, 발해와 밀접한 연관을 맺었던 종족집단이었다.

말갈유적의 조사는 1930~40년대 하얼빈 黃家崴子 유적을 필두로 시작되었지만, 1950년대에 들어 러시아학자들이 아무르강 연안에서 유적 발굴을 개시하면서 비로소 그 면모가 제대로 드러나기 시작했고, 1970년대에는 중국에서도 관련 유적들이 속속 발굴되었다. 이에 따라 1980년대 들어서면서 주요한 연구 성과들이 발표되기에 이르렀다.[1]

1. 이상의 연구사에 대해서는 다음 논문을 참조 바란다.
干志耿, 「靺鞨族及黑龍江流域的靺鞨遺存」 『北方文物』 1985-1, pp.25~26; 黑龍江省文物考古研究所, 「黑龍江蘿北縣團結墓葬發掘」 『考古』 1989-8, pp.725~726; 菊池俊彦, 「黑龍江省蘿北縣の靺鞨の遺跡」 『史朋』 23, 北海道大學東洋史談話會, 1989〔「同仁文化と靺鞨文化」 『北東アジア古代文化の研究』 北海道大學圖書刊行會, 1995 재수록, pp.256~258〕.

러시아에서 먼저 시작된 말갈 연구는 나이펠드 고분군, 코치코바트카 고분군, 코르사코보 고분군, 트로이츠코에 고분군 등의 말갈 유적을 아무르강 연안에서 발굴하면서 활발히 전개되었으니, 이에 따라 그 일대에서 활동하였던 黑水靺鞨의 정체를 밝히는 데에 크게 기여하였다. 반면에 중국에서는 이보다 늦게 흑룡강 연안에서 동일계통의 유적들인 綏濱縣 同仁유적, 蘿北縣 團結古墳群이 발굴되어 역시 흑수말갈 연구에 새로운 자료를 추가할 수 있게 되었다. 이와 아울러 길림시 일대에서는 永吉 楊屯 大海猛 상층 유적, 永吉 査里巴 고분군, 楡樹 老河深 상층 유적들이 발굴되어 속말말갈을 연구하는 기초 자료를 확보하였다.

말갈은 『隋書』 말갈전에서 粟末部, 伯咄部, 安車骨部, 拂涅部, 號室部, 黑水部, 白山部의 7종으로 구성되어 있는 것으로 설명되어 있지만, 『舊唐書』 말갈전에서는 數十部가 된다고 하였고, 또한 흑수말갈만 해도 16부가 있다고 하였다. 또 시기가 다소 늦은 고려 文宗 27년(1073)의 기록이지만 東蕃黑水人에 30種이 있어서 이를 '三十徒'라 부른다는 구절도 보인다.[2] 아울러 『新唐書』 흑수말갈전에는 思慕部, 郡利部, 窟說部, 莫曳皆部, 虞婁部, 越喜部, 鐵利部의 명칭이 추가로 등장하고, 『新唐書』 발해전에서도 率賓部가 확인된다. 이들의 분포지를 보더라도 서쪽으로 길림시 일대의 北流松花江으로부터 동쪽으로 아무르강 하구와 사할린 섬까지, 남쪽으로 백두산 일대에서 북쪽으로 東流松花江까지 광대한 지역에 널리 퍼져 있었다. 이렇게 너른 영역만 보더라도 말갈이란 다종다양한 집단을 포괄하는 집합체였음이 분명하다.

수많은 집단으로 구성된 말갈이지만, 그 실체가 조금씩 드러나기 시작한 것은 黑水靺鞨과 粟末靺鞨 정도이다. 부족한 문헌 자료를 보충해줄 수 있는 고고 자료가 서서히 증가하고 있기 때문이다. 나머지 집단에 대해서는 대체적인

2. 『高麗史』 권9, 文宗 27년 5월 「蕃帥又言, 三山村谷海邊分居蕃賊, 殺掠往來人物, 爲我仇讎. 今欲報讎, 告諭化內三山村中尹夜西老等, 三十徒酋長〈東蕃黑水人, 其種三十, 號曰三十徒〉亦皆響應, 各率蕃軍, 方將進討, 請遣鄕人觀戰.」.

위치 비정을 시도하거나, 일부 고고 유적과 연계시켜 보려는 제안들이 제시되고 있을 뿐이다.[3] 이런 형편에서 말갈 전체를 대상으로 삼는 것은 그 자체가 무리이므로, 현재로서는 흑수말갈이나 속말말갈을 선택하여 논의 대상으로 삼을 수밖에 없다.

이 글은 그중에서 粟末靺鞨을 논의의 중심에 놓고자 한다. 길림시 일대에 거주했던 속말말갈은 고구려 및 발해 역사와 밀접한 유대관계를 맺었던 집단이었고, 先住民이었던 扶餘族과의 연속성 문제도 논란이 되어 왔다. 그런 까닭으로 이 글에서는 문헌 자료와 함께 고고 자료를 활용하면서 부여와 속말말갈과의 연계성 여부를 확인하고자 한다. 다음으로 속말말갈 자체도 과연 단일한 종족집단이었는지에 대한 문제도 검토해보겠다. 아직 발굴 자료가 완전히 공개되지 않은 상황에서 해석에 조심스러운 점이 없지 않지만, 그러한 한계도 염두에 두면서 논의를 진행하고자 한다.

2. 扶餘說과 勿吉說

여러 말갈 집단 가운데 학계의 관심이 가장 많이 쏠린 것이 속말말갈이다. 이들이 수·당 및 고구려와 연계되어 활동한 기록이 제법 남아 있으므로, 자연히 주목받지 않을 수 없었다. 그렇지만 이보다 더 큰 이유는 이들이 발해 건국에 참여하였다는 점이다. 발해 국가의 속성을 규명하기 위해서는 이들 집단의 성격 규명이 선행되지 않을 수 없다고 생각해왔던 것이다.

---

3. 池內宏, 「勿吉考」『滿鮮地理歷史硏究報告』15, 東京帝國大學文科大學, 1937, pp.18~49; 日野開三郎, 「靺鞨七部の住域に就いて」『史淵』36·37, 1947〔東北アジア民族史』中, 日野開三郎 東洋史學論集 15, 三一書房, 1991 재수록〕; 干志耿, 윗논문 pp.24~25; 孫進己·干志耿·莊嚴, 「勿吉和靺鞨的物質文化」『博物館硏究』1985-1, pp.67~69.

속말말갈의 종족적 계통에 대해서는 크게 두 가지로 견해가 갈리고 있다. 하나는 扶餘系 집단으로 보는 설이고, 다른 하나는 勿吉系 집단으로 보는 설이다. 전자는 길림시 일대가 원래 부여 지역이었으므로 이들이 근간을 이루었다는 설명이고, 후자는 동쪽으로부터 물길 집단이 확장해와서 부여를 밀어내고 새로운 집단으로 형성되었다는 설명이다.

먼저 전자의 견해부터 정리해보겠다. 일찍이 池內宏은 물길이 본래 부여족의 일부로서 부여의 변경지대에서 새롭게 대두되었다고 추정함으로써,[4] 물길 자체가 원래 부여족에 속한 것으로 생각하였다. 그러나 물길을 부여족 일파로 파악하는 것은 장차 지적하는 바와 같이 오류가 분명하다. 다음으로는 日野開三郎의 견해이다. 우선, 그는 물길과 말갈을 분리하여 서로 다른 종족 계통으로 파악하였으니, 물길은 읍루와 함께 純퉁구스 계통에 속하는 반면에 말갈은 물길을 대신하여 새롭게 등장한 세력으로서 예맥계인 부여국 후예가 주축이 되었다고 주장했다.[5] 이렇게 등장한 말갈은 짧은 시간에 급속히 세력을 확장하여 수나라 초기가 되면 말갈 7부에 이르는 광대한 지역의 주민을 포괄하여 다양한 종족을 포섭하게 되었다고 하였다.[6] 그 결과, 말갈은 크게 예맥계 종족과 순퉁구스계 종족으로 양분할 수 있으니, 전자에 속하는 집단으로는 각기 扶餘族과 沃沮族을 모태로 한 粟末部와 白山部가 있고, 후자에 속하는 집단으로는 後肅愼(挹婁)族, 勿吉族 등을 모태로 한 나머지 5개 部가 있다고 결론지었다.[7] 이 견해에 따르면 속말말갈은 부여족을 모태로 한 집단이 된다.

중국의 孫進己를 비롯한 艾生武, 莊嚴, 干志耿 등도 이와 비슷한 견해를

4. 池內宏, 윗논문 pp.54~56.

5. 日野開三郎, 「勿吉考」『史淵』 35, 1946〔『東北アジア民族史』 上, 日野開三郎 東洋史學論集 14, 三一書房, 1988 재수록, p.498, p.517〕.

6. 日野開三郎, 「靺鞨七部の前身とその屬種」『史淵』 38·39합, 1948〔『東北アジア民族史』 中, 日野開三郎 東洋史學論集 15, 三一書房, 1991 재수록, p.84〕.

7. 日野開三郎, 윗책 p.132의 表 참조.

표명하였다. 이들은 말갈이 예맥족과 숙신족을 통칭한다고 하면서, 拂涅 서쪽의 伯咄部, 粟末部 등은 예맥족에 속하고 불녈 동쪽의 號室部, 安車骨部, 黑水部는 숙신족에 속한다고 설명하여, 勿吉이 西遷했다는 주장에 반대하였다.[8] 결국 속말말갈은 현지의 예맥족에서 유래하였다고 하였고, 속말말갈의 조상은 송화강 유역에서 처음에 부여의 관할에 있다가 5세기 말에 부여와 함께 고구려에 항복했던 것으로 추정하였다.[9] 그렇지만, 干志耿은 다른 논문에서 흑수말갈을 물길의 후예로 보고 속말말갈은 南部 勿吉과 扶餘의 융합체로 이해함으로써, 그 원류에 대해서 조금 다른 입장을 표명하였다.[10]

한편, 한국의 權五重도 말갈의 종족 계통을 양분하여 흑수말갈만 읍루 계통에 속하고, 나머지 말갈은 모두 부여, 옥저, 동예의 濊族 계통에 속하는 것으로 보았으며, 결과적으로 속말부는 부여국을 계승한 것으로 파악하였다.[11] 이렇게 속말부를 부여계로 규정한 것은 상기의 견해들과 궤를 같이 한다. 또 흑수말갈 이외의 말갈 집단을 모두 예족 계통으로 보는 것은 三上次男의 견해를 계승한 李成市의 파악과도 상통한다.[12] 그러나 이처럼 흑수말갈과 그외의 말갈로 구분하는 이분법적 구도는 말갈 자체의 실상을 보여주는 것이 아니라, 추후에 등장하는 흑수말갈과 발해의 양립 현상에 끼워 맞춘 결과물일 뿐이니, 이 주장에는 무리가 따르지 않을 리 없다. 韓圭哲도 말갈의 종족 계통을 두 가지로 보는 손진기, 권오중의 견해에 지지를 표하면서, 속말말갈을 역시 부여의 예맥계로 볼 수 있다고 하였다.[13]

---

8. 孫進己·艾生武·莊嚴, 「渤海的族源」『學習與探索』 1982-5, pp.125~126; 孫進己·干志耿·莊嚴, 앞논문 p.66.
9. 孫進己·艾生武·莊嚴, 윗논문 p.128.
10. 干志耿, 앞논문 p.24.
11. 權五重, 「靺鞨의 種族系統에 관한 試論」『震檀學報』 49, 1980, p.19.
12. 李成市, 「穢族の生業と民族」『古代東アジアの民族と國家』 岩波書店, 1998; 이성시 지음, 박경희 옮김, 『만들어진 고대』 삼인, 2001, pp.116~117.

이상의 견해들은 말갈을 두 계통으로 나누어 속말말갈을 부여의 후예로 보고 있다는 점에서 공통점을 지닌다. 이에 반해서 두 번째의 견해는 부여와 무관한 것으로 판단한다는 점에서 크게 대비된다. 일찍이 津田左右吉은 부여가 다른 곳으로 쫓겨가고 그 자리를 물길이 차지하여 세력을 떨치다가, 나중에는 그 휘하의 속말부에 주도권을 넘겨줌으로써 주인공이 바뀌었다고 추정하였다.[14]

중국의 楊保隆은 속말말갈이 예맥계에 속한다는 孫進己의 주장을 조목조목 비판하면서 말갈을 두 개의 종족 계통으로 볼 수 없고 이들은 모두 숙신 계통에 속한다고 주장하였다.[15] 그런 다음에 물길 西南邊의 변화 과정을 추적하여, 물길 초기에는 길림시 일대가 그 영역에 포함되지 않았다가 5세기 말에서 6세기 초 사이에 부여를 축출한 다음에야 길림시 일대까지 세력을 확장하여 속말부가 형성되었던 것으로 논증하였다.[16] 이에 비해서 朱國忱과 魏國忠 등은 처음 글에서 물길이 長廣才嶺을 넘어 부여를 구축하고 속말부가 된 것으로 설명하였다가,[17] 추후에는 속말수 유역에 들어간 물길인이 현지의 부여인과 융합된 산물이 속말말갈이라고 재론하였다.[18] 한편, 盧泰敦도 5세기 종반에 물길이 발흥하여 農安 지역까지 공격해들어오자 부여 왕실이 고구려로 피신함으로써 마침내 부여국이 소멸되었다고 하면서, 그 결과 농안 일대는 물길-말갈계 집단의 터전이 되어 속말말갈의 활동무대가 되었던 것으로 설명하였다.[19]

---

13. 韓圭哲, 『渤海의 對外關係史-南北國의 形成과 展開-』 신서원, 1994, pp.52~53, pp.68~69.
14. 津田左右吉, 「勿吉考」 『滿鮮地理歷史硏究報告』 1, 東京帝國大學文科大學, 1915, p.11, pp.24~26.
15. 楊保隆, 「新舊唐書《渤海傳》考辨」 『學習與探索』 1984-2, pp.123~127.
16. 楊保隆, 「勿吉地域西南部邊至考」 『北方文物』 1985-4.
17. 朱國忱·張太湘·魏國忠·吳文銜, 「渤海國的族屬問題」 『學習與探索』 1980-5, p.126.
18. 朱國忱·魏國忠, 「再論渤海王國的族屬問題」 『北方論叢』 1983-1, p.105.
19. 盧泰敦, 「扶餘國의 境域과 그 變遷」 『國史館論叢』 4, 1989〔『고구려사 연구』 사계절, 1999 재수록, pp.523~524〕.

일본의 菊池俊彦도 고고학 자료를 토대로 말갈에 대한 논문을 많이 발표하였다. 그는 흑룡강 유역의 말갈 유적에서 출토되는 토기[20] 가운데 두 유형이 전형적인 것이니, 하나는 입이 벌어지고 목이 가늘고 길다란 花瓶形 토기이고, 다른 하나는 목이 별로 줄어들지 않고 구연부도 밖으로 별로 외반되지 않는 壺形 토기라고 하면서, 전자는 흑룡강 유역에서 집중적으로 출토되지만 후자는 흑룡강에서 송화강 유역에까지 널리 퍼져 있다고 지적하였다.[21] 후자의 토기는 흔히 말하는 '말갈식 도기'로서 筒形罐 또는 長腹罐, 長胴壺로 불리는 것이다. 말갈 7부는 바로 이러한 양식의 토기로 대표되는 공동의 문화를 유지하고 있었음을 암시하면서, 한편으로 말갈문화의 발원지가 러시아학자의 주장처럼 자바이칼-이무르 지역인지 아니면 중국학자의 주장처럼 송화강 중류인지에 대해서는 유보적인 입장을 취하였다.[22]

이상 연구사를 정리해보았다. 이 논의는 결국 粟末靺鞨의 母胎가 濊貊系인 扶餘族이었는지 아니면 肅愼系인 勿吉族이었는지가 핵심이 된다. 과연 어느 쪽이 역사적 실체에 더 접근하고 있는지를 쉽게 판단하기 어려울 정도로 양쪽의 견해가 팽팽하다. 이제 이 숙제를 풀기 위해서 먼저 문헌 자료를 검토하고, 뒤이어 고고 자료를 분석하고자 한다.

---

20. 이 시기의 질그릇을 중국에서는 보통 陶器라 부르고, 한국과 일본에서는 土器라 부르고 있다. 말갈식 질그릇은 우리식 분류대로 하면 토기에 해당되는 것이지만, 중국의 자료를 인용하거나 일반적으로 사용할 때에는 그대로 '도기'라 부르도록 하겠다(본서 제1장 주16).

21. 菊池俊彦, 앞논문(앞책 p.268), pp.273~274.

22. 菊池俊彦, 「靺鞨の同仁文化の遺跡」 『北海道考古學』 24, 1985〔앞책 재수록 p.221, pp.274~276〕.

3. 勿吉의 西進과 속말말갈

문헌 기록을 통해 볼 때에 부여의 근거지에는 세 번의 큰 변동이 있었다. 첫째는 285년 慕容廆가 부여를 공략했을 때이고, 둘째는 346년 이전 부여가 西遷한 때이고, 셋째는 494년경 勿吉에 쫓겨 고구려에 귀속한 때이다. 문제는 지금까지의 연구들이 둘째와 셋째 사건 가운데 하나를 도외시하면서 논지를 전개시키는 경향이 있다는 사실이다. 부여의 서천을 생각하지 않고 속말말갈이 형성되었을 때에 부여가 아직도 길림시 일대에 근거지를 두고 있었던 것처럼 서술하는 경우가 있는가 하면, 부여가 물길에 쫓겨 멸망한 사실을 망각하고서 물길 세력이 미칠 수 있는 범위 밖에서 부여의 서천 지역을 찾으려는 시도도 나타난다. 따라서 특히 둘째, 셋째 사건에 중점을 두어 검토를 해나가겠다.

첫째 사건을 보면, 285년에 모용외의 공격을 받아 부여왕 依慮가 자살하고 아들 依羅 등은 沃沮로 피신했다가 이듬해 晉나라의 도움을 받아 나라를 재건하였으니,[23] 이 사건을 계기로 부여의 세력이 약화되기 시작했다.

중요한 것은 둘째 사건부터이다. 346년 이전의 부여 西遷에 대해서는 좀 더 심사숙고하여야 하므로 먼저 사료를 인용하겠다.

> (永和二年)春正月, … 初, 夫餘居于鹿山, 爲百濟所侵, 部落衰散, 西徙近燕, 而不設備. 燕王皝遣世子儁, 帥慕容軍慕容恪慕輿根三將軍萬七千騎, 襲夫餘. 儁居中指授, 軍事皆以任恪, 遂拔夫餘, 虜其王玄及部落五萬餘口而還. 皝以玄爲鎭軍將軍, 妻以女. (『資治通鑑』 권97, 晉 穆帝)

처음에 부여는 지금의 길림시 東團山 일대로 추정되는 鹿山에 거처하다가 百濟의 침략을 받아 前燕에 가까운 서쪽으로 옮겨가게 되었고, 이 때문에 346년

---

23. 『資治通鑑』 권81, 晉 武帝 太康 6년 및 7년.

前燕의 공격을 받아 왕까지 잡혀가는 큰 타격을 받았다고 한다. 여기에는 두 가지 커다란 숙제가 숨어 있다. 하나는 과연 백제의 정체가 무엇인가이고, 다른 하나는 부여가 서천한 곳이 어디인가 하는 것이다.

백제의 정체에 대해서는 문자 그대로 따르는 견해가 있는가 하면 고구려의 誤記로 보는 주장이 있다.[24] 이밖에 挹婁나 勿吉 등으로 해석하려는 견해도 보인다.[25] 이에 대한 판단이 어렵기는 하지만 다음 두 가지 사실은 백제가 고구려일 가능성을 한층 높여준다. 광개토왕 시기에 牟頭婁는 令北夫餘守事의 직책을 띠고 북부여 지역을 책임지고 있었고, 이것은 祖父 때부터 세습되어 온 것일 가능성이 큰데, 모두루 일가가 이처럼 북부여 방면의 지배권을 획득한 것은 부여의 서천 무렵까지 그 연원이 올라갈 수 있는 여지가 충분하다고 한다.[26] 이 북부여는 부여가 옮겨가기 이전인 초기 도읍지를 가리킬 것이다. 또한 435년 北魏 사신 李敖가 고구려의 사방 경계를 언급하면서 북쪽으로 '舊扶餘'에 이른다고 하였으니,[27] 이렇게 과거형으로 표현된 '옛 부여'는 서천 이전의 부여 지역을 가리키는 것으로 보아야 할 것이다.

이 점에서 볼 때에 백제는 고구려의 誤記로 보는 것이 합당한 것으로 판단된다.

---

24. 백제설은 노태돈의 논문에 소개된 이외에도 神崎勝 등이 따르고 있고, 고구려설은 이병도, 노태돈, 여호규 등이 따르고 있다.
李丙燾, 「夫餘考」『韓國古代史研究』 修訂版, 博英社, 1985, p.221; 노태돈, 앞책 pp.520~522; 神崎勝, 「夫餘の歷史に關する覺書」 下『立命館文學』544, 1996, p.130; 余昊奎, 『1~4세기 고구려 政治體制 연구』 서울대학교 국사학과 박사학위 논문 1997. 8. pp.181~182.

25. 孫進己·馮永謙 主編, 『東北歷史地理』2, 黑龍江人民出版社, 1989, p.89〔王綿厚, 「東北古代夫余部的興衰及王城變遷」『遼海文物學刊』1990-2; 『東北古族古國古文化研究』中, 黑龍江教育出版社, 2000 재수록, p.40〕; 송호정, 「부여의 성립」『한국사』4, 국사편찬위원회, 1997, p.180.

26. 武田幸男, 「牟頭婁一族と高句麗王權」『朝鮮學報』 99·100, 1981〔『高句麗史と東アジア』 岩波書店, 1989 재수록, p.347, p.334〕.

27. 『魏書』 권100, 高句麗傳; 『三國史記』 권18, 高句麗 長壽王 23년.

반면에 이때 물길은 역사무대에 등장하기 이전이고, 읍루는 부여에 臣屬해 있다가 黃初 연간(220~226)에 반발한 적이 있기는 하지만,[28] 부여를 밀어낼 정도로 역량을 키우지는 못하였을 것이다. 따라서 현재로서는 백제를 고구려로 보는 것이 가장 합리적이다.[29]

다음 문제는 서천한 장소이다. 그 후보지로는 가장 일반적으로 받아들여지고 있는 農安說을 비롯하여 昌圖 四面城說, 四平 一面城說, 西豊 城子山山城說 등이 제기되었다.[30] 그러나 前期 扶餘 관련 유적은 길림시 일대에서 많이 발견된 반면에, 後期 扶餘 관련 유적이 이상의 후보지 가운데 그 어느 곳에서도 발견되지 않는 점에서 확답을 기대하기가 어려운 실정이다. 西豊 西岔溝에서는 전기 부여에 속하는[31] 것으로도 볼 수 있는 유적이 발견되어 주목되기는 하지만, 이곳에 후기 왕성을 비정할 경우 나중에 부여가 다시 勿吉에 쫓겨난 사실을 설명하기가 어려워진다. 따라서 대상 지역은 추후 물길의 영역에 포함되는 곳이어야 한다. 그런 면에서 농안 일대가 주목된다. 마침 농안 函罃유적, 장춘 北紅咀子 유적과 二十里堡 유적에서 부여 관련 유물이 출토되기는 하였지만,[32] 아직 단정하기에 충분할 정도로 부여계 유적과 유물이 발견되지 않은 약점은 있다. 이 문제에 대해서는 추후의 고고학 발견을 기다리는 수밖에 없을 것이며,

---

28. 『三國志』 권30, 魏書 挹婁傳.

29. 여호규는 고구려의 부여 정벌 시기를 前燕의 내란기인 333~336년으로 추정하였다(여호규, 앞논문 p.182).

30. 李健才, 「夫餘的疆域和王城」 『社會科學戰線』 1982-4〔『東北史地考略』 吉林文史出版社, 1986 재수록, pp.22~23〕; 林沄, 「夫餘史地再探討」 『北方文物』 1999-4, p.58; 余昊奎, 「高句麗 千里長城의 經路와 築城背景」 『國史館論叢』 91, 2000, p.170; 孫進己·馮永謙 主編, 앞책 p.89; 노태돈, 앞논문 p.500; 王綿厚, 앞책 p.40; 神崎勝, 앞논문 pp.129~130; 송호정, 앞논문 pp.176~180.

31. 田村晃一, 「新夫餘考」 『青山考古』 3, 1987.

32. 吉林省文物志編委會, 『農安縣文物志』 1987, pp.59~60; 吉林省文物志編委會, 『長春市文物志』 1987, pp.31~34.

일단은 물길 영역 안에 들었던 농안 일대 외에는 다른 대안을 찾기가 어렵다.

세 번째의 큰 변동은 正始 연간(504~507)에 고구려 사신이 북위 조정에 대해서 다음과 같이 한 말에 보인다.

> 正始中, 世宗於東堂引見其使芮悉弗, 悉弗進曰, 高麗係誠天極, 累葉純誠, 地産土毛, 無愆王貢. 但黃金出自夫餘, 珂則涉羅所産. 今夫餘爲勿吉所逐, 涉羅爲百濟所并, 國王臣雲惟繼絕之義, 悉遷于境內. 二品所以不登王府, 實兩賊是爲. (『魏書』 권100, 高句麗傳)

이 기록에는 부여가 물길에 쫓겨서 고구려 文咨王이 이들을 경내로 받아들였다고 하는 사실이 담겨 있다. 사실 문자왕 3년(494) 2월에 부여왕 및 妻子가 고구려에 항복해온 사실이 있으므로,[33] 서천 지역에서 명맥을 유지하던 부여가 이 무렵에 물길에 쫓겨나 마지막으로 고구려에 망명했던 것을 알 수 있다.

물길은 長廣才嶺 동쪽에 거주하던 숙신-읍루계 종족 집단이었다. 이들이 처음 역사서에 등장한 때는 보통 乙力支를 북위에 파견한 475년으로 보고 있다.[34] 그렇지만 뒤에 인용하다시피 그 이전에 이미 고구려를 공략하였다고 한 언급으로 보아서 이보다 전에 물길이 등장하여 그 세력을 확장하기 시작하였음이 분명하다. 그리고 역사서에서 자취를 감추는 것은 572년이지만, 사실은 그보다 오래전인 547년까지 기록이 이어지다가 25년을 뛰어넘어 이 해에 단 한 번 기록이 나올 뿐이고, 그 대신에 563년부터 이미 말갈 명칭이 등장하고

---

33. 『三國史記』 권19, 文咨明王 3년 2월.

34. 『魏書』 권100, 勿吉國傳; 『册府元龜』 권969, 外臣部, 朝貢 2, 延興 5년 8월.
그렇지만, 『魏書』 序紀에 나타나는 勿吉 자료를 토대로 늦어도 318년에 처음 등장하였다는 주장도 제기되고 있으나(魏國忠, 「關于勿吉族的幾個問題」 『東北民族史研究』 2, 中州古籍出版社, 1995, p.86), 물길의 최초 조공 연대보다 150년 이상이나 올라가게 되고, 이 기간에는 肅愼, 挹婁도 활동하던 시기였으므로 선뜻 받아들이기에 주저된다.

있다.[35] 따라서 6세기 중반에 물길에서 말갈로 세력이 교체된 것으로 보아야 할 것이다. 그렇다면 물길은 100년 정도 세력을 유지했던 집단이었다. 그 중심지는 乙力支가 북위로 들어온 여정을 통해서 추정할 수 있지만, 사료에 등장하는 지리의 해석이 구구하여 어느 설을 따를지 애매할 뿐이다. 다만, "勿吉國은 과거의 肅愼國이다"[36]는 구절을 보면 숙신과 읍루가 활동했던 곳이 그 근거지임을 추정할 수 있다. 여기에다가, 834년 발해 수도에 도착했던 당나라 사신 張建章의 묘지명에서 "忽汗州(발해)는 挹婁故地"라고 적시하였으므로,[37] 발해 중심지인 목단강 일대가 숙신, 읍루, 물길의 활동지였음을 확인할 수 있다.

장광재령 동쪽 일대가 읍루의 근거지였던 사실은 고고학 자료를 통해서도 뒷받침된다.[38] 또한 물길은 "돌로 화살촉을 만든다"[39]는 구절과 "拂涅 以東은 모두 石鏃을 사용하니 과거의 肅愼氏이다"[40]는 구절을 비교해보면 불녈부가 있던 牡丹江 以東, 즉 장광재령 동쪽이었음을 추정할 수 있다. 이러한 사실들로 볼 때에 물길의 주된 활동무대는 목단강 유역과 그 동쪽 지대였다.

그러나 이들은 점차 세력을 확장하여 장광재령을 넘어 서쪽으로 진출하기 시작하였으니, 이는 을력지의 다음과 같은 진술에서 확인된다.

> 延興中, 遣使乙力支朝獻. 太和初, 又貢馬五百匹. 乙力支稱, … 自云其國先破高句麗十落, 密共百濟謀, 從水道并力取高句麗, 遣乙力支奉使大國, 請其可否. 詔勅三

---

35. 『册府元龜』 권969, 外臣部, 朝貢 2, 武定 5년(547), 河淸 2년(563), 武平 3년(572).
36. 『魏書』 권100, 勿吉國傳.
37. 韓國古代社會硏究所 편, 『譯註 韓國古代金石文』 Ⅲ, 駕洛國史蹟開發硏究院, 1992, pp.502~503.
38. 賈偉明·魏國忠, 「論挹婁的考古學文化」 『北方文物』 1989-3〔『東北民族史硏究』 2, 中州古籍出版社, 1995 재수록〕.
39. 『魏書』 권100, 勿吉國傳.
40. 『北史』 권94, 勿吉國傳.

國同是藩附, 宜共和順, 勿相侵擾. 乙力支乃還. (『魏書』 권100, 勿吉國傳)

을력지는 앞서 고구려 10부락을 격파하였고, 비밀히 백제와 공모하여 水路를 따라 고구려를 취하고자 한다면서 그 가부를 북위에 묻고 있다. 여기서 을력지가 사신으로 갔던 475년 이전에 이미 고구려 10부락을 취했고, 또한 수로를 따라 고구려를 공격하려 한 점에 주목할 필요가 있다. 여기서 말하는 고구려 공격 수로는 北流松花江이었을 것이므로, 고구려 10부락도 이 부근에 해당될 것이다.[41] 그렇다면 고구려 최북단 전진기지였고 과거 부여가 자리잡고 있던 길림시 일대를 취한 사실을 '고구려 10落'의 점령으로 표현한 것이다. 그리고 얼마 안 되어 그보다 서쪽으로 옮겨가 있던 부여마저 구축해버렸다. 결국 물길은 5세기 중후반에 장광재령을 넘어 고구려를 공격하고 이어서 부여를 멸망시킴으로써, 그 세력 범위를 서쪽으로 크게 확장시켰다. 그 서진 세력을 모태로 하여 길림시 일대에서 속말말갈이 등장했고, 이제는 이들이 고구려와 접경하면서 양자가 세력 경쟁을 벌여나가게 되었다.

이상의 중요한 사건을 연대별로 재정리를 하면 지금까지의 고찰을 쉽게 이해할 수 있을 것이다. 285년 慕容廆의 공략으로 부여가 옥저로 쫓겨갔다 돌아온 적이 있었고, 다시 346년 이전에 백제(고구려)의 공격으로 서천함으로써 이제 부여의 중심지였던 길림시 일대는 고구려 관할 아래 놓이게 되었다. 그렇지만 475년 이전에 물길이 등장하여 세력을 확장하면서 서진하기 시작하여 5세기 중후반에 길림시 일대의 고구려 10부락을 격파하고 475년 북류송화강을 통하여 고구려 본토로 공격해 들어갈 계획까지 세웠다. 그러나 이 계획은 북위의 반대로 무산되어 버리고, 그 대신에 494년경 더 서진하여 서천해 있던 부여를 쳐서 멸망시켰다. 결국 과거 부여의 중심지였던 속말수 유역은 5세기 중후반부터

41. 물길이 공략한 고구려 10落을 훈춘, 연길 일대로 본 견해도 있으나, 이는 잘못된 추측이다(楊保隆, 앞논문 1985, p.70).

물길이 장악하였고, 이를 바탕으로 속말말갈 부락들이 형성되었던 것이다. 이렇게 본다면 부여족을 모태로 하여 속말말갈이 형성되었다는 주장은 성립하기 어렵게 된다. 속말말갈은 물길에서 태동된 세력 집단이었다.

이러한 사실을 결정적으로 보여주는 사료가 하나 더 있다. 李謹行은 수나라에 歸附하였던 속말말갈 추장 突地稽의 아들로서 『新唐書』 열전에 靺鞨人으로 되어 있다.[42] 그러면서 그의 묘지명에는 다음과 같이 기록하였다.

> 公諱謹行, 字謹行, 其先蓋肅愼之苗△涑沫之後也. 東蕃△△△△△△疏疆, 北闕來朝, 陳△△△△△△. … 曾祖△, 祖△, 并代爲蕃長. 父稽, 左衛大將軍·燕州刺史·耆國公, 宇局沈毅, 藝用驍雄, 入擅銜珠之榮, 出預分△之重.[43]

그의 가문을 보면 아버지 稽(돌지계)뿐 아니라 증조부와 조부도 모두 말갈 추장을 역임하였으니, 그는 필연 순수 속말말갈인 혈통을 지녔을 것이다. 그러면서 그의 선조가 '숙신의 묘예'이며 '속말의 후예'라고 함으로써, 속말말갈족으로서의 그의 가계가 숙신의 후예라는 계승의식을 뚜렷이 지니고 있었음을 여실히 보여준다. 이로 보아도 속말말갈은 숙신의 후예요 물길의 후예임이 분명해졌다. 이제 고고학 자료를 통해서 이 사실을 다시 한 번 검증해보겠다.

부여의 대표적인 유적으로 帽兒山古墳群을 일차로 손꼽을 수 있다. 이 유적은 부여의 지배층들이 남긴 핵심 유적으로서 부여 문화를 이해하는 데에 관건이 된다. 1985년 5월에 처음 3기의 고분을 구제 발굴하면서 그 면모가 비로소 드러났고, 1989년부터는 지속적으로 발굴이 이루어지고 있다.[44] 그러나 최초의

---

42. 新唐書』 권110, 李謹行傳 「李謹行, 靺鞨人, 父突地稽, 部酋長也.」.

43. 「987. 李謹行誌」 『唐代墓誌銘彙編附考』 제10책, 中央研究院 歷史語言研究所, 1989, p.417.

44. 吉林市博物館, 「吉林帽兒山漢代木槨墓」 『遼海文物學刊』 1988-2; 吉林市地方志編纂委員會, 『吉林市志文物志』 吉林文史出版社, 1994, pp.171~174; 劉景文, 「吉林市郊帽兒山古

구제 발굴에 대한 보고 외에는 考古學年鑑에 극히 단편적인 소식만 전하고 있을 뿐으로, 아직은 그 전모를 파악할 수가 없다. 지금까지 알려진 대체적인 내용을 보면, 고분군 범위는 모아산을 중심으로 하면서 남쪽의 炮手口子 일대에서 북쪽으로 용담산 기슭까지, 동쪽으로 裕民村에서 서쪽으로 송화강변까지 대략 8km^{2}에 걸쳐 있다. 무덤 양식은 土壙木槨墓가 중심이면서, 토광묘, 토광목관묘, 토광화장묘, 토광적석묘, 土壙石壙墓도 발굴되었다. 앞으로의 조사에 따라 부여의 구체적인 면모가 드러나겠지만, 지금으로서는 이를 다룰 만큼 자료가 공개되어 있지 않다. 따라서 부득이 다른 자료를 활용하지 않을 수 없다.

부여 유적으로는 모아산과 그 일대의 동단산, 南城子 유적 이외에도 大海猛 유적, 老河深 유적, 泡子沿前山 유적, 學古東山 유적과 學古 고분, 土城子 유적 등이 손꼽힌다.[45] 이들은 모두 중심연대가 漢代이므로 부여가 西遷하기 이전에 형성된 것들이다. 그럼에도 불구하고 부여가 서천한 이후의 유적이 현재로서는 확인되지 않으므로, 부여의 유적과 속말말갈의 유적을 상호 비교하려면 어쩔 수 없이 시간적 공백을 감수하여야만 하는 실정이다. 그런 한계 속에서도 좀 더 신빙성 있는 결론을 얻을 수 있는 길은 동일 유적에 형성된 부여 문화층과 속말말갈 문화층을 상호 비교하는 방법이 될 것이다. 이런 예로서 楊屯 大海猛 유적과 楡樹 老河深 유적이 적격이다.

墓群」『中國考古學年鑒(1990)』 文物出版社, 1991, p.197; 劉景文, 「吉林市帽兒山古墓群」『中國考古學年鑒(1991)』 文物出版社, 1992, pp.161~162; 洪峰, 「吉林市郊區帽兒山漢代墓地」『中國考古學年鑒(1992)』 文物出版社, 1994, pp.189~190; 王昭, 「談吉林帽兒山出土絲織品的處理與封護」『博物館硏究』 1997-3; 王洪峰, 「吉林市帽兒山夫余遺址」『中國考古學年鑒(1994)』 文物出版社, 1997, p.174; 劉景文, 「吉林市帽兒山墓地南山墓群」『中國考古學年鑒(1998)』 文物出版社, 2000, pp.115~116.

45. 張立明, 「吉林泡子沿遺址及其相關問題」『北方文物』 1986-2, p.23; 嚴長錄, 「扶餘의 遺迹과 遺物에 對하여」『民族文化의 諸問題』 于江權兌遠敎授定年紀念論叢, 1994; 오영찬, 「楡樹 老河深 유적을 통해 본 부여 사회」『한반도와 중국 동북 3성의 역사 문화』 서울대학교출판부, 1999, p.482.

대해맹 유적은 永吉縣 烏拉街鄕 楊屯에 자리잡고 있으며, 1971년에 처음 발견되어 지표조사와 시굴이 이루어졌고, 1979년, 1980년, 1981년 세 차례 발굴이 진행되었다.[46] 이 유적은 3개 층위로 이루어져 있는데, 하층(제1기)은 서단산문화 만기, 중층(제2기)은 漢代 즉 부여 문화기, 상층(제3기)은 말갈~발해 초기에 해당한다. 제1기 문화층은 퇴적층이 두터워 3차례 발굴을 통해 반지하식 집자리 17기, 장방형 수혈토광묘 6기, 옹관묘 5기, 灰坑이 발굴되었다. 이에 비해서 제2기 문화층은 퇴적층이 얇아 灰坑만 몇 기가 발굴되었을 뿐이다. 제3기 문화층에서는 수혈토광묘 90기, 석곽묘(石壙墓) 2기, 회갱이 발굴되었다. 그런데, 여기서 비교하고자 하는 제2기와 제3기 문화층은 각기 생활유적과 고분유적으로 성격이 서로 다르고, 더구나 제2기 문화층은 내용물이 아주 빈약하여 상대적으로 유물이 풍부한 제3기 문화층과 현격한 차이를 드러낸다. 따라서 양자를 서로 비교하기에는 다소 부적절하다.

그렇지만 老河深 유적은 사정이 다르다. 이 유적은 榆樹市 大坡鄕 後崗村에 있으며, 1980년과 이듬해에 두 차례 발굴되어 보고서가 출간되었다.[47] 모두 3개 층위로 이루어져 있는데, 최하층은 서단산문화 만기, 중층은 부여문화기, 상층은 말갈-발해문화기에 해당하여, 양둔 대해맹 유적의 양상과 비슷하다. 중층 문화는 발굴시에 鮮卑族 산물로 추정하였으나, 이제는 부여문화로 여기고 있는 추세이다.[48] 이 유적은 길림시로부터 북쪽으로 100km 가까이 떨어져

---

46. 劉振華, 「永吉楊屯遺址試掘簡報」 『文物』 1973-8; 吉林省文物志編委會, 『永吉縣文物志』 1985; 吉林市博物館, 「吉林永吉楊屯大海猛遺址」 『考古學集刊』 5, 1987; 吉林省文物工作隊·吉林市博物館·永吉縣文化局, 「吉林永吉楊屯遺址第三次發掘」 『考古學集刊』 7, 1991; 吉林市地方志編纂委員會, 앞책.

47. 吉林省文物志編委會, 『榆樹縣文物志』 1984; 吉林省文物工作隊·長春市文管會·榆樹縣博物館, 「吉林榆樹縣老河深鮮卑墓群部分墓葬發掘簡報」 『文物』 1985-2; 劉景文·龐志國, 「吉林榆樹老河深墓葬群族屬探討」 『北方文物』 1986-1; 吉林省文物考古研究所 編, 『榆樹老河深』 文物出版社, 1987.

48. 朴洋震, 「族屬 추정과 夫餘 및 鮮卑 고고학자료의 비교 분석」 『韓國考古學報』 39, 1998;

있지만, 유적이 송화강에 바짝 다가서 있으므로 당시에 수로 교통을 이용했다고 상정해본다면 이 거리감보다는 분명 가까웠을 것이다. 이런 여건으로 볼 때에 王城으로부터는 다소 떨어져 있던 부여의 또 다른 집단이 남긴 유적으로 볼 수 있을 것이다.

두 차례의 발굴로서 최하층에서 집자리 2기, 중층에서 장방형 수혈토광묘 129기, 상층에서 석관묘 7기, 토광목관묘 6기, 단순 토광묘 24기가 조사되었다. 따라서 중층과 상층 모두 분묘유적인 데에다가 둘 다 발굴된 유구의 숫자도 많으므로, 상호 비교를 할 수 있는 충분한 여건을 가지고 있다.

그런데, 중층과 상층의 중심 연대 사이에는 상당한 공백이 있다. 중층의 연대를 추정할 수 있는 자료에는 五銖錢과 銅鏡이 있다. 오수전은 반쪽만 남은 상태로서 '五'자의 필획으로 보아서 漢代에 속한다고 한다.[49] 동경은 四乳四螭紋鏡, 四乳八鳥紋鏡, 四神規矩鏡, 七乳七獸紋鏡 4점이 출토되었는데, 이들도 모두 한대에 유행했던 양식이다.[50] 따라서 중층 유적의 중심 연대는 한대가 되며, 좀 더 범위를 좁힌다면 後漢代가 된다. 그리고, 부장품의 종류와 양식에서 명확한 차이가 나지 않고, 무덤 開口部가 모두 동일 층위에 조성되어 묘광 깊이도 대체로 비슷한 점으로 보아 조성 기간이 그리 길지 않았던 것으로 추정된다고 한다.[51] 다음으로 상층 연대를 추정할 수 있는 자료는 五行大布 동전이다. 이것은 北周 武帝 建德 3년(574)에 주조되기 시작하여 북주(557~581) 말기까지

오영찬, 앞논문 p.488 주41.

49. 吉林省文物考古研究所 編, 앞책 pp.57~58, p.114.
다만, 洛陽 燒溝 漢墓 Ⅲ형의 오수전과 근사하다고 하였으나, 원래의 보고서를 살펴보면 그렇게 단정하기는 어렵다(洛陽區考古發掘隊, 『洛陽燒溝漢墓』 科學出版社, 1959, pp.216~227).

50. 吉林省文物考古研究所 編, 앞책 pp.48~50, pp.114~115.
이 보고서에서는 四神規矩鏡의 연대를 근거로 전한 말기~후한 시기로 추정하였고, 오영찬은 후한 전반으로 비정하였다(오영찬, 앞논문 p.496).

51. 吉林省文物考古研究所 編, 앞책 p.107.

사용되었으므로, 상층 연대는 6세기 후반에 걸쳐 있는 것이 확인된다.

결국 중층은 후한대에 조성된 부여 전기의 유적에 해당하고, 상층은 북조 후기에 조성된 속말말갈의 유적에 해당하여, 두 층위 사이에는 300년 이상이나 공백이 있게 된다. 이러한 공백은 부여계 집단이 이곳을 떠나고 오랜 기간을 거친 뒤에 속말말갈족이 이 일대에 출현하였음을 의미한다. 이 공백 상태만 보더라도 적어도 이 지방에서는 부여 집단이 속말말갈로 轉化된 것이 아니라는 사실을 확인할 수 있다.

다음으로 고분 양식, 매장 방식, 부장품에서 양자를 비교해보면 〈표 2-1〉과 같다.

우선 고분 양식을 보건대, 중층에서는 129기 모두가 장방형 수혈토광묘로서 79기에서 목관을 사용한 흔적이 발견되었고, 상층에서는 목관을 사용하지 않은 단순 토광묘 24기, 석관묘 7기, 목관묘 6기가 발굴되었다. 그런데, 중층에서는 대부분 목관을 사용한 토광묘였다가 상층에 이르러서는 오히려 목관이 없는 단순 토광묘가 주축을 이루게 된다. 이들이 동일집단이었다면 단순 토광묘 단계에서 관곽을 사용하는 단계로 나아가는 일반적 과정을 거꾸로 밟고 있는

표 2-1. 老河深 중층 및 상층 비교표

층위	연대	고분 양식	매장 방식				부장품		
			매장 인원	葬具	2차장	화장	전형적 도기	毁器 현상	동물 희생
중층	후한대	장방형 수혈 토광묘(129)	단인장(72), 남녀이혈합장(40), 1남2녀이혈합장(15), 남녀동혈합장(2)	목관(79)	없음	24기	雙耳陶壺	있음 (철기, 구슬)	있음 (馬牙, 馬頭)
상층	6세기 후반 전후	토광묘(24), 목관묘(6), 석관묘(7)	단인장(33), 2인장 또는 3인장(4)	목관(6), 석관(7)	27기	6기	筒形雙唇陶罐	없음	없음

셈이다. 다음으로 매장 인원을 볼 때에, 모두 단인장이 대다수를 차지하고 있다는 점에서는 공통되지만, 중층에서 합장 풍습이 훨씬 큰 비중을 차지하고 있는 현상을 발견할 수 있다. 이 점에서도 단인장에서 합장으로 나아가는 일반적 정황과는 반대의 모습을 보여준다.

이상 두 요소에서 드러나는 차이점은 다음에 지적하는 차이에 비교해볼 때 그리 크지 않다고 할 수도 있다. 火葬 현상이 나타나는 비율은 두 층위 모두 거의 비슷하지만, 2次葬 현상만은 중층에서는 전혀 보이지 않다가 상층에서 등장한다. 아울러 부장품을 보더라도 중층에서는 毁器와 동물 희생 풍습이 발견되지만, 상층에서는 전혀 드러나지 않았다. 따라서 양자의 매장 관념에 현격한 차이가 드러난다.

마지막으로 도기를 보겠다. 중층에서 출토된 도기의 유형은 壺 93점, 罐 50점, 杯 64점, 豆 26점, 碗 18점, 盅 6점으로 전체 257점이고, 그 가운데 완형 또는 복원품은 각기 26점, 21점, 60점, 22점, 4점, 4점으로 전체 137점이다. 상층 출토의 器種은 罐 52점, 碗 2점이고, 그 가운데 완형 또는 복원품은 각기 37점, 2점[52]이다. 중층에서는 壺, 杯, 罐이 주축을 이루고 그 뒤를 豆, 碗이 따르는 반면에 상층에서는 전부가 罐이라 해도 과언이 아닐 정도이다. 따라서 동일 집단 안에서 다양한 기종에서 단일 기종으로 변화해갔다고 한다면, 이 또한 자연스럽지 못하다.

중층에서 출토된 도기에서 가장 특색을 이루는 것이 罐, 豆와 함께 棺 위에 올려져 있던 雙耳陶壺이다(그림 2-1).[53] 형태는 끝이 둥근 구연이 약간 외반되고,

---

52. 碗 2점이 출토되었다고 하는데, 한 점만 소개되어 있어 다른 한 점이 파편 상태인지 아닌지를 확인할 수 없어(윗책 p.98), 잠정적으로 2점으로 정하였다.
아울러 하나 더 지적할 것은 도면을 볼 때에 罐과 壺의 분류가 일정하지 않은 것을 발견할 수 있다. 예컨대 상층의 一, 二型罐은 중층에서 壺로 분류될 수도 있는 것들이고, 중층의 Ⅰ式雙耳陶罐은 壺로 분류해도 무방해보인다. 이러한 문제점이 일부 보이기는 하지만, 전체적 틀에는 변함이 없으므로 보고서의 숫자를 그대로 따르기로 한다.

대부분 짧은 목이 달려 있으며, 부른 배(鼓腹)에는 두 개의 가로띠 손잡이(橫橋狀耳)가 달려 있고, 바닥은 平底를 이룬다. 태토에는 모래가 섞여 있고, 灰黑色 계통이 주류를 이룬다. 복원된 26점의 壺 가운데 20점이 이 기형에 속한다. 다음으로 상층에서 출토된 도기에서는 筒形雙唇陶罐이 특징적이다(그림 2-2). 보고서에서는 세 유형으로 나누었지만 숫자로 보나 형태로 보나 가장 전형적인 것은 역시 제3형이다.[54] 이들은 二重口沿(雙唇) 형태를 띠고 입은 벌어져 있다. 배는 원통형이거나 약간 부르고, 바닥은 깊고 평저이다. 어깨와 배 윗부분에 문양이 있는 예도 많다.

중층을 대표하는 도기는 雙耳陶壺이고, 상층을 대표하는 도기는 筒形雙唇陶罐임을 알게 되었다. 그러면 과연 이들 도기는 상호 연계가 있는 것인가 아니면 서로 다른 전통을 가지고 있는 것인가를 살펴볼 차례이다. 먼저, 중층의 쌍이도호는 이에 앞서는 시대인 서단산문화기 도기들과의 연계성이 주목된다. 사실 長蛇山, 猴石山, 騷達溝, 星星哨, 大海猛 하층, 藍旗 小團山, 池水 南山 유적 등지에서 이와 유사한 壺들이 발견되었다(그림 2-1의 1, 2).[55] 물론 부여시기에 속하는 泡子沿前山 유적에서도 이런 유형의 호가 출토되었다(그림 2-1의 3).[56] 따라서 雙耳陶壺는 서단산문화 단계로부터 부여 단계까지 계승되면서 발전되어 온 기형인 것을 확인할 수 있다.[57]

이에 반해서 상층의 筒形雙唇陶罐과 같은 기형은 앞 단계의 유적에서는 발견되지 않고, 길림시에서 멀리 떨어진 동일 시기의 다른 말갈 유적들에 널리

53. 윗책 p.43.

54. 윗책 pp.95~98.

55. 董學增, 『西團山文化研究』 吉林文史出版社, 1993, p.53, p.60, p.66, pp.82~83, p.88, p.93, p.136 도면 참조.

56. 吉林市博物館, 「吉林市泡子沿前山遺址和墓葬」 『考古』 1985-6, pp.502~503.

57. 張立明의 논문에도 이를 비교한 도면이 있다(앞논문 p.22의 圖三).

퍼져 있다. 이 도기는 보통 筒形罐, 深腹罐, 長腹罐 등[58]으로 불리는 전형적 말갈 그릇이다. 일반적으로 운위되는 '말갈식 도기'[59]는 태토에 모래를 섞었고, 소성도는 중급 정도가 된다. 색조는 회갈색, 황갈색, 흑갈색이 많다. 대표적인 것은 罐으로서, 입이 크게 벌어지거나 약간 외반되고, 목은 대체로 짧으며, 몸통은 길쭉하면서 배가 약간 부른 형태이며, 바닥은 보통 평저이다. 대다수의 구연부에 융기문(附加堆紋)이 있고, 그 위에 누름무늬(捺捏紋)나 거친 새끼무늬(粗繩紋)가 시문되어 있으며, 이중구연(重唇)을 띠는 것도 있다. 목과 어깨에도 빗으로 눌러 찍은 무늬(篦點紋), 물결무늬(水波紋), 突帶紋(凸弦紋) 등이 많이 나타난다.

靺鞨式 罐에는 크게 두 종류가 있다. 하나는 입이 나팔 모양으로 크게 벌어져 배의 직경보다 큰 것으로서, 배가 다소 불룩하고 목은 가늘고 긴 편이고, 다른 하나는 입이 약간 외반되어 배의 직경보다 작고, 키가 크지 않고 목도 그다지 들어가지 않고 배도 약간 나온 상태이기 때문에 深鉢形에 가까운 편이다. 러시아의 디야코바 오.붸.(Дьякова О.В.)는 앞의 도기를 블라고슬로벤노예(Благословенное) 유형, 뒤의 도기를 나이펠드(Найфельд) 유형이라 부른 반면에 일본의 菊池俊彦은 '花瓶形 토기'와 '壺形 토기'로 불렀는데,[60] 중국의 喬梁이 분류한 A型罐, B型罐과도 정확하게 일치하는 것은 아니지만 대체로 대응된다고 할 수 있다.[61]

그런데, 입이 크게 벌어진 화병형 도기(그림 2-2의 16, 17, 18, 22)는 아무르강 유역에서만 특징적으로 출현하고 있는 반면에, 두 번째 유형의 도기(그림 2-2의 나머지)는 아무르강 유역뿐 아니라 하얼빈시 부근의 黃家崴子 유적, 길림시

58. 宋基豪, 「六頂山 古墳群의 성격과 발해 건국집단」『汕耘史學』 8, 高麗學術文化財團, 1998, p.11 주17 (본서 제1장).

59. 干志耿, 앞논문 p.27.

60. 菊池俊彦, 앞논문 1989(앞책 pp.266~269).

61. 喬梁, 「靺鞨陶器分期初探」『北方文物』 1994-2, pp.35~37.

부근의 대해맹 유적 등 송화강 유역에도 널리 퍼져 있다.[62] 말갈 집단은 하나로 형성된 통일체를 이루지는 못했지만, 바로 후자의 도기가 이들을 서로 묶어주는 매개체 역할을 하였던 것이다.[63]

그렇다면 이러한 유형의 도기가 말갈 지역에 두루 퍼져 있었던 것은 종족의 확산과정을 반영하는 것인지, 아니면 단순한 도기 양식의 전파에 불과한 것인지를 생각해보아야 하겠다. 데레비얀코 아.페.(Деревянко А.П.), 디야코바 오.붸.와 菊池俊彦은 두 유형 도기의 분포 양상을 토대로 말갈족의 발생과 확산을 추정하였다.[64] 따라서 전자의 입장에 서 있다. 실제로 길림시 일대에 말갈식 도기가 출현한 것은, 이미 문헌 검토에서 지적하였듯이 물길의 확산에 따른 결과물로 보아야 할 것이다. 다시 말해서 말갈식 도기는 서단산문화-부여문화로 이어지는 계승선상에 있는 것이 아니고, 동쪽으로부터 서진해오던 물길족과 함께 이입되어 들어온 것으로 보아야 한다. 참고로, 물길족은 100년 정도의 짧은 기간만 문헌에 등장하기 때문에 이들을 계승하여 나타난 말갈과는 고고학적으로 구별하기가 어려워 '물길-말갈'을 함께 다루고 있는 점을 염두에 둘 필요가 있다.[65]

그런데, 노하심 상층에서도 두 개의 가로띠 손잡이(橋狀橫耳)가 대칭으로 붙은 도기 2점(그림 2-1의 12)이 출토된 것이 주목된다. 보고서에서는 이를 Ⅰ型罐으로 분류하였지만, 대해맹 상층에서 출토된 Ⅰ式橫耳罐 2점(그림 2-1의 13, 14)과 거의 동일하다. 비록 숫자는 적지만 이러한 양식의 도기가 새삼 주목되는 것은 앞서 언급한 서단산문화-부여문화로 이어지는 쌍이도호의 연속선상에 있는 유물로 볼 수 있다면, 속말말갈 유적으로부터 부여의 계승 요소를 일부 발견할 수

62. 菊池俊彦, 앞논문 1989(앞책 p.273).

63. 譚英杰·趙虹光, 「靺鞨故地上的探索-試論黑水靺鞨與粟末靺鞨物質文化的區別-」 『北方文物』 1990-2, p.26.

64. 菊池俊彦, 앞논문 1989(앞책 pp.269~277).

65. 孫進己·干志耿·莊嚴, 앞논문 p.66.

있게 되어 사정이 달라지기 때문이다.

노하심 상층 출토품은 2점 모두 점토질 태토(泥質)로 만든 흑갈색 도기로서, 한 줄의 음각줄무늬(陰弦紋)가 배 가운데에 돌려져 있다.[66] 대해맹 상층 출토품도 2점 모두 점토질 태토를 한 회색 도기로서, 음각줄무늬와 圓點斜線무늬가 역시 배 가운데에 등장한다.[67] 같은 층위에서 출토된 말갈식 도기들이 모래가 섞인 태토를 사용하고 있는 점과 구별되므로, 이들은 다른 문화전통을 반영하고 있는 것으로 보인다.

여기서 우선 주목되는 것이 고구려 내지 발해 도기들이다. 먼저 集安 民主六隊 유적에서 출토된 발해시기의 泥質灰陶가 주목되는데(그림 2-1의 11), 배 가운데에 가로띠 손잡이가 달려 있고 음각줄무늬도 하나 돌려져 있다.[68] 도면상으로 볼 때에 앞서 제시한 도기들과 아주 유사하다. 그렇다면, 이들 도기는 말갈 집단이 발해시대에 사용하였던 것으로 볼 수 있다. 노하심 상층과 대해맹 상층이 발해시기까지 걸쳐 있는 사실을 염두에 둔다면, 이러한 추정은 충분히 가능하다. 그리고, 민주육대 도기는 무늬가 없는 점을 제외하고는 集安 氣象站유적에서 출토된 고구려 雙耳罐과 기형이 아주 유사한데, 이것도 역시 점토질의 흑회색 도기로서 배 가운데에 가로띠 손잡이가 달려 있다.[69] 따라서 상기 도기들은 고구려~발해로 이어지는 전통의 연속선상에 있는 것으로 보아야 한다.

이들 고구려, 발해의 쌍이도호는 그 연원이 어디에 있는가도 다시 한 번 생각해볼 필요가 있다. 이에 대해서 고구려 토기는 청동기시대의 공귀리유형토

---

66. 吉林省文物考古研究所 編, 앞책 p.95.

67. 吉林市博物館, 앞논문 1987, p.139.

68. 吉林省文物志編委會, 『集安縣文物志』 1984, p.56.

69. 耿鐵華 · 林至德, 「集安高句麗陶器的初步研究」 『文物』 1984-1, p.58 圖 2-5, p.60. 이 글에서는 罐으로 분류되어 있다.
최종택, 『高句麗土器研究』 서울대학교 고고미술사학과 박사학위 논문, 1999. 2., p.41 插圖 21.

기 및 미송리형토기에서 연원하여 초기철기시대의 노남리형토기에서 그 초기 형태가 형성되었으니, 이 유형의 토기는 점토질 태토, 표면 마연, 종방향 또는 횡방향의 橋狀把手를 특징으로 한다는 지적이 환기된다.[70] 이렇게 고구려 토기의 발생을 고구려 중심지에서 찾는 것은 타당하지만, 길림 일대에는 부여 이래의 전통이 섞여 전해졌을 가능성도 고려해볼 수 있다. 예를 들어서 길림시 동단산에서 출토된 쌍이도호 1점은 泥質灰陶이고 輪製이며 배 가운데에 柱狀橋耳가 한 쌍 달려 있고, 배 아래쪽으로는 方格印紋을 가득 시문하였다.[71] 여기에 설명된 몇 가지 특징은 고구려 토기 양상을 보이지만, 다른 한편으로는 그릇 형태에서 볼 때에 서단산문화-부여문화로 이어지는 쌍이도호의 변화 과정에서 바라볼 수 있는 여지도 남겨두고 있다. 따라서 말갈 문화 속에 부여 전통의 잔적이 남아 있을 가능성도 전혀 배제할 수가 없다. 이러한 여운은 잠시 간직하면서 다음 절로 넘어가겠다.

4. 속말말갈 집단의 扶餘的 因素

이제까지 문헌 자료와 고고 자료를 검토하면서 속말말갈 집단의 원류가 부여계 집단에 있지 않고 물길계 집단에 있다는 사실을 다소 길게 논증해보았다. 그렇다면 속말말갈이 부여계 집단에서 발생하였다는 주장은 전혀 타당성이 없는 것인지, 그리고 앞 절의 마지막에 언급한 사실은 또 어떻게 설명되어야 할지를 다시 한 번 숙고해볼 필요가 있다.

---

70. 朴淳發, 「高句麗土器의 形成에 대하여」 『百濟研究』 29, 충남대학교 백제연구소, 1999, p.11. 崔鍾澤도 이 견해를 따랐다(최종택, 앞논문 p.72).

71. 董學增, 「吉林東團山原始,漢,高句麗,渤海諸文化遺存調查簡報」 『博物館研究』 1982-1, p.89. 이 글에서는 陶罐으로 표현하였다.

사실, 부여계설 주창자에게는 속말말갈 지역이 과거 부여족이 살던 곳과 일치한다는 사실 이외에도 몇 가지 문헌적 논거를 더 가지고 있다. 첫째는 당나라에 설치되어 있던 말갈 羈縻州에 관한 다음 세 가지의 기록이다. 이들 세 사료는 같은 내용을 담고 있지만, 약간씩 다른 부분도 보여서 서로 비교할 필요가 있기 때문에 모두 인용문으로 제시하였다.

① 靺鞨州三，府三.

愼州. 〈武德[618~626]初以涑沫烏素固部落置. 僑治良鄕之故都鄕城. 縣一，逢龍.〉

夷賓州. 〈乾封[72]中[666~668]以愁思嶺部落置，僑治良鄕之古廣陽城. 縣一，來蘇.〉

黎州. 〈載初二年[691]析愼州置. 僑治良鄕之故都鄕城. 縣一，新黎.〉

黑水州都督府. 〈開元十四年[726]置.〉

渤海都督府.

安靜都督府.

(『新唐書』 권43하, 地理志 7하, 河北道)

② 燕州，… 舊領縣一，無實土戶. 所領戶出粟皆靺鞨別種，戶五百.

愼州，武德初置，隸營州，領涑沫靺鞨烏素固部落.

夷賓州, 乾封中, 於營州界內置, 處靺鞨愁思嶺部落, 隸營州都督.

黎州, 載初二年, 析愼州置, 處浮渝靺鞨烏素固部落, 隸營州都督.

(『舊唐書』 권39, 地理志 2)

③ 燕州〈歸德郡, 今理遼西縣.〉, … 置在幽州, 領靺鞨, 本栗末靺鞨種也. 隋北蕃風俗記云, 初開皇中, 粟末靺鞨與高麗戰, 不勝. 有厥稽部渠長突地稽首者, 率忽賜來部·窟突始部·悅稽蒙部·越羽部·步護賴部·破奚部·步步括利部, 凡八部勝兵數千人, 自扶餘城西北擧部落向關內附, 處之柳城, 乃燕都之北.

愼州〈今理逢龍縣〉, 唐武德初置, 隸營州. 領涑沫靺鞨烏素固部落.

夷賓州〈今理來蘇縣〉, 唐乾封中, 於營州界內置. 處靺鞨愁思嶺部落, 隸營州

---

72. 원래 '乾符中'으로 되어 있으나, 『舊唐書』 권39의 기록을 보건대 '乾封中'이 옳다. 그 연대로 보아도 후자가 타당하다.

都督.

黎州〈今理新黎縣〉, 載初二年, 析愼州置, 處浮渝靺鞨烏素固部落, 隷營州都督.
(『太平寰宇記』 권71, 河北道 20)

이상의 사료를 통하여 당나라 영역에는 말갈 부락을 안치시킨 곳으로 愼州, 夷賓州, 黎州, 燕州의 4개 주와 黑水州都督府, 渤海都督府, 安靜都督府의 3개 부가 있었던 사실을 확인할 수 있다. 이밖에 안동도호부 아래에 있었던 拂涅州, 越喜州都督府도 그 명칭으로 보아 말갈 부락으로 구성된 행정구역이었을 것이다.[73] 따라서 말갈 부락이 거주하고 있던 당나라의 행정구역에는 5州, 4府가 있었다. 이 가운데 불녈주는 拂涅靺鞨, 월희주도독부는 越喜靺鞨로 구성되었을 것이고, 나머지 3개 도독부는 당나라 영역 내부에 두었던 것이 아닌 명목상의 행정구역이었다. 더구나 발해도독부는 독립된 국가에 명목적으로 建置한 것이고, 안정도독부는 다른 기록이 전혀 보이지 않아서 그 연혁을 알 수 없다. 이에 따라 속말말갈과 관련된 것으로는 4州만 남게 되고, 그와 관련된 것이 위에 제시한 사료들이니 이를 〈표 2-2〉로 재정리하였다.

이 4주는 모두 營州(현재의 朝陽) 관내에 있었지만, 정확한 소재지를 파악하기는 어렵다.[74] 燕州는 『北蕃風俗記』에 인용되어 있듯이 속말말갈 돌지계 집단을

표 2-2. 靺鞨 羈縻州 일람표

명칭	『新唐書』 기록	『舊唐書』 기록	『太平寰宇記』 기록	설치 시기
燕州		粟皆靺鞨別種	粟末靺鞨種	隋
愼州	涑沫烏素固部落	涑沫靺鞨烏素固部落	涑沫靺鞨烏素固部落	唐
夷賓州	愁思嶺部落	靺鞨愁思嶺部落	靺鞨愁思嶺部落	唐
黎州		浮渝靺鞨烏素固部落	浮渝靺鞨烏素固部落	唐

73. 『新唐書』 권43하, 지리지 7하, 羈縻州, 河北道.

74. 孫進己·馮永謙 主編, 앞책 pp.297~301; 王綿厚, 「隋與唐初粟末靺鞨的南遷及其駐地考」 『東北古族古國古文化硏究』 中, 黑龍江敎育出版社, 2000, pp.247~248.

받아들여 안치시킨 곳이다. 이 사실은 『新唐書』 지리지의 幽州 연혁에서도 확인할 수 있으니, 燕州는 원래 영주 관내에 속말말갈인을 두어 설치하였다가 武德 6년(623)에 유주로 옮겼다고 한다.[75] 그러므로 『舊唐書』의 '粟皆靺鞨別種'은 부정확한 기록이 된다. 즉, '粟皆靺鞨'은 '粟末靺鞨'의 오류이고, '別種'은 단순히 '種'이라 쓰는 것이 정확할 것이며, 그렇지 않으면 별종이란 뜻을 '한 갈래'란 의미로 해석하면 될 것이다.

愼州에 이주시킨 말갈 부락에 대해서는 涑沫靺鞨과 烏素固部落으로 나누어 이해하는 讀法이 있는가 하면,[76] 이를 하나로 이어서 읽는 견해도 있다.[77] 전자의 경우에는 두 종류의 부락을 한 곳에 안치시킨 셈이 되는데, 烏素固部落은 室韋 가운데에 동일한 명칭이 발견되어[78] 말갈과는 다른 종족 집단으로 해석할 수 있게 된다. 그럼에도 불구하고, '涑沫靺鞨烏素固部落'이란 표현 방식이 이빈주나 여주의 경우와 동일한 점으로 보아서 전자보다는 후자의 견해를 따르는 것이 합리적일 듯하다. 다시 말해서 '속말말갈에 속하는 오소고부락'으로 읽어내야 할 것이며, 이럴 경우 실위 부락의 명칭과 우연히 일치하게 된 것으로 보아야 한다. 이것은 다음 黎州의 기록에서 다시 한 번 확인할 수 있다.

夷賓州는 단지 靺鞨 愁思嶺部落으로 표현되어 있기 때문에 어느 말갈에

---

75. 『新唐書』 권39, 地理志 3 「幽州范陽郡, 大都督府. … 幽都(縣), 〈望. 本薊縣地. 隋於營州之境汝羅故城置遼西郡, 以處粟末靺鞨降人. 武德元年[618]日燕州, … 六年, 自營州遷于幽州城中, 以首領世襲刺史. …〉」.

76. 景仁文化社 영인본 『新唐書』 권43하, 河北道 愼州條에서는 '涑沫'과 '烏素固部落'을 끊어 읽었다.

77. 日野開三郎, 「附說: 唐に歸屬せる粟末靺鞨烏素固部」 『東北アジア民族史』 中, 日野開三郎 東洋史學論集 15, 三一書房, 1991, pp.318~319.

78. 『舊唐書』 권199하, 室韋傳 「今室韋最西與迴紇接界者, 烏素固部落, 當俱輪泊之西南.」; 『新唐書』 권219, 室韋傳 「最西有烏素固部, 與回紇接, 當俱倫泊之西南.」.
이 부락은 內蒙古 呼倫湖 東部의 中蒙 국경선 일대에 있었던 것으로 추정된다(孫進己·馮永謙 主編, 앞책 p.230).

속하는지 알 수는 없지만, 연주, 신주, 여주에 있던 부락들이 모두 속말말갈인 것으로 보아 이빈주의 경우도 속말말갈일 가능성이 매우 높다. 6세기 말부터 고구려가 속말말갈 지역을 재차 공략해 들어감으로써 이들 세력은 분산되어, 일부는 고구려에 저항하다가 중국으로 망명하였고, 일부는 고구려에 투항하여 고구려 內地로 이주하는 양상을 보였다. 물론 다수 말갈족은 현지에 그대로 거주했을 것이다. 이런 역사적 사실을 보건대 愁思嶺部落도 속말말갈에 속했던 집단으로 판단된다.

마지막으로 黎州이다. 원래 여주는 愼州를 나누어 설치한 것이라 하면서, 이곳에 浮渝靺鞨 烏素固部落을 거주시켰다고 하였다. 이로 보건대 오소고부락은 속말말갈이면서 浮渝靺鞨로도 불렸던 집단이었던 사실이 확인된다. 여기서 浮渝란 말은 扶餘의 다른 표현에 해당한다. 이와 동일한 표현이 '烏舍城浮渝府渤海琰府王'이란 발해 유민국가의 국왕 칭호[79]에 다시 한 번 등장하는데, 이것은 烏舍城 浮渝府 渤海琰府王으로 끊어 읽을 수 있는 것으로서 浮渝府는 扶餘府를 지칭한다.

결국 당나라 영역에서 적어도 燕州, 愼州, 夷賓州, 黎州의 4개 주에 속말말갈 집단이 거주하였던 사실이 드러난다. 문제는 오소고부락을 부투말갈 즉 부여말갈로도 언급하였다는 점이다. 바로 이 기록이 속말말갈의 원류를 부여계 집단에서 찾는 중요한 논거가 되어 왔다. 그러나 이 집단만 유독 부여말갈로 표현하였을 뿐이라는 점을 다시 한 번 상기해보아야 한다. 그것은 속말말갈 가운데 부여계 집단이 존재하였음을 의미하는 것이지, 속말말갈 전체가 그렇다는 것은 아니기 때문이다. 부여가 멸망한 후에 그 일부 유민들이 속말말갈의 한 부분으로 편입된 것을 반영하는 것에 불과하다.[80]

---

79. 『宋史』 권491, 渤海傳 「(太平興國)六年[981], 賜烏舍城浮渝府渤海琰府王詔曰, …」.
80. 孫進己·馮永謙 主編, 앞책 pp.252~253.

부여계 주장자들이 중요 논거로 생각하는 또 하나의 기록은 돌지계를 扶餘侯로 봉한 사실이다. 이 기록은 『北蕃風俗記』와 함께 돌지계에 관한 주요 사료로 손꼽히는 『冊府元龜』에 다음과 같이 나타난다.

> (唐高祖武德二年[619])十月, 靺鞨首帥突地稽遣使朝貢. 突稽者, 靺鞨之渠長也. 隋大業中, 與兄瞞咄率其部內屬於營州, 瞞突死, 代總其衆, 拜遼西太守, 封扶餘侯. (『冊府元龜』 권970, 外臣部, 朝貢 3)

돌지계는 처음 수나라에 귀부할 때에 右光祿大夫를 제수받았고, 大業 8년(612) 고구려 정벌에서 세운 공으로 遼西太守·扶餘侯로 봉해진 것이다.[81] 문제는 이때에 왜 부여후로 봉해졌는가 하는 점이다. 이것은 앞서 인용한 『太平寰宇記』 燕州條를 통해 알 수 있듯이 돌지계가 부여성 서북쪽으로부터 귀부한 데에 원인이 있을 것이다. 다시 말해 돌지계가 부여 계통의 인물이기 때문이 아니라 귀부하기 이전에 그가 거주하던 지역의 역사적 연고에 근거를 둔 것이다.[82] 물론 돌지계 집단이 앞의 오소고부락처럼 부여계의 속말말갈 집단일 가능성도 전혀 배제할 수는 없다. 그렇지만 이를 근거로 속말말갈 전체가 마치 부여계 집단인 것처럼 설명하는 것은 분명한 논리적 오류를 범하고 있다.

이상의 고찰을 통하여 속말말갈 집단 내부에 부여 계통의 부락도 존재하는 것을 확인할 수 있다. 앞 절에서 속말말갈 유적에 등장하는 雙耳陶壺의 원류가 부여까지 거슬러 올라갈지도 모른다는 여운을 남긴 것도 이러한 이유에서이다. 그렇다고 하더라도 이러한 요소만 내세워서 부여계 집단으로부터 속말말갈이 형성되었다는 논리를 펼 수는 없다. 속말말갈은 하나의 통일체를 이루지 못하였고, 다양한 집단이 포괄되어 있었던 일정한 지역공동체적 성격을 띠고 있었다.

---

81. 劉曉東·程松, 「突地稽事蹟考略」 『北方文物』 1985-3, p.62.

82. 위와 같음.

이제부터는 이러한 사실을 검증해보도록 하겠다. 이를 위해서 이미 앞에서도 언급한 사료를 다시 한 번 인용해보겠다.

> 隋北蕃風俗記云, 初開皇中, 粟末靺鞨與高麗戰, 不勝. 有厥稽部渠長突地稽首者, 率忽賜來部·窟突始部·悅稽蒙部·越羽部·步護賴部·破奚部·步步括利部, 凡八部勝兵數千人, 自扶餘城西北擧部落向關內附, 處之柳城, 乃燕都之北.

돌지계는 厥稽部의 渠長으로서 忽賜來部·窟突始部·悅稽蒙部·越羽部·步護賴部·破奚部·步步括利部까지 이끌고 수나라에 귀부했는데, 그 규모는 勝兵이 수천 명에 달하였다고 할 정도로 컸다. 또 그가 출발한 지점은 부여성 서북쪽이고 정착한 곳은 柳城(현재의 朝陽)이었다. 이 기록으로 돌지계가 속말말갈의 '일부'인 8개 부락을 통솔하였음을 알 수 있다. 그는 속말말갈의 영역 내에서 일정 지역을 담당하였던 渠長이었지, 속말말갈 전체를 거느린 최고대표자는 아니었을 것이다. 이를 혼동한 견해가 일부 논문에 보이기도 한다. 아무튼 이들과 함께 앞서 지적한 오소고부락과 수사령부락까지 합친다면 최소한 중국에 귀부한 속말말갈 부락은 10개에 이른다.

그리고, 돌지계가 출발한 곳이 부여성 서북쪽이라 하였는데, 이 부여성의 소재지에 대해서는 갖가지 설이 있어 왔다. 앞서 부여의 西遷 지역에 대한 몇 가지 설을 간단히 언급한 바 있지만, 이를 좀 더 자세히 설명하면, 金毓黻·和田清은 八面城 남쪽의 四面城, 松井等·日野開三郎은 농안 부근, 津田左右吉은 伊佳江 하류, 池內宏은 咸興 등을 주장하였고,[83] 근래에도 農安古城, 一面城, 西豊城子山山城 등을 주장하는 설들이 제기되어 왔다.[84] 이에 비해서 이를 뒷받침할

83. 日野開三郎, 「總章元年唐將薛仁貴の攻陷せる扶餘城-靺鞨七部考第三章附說-」 『史淵』 44, 1950〔「附說: 總章元年唐將薛仁貴の攻陷せる夫余城」 『東北アジア民族史』 中, 日野開三郎 東洋史學論集 15, 三一書房, 1991 재수록, p.257, p.288〕.

만한 고고학 자료가 전무하다시피 하기 때문에 과연 어느 주장이 옳은지 쉽게 판단하기는 어렵다. 다만 부여의 서천 후보지역으로 농안 일대가 가장 유력하므로, 일단은 부여성의 소재지를 발해 부여부의 소재지이기도 한 농안 일대로 상정해두고자 한다.[85] 그렇다면 부여성 서북쪽에서 출발한 돌지계 집단은 현재 속말말갈의 중심지대로 비정되고 있는 길림시 일대와는 거리가 꽤 떨어진 곳에 거주했던 것이 되고, 결과적으로 이들은 속말말갈 핵심부락은 아니었던 것으로 보아야 한다. 일부 논문에서는 마치 이들이 핵심부락이었고 심지어는 속말말갈의 거의 전부인 것처럼 착각하고 있는데, 이것은 분명 잘못이다.

중국으로 들어간 속말말갈에도 여러 부락이 있었듯이, 고구려로 들어온 집단에도 여러 종류가 있었을 것이다. 우선 발해를 건국했던 乞乞仲象(大祚榮) 집단과 乞四比羽 집단이 속말말갈 출신이었고,[86] 그밖에 많은 속말말갈인과 白山靺鞨人들이 고구려 용병으로 활약했다. 그렇지만 이들이 속말말갈의 어느 부락에 속하였는지는 기록이 없어 전혀 알 수가 없다.

여기에 하나 덧붙일 것은 李多祚(654~707)의 기록이다. 그에 대한 전기가 이례적으로 두 唐書에 모두 실려 있고, 그의 묘지명도 1990년에 발굴되어,[87] 실상을 다소나마 자세히 알 수 있다. 그런데 열전에는 그가 중국에 들어온 말갈족 출신이라 하였는데 묘지명에는 蓋州人이라 하여 달리 표현하고 있다. 개주는 貞觀 19년(645)에 李勣이 고구려 蓋牟城을 빼앗고 설치한 주이다.[88] 따라서 645년 이전에는 고구려 땅이었던 곳이다. 이런 곳을 그의 출신지로

84. 孫進己·馮永謙 主編, 앞책 p.328. 이밖에는 주30을 참조할 것.

85. 盧泰敦, 앞책 p.418.

86. 宋基豪, 『渤海政治史研究』 一潮閣, 1995, pp.27~34.

87. 張乃翥·張成渝, 「洛陽龍門山出土的唐李多祚墓志」 『考古』 1999-12.

88. 『舊唐書』 권199상, 高麗傳 「(貞觀十九年)夏四月, 李勣軍渡遼, 進攻蓋牟城, 拔之, 獲生口二萬, 以其城置蓋州.」.

삼은 것은 무슨 이유에서일까? 그의 묘지명을 좀 더 검토해보면 증조부 訥, 조부 利, 아버지 辯이 모두 蒙州都督이었다고 한다. 당나라의 몽주는 중국 남방의 廣西壯族自治區에 있는 蒙山에 설치되었던 행정구역으로서, 정관 8년(634)에 비로소 몽주로 개칭되었다.[89] 그 설치 연대로 보아 이다조의 조상들이 이곳의 도독이었다는 것은 성립이 되지 않는다. 그런데, 그의 전기에는 그의 선조들이 靺鞨酋長을 세습하면서 黃頭都督으로 불렸다고 하였다.[90] 따라서 몽주도독은 황두도독과 비교해볼 수 있는 명칭으로 북방 어느 지역의 명목적 행정책임자 역할을 하였던 것으로 여겨진다. 그리고 그들이 일정 기간 거주했던 곳이 蓋州였을 것이다. 그가 遼陽郡王이었던 사실과 더불어 『舊唐書』 列傳에 '三韓의 貴種'이라 한 것은 아마 이를 반영한다.

이렇게 된다면 이다조 가문은 고구려 영역 안에서 말갈추장을 유지하다가 당나라에 귀속하였던 집단으로 생각할 수밖에 없다. 일찍이 原住地였던 말갈 지역에서 고구려 요동 지역으로 귀부했다가 다시 당나라로 귀화한 가문이었던 것이다. 다만 이 가문이 속말말갈 출신인지 백산말갈 출신인지는 알 수 없지만, 걸걸중상이나 걸사비우의 집단처럼 전자였을 가능성이 농후하다.

지금까지 중국 및 고구려에 귀화하여 활동했던 속말말갈을 검토해보았다. 아무래도 속말말갈의 주축은 原住地에 남아 있었을 것이지만, 이들 집단의 구성에 관한 자료는 전무한 상태이다. 단지, 勝兵이 수천 명에 달했고, 고구려와 접해 있으면서 매번 침략하는 용맹한 집단이었다는 정도만이 전해질 뿐이다.[91] 따라서 이들의 상황은 고고학 자료를 통하여 간접적으로 살펴보아야 할 것인데,

---

89. 『舊唐書』 권41, 嶺南道, 蒙州 「隋始安郡之隋化縣. … 貞觀八年, 改爲蒙州, 取州東蒙山爲名.」.

90. 『新唐書』 권110, 李多祚傳 「李多祚, 其先靺鞨酋長, 號黃頭都督, 後入中國, 世系湮遠.」; 『新唐書』 권110, 李多祚傳 「李多祚, 代爲靺鞨酋長.」.

91. 『北史』 권94, 勿吉傳 및 『隋書』 권81, 靺鞨傳 「其一號粟末部, 與高麗相接, 勝兵數千, 多驍武, 每寇高麗中.」.

표 2-3. 속말말갈 무덤 통계표

항목 \ 유적	大海猛 上層	査里巴	老河深 上層
土壙墓	69/70 (99%)	43/47 (91%)	30/37 (81%)
木質 棺槨 확인수	7/40 (18%)	38/47 (81%)	6/37 (16%)
火葬	2/49 (4%)	33/47 (70%)	5/37 (14%)
2次葬	25/70 (36%)	15/47 (32%)	28/37 (76%)
多人葬(3인 이상)	7/40 (18%)	9/47 (19%)	1/37 (3%)
筒形罐(/陶器 總數)	111/167 (66%)	23/51 (45%)	33/37 (89%)
鼓腹罐(/陶器 總數)	18/167 (11%)	16/51 (31%)	2/37 (5%)
銙板1(帶銙型)	222	21	0
銙板2(牌飾型)	56	56	0

이에 대해서는 이미 다룬 적이 있으므로[92] 여기서는 간단히 재인용하여 정리하는 데에 그치겠다.

〈표 2-3〉은 길림시 일대의 속말말갈 고분군 자료를 비교하여 정리한 것이다. 이들은 토광묘를 주축으로 하면서 통형관과 고복관 같은 말갈식 도기가 주로 부장된다는 점에서 공통성을 보이지만, 목질 관곽의 사용, 화장·2차장·다인장의 매장법, 과판 출토에서 서로간에 차이를 나타내고 있다. 이것은 모두 속말말갈이 남긴 유적이라 하더라도 그 내부에는 상당한 독자성을 지닌 집단들이 산재해 있었던 사실을 반영한다. 중국에 귀부한 10개 속말말갈 부락도 역시 이와 같이 문화적 독자성을 지닌 집단들이었을 것이다.

지금까지 세 방면의 속말말갈 집단들을 추적해보았다. 결국 다양하고 독자적인 다수 집단의 총체가 속말말갈이었고, 그 가운데에는 부여 遺民들로 이루어진 말갈집단도 속해 있었을 것이다. 이를 착각하고 마치 속말말갈의 족원을 부여에서 찾는 것은 필경 역사적 사실과는 거리가 있는 결론으로 유도될 수밖에 없을 것이다.

---

92. 宋基豪, 앞논문 pp.19~24.

5. 맺음말

속말말갈은 한국사에서 보면 異種族 집단이었으면서도 부여, 고구려, 발해와 관련되면서 어찌 보면 한국사와 밀접한 연관을 맺었던 세력이었다. 더구나 발해 건국 집단의 한 부분을 차지하였던 종족이었으므로, 이들의 정체를 규명해 내는 것이 마치 발해사의 본질을 파악하는 것처럼 이해되어 오기도 하였다. 그리하여 속말말갈 그 자체에 대한 관심보다는 발해사의 속성을 파악하기 위한 수단으로 이들을 다루어왔던 경향이 있었다. 그렇게 되다 보니 속말말갈의 원류가 부여계였다고 하면 마치 한국사에 유리한 것처럼 인식되는 경향도 보인다. 그러나 이 종족 집단은 그 자체로서 연구되어야 할 것이며, 그런 다음에 한국사의 다른 부분과 연계시켜 고려하여야 한다.

그동안 속말말갈의 원류를 부여에서 찾는 견해와 물길에서 찾는 견해로 양분되어 왔다. 그러나 부여 거주지의 변천 과정과 물길의 동향을 자세히 검토해보면 부여설은 성립되기가 어렵다. 346년 이전에 백제(고구려)의 공격을 받은 부여는 그 중심지였던 길림시 일대를 벗어나 서쪽으로 옮겨갔고, 이 자리는 고구려가 차지하였다가 5세기 중후반에 물길 세력이 동쪽으로부터 밀고 들어와 이 땅의 새로운 주인공이 되었다. 그리고 6세기 중반 무렵부터 말갈 명칭이 문헌에 등장하는 것으로 보아 속말말갈의 모태는 물길일 수밖에 없다. 고구려가 이 지역에 재차 진출한 것은 6세기 말부터였다. 부여는 494년경 서천해 있던 곳에서 물길의 공격을 받아 멸망하였고, 그 지배층은 고구려로 투항하였다. 이런 역사적 정황을 보더라도 粟末靺鞨은 勿吉을 모태로 형성된 집단이었다.

이것은 고고학 자료에서도 증명되는 것이니, 부여 유적으로 지목되는 유적에서는 雙耳陶壺가 지표적인 도기로 출토되는 반면에 속말말갈을 포함한 전체 말갈 유적들에서는 공통적으로 말갈식 도기라고도 불리는 통형관(筒形雙唇陶罐)이 출토된다. 이 사실은 부여와 말갈의 문화 전통이 상이한 것을 보여준다. 동시에,

동쪽 끝의 黑水靺鞨에서 서쪽 끝의 粟末靺鞨에 이르기까지 말갈식 도기를 매개로 한 문화적 공통성을 보이는 것은 이들의 종족적 속성이 일정하다는 사실을 반영한다. 속말말갈이 부여에서 轉化된 것이 아니라 다른 말갈족과 마찬가지로 물길에서 전화된 것이다. 이밖에 고분 양식, 매장방식, 부장품에서 부여와 속말말갈의 고분군을 비교하더라도 동일한 설명을 도출해낼 수가 있다.

그렇다고 해서 속말말갈 집단에 부여 유민이 전혀 없었던 것은 아니다. 사실 扶餘故地에서 속말말갈이 형성되었고 나중에는 부여의 西遷 지역에까지 세력을 확장하였으므로, 이들이 부여 세력을 흡수 동화하였던 것은 당연한 일이었다. 烏素固部落은 속말말갈이면서도 부여말갈로도 불렸으니 이를 상징적으로 보여주는 집단이다. 물론 이보다 더 많은 숫자가 부여계 속말말갈 부락에 속하였을 것이지만, 기록은 더 이상의 사실을 보여주지 못하고 있다.

그렇지만, 이러한 부여계 집단이 존재한다고 해서 속말말갈 전체를 부여계로 규정하는 것은 금물이다. 속말말갈은 무수한 부락으로 구성되어 아직 통일체를 구성하지 못하였던 지역공동체였으니, 그중 일부는 고구려나 중국으로 흘러들어갔고 대다수는 길림시와 농안을 중심으로 거주하고 있었다. 그러한 속말말갈의 주축 세력은 역시 물길계였고, 단지 그 일부로서 부여계가 존재했던 것이다. 이렇게 이해를 해야만 문헌적 기록이나 고고 자료와도 부합된다.

이상으로 본론의 내용을 간략히 정리해보았다. 이제 한국고대사는 너무나 한정된 사료에만 매달려 무수한 추측만 제기할 때는 지났다고 생각한다. 시야를 더 넓혀 중국사나 일본사를 함께 다루면서 고대사의 연구 활동 분야를 더욱 확대해나가지 않으면 좁은 우물 안에 갇혀 버리게 될지 모른다. 그런 한 방편으로 만주 지방뿐 아니라 중원에서 조사되고 있는 고고 자료들에도 예의 주시할 필요가 있다.

그림 2-1. 雙耳陶壺 (縮尺不同)

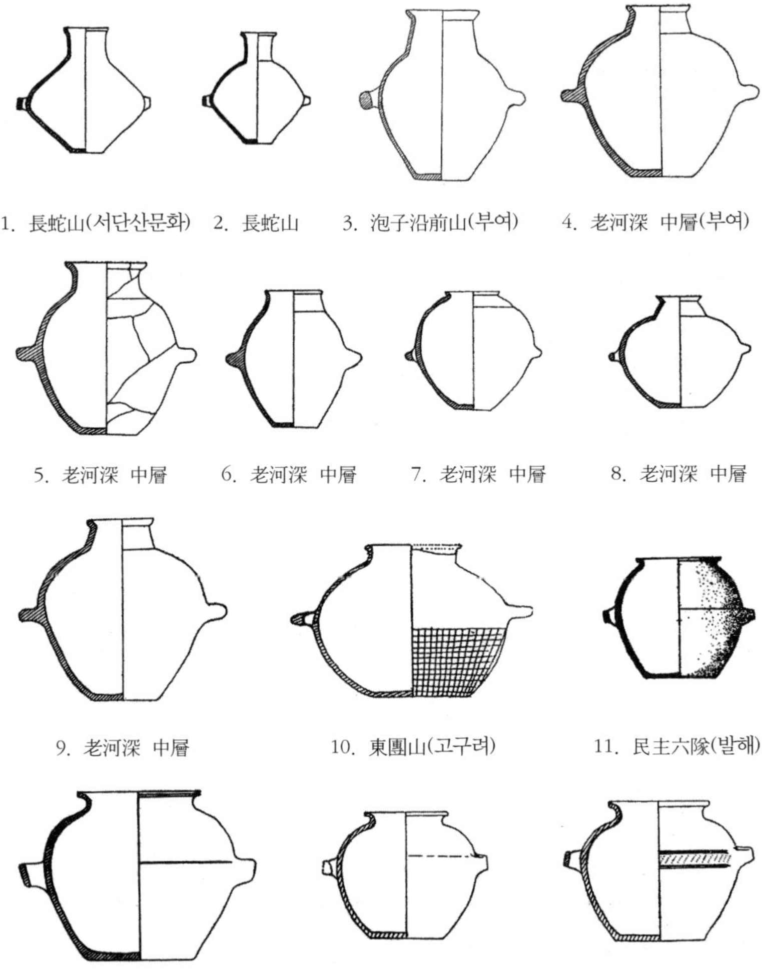

1. 長蛇山(서단산문화) 2. 長蛇山 3. 泡子沿前山(부여) 4. 老河深 中層(부여)

5. 老河深 中層 6. 老河深 中層 7. 老河深 中層 8. 老河深 中層

9. 老河深 中層 10. 東團山(고구려) 11. 民主六隊(발해)

12. 老河深 上層(말갈-발해) 13. 大海猛 上層(말갈-발해) 14. 大海猛 上層

주: 吉林省文物工作隊,「吉林長蛇山遺址的發掘」『考古』 1980-2, p.130 (1, 2).
吉林市博物館,「吉林市泡子沿前山遺址和墓葬」『考古』 1985-6, p.502 (3).
吉林省文物考古研究所 編,『楡樹老河深』 文物出版社, 1987, p.44, p.97 (4-9, 12).
董學增,「吉林東團山原始,漢,高句麗,渤海諸文化遺存調査簡報」『博物館研究』 1982-1, p.89 (10).
吉林省文物志編委會,『集安縣文物志』 1984, p.57 (11).
吉林市博物館,「吉林永吉楊屯大海猛遺址」『考古學集刊』 5, 1987, p.139 (13, 14).

그림 2-2. 말갈식 陶器 (縮尺不同)

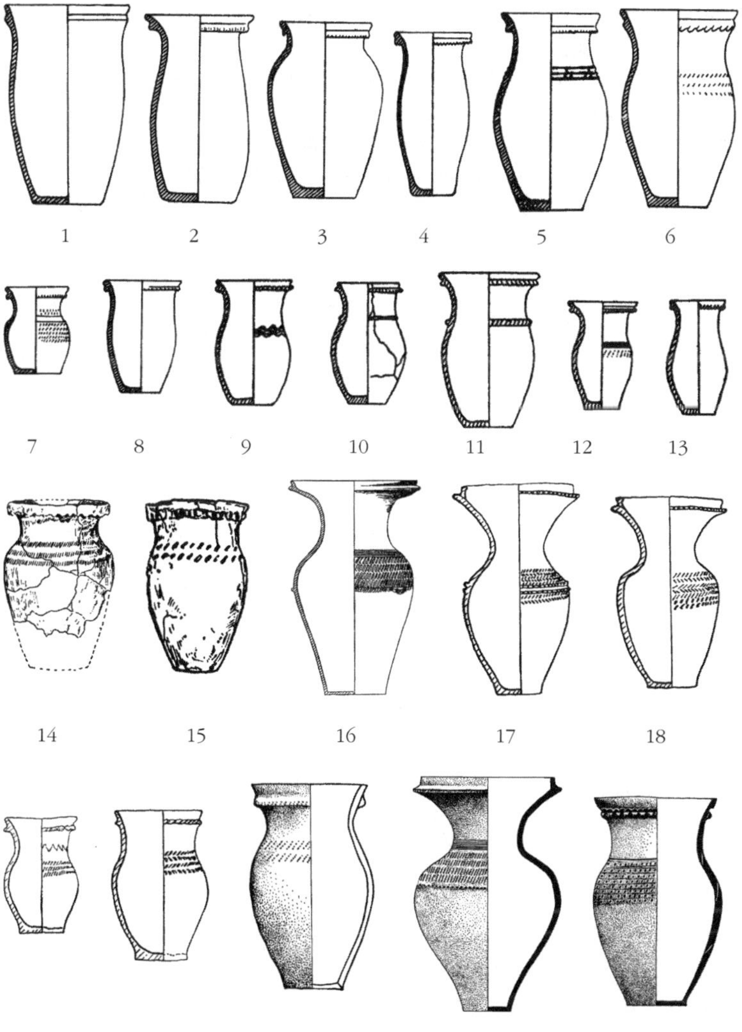

1-8: 老河深 上層　9-13: 大海猛 上層　14-15: 黃家崴子　16: 同仁 1기
17-20: 蘿北 團結　21: 나이펠드　22-23: 블라고슬로벤노예 Ⅱ

주: 吉林省文物考古研究所 編,『榆樹老河深』 文物出版社, 1987, p.97 (1-8).

吉林市博物館,「吉林永吉楊屯大海猛遺址」『考古學集刊』5, 1987, p.137 (9-13).

K.A.젤레즈냐코프 저, 孫秀仁 역,「阿什河下游灣地帶考古調查收穫」『黑龍江文物叢刊』1983-2, p.112 (14,15).

楊虎·譚英杰·張泰湘,「黑龍江古代文化初論」『中國考古學會第一次年會論文集(1979)』, 文物出版社, 1980, p.88 (16).

黑龍江省文物考古研究所,「黑龍江蘿北縣團結墓葬發掘」『考古』1989-8, p.723 (17-20).

Дьякова О.В., Раннесредневековая керамика Дальнего Востока СССР (Как исторический источник Ⅳ-Ⅹ вв.). Наука, М., 1984: 디야코바 오.붸., 『소련 극동의 중세 초기 도기들-4~10세기의 사료로서-』 과학출판사, 모스크바, 1984, p.148, p.180, p.183 (21-23).

제Ⅱ부

지방지배와 首領

제3장 地方 統治와 그 실상

제4장 首領의 성격

제5장 5京制의 연원과 역할

嚴山
德城面
車書倉
弘道洞山城
長令
佳會面
平浦水源
洪原香坡
種山面
雙介嶺
小谷面
龍華山
距甲山府二百七十里
距鏡城府五百九十里
道直嶺
中山面
平浦

제3장 地方 統治와 그 실상

1. 머리말

발해는 전성기에 사방 5천 리에 이를 정도로 광대한 영토를 차지하고 있었다. 따라서 이렇게 넓어진 영토를 어떠한 제도로써, 그리고 어떠한 방식으로 통치하였는가를 해명하는 것은 중요한 과제가 아닐 수 없다. 이러한 발해의 지방 통치 문제는 그동안 크게 두 가지 주제를 중심으로 연구되어 왔다.

가장 집중적으로 다루어진 것이 地理 考證이다. 이 방면의 연구에 길이 열리게 된 것은 19세기 초에 丁若鏞, 韓致奫, 韓鎭書와 같은 조선시대 實學者들이 渤海 地理를 실증적으로 고찰하면서부터였다.[1] 그리고 19세기 말부터 20세기 전반까지에는 중국의 曹廷杰, 金毓黻이나 일본의 松井等, 津田左右吉, 和田淸 등이 이 방면 연구를 시작함으로써 자못 성황을 이루기 시작했다. 그 뒤에도 孫進己, 鄭英德, 陳顯昌, 魏國忠 등의 중국학자들이 새로 발견된 고고학 자료를 활용하기도 하면서 연구에 동참했지만, 앞 시기와 크게 달라진 내용은 별로 없다.

이렇게 많은 연구자들이 지리 고증에 매달렸던 것은 가장 기본적인 발해의 행정 구역마저 제대로 그 위치를 비정할 수 없기 때문이었다. 행정 구획의

---

1. 지리 고증의 연구사에 대해서는 다음을 참조 바람.
   宋基豪, 『渤海政治史硏究』 一潮閣, 1995, pp.4~9.

가장 큰 단위인 府를 예로 들더라도, 발해의 중심 구역이었던 龍泉府, 顯德府, 南海府, 長嶺府 등의 소재지에 대해서는 어느 정도 의견의 일치를 보았지만, 변두리에 있던 懷遠府, 安遠府, 安邊府 등의 위치 설정에는 의견의 편차가 아주 큰 실정이다. 그러하니 그 아래의 州, 縣의 소재지는 말할 것도 없다.

지리 고증 다음으로 많이 다루어진 것이 지방의 세력가들로 추정되는 발해 首領의 실체에 대한 해명이다. 수령의 성격에 대해서는 일찍이 金毓黻, 朴時亨 등이 다룬 적이 있지만, 논의를 본격화시킨 것은 주로 일본인 연구자들이다. 鈴木靖民이 日本古代史에서 논의되어 왔던 在地首長制論의 연장선에서 『類聚國史』의 渤海 首領에 관한 기록을 심층적으로 분석한 것이 최초의 시도였고,[2] 河上洋, 李成市, 大隅晃弘 등이 그의 뒤를 따랐다. 그 결과 발해 수령이 내부적으로만 아니라 대외적으로도 상당한 독자성을 지닌 존재였음을 규명하고, 이를 매개로 한 발해의 사회 체제를 首領制로 부르게 되었다.[3] 국내에서도 鈴木靖民과 거의 같은 시기에 金鍾圓의 논문이 나온 이래로 몇 편의 글이 발표되었다.[4]

발해의 지방 통치에 관한 연구는 사실상 이 두 가지 문제에 한정되어 있다. 이밖에는 발해의 住民 構成을 다룬 盧泰敦의 논문 및 고구려 지방제도로부터의 계승성을 밝힌 河上洋의 논문도 발해의 지방 사회를 이해하는 데에 도움을 준다.[5]

---

2. 鈴木靖民, 「あとがき」 『古代對外關係史の硏究』 吉川弘文館, 1985, pp.638~639.

3. 首領制의 연구사에 대해서는 다음을 참조 바람.
鈴木靖民, 「日本における戰後の渤海史硏究-硏究の動向と課題-」 『발해의 민족 형성과 연구사』 발해사 국제학술회의 발표 요지, 고려대학교 민족문화연구소, 1993. 3. 26.

4. 金鍾圓, 「渤海의 首領에 대하여-地方統治制度와 關聯하여-」 『全海宗博士華甲紀念史學論叢』 一潮閣, 1979; 鄭鎭憲, 「渤海 住民 構成의 新解析-《類聚國史》의 渤海 史料를 중심으로-」 『慶熙史學』 19, 1995; 金東宇, 「渤海 首領의 時期別 變化와 그 意義」 고려대학교 대학원 사학과 석사학위 논문, 1995. 12.

5. 盧泰敦, 「渤海國의 住民構成과 渤海人의 族源」 『韓國古代의 國家와 社會』 일조각, 1985; 河上洋, 「渤海の地方統治體制-一つの試論として-」 『東洋史硏究』 42-2, 1983.

이상의 연구들을 제외하면, 『新唐書』 渤海傳이나 『遼史』 地理志에 서술된 지방 행정 구획과 대외교통로, 각 지역의 특산물 등을 그대로 나열하는 방식으로 발해의 지방제도를 설명하는 데 그치는 것이 통상적이다.

이 글에서는 이상의 연구 성과들을 받아들이면서도 다른 각도에서 지방 통치 문제를 다루고자 한다. 사실 그간의 연구들이 지방 사회의 구조를 해명하는 靜態的인 측면에 집중됨으로써, 시간의 흐름에 따른 변화 과정을 추구하는 動態的인 연구는 거의 이루어지지 못했다. 지리 고증이나 수령제, 주민 구성 문제 등이 모두 앞의 예에 속하는 것들이다. 따라서 시간의 경과를 중요한 변수로 하여, 그에 따른 지방 통치제도의 변천과정을 3단계로 나누어 우선 고찰해보겠다.

다음으로 문헌 자료와 함께 고고학 자료도 일부 활용하면서 중앙 권력의 지방 세력에 대한 통제력을 어느 정도 가늠해봄으로써 지방 통치의 실제 모습을 파악하고자 한다. 발해의 지방제도는 당나라 제도를 모방했기 때문에 겉으로 보기에는 정연한 듯이 보인다. 사실 단순 비교만 해본다면 新羅나 高句麗 制度보다 훨씬 세련되어 보이지만, 실상은 그렇지 못했을 것이다.[6] 그런 의미에서 제도적인 측면과 함께 그것이 실행되었던 실제 모습을 아울러 살펴보지 않을 수 없다.

2. 지방 통치제도의 변천

발해의 지방 통치제도는 대략 3단계를 거치면서 변모되었다. 첫째 단계는 건국부터 文王 前期인 8세기 중반까지로서, 이때는 고구려의 지배체제를 계승하

6. 金哲埈, 「韓國古代國家發達史」 『韓國古代史硏究』 서울大學校出版部, 1990, pp.72~75.

던 시기였다. 둘째 단계는 文王 後期인 8세기 후반부터 宣王 시대인 9세기 전반까지로서, 앞 단계의 제도를 계승하면서 다른 한편으로 당나라 제도를 수용하여 府州縣制를 시행하던 시기였다. 『新唐書』 渤海傳에 서술된 5경, 15부, 62주는 이때의 완성된 모습이다. 셋째 단계는 宣王 다음부터 멸망까지로서, 府州縣制를 일부 개편하였을 것으로 여겨지는 시기이다.

첫째 단계부터 살펴보겠다. 高王으로부터 武王을 거쳐 文王 前期에 이르는 시기는 영토가 급격히 팽창하던 때였다. 고왕 시대의 영토 확장에 관한 구체적인 기록은 없지만, 突厥이 당나라와 대치하고 있었으므로 별다른 견제 세력 없이 발해가 손쉽게 주변 세력을 정복해갈 수 있었을 것이다.

武王이 즉위한 뒤로 그의 諡號에서 암시되듯이 영토를 크게 넓혀 나감으로써 대체적인 영토의 틀은 이 시기에 마련되었다. 그는 727년에 일본에 보낸 國書에서 "욕되게 列國 사이에 끼어들고 외람되게 여러 藩國들을 결속시켜, 高句麗의 옛 땅을 회복하고 夫餘의 풍속을 계승하게 되었다"[7]고 하였다. 앞의 문구를 음미해보면 이 무렵에 이미 주변의 여러 나라들을 정복한 상태였고, 뒤의 문구로 보아서 특히 高句麗와 扶餘의 땅을 차지했음을 추측할 수 있다.

『新唐書』 발해전에 따르면 고구려 지역에 鴨淥府와 長嶺府, 부여 지역에 扶餘府와 鄚頡府를 설치했으므로, 무왕의 국서는 이들 지역이 발해 영역으로 들어왔음을 지적한 것이다. 이 해는 무왕 9년에 해당되므로, 아마 고왕부터 시작된 이 방면의 정복 활동이 무왕 전반기에 이르러 마무리되었던 듯하다. 고왕 시기에 당나라가 大武藝를 桂婁郡王으로 봉한 사실로 보건대,[8] 그의 시대에 이미 고구려 영토의 상당 부분이 편입되었을 가능성도 충분히 있다.

---

7. 『續日本紀』 권10, 聖武天皇 「(神龜)五年春正月, … 甲寅, 天皇御中宮, 高齊德等上其王書并方物, 其詞曰, … 武藝忝當列國, 濫惣諸蕃, 復高麗之舊居, 有夫餘之遺俗.」.

8. 『冊府元龜』 권964, 外臣部, 封冊 2 「(開元)七年三月, 忽汗州都督渤海郡王大祚榮卒, 遣使撫立其嫡子桂婁郡王大武藝, 襲爲左驍衛大將軍渤海郡王忽汗州都督.」.

그런데 濊貊의 땅에 두었던 龍原府와 沃沮의 땅에 두었던 南海府도 사실은 고구려 땅이었다. 앞에서 고구려 옛 땅을 회복하였다고 한 것은 고구려 핵심 지역이었던 압록부나 장령부만 아니라, 고구려 시대에는 변경에 속했던 용원부와 남해부도 어느 정도는 영유하게 되었음을 의미했을 것이다. 따라서 발해는 서남쪽과 서쪽 방면뿐만 아니라 남쪽 방면으로도 진출했을 가능성이 있다.

732년 9월에 무왕이 張文休 군대를 보내서 海路를 통하여 당나라 登州를 공략했으니,[9] 이것은 서남쪽으로 압록강을 경유하는 水路를 이미 확보하고 있었음을 의미한다. 또 契丹과 연합하여 육지에 상륙하여 河北省 방면을 공격했으니,[10] 이들과 제휴할 수 있을 정도로 거란과 가까운 부여 방면으로 진출해 있었을 것이다. 이러한 역사적 사건들은 발해가 서남쪽, 나아가 서쪽으로 진출했던 사실을 암시해준다.

그뿐만 아니라 靺鞨 지역으로도 이미 진출해 있었다. 그의 시대에 "영토를 크게 넓히자 동북쪽의 오랑캐들이 두려워 하여 신하가 되었다"[11]고 하였다. 동북쪽의 오랑캐가 어느 집단을 가리키는지 명확하지 않지만, 726년의 黑水靺鞨 공격 사건[12]으로 보아 발해는 이미 흑수말갈 가까이 진출해 있었다. 이때는 아직 上京으로 천도하기 전이었다.[13] 그렇지만 肅愼의 땅이었던 上京 일대는 이미 발해 영토로 편입되어 있었던 것이다. 흑수말갈을 공격했던 경로는 牡丹江

9. 『舊唐書』 권8, 玄宗本紀 상 「(開元二十年)九月乙巳, 渤海靺鞨寇登州, 殺刺史韋俊, 命左領軍將軍蓋福順發兵討之.」.

10. 『全唐文』 권352, 樊衡, 爲幽州長史薛楚玉破契丹露布 「可突干 … 而西連匈奴, 東搆渤海, 收合餘燼, 窺我降奚.」.

11. 『新唐書』 권219, 渤海傳 「子武藝立, 斥大土宇, 東北諸夷畏臣之.」.

12. 『舊唐書』 권199하, 渤海靺鞨傳 「(開元)十四年, 黑水靺鞨遣使來朝, 詔以其地爲黑水州, 仍置長史, 遣使鎭押. 武藝 … 遣母弟大門藝及其舅任雅發兵以擊黑水. 門藝曾充質子至京師, 開元初還國, 至是謂武藝曰 …. 武藝不從. 門藝兵至境, 又上書固諫.」.

13. 이 당시에는 東牟山 지역인 敦化에 도읍하고 있었을 가능성이 크지만, 顯州로 옮긴 뒤일 가능성도 있다(宋基豪, 앞책 p.97).

을 따라 내려가면서 훗날의 上京 지역과 德理鎭을 거쳤을 것이기 때문이다.[14]

한편으로 大同江과 元山灣 방면으로도 진출했다. 735년에 당나라가 신라에 보낸 칙서를 보면, 신라가 발해에 대비하여 浿江에 방어기지를 설치하고자 요청했고, 당나라가 이를 승인하였다.[15] 이를 보면 발해가 한반도의 서북쪽으로 이미 다가서고 있었을 것이다. 732년에 발해가 당나라를 공격하자 당나라가 신라를 끌어들여 발해의 남쪽을 공격하도록 지시했던 것도 양국의 국경이 서로 붙어 있었거나, 아니면 지근 거리에 있었음을 보여준다.[16] 동해안에서 신라와 泥河를 경계로 접경하였던 시기를 정확히 알 수는 없으나, 721년 7월에 신라가 何瑟羅道(江陵)의 장정을 동원하여 북쪽 경계에 長城을 쌓은 사실[17]은 이 무렵에 발해가 이 방면으로도 진출해 있었음을 암시한다.

지금까지의 고찰을 통하여 무왕 시대에 이미 서남쪽으로 고구려의 땅, 서쪽으로 부여의 땅, 동북쪽으로 말갈의 땅, 남쪽으로 신라 북쪽의 땅으로 정복해 나아간 사실을 확인할 수 있었다. 그런 점에서 武王이란 시호는 역시 그의 치적에 걸맞는 것이다.

737년에 文王이 즉위하고 나서 그 직후에도 말갈족들에 대한 정복이 계속

---

14. 長嶺府-首都-德理鎭-黑水靺鞨로 이어지는 경로에 대해서는 다음 자료가 참고가 된다. 『新唐書』 권43하, 地理志 7하, 羈縻諸州 「又經渤海長嶺府, 千五百里至渤海王城, 城臨忽汗海, … 其北經德理鎭, 至南黑水靺鞨千里.」.

15. 『文苑英華』 권471, 翰林制誥 52, 蕃書 4, 勅新羅王金興光書 「勅鷄林州大都督新羅王金興光. … 近又得思蘭表稱, 知卿欲於浿江置戍, 旣當渤海衝要, 又與祿山相望, 仍有遠圖, 固是長策. 且蕞爾渤海, 久已逋誅, 重勞師徒, 未能撲滅. 卿每嫉惡, 深用嘉之. 警寇安邊, 有何不可. 處置訖, 因使以聞.」; 『三國史記』 권8, 新羅本紀 8 「(聖德王)三十四年, … 二月, 副使金榮在唐身死, 贈光綠少卿. 義忠廻, 勅賜浿江以南地.」.

16. 『舊唐書』 권199하, 渤海靺鞨傳 「(開元)二十年, 武藝遣其將張文休率海賊, 攻登州刺史韋俊. 詔遣門藝往幽州徵兵以討之, 仍令太僕員外卿金思蘭, 往新羅發兵以攻其南境. 屬山阻寒凍, 雪深丈餘, 兵士死者過半, 竟無功而還.」.

17. 『三國史記』 권8, 新羅本紀 8 「(聖德王)二十年秋七月, 徵何瑟羅道丁夫二千, 築長城於北境.」.

이어져, 8세기 중반에는 鐵利部, 拂涅部, 越喜部, 虞婁部 등을 편입시켰다.[18] 문왕 전반기에 오늘날의 연해주 일대인 동쪽 방면에도 손길을 뻗쳤던 것이다.

이상으로 고왕으로부터 문왕 전기까지 주변 지역에 대한 정복이 일단락되었다. 먼저 고구려 영역에 속했던 남쪽과 서쪽으로 진출한 다음에 동쪽과 동북쪽을 공략해 들어가는 수순을 밟았다. 『新唐書』 발해전을 참고로 한다면, 대체로 앞에 서술된 숙신, 예맥, 고려, 부여 일대가 먼저 정복되었고, 그 뒤에 이어지는 읍루(虞婁), 솔빈, 불열, 철리, 월희 지역이 속속 복속되었을 것이다.

그렇지만 이 무렵에는 미처 전국적인 단위의 행정체제가 마련되지 않았고, 다만 고구려 통치제제를 계승하거나 이를 원용하여 초기의 영역을 지배해 나아갔다.

먼저, 高句麗 지역에 대해서는 과거의 지배구조를 그대로 인정하는 방식을 택했다. 이것은 8세기 전반 日本에 파견된 사신들의 관직에서 확인된다. 739년에 파견된 胥要德은 若忽州 都督이었고,[19] 758년에 파견된 楊承慶은 行木底州 刺史,[20] 759년에 파견된 高南申은 玄菟州 刺史였다.[21]

목저주, 현도주는 고구려 지명이었다. 木底州는 고구려 시기에 木底城 또는 木氐城[22]이었으며, 당나라가 고구려를 멸망시킨 뒤에 목저주로 바뀌었다. 목저

---

18. 『新唐書』 권219, 黑水靺鞨傳 「拂涅, 亦稱大拂涅, 開元天寶間八來, 獻鯨睛貂鼠白兎皮, 鐵利, 開元中六來, 越喜, 七來, 貞元中一來, 虞婁, 貞觀間再來, 貞元一來. 後渤海盛, 靺鞨皆役屬之, 不復與王會矣.」; 『唐會要』 권96, 靺鞨 「其拂涅鐵利等諸部落, 自國初至天寶末, 亦嘗朝貢, 或隨渤海使而來. 唯郡利莫曳皆三兩部未至. 及渤海浸强, 黑水亦爲其所屬.」.

19. 『續日本紀』 권13, 聖武天皇 「(天平十一年)十二月戊辰, 渤海使己珎蒙等拜朝, 上其王啓并方物. 其詞曰, 欽茂啓, … 仍差若忽州都督胥要德等充使, 領廣業等令送彼國.」.

20. 윗책, 권21, 淳仁天皇 「(天平寶字二年)九月, … 丁亥, 小野朝臣田守等至自渤海, 渤海大使·輔國大將軍兼將軍·行木底州刺史兼兵署少正·開國公揚承慶已下卄三人, 隨田守來朝, 便於越前國安置.」.

21. 윗책, 권22, 淳仁天皇 「(天平寶字三年)十月, … 辛亥, … 渤海使·輔國大將軍兼將軍·玄菟州刺史兼押衙官·開國公高南申相隨來朝.」.

주의 구체적인 소재지에 대해서는 여러 설이 있지만, 蘇子河 유역에 있는 遼寧省 新賓縣 木奇鎭 일대로 비정하는 데에 별 이견이 없다.[23] 玄菟州는 원래 玄菟郡에서 유래된 것으로서, 고구려에 편입된 뒤로 玄菟城으로도 불렸다. 고구려가 멸망한 뒤에 어떠한 이름으로 개칭되었는지 기록이 없지만, 목저주의 경우에 비추어 볼 때에 현도주라 불렸을 것이다. 현재 현도주의 소재지는 瀋陽이나 撫順 지역으로 비정된다.[24] 이처럼 木底州와 玄菟州가 고구려 지명에서 유래된 것이 분명하지만, 若忽州의 명칭은 다른 곳에서 확인되지 않는다.[25] 다만 명칭의 유사성을 고려한다면 고구려 지명으로 보아도 무리는 없을 것이다.[26]

이상의 검토를 통하여 高句麗式 地名이 8세기 중반까지도 그대로 사용되었던 사실이 확인된다. 그러면서 州의 책임자들이 都督과 刺史로 나뉘어 있는 것이 주목되는데, 이것은 뒤에 언급하고자 하는 고구려 제도와 관련하여 눈여겨볼 필요가 있다.

이제까지의 고찰과 연관시켜 상기해볼 필요가 있는 것이 『類聚國史』의 기록이다.

> 渤海國者, 高麗之故地也. … 其國延袤二千里, 無州縣館驛, 處處有村里, 皆靺鞨部落. 其百姓者, 靺鞨多, 土人少, 皆以土人爲村長. 大村曰都督, 次曰刺史, 其下百姓

---

22. 『三國史記』 권22, 寶臧王 하 「二十六年, 秋九月, … 薛仁貴引兵橫擊之, 殺我軍五萬餘人, 拔南蘇木氐蒼嵒三城.」.

23. 余昊奎, 「3세기 후반~4세기 전반 고구려의 교통로와 지방통치조직-南道와 北道를 중심으로-」 『韓國史硏究』 91, 1995, p.11.

24. 余昊奎, 윗논문 p.14.

25. 혹시 고구려 때에 甘勿主, 甘勿伊忽로도 불렸던(『三國史記』 권37, 鴨淥水以北已降城十一 참조) 哥勿州에 비정해볼 수도 있으나 단정하기는 어렵다.

26. 金毓黻, 『渤海國志長編』 권14, 地理考, 舊州(華文書局, 1934) 「若忽州 … 又案, 新唐書地理志附載唐收高麗降戶九府中有哥勿府, 勿一作忽. 又三國史記所載高麗降唐諸城之名, 多以忽字爲尾. 據此, 則若忽亦高麗古城也.」.

皆曰首領. (『類聚國史』 권193, 殊俗部, 渤海 上)

여기서 영토가 사방 2천리이고, 館·驛이 없다고 한 점으로 보아서 발해 초창기의 사정을 전하는 것이다.[27] 『舊唐書』 발해말갈전에 발해 영토를 사방 2천리라고 하였고, 『新唐書』 발해전에는 사방 5천리라 하였으니, 영토만 보더라도 『신당서』보다는 『구당서』에 가까운 시기의 사실을 반영한다.

더구나 柵城府와 신라 泉井郡 사이에 39개 역이 있다고 한 기록을 감안한다면, 발해에는 늦어도 8세기 중엽에 驛站이 개설되어 있었다. 新羅에서 泉井郡을 井泉郡으로 개칭한 것이 景德王 16년(757)의 일이었기 때문이다.[28] 그러므로 발해에 舘驛이 없던 시기는 그 위로 올라가야만 한다. 따라서 위의 기록은 발해 초창기, 그것도 8세기 초반의 사실을 반영하는 것이 확실하다.

아울러 "無州縣舘驛"은 "주·현에 관·역이 없다"보다는 "주·현과 관·역이 없다"고 이해하는 것이 옳다. 뒤에 나오는 村里와 앞에 서술된 州縣이 서로 대비가 되는 단어로서, 州縣이 아직 설치되지 않은 채 村落들이 개별적으로 흩어져 있었던 사실을 설명한 것이기 때문이다. 사실 이 문장에서는 舘驛의 有無가 아니라 州縣의 유무에 관심이 집중되어 있다.

그러면 8세기 중반에 고구려 방식의 州들이 존재하고 있었는데, 州와 縣이 없다고 한 것은 어떻게 해석될 수 있는가. 이것은 발해가 전국에 걸쳐 독자적으로 마련한 州縣 制度가 아직 시행되지 않았음을 의미하는 것이지, 임시 변통으로

27. 森田悌는 "無州縣舘驛"을 "州縣에 館驛이 없다"고 해석하였고, 그것도 건국 초기가 아닌 9세기의 사정을 전하는 것으로 간주하였으나(森田悌, 「渤海の首領について」 『國史研究』 94, 弘前大學, 1993, 주1) 모두 동의하기가 어렵다. 大隅晃弘도 역시 9세기 전반의 기록으로 보았으나 역시 동의할 수 없다(大隅晃弘, 「渤海の首領制-渤海國家と東アジア世界-」 『新瀉史學』 17, 1984, p.111).

28. 宋基豪, 「東아시아 國際關係 속의 渤海와 新羅」 『韓國史 市民講座』 5, 일조각, 1989, pp.47~49.

고구려 제도를 물려받은 사실까지 염두에 둔 말은 아닐 것이다. 그런 의미에서도 『類聚國史』의 기록은 발해 초기의 사실을 반영하는 것으로 보는 편이 자연스럽다.[29]

결국 8세기 초반에 발해의 지방 지배는 都督·刺史-首領-百姓으로 이어지고 있었다.[30] 사실 옛 고구려 지역과 말갈 지역은 초창기에 통치 방식이 달랐을 것이므로, 위의 기록은 이들을 구분하지 않고 어디까지나 발해 전체를 아우르는 개념적인 모델로 제시된 것으로 생각된다. 그러면서도 굳이 따져본다면 과거에 고구려인들만 살았던 지역이나 말갈인들만 살았던 지역이 아니라, 고구려에 편입되어 그들의 지배를 받았던 말갈 지역에 가장 근접한 모델이라고 할 수 있다. 그리고 그러한 모델이 발해 전체를 대표하고 있는 것은 발해 사회의 전반적 성격도 이와 유사했기 때문일 것이다.

그런데 大村과 次村에 都督과 刺史를 둔 것은 고구려 때에 大城에 都督과 같은 성격의 傉薩을 두고, 그 아래 등급의 성에 刺史와 같은 성격의 處閭近支(道使)를 두었다는 기록을 연상시킨다.[31] 大村은 고구려의 大城에 비길 수 있고,

---

29. 河上洋은 이미 발해에 府·州가 설치되어 있던 시기를 설명하는 것으로 보았다. 그럼에도 州와 縣이 없다는 것은 발해의 지방제도가 중국과 동일한 체제가 아니라는 의미로 이해하였다. 그는 발해의 부와 주는 중국과 달리 일정한 관할 구역을 가지지 않았고, 단지 말갈족의 자연 부락들 위에 이름만 붙인 것이라고 하였다(河上洋, 앞논문 p.15). 이를 보면, 8세기 후반 내지 9세기 초반을 염두에 두고 있는 듯하지만, 전체 내용을 보면 아무래도 府州縣 制度가 마련되기 이전인 8세기 초반의 사정을 전하는 것으로 보는 편이 타당할 듯하다.

30. 이 3자의 관계에 대해서는 여러 설이 있으나(鈴木靖民, 「渤海の首領に關する基礎的研究」『古代對外關係史の研究』吉川弘文館, 1985, p.442), "都督과 刺史 아래의 지배자를 百姓이 首領이라 부른다"고 해석하는 것이 무난할 듯하다.

31. 『舊唐書』 권199상, 高麗傳 「外置州縣六十餘城. 大城置傉薩一, 比都督. 諸城置道使, 比刺史.」; 『新唐書』 권220, 高麗傳 「其州縣六十. 大城置傉薩一, 比都督. 餘城置處閭近支, 亦號道使, 比刺史.」; 『翰苑』 蕃夷部, 高麗에 인용된 『高麗記』 「又其諸大城置傉薩, 比都督. 諸城置處閭近(支, 比)刺史, 亦謂之道使. 道使治所名之日備. 諸小城置可邏達, 比長史. 又城置婁肖, 比縣令.」.

次村은 大城 아래의 城에 비길 수 있다.[32] 고구려의 城들이 크기에 따라 여러 등급으로 나뉘어 있었듯이, 발해의 村들도 역시 여러 등급으로 구분되어 있었다. 앞에서 제시했듯이 동일하게 州의 이름을 가졌으면서도 그 책임자가 都督, 刺史로 서로 다른 것은 이 때문이다.

비록 이들이 고구려 말기의 玄菟城, 木底城처럼 城으로서 칭해진 것이 아니라 安東都護府로 개편되면서 붙여진 州의 명칭을 띠고는 있지만, 통치 방식은 고구려 것을 그대로 계승하고 있었다. 다시 말해서 고구려 후기의 城, 안동도호부 아래의 州, 발해 초기의 村이 명칭만 다를 뿐이지 근본적인 변화는 없었다. 그렇다면 胥要德, 楊承慶, 高南申과 같은 인물들은 바로 위의 기록에 보이는 土人的인 존재로 상정할 수 있다. 중앙에서 이들을 관리로 직접 파견했던 것이 아니라, 현지 지배자들의 세력을 그대로 인정해주면서 중앙 귀족으로 편입시켜 나아갔을 것으로 추정된다.

반면에 과거 고구려의 지배를 받은 경험이 없던 순수 말갈 지역에는 여러 등급의 首領들이 앞의 경우보다는 더욱 독립적인 지배자로 군림하고 있었을 것이다. 이러한 곳에 대해서는 각 수령들의 독자성을 인정하면서 몇 개의 수령들을 지역 단위로 묶어서 그 위에 중앙에서 都督, 刺史와 같은 관리를 파견하여 통제했거나, 아니면 현지의 大首領을 都督, 刺史로 임명하여 위임 통치하였을 것이다. 따라서 都督, 刺史의 출신은 고구려 지역과 말갈 지역이 서로 달랐을 가능성이 있겠지만, 두 지역의 통치 방식이 크게 다르지는 않았을 것이다.

둘째 단계가 되면 주변 지역에 대한 정복이 일단락되면서 전국적으로 一元的 支配體制를 마련하게 되었다. 이 단계에 접어들어서 지방 세력의 통제에 일부 변동이 엿보인다. 특히 內紛期에 들어서 일부 세력들이 이탈해나갔던 듯하다. 문왕 시대에 복속되었던 虞婁靺鞨과 越喜靺鞨이 802년에 다시 독자적으로

---

32. 河上洋, 앞논문 p.210.

당나라에 조공했던 사실이 있기 때문이다.[33] 康王 大嵩璘이 일본에 보낸 國書에서 "영토가 처음과 같이 되었다"[34]고 언급한 사실도 그간에 일어났던 영토의 상실과 회복을 암시해준다. 그러나 宣王이 즉위한 뒤에는 현재의 興凱湖 북쪽, 遼東지방, 韓半島 서북부 쪽으로 영토를 재차 확장했다.[35]

이에 따라 대외 정복활동이 선왕 시대에 거의 마무리되었고, 5京, 15府, 62州도 완비되었다. 『新唐書』 발해전은 일반적으로 張建章의 『渤海記』에 바탕을 둔 것으로 알려져 있다. 따라서 그가 발해를 방문한 834년쯤이 기록의 하한이 된다.[36] 이때는 大彝震 초기이므로, 대체로 선왕 시대에 완성된 제도를 바탕으로 서술되었음을 짐작할 수 있다.

그렇지만 선왕 때에 지방제도가 일시에 완비된 것은 아니었고, 그 골격은 이미 文王 때에 마련되었다. 759년의 玄菟州를 마지막으로 더 이상 高句麗式 地名이 나타나지 않게 되었고, 그 대신에 15부의 하나인 南海府가 777년에 처음으로 등장하는 것으로 보아서, 문왕 후기에 당나라 제도를 받아들여 府州縣制를 시행하기 시작했을 것이다.

당나라에서는 府의 장관을 府尹, 州의 장관을 刺史, 縣의 장관을 縣令이라 하였고, 都督府에 都督, 都護府에 都護를 두었다. 이에 비해서 발해에서는 府의 장관을 都督, 州의 장관을 刺史, 縣의 장관을 縣丞[37]이라 하였다. 이렇게

---

33. 『册府元龜』 권972, 外臣部, 朝貢 5 「(貞元)十八年正月, 虞婁·越喜等首領見.」.

34. 『日本逸史』 권5, 延暦 15년 4월 戊子 「渤海國遣使獻方物, 其王啓曰, … 嵩璘視息苟延, 奄及祥制, 官僚感義, 奪志抑情. 起續洪基, 祇統先烈, 朝維依舊, 封域如初.」.

35. 宋基豪, 앞책 pp.148~151.

36. 張建章은 833년 가을에 배를 타고 幽州를 출발하여 이듬해 9월에 발해 수도에 도착하였고, 735년에 다시 발해 수도를 출발하여 그 해 8월에 幽州로 귀환하였다. 이때 가져온 자료를 바탕으로 그 뒤에 발해의 風俗, 宮殿, 官品을 두루 서술한 『渤海記』를 지었다(한국고대사회연구소 편, 『譯註 韓國古代金石文』 Ⅲ, 제2편 발해, 1992, pp.500~504).

37. 縣과 관련된 발해 관직으로는 848년에 일본에 파견되었던 王文矩의 직책인 永寧縣丞이 보인다. 그런데 당나라 지방제도를 보면, 縣에 장관인 縣令을 두었고, 현령 아래에 縣丞,

府와 縣의 장관을 都督과 縣丞이라 한 것은 당나라 제도를 변형하여 받아들였음을 보여준다. 특히 都督-刺史로 이어지는 계선은 고구려식 지배체제를 바탕으로 한 첫째 단계의 통치구조를 그대로 계승한 것이다. 따라서 발해의 지방제도는 당나라 제도를 받아들이면서, 한편으로 고구려 전통이 가미된 형태를 띠고 있었다. 이 단계에 들어오면 地方官들을 중앙에서 직접 파견하는 것이 원칙이었을 것이다.

『新唐書』 발해전에는 京·府·州만 기록되어 있는 듯하지만, 실제로는 縣의 명칭으로 보이는 것이 있다. 발해의 특산물을 설명한 다음 구절을 보겠다.

> 俗所貴者, 曰太白山之菟, 南海之昆布, 栅城之豉, 扶餘之鹿, 鄚頡之豕, 率賓之馬, 顯州之布, 沃州之緜, 龍州之紬, 位城之鐵, 盧城之稻, 湄沱湖之鯽. 果有九都之李, 樂游之梨.(『新唐書』 권219, 渤海傳)

位城의 鐵과 丸都[38]의 오얏이 유명하다고 했는데, 이들은 『遼史』 地理志에 보이는 中京 鐵州 아래에 있는 位城縣, 西京 桓州 아래에 있는 桓都縣이 분명하다.[39] 나아가 盧城의 벼와 樂游의 배도 유명하다 했는데, 『遼史』 지리지에는 이들 명칭이 보이지 않지만 이들도 역시 縣 이름으로 생각된다.[40] 따라서 『新唐

主簿, 縣尉가 있었다. 양자를 비교하면, 왕문구가 영녕현의 장관이 아니라 그 아래의 책임자로 볼 수도 있고, 그 경우에 발해에도 縣令이 존재하였다고 추측해볼 수 있다. 그러나 왕문구가 821년과 827년에 일본에 파견되었을 때에 중앙의 핵심 관직인 政堂省 左允을 역임한 사실을 고려하면, 현의 장관이었을 가능성이 더 크다. 따라서 발해에서 縣의 책임자는 縣令이 아니라 縣丞이었던 것으로 보고자 한다.

38. 원문에는 九都로 되어 있으나, 丸都의 잘못임이 분명하다.

39. 『遼史』 권38, 地理志 2, 東京道 「鐵州 … 渤海置州, 故縣四, 位城·河端·蒼山·龍珍, 皆廢.」, 「桓州. 高麗中都城, 故縣三, 桓都·神鄕·淇水, 皆廢.」.

40. 盧城은 일반적으로 盧州를 가리키는 것으로 보고 있다. 이것은 金毓黻, 和田清 등이 추정했던 것을 무비판적으로 받아들인 결과로 보인다(金毓黻, 앞책, 권17, 食貨考; 和田清, 「渤海國地理考」『東亞史研究』滿洲篇, 1955, p.73). 그러나 『新唐書』 渤海傳의 기사를

書』 발해전에 이미 현의 명칭이 나와 있음이 확인된다.

그러면 현의 전체 숫자는 얼마나 되었는가. 100여 개의 縣이 있었다는 것이 통설이지만,[41] 이것은 전체 숫자가 아니라 『遼史』 地理志 등을 통하여 알려진 숫자에 불과하다. 屬縣의 숫자와 명칭을 확실히 알 수 있는 것은 이 책에 "故縣 몇 개"로 기록된 것으로서 다음과 같다.

① 中京 소속

盧州(5): 山陽, 杉盧, 漢陽, 白巖, 霜巖

鐵州(4): 位城, 河端, 蒼山, 龍珍

湯州(5): 靈峰, 常豊, 白石, 均谷, 嘉利

榮州(崇州, 3): 崇山, 潙水, 綠城

興州(3): 盛吉, 蒜山, 鐵山

② 東京 소속

慶州(6): 龍原, 永安, 烏山, 壁谷, 熊山, 白楊

鹽州(4): 海陽, 接海, 格川, 龍河

穆州(4): 會農, 水岐, 順化, 美縣

賀州(4): 洪賀, 送誠, 吉里, 石山

③ 南京 소속

沃州(6): 沃沮, 鷲巖, 龍山, 濱海, 昇平, 靈泉

자세히 살펴보면, 단순히 산과 호수를 가리키는 太白山과 湄沱湖를 제외하면, 府-州-縣의 순서로 나열된 것을 발견할 수 있다. 南海, 柵城, 扶餘, 鄚頡, 率賓은 府에 해당하고, 顯州, 沃州, 龍州는 州에 해당하며, 位城 이하는 縣에 해당한다. 盧城은 현 이름이 분명한 位城 다음에 있으므로, 盧州의 異稱으로 보기보다는 盧城縣으로 보는 것이 옳을 것이다. 그런데 盧州 아래에는 이미 山陽, 杉盧, 漢陽, 白巖, 霜巖 5개의 현이 있다고 하였으므로(『遼史』 권38, 地理志 2, 東京道), 노성현은 盧州 屬縣이라 보기 어렵다. 벼의 산지인 점을 감안하면 현재의 和龍 일대에 비정되어야 하고 그곳은 顯州 관할이므로, 현주 속현일 가능성이 높다.

41. 『遼史』 地理志에 나오는 현 가운데 발해 것인지 판단하기 어려운 것이 있어서, 김육불은 130개라 하였고(金毓黻, 앞책, 권14 지리고), 王承禮는 107개라 하였다(王承禮 저, 宋基豪 역, 『발해의 역사』 한림대학 아시아문화연구소, 1987, p.122).

晴州(5): 天晴, 神陽, 蓮池, 狼山, 仙巖

椒州(5): 椒山, 貂嶺, 澌泉, 尖山, 巖淵

④ 西京 소속

神州(3): 神鹿, 神化, 劍門

桓州(3): 桓都, 神鄕, 淇水

豊州(4): 安豊, 渤恪, 隰壤, 硤石

⑤ 定理府 소속[42]

定州(5): 定理, 平邱, 巖城, 慕美, 安夷

潘州(瀋州, 4): 瀋水, 安定, 保山, 能利

⑥ 安遠府 소속

慕州(2): 慕化, 崇平

이를 보면 18개 州에 모두 75개 縣이 있었다. 이를 산술적으로 계산한다면 62주에는 대략 258현이 산출된다. 그런데 中京, 東京, 南京, 西京의 4京에는 인구가 집중되어 있었을 것이므로, 나머지 주에는 이보다 적었을 것이다. 이를 감안한다면 발해 전체의 현은 대체로 200~250개의 범위 안에 있었다고 추산할 수 있다. 당나라가 고구려 영토에 9都督府, 41州, 100縣을 두었다고 하였으므로,[43] 이보다 1.5배 내지 2배 정도 더 넓은[44] 발해 땅에 62州, 200개 이상의 縣이 있었던 것으로 추정해도 무리는 아니다. 그리고 발해보다 훨씬 작은 統一新

42. 『遼史』 地理志 東京道 瀋州條의 고증에 인용된 『元一統志』에는 瀋州와 定州의 2개 주에 9개 현이 소속되어 있었다고 하였다. 그런데 다른 州의 예를 보면 首縣의 명칭이 州의 명칭과 유사한 것이 많고, 이를 고려하면 定理縣은 定州의 수현이고, 瀋水縣은 瀋州의 수현임을 알 수 있다. 따라서 심수현을 기준으로 그 이전은 정주 관할이고, 심수현부터는 심주 관할임을 추정할 수 있다(金毓黻, 앞책, 권14, 지리고).

43. 『舊唐書』 권199상, 高麗傳 「東西三千一百里, 南北二千里. … 高麗國, 舊分爲五部. 有城百七十六·戶六十九萬七千. 乃分其地, 置都督府九·州四十二·縣一百. 又置安東都護府以統之.」.

44. 宋基豪, 「渤海의 盛衰와 疆域」 『韓民族의 成長과 領域』 白山學會 創立30周年紀念 學術大會 발표 요지, 1996. 7. 5.

羅에 9州, 117~120郡, 293~298縣이 설치되었던 사실[45]과도 비교가 된다.

한편, 발해는 당나라와 같은 封爵制度를 시행했으니, 841년에 일본에 파견되었던 賀守謙은 聞理縣 擬開國男이었고, 이때에 王弟로 있던 大虔晃은 安豊縣 開國公이었다.[46] 또 860년에 일본에 파견되었던 李居正은 均谷枉縣 開國男이었다.[47] 聞理縣은 다른 자료에서 확인되지 않지만, 安豊縣은 위에 제시한 바와 같이 西京 豊州의 首縣이었다. 그리고 均谷枉縣은 中京 湯州 아래의 均谷縣일 것이다. 이밖에 高南申은 開國公, 大昌泰는 開國子, 史都蒙과 王新福은 開國男이었으나, 구체적인 지명은 보이지 않는다. 이들 封爵에는 食邑이 따라붙지만, 특별한 경우를 제외하고 대부분은 實封이 아니기 때문에 이를 근거로 하여 중앙 귀족·왕족과 지방 州縣과의 실제적인 지배관계를 설정할 수는 없다.

셋째 단계에 와서는 앞 시대에 마련된 府州縣制가 일부 개편되었던 것으로 여겨진다. 일반적으로 5경, 15부, 62주를 최종적으로 완성된 지방제도로 간주하고 있다. 그러나 이것이 宣王 시대까지의 사정을 전하는 것이라면, 그 후에 변동이 없을 리 없다. 선왕 다음으로 즉위한 大彝震 초기에 官制가 개편되었던 것으로 생각되는데,[48] 이때에 지방제도도 변동되었을 가능성이 있다. 그리고 주지하다시피 당나라의 혼란으로 9세기 중반부터 당나라가 멸망한 해인 907년까지 반세기 이상 발해 사료가 거의 전해지지 않는다. 따라서 이 기간에 어떠한 변화가 있었는지도 알 수 없다.

그렇지만 일부 자료를 통하여 변동이 있었을 가능성을 파악할 수 있다. 먼저 『遼史』 地理志에 의하면 州의 일부를 郡으로도 부르고 있는 사실이 주목된다.

---

45. 金泰植, 「『三國史記』 地理志 新羅條의 史料的 檢討」 『三國史記의 原典檢討』 한국정신문화연구원, 1995, p.187 〈표 1〉.

46. 한국고대사회연구소 편, 앞책 pp.504~510.

47. 윗책 pp.510~512.

48. 宋基豪, 앞책 pp.154~155.

다음은 그러한 예들이다.

鳳州. … 渤海之安寧郡境.

鹽州. 本渤海龍河郡.

穆州. … 本渤海會農郡.

賀州. 本渤海吉理郡.

盧州. … 本渤海杉盧郡.

豊州. 渤海置盤安郡.

正州. … 渤海置沸流郡.

廣州. … 渤海爲鐵利郡

雙州. … 渤海置安定郡

咸州. … 渤海置銅山郡.

이것은 어느 시기엔가 州를 郡으로 개편했거나, 적어도 별칭으로 사용했음을 보여준다. 이와 관련하여 『遼史』를 다시 살펴보면 다음과 같은 기록들이 눈에 뜨인다.

① 唐元和中, 渤海王大仁秀, 南定新羅, 北略諸部, 開置郡邑, 遂定今名.(『遼史』 권38)

② 天顯元年春正月 … 甲戌, 詔諭渤海郡縣.(윗책, 권2)

③ (蕭)阿古只, … 渤海旣平, 改東丹國. 頃之, 已降郡縣復叛, 盜賊蜂起. 阿古只與康黙記討之, 所向披靡.(윗책, 권73)

④ 耶律突呂不, … 太祖東伐, 大諲譔降而復叛, 攻之, 突呂不先登. 渤海平, 承詔銘太祖功德于永興殿壁. 班師, 已下州郡往往復叛, 突呂不從大元帥攻破之.(윗책, 권75)

⑤ (天顯元年)二月庚寅, 安邊鄚頡南海定理等府及諸道節度刺史來朝, 慰勞遣之.(윗책, 권2)

宣王 시절에는 5경, 15부, 62주가 설치되어 있었으므로, ①에 보이는 郡邑은 막연히 쓰인 용어일 것이다. ②, ③, ④에 나오는 郡縣, 州郡도 물론 이러한 범주에 넣을 수 있겠지만, 앞에서 제시한 郡 명칭들과 연계시켜 본다면 ①과는 달리 역사적 사실을 반영하는 것으로 볼 수도 있다.

이상의 사료들로 보건대, 비록 전면적이지 아니었을지는 모르지만, 9세기 중반 이후에 일부의 州를 郡으로 개칭하였던 듯하다. 신라에서는 州郡縣의 3단계 체제를 취하고 있어서 郡은 州 아래의 행정단위에 속했다. 이에 비해서 당나라에서는 州와 郡이 동일한 성격을 띠고 있었기 때문에, 당나라 초기에 隋나라의 郡을 州로 바꾸어 당나라의 기본 제도가 되었고, 天寶 초기에는 다시 州를 郡으로 바꾼 적도 있다.[49] 당나라의 경우에 비추어보더라도, 발해에서 어느 한 시기에 州의 명칭을 郡으로 개칭했을 개연성이 있다. 이를 받아들인다면, 셋째 단계에서는 府-州郡-縣의 구조를 띠고 있었다고 볼 수 있다. 이러한 개편이 언제 이루어졌는지, 그리고 어떠한 의미를 내포하고 있는지는 알 수 없지만, 지배 체제에서 근본적인 변화는 없었을 것이다.

그뿐 아니라 ⑤에 보이는 바와 같이 道와 節度使도 두었던 것처럼 보이는 사료도 있다.[50] 여기에 보이는 節度를 府의 장관인 都督의 별칭으로 본 견해도 있지만,[51] 그 앞의 道와 연결시켜보면 단순히 그렇게 판단하기는 어렵다. 당나라

---

49. 『新唐書』 권37, 地理志 1 「唐興, 高祖改郡爲州, 太守爲刺史.」; 『通典』 권172, 州郡 2 「天寶初, 又改州爲郡, 刺史爲太守.」.

50. 김육불, 앞책, 권15, 職官考, 補外官; 박시형, 『발해사』 김일성종합대학출판사, 1979〔박시형 저, 송기호 해제, 『발해사』 이론과실천, 1989 재간행, p.128〕; 魏國忠·朱國忱, 「渤海國政治制度述略」 『求是學刊』 1981-3〔魏國忠, 「渤海國的政治制度」 『東北民族史研究』 2, 中州古籍出版社, 1995 재수록, p.159〕; 朱國忱·魏國忠, 『渤海史稿』 黑龍江省文物出版社編輯室, 哈爾濱, 1984, p.172.
그러나 道制의 실시 여부에 대해서 유보적인 태도를 취한 견해도 있다.
鳥山喜一 저·船木勝馬 편, 『渤海史上の諸問題』 風間書房, 日本, 1968, p.84.

51. 瀧川政次郎, 「日·渤官制の比較」 『建國大學研究院 研究期報』 1, 滿洲帝國協和會 建國

에서는 貞觀 원년(627) 전국에 걸쳐 10道를 두었고, 開元 21년(733)에 15道로 늘렸다.[52] 당나라에서의 道는 처음에 단순히 감찰 구역을 의미하다가 安史의 난 이후에는 실제적인 행정 구역 명칭으로 바뀌었다고 한다.[53]

발해에서 道로 칭해진 예로서 대외교통로인 日本道, 新羅道, 朝貢道, 營州道, 契丹道가 있다. 그런데 이들은 단순히 대외교통로 역할만 한 것이 아니라 중앙에서 지방으로 연결되는 幹線道路 역할도 수행하였다. 발해의 山城과 平地城들이 이 노선을 따라 배치되어 있고,[54] 新羅道의 예로 보아서 驛站 시설도 마련되어 있었다.

이러한 예는 당나라뿐 아니라 고구려, 통일신라 등에서도 찾아볼 수 있다. 高句麗의 南道와 北道는 성과 성으로 이어지면서 중국이나 부여와 통하던 대외교통로이자 중앙과 지방을 연결하는 간선도로 역할을 했음은 잘 알려져 있다. 국내성에서 평양성까지 17驛이 있었던 사실[55]로 미루어 그러한 간선도로를 따라 역참도 설치되어 있었을 것이다. 통일신라에서도 발해 5道처럼 중앙과 지방을 연결하는 주요 교통로로서 5通이 설치되었고, 역시 역참 시설이 딸려 있었다.[56] 한편, 고려는 11세기에 와서 전국을 22道(驛道) 525驛으로 구성된 교통망을 완성하였다.[57]

大學分會出版部, 1941, p.246.

52. 『舊唐書』 권38, 地理志 1 「貞觀元年, 悉令併省. 始於山河形便, 分爲十道. … 開元二十一年, 分天下爲十五道, 每道置採訪使, 檢察非法, 如漢刺史之職.」.

53. 張國剛, 『唐代官制』 三秦出版社, 1987, p.129; 程志·韓濱娜, 『唐代的州和道』 三秦出版社, 1987, p.75.

54. 延邊朝鮮族自治州博物館, 「吉林汪清考古調査」 『北方文物』 1985-4, p.10; 張殿甲, 「渾江地區渤海遺迹與遺物」 『博物館研究』 1988-1, p.65.

55. 『三國史記』 권37, 지리지 4, 고구려 「目錄云, … 其一國內城, 從平壤至此十七驛.」.

56. 井上秀雄, 『新羅史基礎研究』 東出版, 1974, pp.399~405; 한정훈, 「신라통일기 육상교통망과 五通」 『釜大史學』 27, 2003.

57. 정요근, 「高麗前期 驛制의 整備와 22驛道」 『한국사론』 45, 2001, p.38.

발해는 5도의 간선도로를 중심으로 각 方面을 관장하는 節度使 制度를 운영했을 것으로 생각된다.[58] 그렇다면 이미 그 시원은 대외교통로가 개설된 시기로 잡을 수 있어서, 둘째 단계나 그 이전으로 올라갈 수 있을 것이다. 그러나 셋째 단계에 들어서 지방 세력이 발호하게 되면서 이러한 道制가 적극적으로 운용되었던 것으로 생각해보고자 한다. 그렇기 때문에 節度使의 명칭이 『遼史』에 처음으로 등장하게 된 것이다.

참고로 신라에서도 道制가 시행되었던 것으로 여겨진다.[59] 10道 또는 12道와 함께 浿西道와 浿江道 등의 명칭이 보이기 때문이다. 신라에서도 도제가 실시되었다면, 高麗와 같이 구체적인 상급 행정단위로서가 아니라, 교통로와 연계된 감찰 구역으로서의 의미를 지닌 당나라나 발해의 道와 성격이 비슷했을 것이다.

한편, 1980년대에 북한의 개심사 절터에서 글쪽지가 발견되었는데, 여기에는 "발해 선왕 9년 병오 3월 15일 룡강성, 석두현, 해성사, 금강곡, 칠보산, 개심사 창건자는 대원화상이고 목수는 팽가와 석가이다"고 적혀 있었다고 한다.[60] 이에 따르면 선왕 9년 즉 826년에 이 지역의 행정구역명이 "룡강성 석두현"이었던 것으로 추정된다. 그렇지만, 지금까지 알려진 것과 상이한 데다가 원문을 알 길이 없어서 이 문제에 대해서는 더 이상 논의하기 어려워 문제만 제기해두고자 한다.

---

58. 당나라에서 사용된 道는 주로 監察 區域을 의미하였지만, 이밖에 중앙의 母機關에서 지방에 파견된 子機關이나 行軍路線을 의미하는 것도 있다고 한다(張國剛, 앞책 pp.128~129).

59. 道의 성격에 대해서는 일단 미루어두고, 신라에 道制가 실시되었을 가능성을 제기한 논문은 다음과 같다.
木村誠, 「統一新羅郡縣制浿江地方經營」 『朝鮮歷史論集』 上, 旗田巍先生古稀記念會, 1979; 배종도, 「新羅下代의 地方制度 개편에 대한 고찰」 『學林』 11, 1989, pp.13~23.

60. 리준걸, 「함경남북도일대의 발해유적유물에 대한 조사보고」 『조선고고연구』 1986-1, p.34.

이상으로 3단계에 걸친 지방제도의 변천 과정을 살펴보았다. 그런데 여기에 좀 더 언급할 것이 있다. 그것은 발해가 遼陽을 포함하는 遼東지방과 大同江 이북의 平安道 지방까지 차지하였던 것으로 여겨지는데, 과연 이곳에 어떠한 행정 구역이 설정되어 있었는가가 의문이기 때문이다.

이에 따라 요동지방에 安元府(安遠府), 銅州 등과 같은 일부 府, 州, 縣들이 설치되어 있었다고 주장하는가 하면, 요동반도와 평안남북도 일대에 발해가 간접 통치하던 高麗侯國 내지 小高句麗國이 존재하였다고 주장한다.[61] 그러나 고려후국 내지 소고구려국과 관련하여 주요하게 인용된 『新增東國輿地勝覽』은 사료적 가치가 없는 것이고, 『高麗史』 地理志의 安北大都護府 沿革도 고려후국과 관련된 사료로 보기 어렵다. 따라서 현재로서는 이들의 주장을 받아들이기 어렵다.

발해 영역이 요동반도까지 미쳤는지 여부는 확실하지 않지만, 적어도 遼陽에 이르는 요동지방[62]과 대동강 이북에 걸친 평안도 지역은 발해 영역에 속했던 것으로 생각된다. 그럼에도 불구하고 이들 지역에 비정할 수 있는 마땅한 지명들이 떠오르지 않는 것은 수수께끼라 하지 않을 수 없다. 다만, 배 산지로 유명한 樂游縣은 樂浪縣으로서 평양에 설치되었을 것이다.

거란이 발해를 멸망시켰을 때에 5경, 15부, 62주가 있었던 것처럼 서술된 『遼史』 기록[63]도 문제이다. 이것은 사방 5천리, 군사 수십만이라는 문장과

---

61. 손영종, 「발해의 서변에 대하여」 1 『력사과학』 1980-1(「발해의 서변에 대하여」 『발해사연구론문집』 1, 과학백과사전종합출판사, 1992, 재수록); 채태형, 「료동반도는 발해국의 령토」 『력사과학』 1992-1; 장국종, 「발해의 《고려후국》의 존립과 그 수도에 대하여」 『력사과학』 1992-2.

62. 참고로 여기서 사용하는 遼東地方이란 遼河 동쪽 지역을 가리키며, 遼東半島란 그 가운데에서도 鴨綠江 입구와 遼河 입구를 잇는 선을 경계로 그 남쪽 지역을 가리킨다.

63. 『遼史』 권34, 兵衛志 상 「天顯元年, 滅渤海國, 地方五千里, 兵數十萬, 五京十五府六十二州, 盡有其衆, 契丹益大.」.

함께 나오는 것으로 보아서 『新唐書』 발해전을 답습했을 가능성이 있다. 따라서 멸망시 상황을 전하는 것이 아닐 수 있는 것이다.

이 문제들은 곧바로 해결될 성질의 것이 아니므로, 여기서는 문제점만 지적해 두는 선에서 그치도록 하겠다.

3. 지방 통치의 실상

앞에서 지방 통치제도의 변화과정을 살펴보았다. 전반적으로 보면 건국 초기에는 고구려의 지배방식을 계승했다가, 그 뒤에 당나라 제도를 받아들이면서 전국적으로 一元的인 통치체제를 완성하였다. 이와 같은 표면적인 과정만 보면, 발해는 각 지역에서 독자적인 세력을 유지하고 있던 과거의 고구려 官吏라든가 각 부락의 首領들을 점차 중앙 세력으로 편입시켜 나아갔을 것이고, 이에 따라 그들의 독립성이 점차 소멸되어 갔을 것으로 예상된다. 그러나 다른 문헌 사료나 고고학 자료에는 반드시 그러했다고 볼 수 없는 자료들이 나타난다.

『新唐書』 渤海傳에는 挹婁(虞婁)의 옛 땅에 定理府와 安邊府, 拂涅의 옛 땅에 東平府를 두었고, 鐵利의 옛 땅에 鐵利府, 越喜의 옛 땅에 懷遠府와 安遠府를 둔 것으로 되어 있다. 문맥으로만 따지면 발해가 이들 지역을 완전히 장악하였던 것처럼 보이지만, 사실은 이들이 발해에 편입된 뒤에도 독자적으로 외국에 朝貢한 기록들이 나타난다.

먼저 802년 정월에 虞婁와 越喜 등의 首領들이 당나라에 조공하였다.[64] 이것은 문왕 때에 복속된 말갈족이 일시 영토적으로 이탈해간 것으로 해석할 수 있다. 그렇지만 1회에 그친 것으로 보아서 영토적인 이탈은 아니고, 내분으로

64. 『册府元龜』 권972, 外臣部, 朝貢 5 「(貞元)十八年正月, 虞婁·越喜等首領見.」.

지방에 대한 장악력이 떨어진 중앙세력이 지방 수령들의 독자적인 조공을 묵인한 것일 수도 있다. 양자 가운데 후자의 가능성이 더 커보인다. 후술하다시피 우루부는 오늘날의 연해주 일대로 생각되는데, 여기서 발해 영역을 피해 당나라에 독자적으로 조공하기는 지리적으로 보아서 무척 어렵기 때문이다.

746년에는 渤海人과 鐵利人들이 모두 1,100여 명이나 일본으로 갔고,[65] 779년에도 철리인이 발해 사신 高洋弼을 따라갔다.[66] 이때 일본에서 발해인에게뿐만 아니라 철리인에게도 祿을 주었던 것으로 보아서, 철리인들은 발해 사신과 동행했던 독자적인 사신 일행으로 생각된다. 그러기에 이 해에 鐵利官人이 渤海 通事였던 高說昌을 능멸하고 윗자리에 앉으려는 사건이 벌어지기도 하였다.[67] 이 철리 관인도 철리부에 독자적으로 두었던 관리였을 것이다.

철리인들이 발해인과 함께 일본에 사신으로 동행한 것은 주목할 만하다. 이것은 지방 세력에 대한 발해의 지배력을 단적으로 보여주기 때문이다. 발해는 각 지역을 정복하면서 그들 세력을 완전히 해체시키지 않은 채 어느 정도는 自治性을 부여하면서 이들을 간접적으로 통제했을 것이다. 그러기에 발해의 지방 행정 구역을 설치할 때에 '어느 종족의 땅에 어느 부' 하는 식으로 각 종족의 거주 지역이 행정 구역 설정의 중요한 기준이 되었다.

지방세력의 독립성은 발해 중앙 정부에서 멀어질수록 더욱 강력했을 것이고,

---

65. 『續日本紀』 권16, 聖武天皇 「(天平十八年)是年, 渤海人及鐵利惣一千一百餘人, 慕化來朝. 安置出羽國, 給衣粮放還.」.

66. 윗책, 권35, 光仁天皇 「(寶龜十年)九月, … 庚辰, 勅, 渤海及鐵利三百五十九人, 慕化入朝, 在出羽國, 宜依例供給之. …癸巳, 勅陸奧·出羽等國, 用常陸調絁·相摸庸綿·陸奧稅布, 充渤海·鐵利等祿.」.

67. 윗책, 권35, 光仁天皇 「(寶龜十年)十一月, … 丙子, 撿挍渤海人使言, 鐵利官人爭坐說昌之上, 恒有凌侮之氣者. 太政官處分, 渤海通事·從五位下高說昌, 遠涉滄波, 數廻入朝. 言思忠勤, 授以高班, 次彼鐵利之下, 殊非優寵之意. 宜異其列位, 以顯品秩.」.

옛 고구려 지역보다는 말갈 지역에서 더욱 강했을 것이다. 위에서 든 虞婁, 越喜, 鐵利처럼 대외적으로 독자적인 행동을 했던 세력들이 중앙에서 다소 떨어져 있는 지역에 있었고, 또한 이들이 모두 靺鞨族이란 사실이 이를 잘 말해준다. 따라서 말갈 지역에 대한 지배는 首領의 독자적인 지배력을 인정하고, 중앙에서 파견된 관리는 지방에 마련된 城에 거주하면서 몇 개 단위로 묶어서 주변의 首領들을 관리하고 감시하는 정도에 그쳤던 것으로 생각된다. 때로는 지방의 大首領이 중앙의 관직을 띠고 지방의 성을 거점으로 삼아 주변 세력들을 통치하기도 했을 것이다.

그러기에 외국에 사신을 보낼 때에도 중앙 정부의 대표자뿐 아니라 지방 세력의 대표자도 동행하도록 했다. 咸和 11년 渤海 中臺省牒에 보이는 바와 같이 발해 사신의 일원으로 참여하였던 65인의 大首領도 이러한 부류에 속한다.[68] 그리고 792년에 楊吉福이 押靺鞨使의 직책으로 말갈 사신들을 이끌고 당나라에 간 사실이 있고,[69] 鐵利人들과 함께 일본에 사신으로 갔던 高洋弼도 철리인들을 押領하는 직책을 띠고 있었다.[70]

798년에 당나라에 갔던 茹富仇가 虞侯婁蕃長·都督이었던 사실도 음미해볼 필요가 있다.[71] 이것은 여부구가 虞婁部의 蕃長이었으면서, 다른 한편으로는 중앙에서 임명받은 都督으로서 定理府나 安邊府의 책임자였음을 의미한다. 그가 중앙에서 虞婁部에 파견된 관리인지, 아니면 현지의 虞婁部 大首領인지는 분명하지 않다. 그러나 후자의 가능성이 더 크다고 생각된다. 발해에서도 가장

---

68. 森田悌는 이들 수령을 단순히 水手에 불과하였다고 주장하였으나 수긍하기 어렵다(森田悌, 앞논문).

69. 『唐會要』 권96, 渤海 「貞元八年閏十二月, 渤海押靺鞨使楊吉福等三十五人來朝貢.」.

70. 『續日本紀』 권35, 光仁天皇 「(寶龜十年)十一月, … 乙亥, 勅撿挍渤海人使, 押領高洋粥等, 進表無礼, 宜勿令進.」.

71. 『冊府元龜』 권976, 外臣部, 褒異 3 「(貞元十四年)十一月戊申, 以渤海國王大嵩隣姪能信爲左驍騎衛中郎將, 虞侯婁蕃長都督茹富仇爲右武衛將軍, 竝放還蕃.」.

동쪽 또는 동북쪽 변경에 위치해 있던 虞婁部가 비록 발해에 편입되었지만, 그 대표자가 蕃長과 都督이란 칭호를 지닌 것으로 보아서 이곳이 발해의 영토이면서 한편으로는 발해의 藩國으로도 되는 이중성을 띠었던 곳으로 생각된다.

虞婁部의 소재지로는 현재 러시아 沿海州 南部 일대로 추정된다. 그런데 우루부에 설치되었던 定理府의 소재지[72]로 여겨지는 연해주 파르티잔스크 구역의 니콜라예프카 城 안에서 "左驍衛將軍 聶利計"라 쓰인 魚形 符節이 발견되어 주목된다. 어형 부절의 실물은 당나라 때에 사용되었던 것이 주로 남아 있고, 金代 것도 확인된다.[73]

이 부절이 처음 소개되었을 때에는 발해의 중앙 정부가 국경지대의 장군에게 발급했던 것으로 추정했으나,[74] 발해 10衛에는 左驍衛가 없는 것으로 보아서 唐나라 때나 五代에 靺鞨 首領이 중국으로부터 받았던 것으로 보는 것이 옳을 것이다.[75] 후대의 사료이기는 하지만, 조선 태종 때에 일본 사신이 印章을 요구했을 때에 "인장과 부절은 제후국에서 내려주는 것이 아니다"라고 하며 거절한 것으로 보아서,[76] 부절은 원칙적으로 황제가 주변국에 내려줄 수 있는

---

72. 定理府의 소재지로서 수찬(현재의 파르티잔스크) 지방, 우수리江 유역, 올가灣 등이 거론되고 있다. 이 가운데 和田清, 王承禮, 鄭英德 등이 수찬 지방으로 비정하였다. 수찬 지방에서 발해 성터로 알려진 것으로는 니콜라예프카 성터가 가장 대표적이므로, 이들의 견해를 받아들인다면 니콜라예프카 성터를 定理府의 소재지로 비정할 수 있을 것이다.

73. 羅振玉 編輯, 『歷代符牌圖錄』 中國書店, 1998, pp.39~47, p.51, p.94, p.144.

74. 샤프쿠노프 에.뷔. 저, 송기호 역, 「연해주에서 출토된 발해의 청동제 符節」 『韓國古代史論叢』 3, 한국고대사회연구소, 1992.

75. 玉成, 「俄羅斯尼古拉耶夫斯克遺址出土魚形青銅信符考實」 『北方文物』 1993-3, p.50. 이 논문에서 721년 이후~五代 시기로 연대를 추정하였으므로 발해 멸망 이후에 해당될 가능성도 있다. 그러나 926년에 거란이 발해를 멸망시킨 뒤에는 五代의 국가들이 이 지역에 영향력을 행사할 수 없었다. 따라서 연대는 발해 멸망 이전으로 국한시킬 수 있다.

76. 『太宗實錄』 권20, 10년 12월 24일 「丙辰, 日本九州節度使源道鎭上書, 願賜姓名字號小印, 不許, 命刻一顆以賜之. 議政府啓, 印章符節, 非侯國所得頒也. 今賜道鎭, 似爲未便. 乃止.」.

물건이었다. 물론 발해가 내부적으로는 중앙에서 지방에 부절을 내려주었을 가능성도 있지만, 이 부절은 당나라에서 사여된 것으로 보아야 할 것이다.

발해 사료를 살펴보면, 大祚榮, 大武藝, 大欽茂, 大嵩璘 등의 발해 왕이 당나라로부터 左驍衛大將軍으로 책봉되었고, 武王과의 불화로 당나라로 망명했던 大門藝가 左驍衛將軍으로 책봉받은 사실이 있다. 그러므로 聶利計는 발해 왕의 동생인 大門藝와 동일한 직급을 받은 것이다. 이로 보아서 그는 발해의 영역 안에 속하면서도 당나라와 독자적으로 교섭하였던 大首領級에 해당되는 인물이었을 것이다. 어쩌면 앞에서 다룬 茹富仇와 같은 성격의 인물이었는지 모르겠다.

定理府가 상당한 독립성을 지녔던 사실은 발해가 멸망한 직후에 독자적으로 遼나라에 朝見하였는가 하면, 도리어 반기를 들었던 사실에서도 엿볼 수 있다.[77] 아마 安邊府, 南海府 등과 같이 지방의 각 府들도 정도의 차이는 있었겠지만 이러한 독립성이 유지되고 있었고, 독자적으로 군사력을 확보하고 있었을 것이다. 앞에서 다룬 바 있지만, 府의 장관을 府尹 대신에 都督이라 하였고, 道의 책임자로서 觀察使 대신에 節度使라 한 것은 지방관이 군사력을 바탕으로 한 軍政官的인 성격을 강하게 띠고 있었음을 반영한다.

이상과 같이 지방 세력들이 독자성을 유지하고 있었기 때문에 발해 말기에 이르러 寶露國, 達姑가 독립 세력으로 활동하게 되었고, 鐵利(鐵勒)의 명칭도 다시 등장하였다.[78] 그리고 발해가 멸망하고 그 遺民들이 遼東지방으로 강제 이주당하기 이전인 928년 정월에 扶餘府 자리에서는 이미 女眞族이 등장하였다.[79] 이러한

---

77. 『遼史』 권2, 太祖本紀 하 「(天顯元年)二月庚寅, 安邊鄚頡南海定理等府及諸道節度刺史來朝, 慰勞遣之.」, 「(天顯元年三月)己巳, 安邊鄚頡定理三府叛, 遣安端討之.」, 「(天顯元年)五月辛酉, 南海定理二府復叛, 大元帥堯骨討之.」.

78. 宋基豪, 앞책 pp.227~228.

79. 『遼史』 권3, 太宗本紀 상 「(天顯)三年春正月, … 己未, 黃龍府羅涅河女直·達盧古來貢.」.

사실들은 발해 조정이 말갈 세력들을 제대로 해체하지 못하였음을 보여준다.

地方勢力의 독자성은 고고학 자료에서도 감지된다. 『新唐書』 발해전에 서술된 故地들을 분류하면 크게 고구려 전통을 지닌 지역과 말갈 전통을 지닌 지역으로 분류된다. 東京, 南京, 西京, 長嶺府가 전자에 속하고, 上京, 中京, 定理府, 安邊府, 率賓府, 東平府, 鐵利府, 懷遠府, 安遠府가 후자에 속한다. 扶餘府와 鄚頡府는 부여 지역에 두었지만, 이곳은 나중에 粟末靺鞨이 차지했던 곳이므로 후자에 속한다. 따라서 발해 영역을 서북쪽의 吉林, 農安에서 동남쪽의 琿春으로 선을 그어 그 남쪽이 고구려 전통 지역, 그 북쪽이 말갈 전통 지역으로 대략 구분해볼 수 있다.

그런데 이러한 문화권은 발해 멸망시까지도 크게 변하지 않았던 것 같다. 이를 단적으로 보여주는 것이 古墳 양식이다. 대체로 말갈 지역에서는 長方形 竪穴土壙墓가 만들어졌고, 고구려 지역에서는 石室墓, 石槨墓, 石棺墓와 같은 石墓들이 만들어졌다.

靺鞨人들이 남긴 유적을 중국에서는 同仁文化라고 부르는 반면에, 러시아에서는 靺鞨文化라고 부르고 있다. 현재 중국에서 동인 문화의 연대를 5~11세기로 잡고 있고, 러시아에서 말갈 문화의 연대를 4~10세기로 잡고 있어서,[80] 발해 시기에도 이들 문화가 계속 이어졌음을 알 수 있다.

이러한 유적들에서 확인된 고분들은 거의가 長方形 竪穴土壙墓 양식이다. 현재까지 발견되는 靺鞨 전통의 토광묘들을 보면 粟末部의 본거지로서 涑州가 설치되었던 吉林과 永吉 일대를 시작으로 하여, 동쪽으로 松花江을 따라 내려가 安居骨部의 유적이 있는 곳으로 지적되는 哈爾濱 부근을 지나고, 黑水靺鞨 거주지였던 黑龍江 중류까지 이어진다.[81] 永吉 楊屯 大海猛 유적은 粟末部가

80. 菊池俊彦, 『北東アジア古代文化の研究』 北海道大學 圖書刊行會, 1995, p.210.

81. 유적들의 분포 상황은 菊池俊彦이 작성한 지도가 참고가 된다(菊池俊彦, 윗책 p.207).

남긴 유적이고, 哈爾濱 黃家崴子 고분은 安居骨部의 유적이며, 黑龍江 유역에서 발견되는 나이펠드 고분군, 트로이츠코예 고분군 등은 黑水部의 유적으로 거론된다. 여기서 발견되는 고분들은 모두가 장방형 수혈토광묘이다.

沿海州 南部에서는 石墓로 된 발해 고분들이 일부가 발견되었지만, 말갈 고분들인 竪穴土壙墓들이 발해 건국 이후에도 주류를 이루었을 것이다.

반면에 咸鏡道와 集安, 東京, 中京 지역과 上京 일대에서 발견되는 발해 시기의 고분들은 거의 모두가 石墓들이다. 和龍 北大 고분군, 安圖 東淸 고분군, 寧安 三陵屯 고분군, 寧安 大朱屯 고분군, 海林 山咀子 고분군, 北靑 坪里 고분군 등은 모두 石室墓나 그보다 규모가 작은 石槨墓, 石棺墓로 되어 있다.

물론 石墓 문화와 土壙墓 문화가 만나는 漸移地帶에서는 두 문화 요소가 혼재되어 나타날 수 있다. 敦化 六頂山 고분군, 寧安 虹鱒魚場 고분군에서 靺鞨的인 요소가 보이고, 토광묘가 중심을 이루는 永吉 楊屯 大海猛 유적이나 楡樹 老河深 유적에 석곽묘나 석관묘가 일부 섞여 있는 현상이 나타난다. 그러나 크게 보면 발해 영토는 토광묘 분포권과 석묘 분포권으로 분리되어 있다. 이러한 사실은 발해 멸망기까지도 두 가지 계통의 문화가 융합되지 않고 각자 독자적인 전통을 유지하였음을 보여준다. 비록 직접적인 근거가 되지는 못하겠지만, 문화적 양분 현상이 지속되었던 사실은 발해 중앙 세력의 지방 세력에 대한 해체력 내지 흡수력이 그다지 강력하지 못하였음을 반영한다.

4. 맺음말

이상으로 발해 지방 통치제도의 성립과 변천 과정을 검토해보고, 이어서 지방 세력에 대한 통치의 실제 모습을 고찰해보았다.

발해는 처음에 高句麗 統治制度를 계승하였다. 그러다가 8세기 중반에 종전의 통치방식을 바탕으로 하면서 唐나라 제도를 수용하여 一元的인 地方制度인 府州縣制를 마련하기 시작하였고, 9세기 전반에 전국에 걸쳐 5경, 15부, 62주, 200~250현으로 완성되었다. 그러나 그 후에 일부 제도에 변화가 나타나게 되었으니, 발해 멸망기에 郡이나 道가 등장하는 것은 이러한 사실을 반영한다.

四方 5천리에 이르는 全國을 효과적으로 통치하기 위해서 이렇게 정연한 통치체제를 마련하였던 것처럼 보이지만, 실제로는 중앙의 권력이 지방 깊숙이 침투해 들어가지 못하였다. 지방에는 首領이나 土人으로 대표되는 독자적인 세력이 완전히 불식되지 못하고 끝까지 잔존해 있었으며, 중앙 권력은 그러한 독자적인 세력들 위에 얹혀져 있었을 뿐이다. 이러한 지방 세력들은 때로 唐나라나 日本에 使臣을 파견하기도 하였으니, 이 사신들은 독자적으로 파견되거나 아니면 발해 사신단의 일원으로 파견되었다.

이것은 발해 국가 권력의 한계를 보여주는 것이다. 발해 사회는 高句麗系 사람들과 靺鞨系 사람들을 중심으로 구성되어 있었음은 잘 알려진 사실이다. 그러나 그러한 二元性은 끝내 극복되지 못하고 멸망 때까지 지속되었던 것 같다. 그러기에 멸망 뒤에 곧바로 渤海人과 女眞人으로 분리되는 현상을 낳게 되었다. 발해가 契丹의 공격에 쉽게 무너졌던 것은 그 안에 이러한 문제점을 내포하고 있었기 때문일 것이다. 따라서 발해 시기에 여러 종족들이 융합되어 새로운 민족인 渤海族이 형성되었다는 일부의 주장은 역사적 사실에 부합되지 않는다고 할 것이다.

제4장 首領의 성격

1. 머리말

지금까지 발해의 社會 構成을 다룬 논문들은 일일이 열거하기 어려울 정도로 아주 많다. 이 방면에 대한 연구가 그만큼 열기를 띠어 왔다고 할 수 있다. 그러나 거의 대부분이 발해의 住民 構成에 초점을 맞추어 지배층과 피지배층의 종족 구성, 靺鞨系 주민과 高句麗系 주민의 비율, 이들의 종족적 융합 여부 등을 다루는 데 한정함으로써 그밖의 다른 주제에 대한 연구는 상대적으로 소외되어 왔던 것도 사실이다. 이는 발해사를 고구려나 말갈의 연장선상에서만 바라보거나, 당나라 역사나 일본 역사로부터 관조하는 제3자적 연구 시각에서 벗어나지 못하고 있는 데에 근원적인 원인이 있다.

발해사는 그 자체를 복원하기 위해서 연구되어야 한다. 그러한 연구로서 주목되는 것이 首領에 관한 일련의 연구들이다. 首領은 발해의 지방사회를 구성하는 중요한 계층이다. 따라서 그 정체를 밝혀 내는 것은 발해의 사회구조를 이해하는 데에 없어서는 안 될 전제조건이 된다.

발해의 수령에 대해서는 지금까지 여러 편의 글들이 발표되었다. 오래 전에 金毓黻, 瀧川政次郎 등이 발해의 首領 문제를 다루기 시작하였지만,[1] 이들은

1. 金毓黻, 『渤海國志長編』 권15, 職官考, 雜職(華文書局, 1934); 瀧川政次郎, 「日・渤官制の比較」 『建國大學研究院 研究期報』 1, 滿洲帝國協和會 建國大學分會出版部, 1941, pp.248~249.

별다른 논증 없이 간단히 자신의 견해를 피력하는 정도에 그치고 말았다. 1960년대 초에 박시형이 이를 본격적으로 논증하려 시도했고,[2] 1970년대 말에 이르러 전적으로 수령 문제만을 다룬 논문이 한국과 일본에서 거의 동시에 발표되었으니,[3] 이로부터 수령에 관한 논의가 활발해지기 시작하였다.[4] 특히 鈴木靖民의 글들은 이 방면에서 가장 심화된 연구를 진행한 것이어서, 추후 일본에서의 연구에 선도적인 자리를 차지하게 되었다. 이밖에 다른 주제를 다루면서 이를 간단히 언급한 글들도 그 사이에 적지 않게 발표되었다.[5]

이렇게 많은 논의들이 있어 왔지만, 기왕의 견해에서 수정이나 보충할 곳이 일부 눈에 뜨인다. 특히 『類聚國史』의 해석에만 너무 집중적으로 매달림으로써, 수령에 관한 다른 사료들이 여기에 종속되어 버리고 마는 결과를 빚어 왔다. 이에 따라 이 글에서는 수령이란 용어가 원래 중국에서 어떻게 사용되었는가, 그리고 발해에서 이를 받아들이면서 어떠한 계층을 대상으로 하였는가를 살펴보

---

2. 박시형, 「발해사 연구를 위하여」 『력사과학』 1962-1, pp.5~7.

3. 金鍾圓, 「渤海의 首領에 대하여-地方統治制度와 關聯하여-」 『全海宗博士華甲紀念史學論叢』 一潮閣, 1979; 鈴木靖民, 「渤海の首領に關する豫備的考察」 『朝鮮歷史論集』 上, 旗田巍先生古稀記念會, 龍溪書舍, 1979〔『古代對外關係史の研究』 吉川弘文館, 1985 재수록〕; 鈴木靖民, 「渤海の首領について」 『朝鮮史研究會會報』 54, 1979.

4. 大隅晃弘, 「渤海の首領制-渤海國家と東アジア世界-」 『新瀉史學』 17, 1984; 鈴木靖民, 「渤海の首領制-渤海の社會と地方支配-」 『歷史學研究』 547, 1985; 森田悌, 「渤海の首領について」 『國史研究』 94, 弘前大學, 1993; 鄭鎭憲, 「渤海 住民 構成의 新解析-《類聚國史》의 渤海 史料를 중심으로-」 『慶熙史學』 19, 1995; 金東宇, 「渤海 首領의 時期別 變化와 그 意義」 고려대학교 대학원 사학과 석사학위 논문, 1995. 12.

5. 新妻利久, 『渤海國史及び日本との國交史の研究』 東京電氣大學出版局, 1969, p.108; 李龍範, 「渤海王國의 形成과 高句麗遺族」 上·下 『東國大學校論文集』 10·11, 1972·1973〔『中世 滿洲·蒙古史의 研究』 同和出版公社, 1988 재수록, pp.47~49〕; 魏國忠·朱國忱, 「渤海國政治制度述略」 『求是學刊』 1981-3〔魏國忠, 「渤海國的政治制度」 『東北民族史研究』 2, 中州古籍出版社, 1995 재수록, p.159〕; 張博泉·程妮娜, 「論渤海國的社會性質」 『學習與探索』 1982-5, pp.131~132; 河上洋, 「渤海の地方統治體制-一つの試論として-」 『東洋史研究』 42-2, 1983.

고자 한다. 이어서 이상의 고찰을 기초로 하여 그간에 집중적으로 검토해온 『類聚國史』의 수령에 관한 사료를 다시 해석해 보고, 아울러 발해에서 수령이란 용어가 어떠한 배경에서 사용되기 시작하였는가도 검토해보도록 하겠다. 이렇게 수령의 성격을 다른 각도에서 살펴봄으로써, 그간의 논의를 한 단계 진전시킬 수 있는 계기를 마련하고자 한다.

2. 首領의 개념

우선, 발해의 首領을 이해하기 위해서는 중국에서 사용된 용어 자체에 대한 검토가 먼저 이루어져야 할 것이다. 중국에서는 이미 오래 전부터 首領이란 용어[6]가 사용되어 왔다. 그렇지만 외국의 우두머리를 지칭하는 법제적인 용어, 또는 공식적인 용어로서 보편적으로 사용되기 시작한 것은 唐나라 때로 보인다. 이것은 다음과 같은 몇 가지 사료를 검토함으로써 확인할 수 있다.

25史의 東夷傳들을 살펴보면, 수령이란 용어가 처음으로 등장하는 것은 『舊唐書』, 『新唐書』부터이다. 그 이전에는 이와 동일한 의미를 지닌 渠帥, 酋長, 酋帥를 비롯하여 酋豪, 酋渠, 豪帥, 渠長, 長帥, 主帥 등이 다양하게 사용되다가, 당나라 역사서부터 비로소 首領이란 용어가 사용되기 시작한 것이다. 『三國史記』나 국내의 고대 金石文을 보더라도 당나라 시기에 해당하는 百濟와 高句麗의 멸망기에만 등장하고, 그것도 중국인들이 작성한 글에만 한정되어 있다.[7] 다만

6. 首領이란 말에는 주지하다시피 두 가지의 의미가 있다. 하나는 머리와 목을 의미하여 목숨이란 뜻으로 사용된 경우이고, 다른 하나는 우두머리라는 뜻으로 사용된 경우인데, 여기서는 물론 후자의 예에 한정한다.

7. 首領이란 말은 『三國史記』 권22, 寶臧王 22년 9월에 보이는데 이것은 중국 사료를 인용한 것이다. 金石文으로는 大唐平百濟國碑銘, 唐劉仁願紀功碑, 泉獻誠 墓誌銘에 보인다. 이밖에 『三國遺事』 권2, 後百濟 甄萱에도 수령이란 용어가 있으나 의미가 다른 것이다.

崔致遠의 글에 신라인이 사용한 수령의 예가 있는데, 그 배경에 대해서는 뒤에 다시 언급하겠다. 그리고 『冊府元龜』 外臣部에서 朝貢 및 褒異 부분을 선택하여 검토해본 결과, 역시 당나라 때부터 수령이란 용어가 등장하고 있다.[8]

비록 문헌을 샅샅이 검토해보지는 못하였지만, 이상의 고찰만으로도 당나라 때에 와서 비로소 수령이란 용어가 보편화된 것으로 추정하여도 무리는 없을 것이다. 물론 그 이전부터 수령이란 용어가 문헌에 등장하고는 있지만, 이때에 와서 歷史書나 金石文에 본격적으로 사용되었는데, 그 정확한 배경에 대해서 지금으로서는 단언하기 어렵다.

그런데 이 물음에 시사를 던져주는 문구가 『唐六典』에 있어서 주목된다.

> 典客令掌二王後介公·酅公之版籍, 及東夷·西戎·南蠻·北狄歸化在蕃者之名數, 丞爲之貳. 凡朝貢·宴享·送迎預焉, 皆辨其等位而供其職事. 凡酋渠首領朝見者, 則館而以禮供之. 〈三品已上準第三等, 四品·五品準第四等, 六品已下準第五等. 其無官品者, 大酋渠首領準第四等, 小酋渠首領準第五等. …〉 若疾病, …. 其喪事所須, 所司量給, 欲還蕃者, 則給轝遞至境. 〈首領第四等已下不奏聞, 但差車牛送至墓所.〉 (『唐六典』 권18, 鴻臚寺 典客署)

이 문구는 외국 손님의 접대 실무를 담당하는 典客署의 규정이다. 외국에서 온 酋渠首領을 官品의 有無와 高低에 따라 어떻게 대우할지 설명되어 있다. 여기서 말하는 官品은 本國의 관품이 아니라 당나라로부터 받은 것을 가리킬 것이다. 당나라로부터 받은 관품이 3품 이상인 자는 內識의 第3等爵에 준하고, 4품과 5품인 자는 제4등작에 준하고, 6품 이하는 제5등작에 준하며, 관품이 없는 자로서 大酋渠首領인 자는 제4등작에 준하고, 小酋渠首領인 자는 제5등작

8. 朝貢 부분에서는 唐 高祖 武德 3년(『冊府元龜』 권970, 外臣部, 朝貢 3), 褒異 부분에서는 唐 則天 聖曆 2년(같은책, 권974, 外臣部, 褒異 1)에 각기 처음으로 수령이란 말이 등장한다.

에 준한다고 하였다.[9]

여기서는 외국에서 사신으로 온 우두머리들을 酋渠首領이라 통칭하고 있다. 이는 酋渠와 首領을 합성한 말로서, 동일한 의미의 반복으로 해석할 수도 있고, 아니면 酋渠와 그보다 낮은 등급의 首領으로 해석할 수도 있다. 그런데 우두머리를 지칭하는 25史의 용어들을 참고해보면 대체로 추거와 수령은 동일한 의미로 쓰였다. 또한 뒤에 인용하듯이 『冊府元龜』에서 왕도 大首領이라 부르고 있어서 수령은 추거보다 결코 낮은 등급을 가리키는 것이 아니므로, 이를 통해서도 두 용어가 동일한 의미로 쓰였음을 알 수 있다. 따라서 酋渠와 首領이란 동일한 의미의 반복이라 할 수 있으니, 이를 줄여서 酋渠 또는 首領으로만 부를 수도 있었을 것이다. 수령이란 용어가 당나라에서부터 보편화된 것은 이러한 규정에서 비롯된 것으로 보인다. 그렇다고 해서 수령만 사용된 것은 아니었다. 酋長과 같은 용어들도 사용되기는 하였지만, 당나라에 들어와서는 首領이란 용어가 중심에 놓이게 되었을 것이다.

다시 위의 규정으로 돌아가보자. 우선 자신들이 수여한 관품의 유무에 따라 수령들을 나누었다. 그 다음에 관품이 있는 자는 高低에 따라 세 등급으로 구분하고, 관품이 없는 자는 세력의 크기에 따라 大小를 구분하였다. 여기서 酋渠首領 또는 首領은 외국에서 사신으로 온 우두머리 전체를 지칭하면서, 다른 한편으로는 관품이 있는 자를 제외한 좀 더 좁은 의미로도 사용되고 있다. 관품이 있는 자들은 보통 그들의 이름 앞에 관품이나 관직을 명시할 수 있었을 것이므로 굳이 酋渠首領이나 首領이란 말을 따로 붙일 필요가 없었을 것이다. 따라서 이들 용어는 흔히 관품이 없는 자들의 이름 앞에 자주 붙여졌을 것이므로, 관품의

---

9. 당나라 관리의 등급제도에는 크게 4가지 부류가 있으니, 職事官은 실제 職守, 散官은 資歷, 封爵은 혈통, 勳官은 공로를 나타낸다고 한다(張國剛, 『唐代官制』 三秦出版社, 1987, p.160). 여기서는 관품에 따라 몇 等爵에 준하여 대우하는가를 규정하고 있는데, 내국인보다 우대하는 것을 알 수 있다. 자세한 것은 『新唐書』 권46, 百官志 1, 尙書省 吏部 司封郎中 항목을 참조하기 바람.

유무도 중요한 구별 기준이 되었다.

중국측의 발해 사료에 보이는 首領은 이러한 규정을 토대로 하여 당나라 입장에서 쓰인 것들이다. 우선 『冊府元龜』의 경우를 보자.

1-① (開元十八年; 730)二月, … 渤海靺鞨大首領遣使知蒙來朝, 且獻方物·馬三十匹. (『冊府元龜』 권971, 外臣部, 朝貢 4)

1-② (開元四年; 716)閏十二月, 東蕃·遠蕃靺鞨部落·佛涅部落·勃律國皆遣大首領來朝.[10] (『冊府元龜』 권971, 外臣部, 朝貢 4; 권974, 外臣部, 褒異 1)

1-③ (開元九年; 721)十一月己酉, 渤海郡靺鞨大首領·鐵利大首領·拂涅大首領·契丹蕃郎將俱來朝, 竝拜折衝, 放還蕃.[11] (『冊府元龜』 권971, 外臣部, 朝貢 4; 권974, 外臣部, 褒異 1)

1-④ (開元十三年; 725)正月, 契丹遣使·渤海遣大首領烏借芝蒙·黑水靺鞨遣其將五郎子·大食遣其將蘇黎等十三人, 竝來賀正旦, 獻方物. (같은책, 권971, 外臣部, 朝貢 4)

1-⑤ (開元)二十五年(737)正月, … 渤海靺鞨大首領木智蒙來朝. (같은책, 권971, 外臣部, 朝貢 4)

1-⑥ (開元十三年; 725)四月甲子, 渤海首領謁德·黑水靺鞨諾箇蒙來朝, 竝授果毅, 放還蕃. (같은책, 권975, 外臣部, 褒異 2)

1-⑦ (開元十五年; 727)四月丁未, 勅日, 渤海宿衛王子大昌勃價及首領等久留宿衛, 宜放還蕃. 庚申, 封大昌勃價襄平縣開國男, 賜帛五十疋, 首領以下各有

10. 여기에는 발해가 없고 東蕃·遠蕃靺鞨部落만 보이는데, 어느 쪽이 발해를 가리키는지는 명확하지 않지만, 발해가 포함되어 있는 것은 분명하다. 玄宗이 武王에게 보낸 칙서에 "計卿旣盡誠節, 永固東藩."이란 구절이 있고(『文苑英華』 권471, 蕃書 4), 『唐六典』에는 遠蕃靺鞨과 渤海靺鞨이 병치되어 있어서(권4, 尙書禮部 主客郎中), 발해를 東蕃으로 인식하였던 것 같다. 그러나 『冊府元龜』에는 발해인 大姓取珍을 遠蕃靺鞨로 칭하고 있어서(권975, 외신부, 포이 2, 開元 19년 10월 癸巳), 판단을 어렵게 하고 있다.

11. 이 기록은 발해 왕이 직접 조공한 것으로 해석할 수도 있으나, 그러한 예가 따로 보이지 않는다. 1-⑧의 사료에 수령 聿棄計가 이와 동일한 折衝을 받은 것으로 보아도 왕은 아닐 것이다.

差. (같은책, 권975, 外臣部, 褒異 2)

1-⑧ (開元二十四年; 736)十一月癸酉, 靺鞨首領聿棄計來朝, 授折衝, 賜帛五百疋, 放還蕃. (같은책, 권975, 外臣部, 褒異 2)

1-⑨ (開元二十五年; 737)八月戊申, 渤海靺鞨大首領多蒙固來朝, 授左武衛將軍, 賜紫袍·金帶及帛一百疋, 放還蕃. (같은책, 권975, 外臣部, 褒異 2)

1-⑩ (乾化)二年(912)閏五月戊申, 詔以分物銀器賜渤海進貢首領以下, 遣還其國. (같은책, 권976, 外臣部, 褒異 3)

이상의 사료를 보면 발해 수령에 관한 기록이 開元 연간에 집중되어 있어서 마치 이 시기에만 특별히 사용된 것처럼 보이지만, 廻紇이나 契丹, 奚의 수령에 대해서는 그 뒤에도 계속해서 나오므로 그렇게 판단할 수는 없다.

1-①에서는 발해 왕인 武王을 大首領이라 불렀고, 1-② 이하에서는 왕을 제외한 신하들을 大首領 또는 首領이라 불렀다. 당나라는 무왕이 즉위한 직후인 719년 6월에 吳思謙을 보내서 左驍衛大將軍, 渤海郡王, 忽汗州都督으로 책봉하였으므로,[12] 1-①의 경우는 중국의 관품을 받은 首領에 속한다. 반면에 1-② 이하의 大首領, 首領들은 따로 중국의 관품을 수여 받지 않았던 인물들이 주류를 이룰 것이다.

지금까지 살펴본 두 종류의 사료를 보면, 大首領과 (小)首領으로 분류하는 대상에는 두 가지 범주가 있음을 알 수 있다. 하나는 외국에서 사신으로 온 우두머리 전체를 대상으로 하여 大小를 나누는 경우이고, 다른 하나는 중국의 官品을 받지 않은 우두머리들만 한정하여 대소를 나누는 경우이다. 『冊府元龜』에서는 왕까지 대수령이라 하였으므로 전체를 대상으로 하는 전자의 예에 속하고, 반면에 『唐六典』에서 관품이 없는 자를 대상으로 대수령과 소수령을 구분한 것은 후자의 예에 속한다. 따라서 똑같은 대수령, 소수령이라 할지라도 때에

12. 『冊府元龜』 권964, 外臣部, 封冊 2; 같은 책 권974, 外臣部, 褒異 1.

따라 서로 다른 내용을 담고 있다.

왕을 대수령이라 하면서 그 아래에서 지배를 받던 일부 인물도 대수령으로 동일하게 부른 것도 주목할 필요가 있다. 결국 『册府元龜』의 기록은 당나라의 입장에서 변방의 지배자들을 왕이건 그 아래 지배자이건 간에 모두 동일시했던 태도를 반영한다. 당나라에 조공한 각국의 수령들이 받은 官爵이나 官職의 品階가 최상층인 王부터 최말단인 執戟까지 다양한 것을 보더라도 그러하다.[13] 이밖에 발해 멸망 후의 遺民으로서 首領 大舍利 高模翰, 首領 崔烏斯(崔烏斯多)와 같은 인물들이 보이는데,[14] 이들도 역시 『책부원귀』와 동일한 시각에서 쓰인 것이다.

한편으로 당나라에서 발해에 보낸 勅書에는 이와 비슷하면서도 조금 다른 의미를 지닌 용례가 보인다. 칙서는 모두 5편이 전해지는데, 주지하다시피 각 칙서의 말미에는 다음과 같은 問安 文句가 달려 있다.[15]

2-① 秋冷, 卿及衙官首領百姓竝平安好. (勅渤海王大武藝書 第1首)

2-② 春晩, 卿及衙官百姓竝平安好. (同 第2首)

2-③ (冬初)漸冷, 卿及衙官百姓已下竝平安好. (同 第3首)

2-④ 夏初漸熱, 卿及首領百姓等竝平安好. (同 第4首)

2-⑤ 今因王子大昌輝等廻國, 賜卿官告及信物, 至宜領之. 妃及副王長史平章事等, 各有賜物, 具如別錄. (與渤海王大彝震書)

이를 보면, 발해 사회가 2-①에 나타나 있는 것처럼 王(卿)-衙官-首領-百姓으로 구성되었던 것처럼 보인다. 이에 비해서 2-②, ③, ④에서는 首領이나

---

13. 김동우, 앞논문 p.12의 〈표 1〉.

14. 『宋史』 권264, 宋琪傳에 高模翰이 보이고, 『宋會要』 권293에 崔烏斯가 보인다. 그리고 『宋史』 권399, 仇悆傳에도 이름은 알 수 없지만 渤海首領 2인이 나온다.

15. 『文苑英華』 권471, 翰林制詔, 蕃書 4, 渤海書.

衙官이 누락되어 있고, 시기가 다른 2-⑤에서는 전혀 다른 방식으로 언급하였다. 衙官은 원래 당나라에서 軍府에 속하였던 하급 관리였지만,[16] 여기서는 이에 구애되지 않고 관리 일반을 통칭한다.

발해에 보내는 칙서에서는 2-①과 같은 것이 전형적인 것이고, 나머지는 변형된 것으로 생각된다. 다른 나라에 보낸 칙서에서도 일부 계층이 누락된 채 간단히 언급하고 지나가는 경우가 종종 보이는데,[17] 2-②, ③, ④는 이러한 예에 속한다. 따라서 수령이나 아관의 어느 하나가 누락되었다고 해서 이상할 것은 없다. 누락된 예가 있는 이유를 들어서 양자를 동일한 성격으로 파악한 견해도 있으나,[18] 이렇게 되면 아관과 수령이 동시에 나타나는 경우를 설명하기가 어렵다. 더구나 突騎施에 보낸 칙서에서는 아관과 수령 사이에 纛官이 끼어 있으므로 동의어의 반복으로 볼 수 없다.

그러면, 위의 사료에 보이는 수령의 성격을 검토하기 전에 우선 당나라에서 다른 나라에 보낸 여러 칙서들을 검토해보겠다. 이를 보면 突厥, 吐蕃, 南詔를 비롯한 여러 나라에 대해서 수령을 운위하고 있다. 그런데 新羅에서는 수령이란 계층이 따로 존재하지 않는데도 이를 언급하고 있으므로,[19] 칙서의 首領은 상대국에 실재로 존재하는지 여부를 고려하지 않은 채 당나라에서 스스로 채택한 용어일 것이다.

그럼에도 불구하고 칙서를 받는 상대국을 의식하지 않을 수 없었을 것이다. 『冊府元龜』에서처럼 당나라 내부에서는 蕃國의 왕들도 大首領이라 칭하면서도, 해당국에 보내는 勅書에서는 왕을 수령의 범주에서 제외시켰다. 또한 『唐六

---

16. 『新唐書』 권49하, 百官志 4하, 外官 「諸軍各置使一人, … 刺史領史, 則置副使·推官·衙官·州衙推·軍衙推.」.

17. 『文苑英華』 권468, 蕃書 1에서 권471, 蕃書 4까지 참조 바람.

18. 鈴木靖民, 앞책(1985) pp.444~445.

19. 崔致遠의 글에 수령이란 용어가 나오지만, 이것은 당나라 입장에서 쓰인 예외적인 현상으로 생각된다. 이에 대해서는 뒤에 다시 언급하겠다.

典』의 규정에서는 자신들이 수여한 관품의 유무가 중요한 기준이 되었지만, 여기서 언급하는 衙官은 해당국의 관품을 가진 관리를 가리킨다. 그리하여 수령은 당나라 관품이 아니라 해당국의 관품을 가지지 않은 자로 변형되어 나타나게 되었다. 이것도 상대국을 의식한 결과로 생각된다.

아울러 問安의 대상자 호칭들이 모든 국가에 일률적인 것이 아니라 국가마다 다르며, 首領이란 용어만 하더라도 모든 국가에 다 등장하는 것도 아니다. 더구나 문안 문구가 아예 없는 칙서도 있다. 이러한 사실은 그때마다 상대국의 실정도 고려되었음을 반영한다. 때때로 상대국의 계층을 구체적으로 언급한 예도 있으니, 신라에 보낸 칙서에 首領이나 吏人 대신에 官吏, 僧道, 將士가 나열되어 있고, 回鶻에 보낸 칙서에 部下諸官과 함께 右相 阿彼元 등, 部落 黑車子·達怛 등이 나열되어 있다. 이들은 상대국의 실제 정황을 고려한 표현이다.

결국 칙서에 보이는 수령은 당나라에서 사용된 개념의 연장선에 있으면서도, 상대가 되는 나라의 입장도 고려하여 채택된 용어이다. 다시 말해서 당나라와 상대국의 사정이 절충되어 있다. 이에 따라 首領의 용례도 국가마다 조금씩 다르다. 南詔나 新羅에서는 분명히 관리를 가리키고 있지만, 渤海와 突騎施에서는 衙官과 함께 사용되어 관리 아래의 존재로 그려졌다. 따라서 칙서에 사용된 수령을 모두 동일하게 파악할 수는 없다.

뒤에 서술하다시피 발해에는 국내에서 부르던 수령들이 존재하였으므로, 발해에 보낸 칙서에서는 이러한 계층을 염두에 두었을 것이다. 2-①의 사료에 아관 다음으로 수령이 등장하는 것은 이를 반영한다. 그리고 다른 나라의 칙서들에서도 양자가 동시에 나올 때에는 수령이 항상 아래에 놓이는 것으로 보아서, 수령은 아관보다 낮은 지위로 인식되었다.

한편, 일본에서 발해에 보낸 國書에도 이와 비슷한 문구들이 있다.

3-① 夏熱, 王及首領百姓竝平安好. (『日本逸史』 권5, 延曆 15년 5월)

3-② 夏中已熱, 惟王清好. 官吏百姓竝存問之. (『類聚國史』 권193, 延曆 17년 5월)

3-③ 春首餘寒, 王及首領百姓竝平安好. (『日本後紀』 권24, 弘仁 6년 정월)

3-④ 仲夏炎熱, 王及首領百姓竝平安好. (『類聚國史』 권193, 弘仁 7년 5월)

3-⑤ 熱劇, 王及所部平安好. (『日本三代實錄』 권3, 貞觀 원년 6월)

3-⑥ 梅熟, 王及境局, 小大無恙. (같은책 권21, 貞觀 14년 5월; 『菅家文草』 권8)

문안 문구에 王만이 나오거나 대상이 막연한 경우를 제외하고, 구체적인 명칭이 나오는 것들만 나열해본 것이다. 衙官이 官吏로 바뀐 것을 제외하면 3-①에서 3-④까지는 당나라 칙서와 구성이 동일하다. 따라서 이들 국서는 당나라 칙서를 모방한 것임을 알 수 있으니, 여기에 쓰인 首領도 역시 앞에서와 동일한 의미로 사용되었다.

3. 발해의 首領

지금까지 당나라에서 사용된 首領을 중심으로 그 개념을 살펴보았다. 그런데 발해도 首領이란 용어를 나름대로 사용했다. 이것은 당나라에서 사용하던 수령이란 용어를 받아들인 것임에 틀림없다. 발해를 검토하기 전에 먼저 신라의 경우를 살펴보겠다.

신라인이 직접 사용한 예는 崔致遠의 글에 유일하게 보인다.

4-① 新羅國當國, 差遣宿衛學生首領入朝, 請附國子監習業. 謹具人數姓名, 分析申奏如後, 學生八人〈崔愼之等〉, 大首領八人〈祈婥等〉, 小首領二人〈蘇恩等〉. … 臣今差前件學生等, 以首領充傔. (『東文選』 권47, 遣宿衛學生首領等入朝狀)

4-② 令准去文德元年放歸限滿學生大學博士金紹游等例，勒金茂先等并首領輩，隨賀正使給餐金潁船次還蕃.（같은책，奏請宿衛學生還蕃狀.）

이것은 모두 신라 왕을 대신하여 당나라 황제에게 보내는 글이고, 여기에 나오는 수령은 宿衛學生에 딸린 수행원으로 파견된 인물들이다. 앞에서 인용한 1-⑦에는 발해의 宿衛王子였던 大昌勃價에 首領 등이 딸려 있다. 따라서 宿衛를 위해서 당나라에 파견된 학생이나 왕자에게 수령이 딸리는 것이 일반적인 듯하다. 그런데 하나 고려할 것은 신라에서 수령이란 용어를 독자적으로 사용된 증거가 다른 곳에 보이지 않고, 유독 최치원의 글에만 보인다는 사실이다. 이유는 그의 글을 좀 더 살펴보면 알 수 있다.

崔致遠의 글을 훑어보면, 스스로 蕃國이라 하면서 事大로서 당나라를 대하고 있는 사실을 여러 군데에서 발견할 수 있다. 문장 가운데 諸蕃, 酋長, 臣蕃, 蕃臣과 같은 용어들이 나오는 것은 이 때문이다. 이것은 신라 왕이 臣으로서 중국 황제에게 올리는 형식을 취하고 있기 때문에 어쩔 수 없었을 것이다. 그런데 新羅의 일부 비문에서 신라 왕의 명령에 대해서 教와 함께 詔란 용어를 섞어 쓴 예가 보이지만,[20] 그가 지은 金石文에서는 어디까지나 教만을 쓰고 있는 사실을 감안하면, 당나라에서 벼슬살이 했던 경험이 있는 그의 개인적인 성향도 중요하게 작용하였을 것이다.

이러한 점들을 고려한다면 그가 사용한 수령이란 용어는 신라에서 실제로 통용되던 것이라기보다는 당나라 시각에서 쓰인 것으로 보아야 한다. 신라에 수령이란 실제 계층이 존재했던 것이 아니라, 당나라에서 사용되던 외교적인 용어를 차용한 것에 불과한 것이다. 따라서 이 글에 보이는 수령을 실제로 수령 계층이 존재했던 발해의 경우와 직접 비교하기는[21] 어렵다. 靳婥을 위시한

20. 宋基豪,『渤海政治史研究』一潮閣, 1995, p.191.

21. 申瀅植,『韓國古代史의 新研究』一潮閣, 1984, p.443.

大首領 8인과 蘇恩을 위시한 小首領 2인은 지방의 村主와 같은 존재가 아니라, 아마 官人을 등급의 고저에 따라 구분하여 부른 것이라 생각된다.

신라에 수령이 따로 존재하지 않았다는 사실은 일본에 보낸 사신단의 구성에서도 간접적으로 뒷받침된다. 『延喜式』의 賜蕃客例를 보면 발해 왕과 사신 일행에는 물품 수여 대상에 수령이 들어 있지만(6-③), 신라의 경우에는 수령이 포함되어 있지 않다.[22]

신라와는 달리 발해에서는 스스로 首領이란 용어를 사용했다. 이러한 사실은 일본에 보낸 사신단의 구성에서 구체적으로 확인된다. 사신단의 구성을 일목요연하게 보여주는 것은 잘 알려져 있는 '咸和 11년 渤海 中臺省牒 寫本'이다.[23] 이는 발해에서 보낸 중대성의 첩을 베껴 쓴 것이기 때문에, 수령이란 말이 공식적으로 사용되었음을 직접 보여주는 중요한 자료이다. 5-①은 첩 가운데 사신단의 구성에 관한 부분만 인용한 것이고, 5-②는 이와 관련된 문헌 사료이다.

5-① 渤海國中臺省 牒上 日本國太政官
應差入覲 貴國使政堂省左允賀福延并行從壹伯伍[人]
一人使頭 政堂省左允賀福延
一人嗣使 王寶璋
二人判官 高文暄 烏孝順
三人錄事 高文宣 高平信 安寬喜
二人譯語 季憲壽 高應順
二人史生 王祿昇 李朝清
一人天文生 晉昇堂
六十五人大首領

22. 『延喜式』 권30, 大藏省, 賜蕃客例.

23. 韓國古代社會研究所 편, 『譯註 韓國古代金石文』 Ⅲ, 1992, pp.504~510.

廿八人梢工

5-② (承和九年; 842)夏四月 … 己巳, 天皇御豊樂殿, 饗渤海使等, 詔授大使賀福延正三位, 副使王寶璋正四位下, 判官高文喧·烏孝愼二人竝正五位下, 錄事高文宣·高平信·安歡喜三人竝從五位下. 自外譯語已下, 首領已上十三人, 隨色加階焉. (『續日本後紀』 권11, 仁明天皇)

5-①은 발해 사신단이 使頭(大使)-嗣使(副使)-判官-錄事-譯語-史生-天文生-大首領-梢工으로 이루어졌음을 보여준다. 일본에 보낸 공식문서라는 사실을 염두에 둔다면, 여기에 기재된 순서는 위계를 나타내는 것임에 틀림없다. 5-②에서 보듯이 이들 사신단이 일본에서 예우를 받을 때에도 이 순위가 그대로 적용되었다.

이러한 순서는 발해 사신에 대한 일반적인 예우 규정에서도 그대로 드러난다.

6-① 大使·副使日各二束五把. 判官·錄事日各二束. 史生·譯語·醫師·天文生日各一束五把. 首領已下日各一束三把. (『類聚三代格』 권18, 夷俘并外蕃人事, 天長 5년 정월 2일, 太政官符 應充客徒供給事)

6-② 凡渤海客食法, 大使·副使日稻各五束, 判官·錄事各四束, 史生·譯語·天文生各三束五把, 首領·梢工各二束五把. (『延喜式』 권26, 主稅 上)

6-③ 渤海王.〈絹卅疋, 絁卅疋, 絲二百絇, 綿三百屯, 竝以白布裹束.〉 大使.〈絹十疋, 絁廿疋, 絲五十絇, 綿一百屯.〉 副使.〈絁廿疋, 絲卌絇, 綿七十屯.〉 判官.〈各絁十五疋, 絲廿絇, 綿五十屯.〉 錄事.〈各絁十疋, 綿卅屯.〉 譯語·史生及首領.〈各絁五疋, 綿廿屯.〉 (같은책, 권30, 大藏省, 賜蕃客例)

6-①은 天長 5년(828)의 규정으로서 앞에 인용한 中臺省 牒의 작성 연대인 841년과 몇 년 차이가 나지 않는다. 여기서는 수령이 대사, 부사, 판관, 녹사, 사생, 역어, 의사, 천문생 다음에 놓인다. 6-②에서는 초공과 함께 대사, 부사, 판관, 녹사, 사생, 역어, 천문생, 수령, 초공 다음에 놓였고, 6-③에서는 역어,

사생과 함께 왕, 대사, 부사, 판관, 녹사, 역어, 사생 다음에 놓였다. 따라서 수령은 梢工(뱃사공)이나 역어·사생과 동일하게 취급되기도 하면서, 그밖의 다른 어느 직책보다도 낮은 지위에 있었음을 발견할 수 있다.

다시 5-①로 돌아가 보면, 수령은 전체 인원인 105명 가운데 60%가 넘는 65명으로 과반수를 차지하여서, 심지어는 뱃사공보다도 많다. 그리고 이들은 수령 가운데에서도 상급 수령인 大首領으로 분류되는 사람들이었다. 이렇게 수적으로 우세했고 수령 가운데에서도 상급에 속하였음에도 불구하고, 뱃사공 바로 위에 순서가 놓일 정도로 이들은 낮은 대접을 받았다. 이에 대한 의문은 다음 사료를 다시 검토해보면 이해된다.

7-① (天平)十二年(740)春正月 … 丙辰, 遣使就客館, 贈渤海大使·忠武將軍胥要德從二位, 首領·无位己閼棄蒙從五位下, 竝賻調布一百十五端, 庸布六十段. (『續日本紀』 권13, 聖武天皇)

7-② (嘉祥二年; 849)五月, … 丙辰, 天皇於豊樂殿, 宴客徒等, … 詑授大使王文矩從二位, 副使烏孝愼從四位上, 大判官馬福山·少判官高應順竝正五位下, 大錄事高文信·中錄事多安壽·少錄事李英眞竝從五位下, 自餘品官并首領等, 授位有階. (같은책, 권19, 仁明天皇)

7-③ (貞觀十四年; 872)五月 … 十九日戊子, … 詑授大使楊成規從三位, 副使李興晟從四位下, 判官李周慶·賀王眞竝正五位下, 錄事高福成·高觀·李孝信竝從五位上, 品官以下并首領等授位各有等給, 及天文生以上, 隨位階各賜朝服. (『日本三代實錄』 권21, 淸和天皇)[24]

7-①의 사료에 보이는 己閼棄蒙은 발해의 수령이면서 官位가 없었다. 일본에서 받은 관위가 아니라 발해의 관위가 없다는 말이다. 그런데 수령이 관위가

24. 都良香이 지은 「贈渤海楊太使狀」(『都氏文集』 권4)에도 이때의 수령에 대한 언급이 보인다. 「中夜相思, 發於琴聲, 遂以成詠, 勤△囑令副使公及錄事·首領司和, 幸也. …」.

없는 것이 예외적인 것이 아니라 보편적이었던 사실이 7-②와 7-③의 사료에서 확인된다. 7-②에서는 대사, 부사, 판관, 녹사가 나열된 뒤에 自餘品官과 首領이 언급되어 있다. 이른바 '그밖의 품관'에는 사생, 역어, 의사, 천문생 등이 해당될 것인데, 이 문구를 보면 수령은 品官이 아닌 것이 분명하다. 7-③에서도 '품관 이하'와 수령이 倂置되어 있으므로 수령은 품관에 포함되지 않는다. 그리고 천문생 이상만 位階에 따라 朝服을 주었으므로, 천문생 아래에 있던 수령과 초공은 위계가 없었던 것으로 해석할 수 있다.

따라서 사신단 가운데 천문생과 수령 사이에는 뚜렷한 격차가 있었다. 大使에서 天文生까지는 발해의 관품과 관직을 가지고 있었고, 수령은 그러한 것이 없었다. 조정에서 본다면 수령은 관직체제 밖에 존재했으므로, 가장 낮은 관료보다도 더 하위에 놓일 수밖에 없었을 것이다. 그럼에도 사신단의 일원이 되어 있고, 5-②에서처럼 일부 수령에게는 일본에서 위계를 내렸으니, 이러한 사실은 그들의 실제 세력이 상당하였음을 암시해준다.

이상의 고찰을 통해서 볼 때, 발해의 수령은 당나라 용어를 차용한 것이지만, 당나라처럼 대외적인 용도가 아니라 내부적인 용도로 사용했으며, 그것도 官品이나 官職을 가지고 있지 않았던 계층을 지칭하였다. 앞 절에서 서술한 바 있지만, 당나라에서 사용된 수령이란 용어 가운데 협의의 의미를 지닌 『唐六典』의 無官品者가 발해 수령의 개념에 원용된 것이다. 관품을 가지지 않은 자 가운데에서도 현실적인 세력의 대소에 따라 대수령과 (소)수령으로 구분했던 것도 당나라 방식과 유사하다. 발해 중대성 첩에 나오는 대수령은 바로 이렇게 분류된 존재들이다. 지방의 지배자 가운데 선발된 자들인 것이다. 그렇지만 수령의 대소 구별은 일정한 원칙에 따른 것은 아니었고, 어디까지나 상대적인 개념이었다.

발해에 보낸 당나라 칙서에서 수령을 운위한 것도 대체로 이러한 발해 수령들을 염두에 두었던 것 같다. 衙官과 百姓 사이에 놓여 있는 것은 일반 서민보다는 높으면서도 衙官 즉 官人은 아닌 이들의 성격을 잘 대변해준다.

4. 首領과 지방 사회

발해 지방사회의 구성을 잘 나타내는 것이 『類聚國史』의 기록인데, 여기에도 首領이 보인다.

> 其國延袤二千里, 無州縣舘驛, 處處有村里, 皆靺鞨部落. 其百姓者, 靺鞨多, 土人少, 皆以土人爲村長. 大村曰都督, 次曰刺史, 其下百姓皆曰首領. (『類聚國史』 권193, 殊俗部, 渤海 上)

이 문장의 해석을 둘러싸고 여러 가지 견해가 제시된 것은 주지의 사실이지만,[25] 앞 절에서 다룬 수령의 성격과 연계시켜 다시 검토해보겠다. 이를 위해서는 먼저 이 문장에 사용된 百姓의 개념 검토가 전제되어야 한다.

여기에는 百姓이란 용어가 두 번 나온다. 백성이란 말은 원래 平民의 對稱으로서 姓氏를 가지고 있던 百官을 가리키던 것이 戰國時代 이후 平民을 가리키는 개념으로 변모되었다고 한다.[26] 이 문장에 나오는 백성은 기본적으로 전자보다는 후자를 가리킨다.[27] 발해에 보낸 당나라 칙서에서 首領 다음에 언급된 百姓은

---

25. 鈴木靖民, 앞책(1985) pp.434~441.

26. 朱國忱·魏國忠, 『渤海史稿』 黑龍江省文物出版社編輯室, 1984, p.33; 최태길, 「발해국에서 사용한《백성》이란 단어에 대하여」 『발해사연구』 3, 연변대학출판사, 1992, p.281. 아울러 高麗時代 百姓의 해석에 대한 논쟁도 백성 용어에 대한 이해에 도움이 된다. 김현영, 「고려판정백성의 실체와 성격」 『史學硏究』 38, 1984, pp.122~127; 河泰奎, 「高麗時代 百姓의 槪念과 그 存在形態」 『國史館論叢』 20, 1990.

27. 전자의 의미로 해석하는 경우도 많지만(김육불, 앞책, 권15; 박시형, 앞논문 p.7; 張博泉·程妮娜, 앞논문 p.131), 이는 받아들이기 어렵다.

이를 의미한다. 신라에서도 역시 이런 용례로 사용한 사례가 보인다. 屋舍 규정에 보면, 眞骨, 六頭品, 五頭品(外眞村主 포함), 四頭品(次村主 포함)에서 百姓까지 네 위계로 구분되어 있다.[28] 이를 보면 백성은 관인 아래 있던 일반민이었다.

그런데 자세히 보면, 백성이란 의미가 이 문장의 앞과 뒤에서 각각 약간 다르다. 앞에 사용된 百姓은 村長이 되는 土人과 靺鞨을 모두 포괄하므로, 渤海國人 전체를 가리키는 확대된 개념으로 사용되어 있다. 뒤에 나오는 백성도 이렇게 해석할 수 있겠지만, 村長이나 首領이 포함되지 않으므로 일반 평민에 더 중점이 두어진 개념이다.

결국 위의 문장은 "渤海國人에는 靺鞨人이 많고 土人(고구려인)이 적은데, 모두 토인이 촌장이 된다. 大村의 촌장은 都督이라 하고, 그 다음 촌의 촌장은 刺史라 한다. 그 아래는 일반 평민들이 모두 首領이라 부른다"고 해석할 수 있다.

따라서 발해의 지방 사회에는 중앙에서 임명한 都督과 刺史가 있었고, 그 아래에 首領과 百姓이 존재하였다. 위의 기록은 발해 초기의 모습을 보여주고 있어서 縣丞이 언급되어 있지 않지만, 현이 설치되는 후대에도 地方官으로서 都督, 刺史, 縣丞이 있었고, 그 아래에 따로 首領과 百姓이 있었을 것이다. 이렇게 백성과 지방관 사이에 존재하는 首領은 앞 절에서 도출해낸 수령의 성격과 동일한 것이다.

결국 수령이란 중앙에서 임명된 地方官과 일반 평민인 百姓 사이에 끼어 있었던 세력이었다. 이들은 官人이 아니어서 官品을 가지고 있지 않았지만, 백성 바로 위에 군림하는 支配者였다. 관료에 편입되지 않은 독자적인 지배자들이었다. 내부에 광범위하게 퍼져 있었던 자연부락 집단들을 염두에 둔다면, 이는 충분히 납득할 수 있다.

---

28. 『三國史記』 권33, 屋舍.

이는 또한 발해 중앙세력의 지방에 대한 침투력이 한계가 있었음을 단적으로 보여준다. 백성 바로 위에 있는 세력이라는 점에서 이들은 신라의 村主와 비길 수 있는 존재이지만, 이보다는 훨씬 독자성을 지니면서 일반인들을 장악하고 있었을 것이다. 그런 점에서 村主가 在地 有力者라고 한다면, 首領은 在地 支配者라고 대비시켜 부를 수 있을 듯하다.

그간의 연구를 보면, 발해의 首領에 地方官까지 포함되는 것으로 생각해 왔다. 수령에 대해서 가장 상세히 고찰한 鈴木靖民은 이를 上級首領과 下級首領으로 나누어 상급수령에 도독, 자사 등의 관인을 포함시켰고,[29] 이에 앞서 新妻利久도 수령에 도독, 자사를 포함시켰다.[30] 이밖에 金毓黻은 庶官, 瀧川政次郎은 地方官, 李龍範은 소규모 행정단위의 長, 河上洋은 토착부락장에게 준 官名으로 설명했다.[31] 결국 이들은 수령을 官人으로 생각했거나, 아니면 관인도 포함된 더 넓은 개념으로 상정하였다. 그러나 지금까지 밝혔듯이 발해의 수령은 적어도 官人은 아니었다. 지방관 아래에 있었던 재지 지배자였다. 이런 점에서 官等을 지니고 있었던 신라의 촌주와는 다른데, 이것은 그만큼 발해의 수령이 중앙의 권력에 대해서 독립성을 띠고 있었음을 반영한다.

특히 鈴木靖民은 발해의 지방 사회가 독자적인 세력을 가진 首領들에 기반을 두고 있었다고 하면서, 이러한 사회체제를 首領制로 부르자고 제안했다.[32] 발해 지방관들이 어떠한 과정을 통하여 임명되었는지 현재로서 제대로 파악할 수 없다. 원칙적으로는 중앙에서 임명되어 파견되었겠지만, 현지의 수령들을 관리로 선택하여 주변 세력을 통치하도록 한 경우도 분명히 있었을 것이다. 발해는

---

29. 鈴木靖民, 앞책(1985) p.446.

30. 新妻利久, 앞책 p.108.

31. 김육불, 앞책, 권15; 瀧川政次郎, 앞논문 p.248; 이용범, 앞책(1988) pp.47~49; 河上洋, 앞논문 p.17.

32. 鈴木靖民, 「日本における戰後の渤海史研究-研究の動向と課題-」『발해의 민족 형성과 연구사』 발해사 국제학술회의 발표요지, 고려대학교 민족문화연구소, 1993. 3. 26.

그만큼 지방 세력의 독자성을 인정하면서 중앙 정부에서 통치하였다. 이런 점에서 그의 견해에는 공감이 가는 점이 많다.

그러나 수령 출신이 지방관이 된 경우가 있었다고 하더라도, 이를 근거로 수령의 범위를 지방관에까지 확대하는 것은 잘못이다. 적어도 발해에서 사용된 수령의 용례 속에는 지방관이 포함되지 않았다. 7-①의 사료에서 보듯이 739년에 파견된 2차 遣日使에서 大使 胥要德은 若忽州都督이었고, 그 아래에 따로 首領이 있어서 양자는 엄격히 다른 신분이었다.

발해의 지방 사회에는 광범위하게 수령이라 불리는 지배자들이 있었고, 중앙에서 임명된 지방관은 이들을 매개로 하여 百姓들을 간접적으로 통치했다. 수령은 전통적인 部落長 출신들로서 상당한 독자성을 향유하고 있었고, 중앙에서는 이들의 존재를 무시할 수가 없었다. 수령 가운데는 과거 고구려 지역의 경우 고구려 계통의 인물들도 들어 있었으니, 高齊德이나 高多佛이 그러하다.[33] 그렇지만 수적으로는 말갈 부족의 지배자 출신들이 많았을 것이다.[34] 발해에서는 이들의 현실적인 세력을 인정하여 독자적인 대외교역에도 참여할 수 있도록 배려하지 않을 수 없었다. 일본에 보낸 사신단에 수령이 포함된 것은 이 때문이었다.

발해에서 首領이란 용어를 차용하여 쓴 것도 지방 사회에 엄존하는 독자적인 세력을 고려했기 때문으로 여겨진다. 당나라에서 보면 首領은 蕃長의 의미로

---

33. 『續日本紀』 권10, 聖武天皇 「(神龜四年; 727)九月 … 庚寅, 渤海郡王使·首領高齊德等八人, 來着出羽國.」; 『日本紀略』 前篇 권14, 嵯峨天皇 「(弘仁元年; 810)五月, … 丙寅, 渤海使·首領高多佛脫身, 留越前國.」.

34. 『類聚國史』를 해석하면, 村長에 도독·자사와 더불어 수령이 포함되는 것처럼 보인다. 그러나 실제로는 수령의 상당수가 말갈 출신일 것이므로, 이러한 현실을 감안하면서 이 문장을 다시 해석한다면 적어도 이 문장에서는 村長의 범위가 지방관에 해당하는 刺史까지만 걸리는 것으로 볼 수 있다. 따라서 其下의 其는 刺史를 의미할 수도 있지만, 村長을 가리키는 것으로 보는 것이 좋을 듯하다. 결국 村長(土人:都督-刺史-首領)-百姓의 구조보다는 村長(土人:都督-刺史)-首領-百姓으로 이해할 수 있다.

쓰인 것이고, 이것은 藩國이든가 아니면 그만큼 독자성을 지닌 지배자의 상정을 전제로 해야만 한다.

여기에는 『高麗史』에서 사용된 首領이란 용례가 참고가 된다. 世家를 살펴보면 顯宗 13년 8월에 鐵利國 首領 那沙가 사신으로 온 것에서 시작하여 文宗 19년 3월에 東女眞 首領 霜昆 등 22인이 온 것을 마지막으로, 그 사이에 女眞, 東女眞(東蕃), 靺鞨, 東北女眞 및 耽羅國의 首領들이 고려에 조공해왔다고 한다.[35] 이러한 수령들도 당나라의 용례를 따른 것으로서, 고려가 일정 기간 주변 지역에 藩國들을 상정했음을 보여준다.

이를 생각해본다면, 발해가 지방에 독자적인 세력을 가지고 있던 지배자들에게 首領이란 칭호를 붙인 것은 이들이 비록 국외가 아니라 국내에 존재하고는 있지만 蕃長처럼 여겼기 때문일 것이다. 798년 당나라에 파견되었던 茹富仇가 虞婁部의 蕃長 겸 都督이었던 사실은 우루부가 이미 발해 영역으로 들어와 定理府와 安邊府가 설치되었음에도 불구하고 여전히 蕃國처럼 상정되어 있음을 보여주며, 외국에 사신을 파견할 때에 鐵利人이나 기타 靺鞨人을 대동하였던 것도 이들을 마치 蕃國이나 蕃長으로 간주하고 있었음을 보여준다.[36] 일본에 파견된 사신단에 수령이 포함된 것도 이들을 대동한다는 의미를 지니고 있었을 것이다. 발해가 때로는 皇帝國을 자임하였던 것은 바로 이러한 세력을 염두에 두었기 때문이었다.

---

35. 이후에는 首領이란 용어를 사용하지 않다가 元宗 12년부터 고려 관직인 首領官이 가끔 보일 뿐이다.

36. 송기호, 앞책 pp.195~196; 宋基豪, 「渤海의 地方 統治와 그 실상」 『韓國 古代社會의 地方支配』 韓國古代史硏究 11, 한국고대사연구회, 신서원, 1997 (본서 제3장).

5. 맺음말

지금까지 발해 수령의 성격에 대해서 고찰해보았다. 발해에서 사용된 首領이란 용어는 원래 당나라에서 공식적으로 사용되던 것이었다. 중국에서는 예로부터 여러 가지 용어를 사용하여 蕃國의 우두머리를 지칭해왔는데, 당나라 때에 들어와서 首領이란 말이 중심 용어로 자리잡게 되었다. 이때 수령이란 말은 우두머리들을 상하 구별 없이 모두 일괄적으로 가리키고 있지만, 때로는 당나라 官品을 수여받지 못한 우두머리에 한정해서 좁은 의미로 쓰이기도 하였으니, 발해에서 사용된 수령은 후자에 더 가까운 개념을 지니고 있다.

발해에서 수령이란 용어를 차용하면서, 국외의 지배자가 아니라 국내에 상존하고 있는 독립적인 지배자들을 지칭하였다. 발해가 커다란 영토를 개척하였던 것은 주지의 사실인데, 중앙에서 멀어질수록 토착의 지배자들이 독립성을 강하게 띠고 있었다. 중앙에서 각지에 地方官을 파견하기는 하였지만, 이들 관리는 어디까지나 수령이라 불리던 지배자들 위에 군림하고 있었을 뿐이었다. 수령이 일반 백성을 직접 장악하고 있었고, 지방관들은 이들을 매개로 하여 간접적으로 통치하였다. 따라서 발해의 지방 사회는 都督, 刺史, 縣丞의 地方官-大小의 首領-百姓으로 이어지는 구조를 띠고 있었다.

그렇지만 발해 수령은 중앙 정부로부터 官職이나 官品을 받지 않은 세력이었다. 그만큼 이들은 독자성을 강하게 유지하고 있었던 在地 支配者들로서, 발해의 官職體制 밖에 존재하고 있었다. 일본에 파견된 사신단 가운데 최말단 관리보다도 더 아래에 위치하고 있던 것은 이 때문이었다. 그렇다고 하더라도 사신단에 동참하고 있는 사실 그 자체는 중앙에서 이들의 세력이 무시하지 못할 정도로 막대하였음을 의미하기도 한다.

결국 발해의 지방 통치는 말단 지배자들인 수령의 세력을 완전히 해체하지 못한 데에서 한계를 지니고 있었다. 그러나 다른 한편으로는 이들의 존재를 인정하여 蕃長으로 여기면서 스스로 皇帝國을 자임하는 면도 지니고 있었음을 발견할 수 있다.

제5장 5京制의 연원과 역할

1. 머리말

발해는 지방을 통치하기 위해서 5京, 15府, 62州, 200개 이상[1]의 縣으로 구성된 府-州-縣 3級制를 채택하였고, 같은 시기에 통일신라는 9州, 5小京, 100여 개의 郡, 300개에 가까운 縣으로 구성된 州-郡-縣 3級制를 채택하였다. 단순하게 비교한다면, 발해의 부·주·현은 통일신라의 주·군·현과 차례로 대응시킬 수 있을 것이고, 그렇다면 발해의 5경도 통일신라의 5소경에 비겨볼 수 있을 것이다. 이렇게 양국간에는 제도상으로 일견 유사한 모습을 보인다.

그렇다고 해서 양국의 제도가 동일한 성격을 띠고 있었던 것은 아니다. 외견상 발해는 당나라 때에 처음으로 성립된 府州縣 제도를 모방하였다. 그러면서도 당나라는 前期에 기본적으로 府州와 縣으로 구성된 2단계 체제였던 데에 비해서, 발해는 府와 州가 상하 관계를 이루는 3단계 체제였다. 반면에, 통일신라는 後漢 말기에 성립되어 南北朝시기까지 성행한 州郡縣의 3단계 체제를 따랐다.[2]

이처럼 당나라, 발해, 통일신라의 지방제도가 서로 비슷한 것 같으면서도

1. 발해시대 縣의 전체숫자를 100여 개로 파악하여 왔으나, 실제로는 200개 이상으로 추정된다. 宋基豪, 「渤海의 地方統治와 그 실상」 『韓國 古代社會의 地方支配』 韓國古代史研究 11, 한국고대사연구회, 신서원, 1997, pp.257~259 (본서 제3장).
2. 중국의 지방제도 변천에 대해서는 다음 글에 간단히 언급되어 있다. 張國剛, 『唐代官制』 三秦出版社, 1987, p.121.

실제로는 다른 모습을 띠었다. 특히 발해는 영역 안에 異民族을 다수 포함하고 있었으므로, 지방제도의 운영면에서도 다른 두 나라와 구별되는 양상을 지녔을 것이 분명하다.

유사한 명칭을 가지고는 있지만, 발해의 5경과 통일신라의 5소경도 상이한 성격을 띠고 있었을 것으로 보인다. 발해에서는 5경이 15부보다 앞에 내세워지고 있는 데에 비해서, 통일신라에서는 9주 다음에 5소경이 언급되고 있는데, 이것은 두 나라의 지방제도에서 5경이나 5소경이 차지하는 위상이 각기 달랐음을 상징해 준다.

이상으로 南北國 두 나라의 지방제도에 대한 개략적인 윤곽을 염두에 두면서, 이제 본격적으로 발해 5경제를 논하고자 한다. 발해의 5경과 관련하여 가장 많은 연구가 진행되어 온 것은 위치 비정 문제이다. 이미 조선후기 실학자들이 고증을 시작한 이래 20세기까지 많은 연구들이 발표되어 왔다. 그 다음으로 관심을 기울인 것은 발해 5경의 淵源 문제이다. 당나라 제도를 받아들인 것인지, 아니면 고구려 제도를 받아들인 것인지에 대해서 그동안 적지 않은 주장들이 제기되어 왔다. 5경이 언제 설치되었는가 하는 문제도 연원 문제와 맞물리면서 함께 논의되어 왔다.

그렇지만, 발해 5경이 후대에 미친 영향에 대해서 遼, 金나라로 5경제도가 이어졌다는 사실을 간단히 언급하는 것 이외에 더 구체적인 논의는 거의 보이지 않는다. 그리고 통일신라의 5소경이나 고려의 4경(3경) 등 한반도 국가들과의 연관성 여부에 대해서도 제대로 주목하지 않아왔다.

이렇게 지적하다 보니, 장차 본문에서 논의할 방향이 자연스레 드러나게 된다. 본문은 크게 세 부분으로 나누어, 제1절에서는 5경의 연원을 논할 것이고, 제2절에서는 5경의 설치 시기 및 위치 비정, 성격에 대해서 살펴보겠으며, 제3절에서는 후대에 끼친 영향 문제를 다루도록 하겠다. 이렇게 함으로써 발해 5경제에 대한 전반적인 검토를 진행할 수 있을 것이다.

남겨진 사료가 워낙 적기 때문에 기대하는 만큼 성과를 이루기는 어렵겠지만, 중국 사료를 최대한 활용하여 간접적인 논거 자료로 삼도록 하겠다. 다행히 臺灣 中央研究院의 '漢籍電子文獻' 사이트는 25史를 검색하는 데에 절대적인 도움이 되었다. 또 사료가 올려진 그밖의 국내외 인터넷 사이트나 CD-ROM으로 출간된 사료집들에서 예기치 않았던 자료를 검색해내는 소득을 올리기도 하였다.

2. 5京制의 연원

먼저, 발해 5경제의 유래부터 고찰하겠다. 5경제의 연원에 대해서는 두 가지 측면이 고려될 수 있으니, 첫째는 思想的 側面이고, 둘째는 制度的 側面이다. 첫 번째는 어느 사상에 바탕을 두고 5경제가 출현하였는가 하는 점으로서, 다소 일반론적인 검토라 할 것이다. 반면에 두 번째는 어느 제도로부터 유래되었는가 하는 점으로서, 앞의 것보다는 더 직접적인 요인을 추출해내는 작업에 해당한다.

발해 5경은 『新唐書』 渤海傳에 나와 있는대로 上京 龍泉府, 中京 顯德府, 東京 龍原府, 南京 南海府, 西京 鴨淥府로 이루어졌다. 중경을 가운데에 두고 북쪽으로 상경, 남쪽으로 남경, 동쪽으로 동경, 서쪽으로 서경을 배치한 형국이다. 이것은 중앙과 동서남북의 4방으로 이루어진 5方을 의미하는 것으로서, 중국 전래의 五行思想에서 영향을 받은 것이 분명하다. 발해 5경이 이처럼 5행·5방 사상에서 유래되었다는 사실은 많은 연구자들이 일찍부터 지적해왔다.[3]

---

3. 白鳥庫吉, 「金の上京に就いて」 1909년 11월 27일 南滿洲鐵道會社歷史調査部滿洲史料展覽會講演速記〔『白鳥庫吉全集』 5, 塞外民族史研究 下, 岩波書店, 1970, 재수록 p.476〕; 鳥山喜一, 『渤海史考』 奉公叢書 第三編, 東京奉公會, 1915, pp.230~232; 金毓黻, 『東北通史』 권5, 國立東北大學研究室叢書, 1940〔洪氏出版社, 臺北, 1976 재간행, p.428〕; 丹化沙, 「渤海歷史地理研究情況述略」 『黑龍江文物叢刊』 1983-1, p.15; 魏國忠, 「唐代渤

5行은 만물을 이루는 다섯 가지 원소인 金, 木, 水, 火, 土를 의미하는데, 이것이 하늘에서는 5星이 되고, 인체의 장기로는 5藏(臟)이 되고, 귀에서는 5音이 되고, 입에서는 5味가 되고, 코에서는 5臭가 된다.[4] 그리고 방위에 적용되면 5방이 되고, 색상에 적용되면 5色이 되어, 中黃, 東靑, 西白, 南赤, 北黑의 짝을 이루게 된다.

그렇지만, 이러한 5行·5方 사상이 발해의 5경제에만 투영되어 있는 것은 아니다. 고구려의 5部, 백제의 5部와 5方, 통일신라의 5小京이나 당나라의 5경제에도 역시 이러한 관념이 반영되어 있다. 주지하다시피 고구려 중기에 方位名을 가진 部가 등장하였고, 이와 더불어 內部-黃部, 北部-黑部, 東部-靑部, 南部-赤部, 西部-(靑部)의 명칭이 출현하였다.[5] 백제에서도 도성에 上部, 前部, 中部, 下部, 後部의 5부를 두었고, 지방에도 中方, 東方, 南方, 西方, 北方의 5방을 두었다.[6]

이렇게 고구려와 백제의 제도에서 5행·5방 사상이 엿보인다고 해서 그것이 곧바로 발해에 계승되었다고 속단할 수는 없다. 이러한 관념은 일찍부터 동아시아에 보편적으로 보급되어 있었으므로, 이것만 가지고 고구려나 백제의 제도를 발해의 경우와 직결시킬 수 없다. 실제로 神文王 5년(685)에 완비된 통일신라의 5소경인 中原小京, 北原小京, 金官(金海)小京, 西原小京, 南原小京의 명칭도 5방을 염두에 두고 붙여진 것임에 틀림없고, 8세기 중·후반에 완비된 당나라의 5京·5都의 명칭도 역시 5방에서 유래되었다. 따라서 사상적 측면을 따져서는 발해 5경제의 연원을 밝혀낼 수 없다.

海五京制度考」『博物館硏究』 1984-3, p.37.

4. 『隋書』 권34, 經籍志 3「五行者, 金, 木, 水, 火, 土, 五常之形氣者也. 在天爲五星, 在人爲五藏, 在目爲五色, 在耳爲五音, 在口爲五味, 在鼻爲五臭.」.

5. 『翰苑』 권30, 蕃夷部, 高麗; 『後漢書』 권85, 高句驪傳에 실린 唐나라 章懷太子의 註; 『新唐書』 권220, 高麗傳.

6. 『周書』 권49, 百濟傳; 『隋書』 권81, 百濟傳.

그렇다면 제도적 측면에서 그 기원을 따져야 한다. 직접적으로 어느 나라의 제도에서 유래되었는지를 규명하기 위해서는 당나라 5경·5도, 고구려의 5部 및 3京, 통일신라의 5소경을 고려 대상에 넣어야 할 것이다.

먼저, 발해가 당나라의 제도를 많이 받아들였음을 들면서 5경제도 당나라로부터 수입한 것임을 강조하는 견해이다. 이에 대해서는 중국의 魏國忠, 王承禮 등이 당나라에 5경이 설치되었던 사실을 근거로 삼아 주장한 바 있다.[7] 물론 이들에 앞서서 이미 20세기 전반기에 鳥山喜一, 白鳥庫吉과 같은 일본인 연구자들이 지적하기도 했지만,[8] 이들은 사료를 잘못 파악하여 당나라에 5경·5도가 아니라 4경·4도가 존재했던 것으로 이해하였다. 따라서 당나라 제도의 영향을 받으면서, 발해가 처음으로 4경에 1경을 추가했던 것으로 보았다. 다행히 그 뒤에 森田鐵次가 5경의 존재를 확인했고,[9] 鳥山喜一도 나중에 자신의 견해를 수정하였다.[10] 이렇게 일본과 중국의 많은 연구자들이 당나라 영향에 주목해왔으나, 단순한 비교 설명에 그쳤을 뿐이지 더 구체적인 논증에까지는 이르지 못했다.

다음으로 고구려 5부에서 뿌리를 찾는 견해도 제법 많다. 앞서 언급한 白鳥庫吉, 鳥山喜一은 당나라 영향과 함께 고구려 영향도 동시에 고려하였다. 白鳥庫吉은 1909년의 글에서 고구려 영향을 지적하더니, 1933년에는 고구려와 당나라

---

7. 魏國忠, 앞논문 pp.37~38; 王承禮 저, 송기호 역, 『발해의 역사』 한림대학 아시아문화연구소, 1987, pp.111~112.

8. 鳥山喜一, 앞책 p.230; 白鳥庫吉, 「渤海史上の難問題に就いて」 『史學雜誌』 46-9, 1935〔『白鳥庫吉全集』 5, 岩波書店, 1970 재수록, p.509〕. 참고로, 津田左右吉 저서로 중국에 번역 소개된 『渤海史考』(『圖書季刊』 1939〔陳淸泉 역, 『渤海史考』 商務印書館, 臺北, 1964 재간행〕)는 鳥山喜一의 1915년 저서를 번역한 것으로, 저자 이름이 잘못 소개되어 있다. 따라서 중국 연구자들이 연구사를 정리할 때에 이따금 오류를 범하고 있음을 밝혀둔다.

9. 森田鐵次, 「渤海の五京に就いて」 『渤海·金の歷史地理的考察』 滿鐵教育研究所 研究要報 10, 1937, pp.9~10.

10. 鳥山喜一, 「渤海國の五京について-渤海史上の諸問題の一節-」 『東洋大學紀要』 11 社會科學篇, 1957, pp.2~3.

영향을 동시에 지적하였고, 1935년에는 당나라 영향만 언급하는 변화를 보였다.[11] 鳥山喜一도 1915년에 고구려보다는 당나라 영향이라고 지적하였으나, 1935년의 글 이후에는 고구려와 당나라 영향을 함께 적시하는 변화를 보였다.[12] 森田鐵次도 직접적으로 당나라 영향을 받았지만, 간접적으로는 고구려와 백제의 영향도 받았을 것이라고 하였다.[13] 하지만, 북한의 張國鍾은 고구려 5부제에서만 유래되었다고 하면서, 고구려에는 5부제가 변화되어 성립된 5경제도 존재했다고 주장하였다.[14]

이상으로 당나라나 고구려의 제도에 주목한 견해들을 살펴보았다. 이밖에 韓圭哲은 고구려 5부제의 전통에다가 신라 5소경과 당나라 5경제의 영향까지 받은 것으로 보인다고 하여,[15] 통일신라의 5소경도 거론하였지만 그 근거는 밝히지 않았다.

이제, 과연 발해 5경제는 직접적으로 어느 제도로부터 유래하였는가를 살펴볼 차례이다. 논의의 편의상 고구려 5부에서 출발하겠다. 고구려 초기에 5부가 등장했으나, 이때에는 고유의 명칭을 띠면서 독립된 정치적 단위로서의 기능을 지녔다. 이러한 5부는 중기에 점차 소멸해가고, 다른 한편으로 방위 명칭을 띠면서 행정구획 단위로서의 기능을 지닌 5부가 새롭게 등장하였다.[16]

---

11. 白鳥庫吉, 앞논문 1909(1970), p.476 및 1935(1970), p.509; 白鳥庫吉, 「渤海國に就いて」『史學雜誌』 44-12, 1933〔『白鳥庫吉全集』 5, 塞外民族史研究 下, 岩波書店, 1970 재수록, p.507〕.

12. 鳥山喜一, 앞책 p.230 및 앞논문 p.3; 鳥山喜一, 『北滿の二大古都址-東京城と白城-』 京城帝國大學 滿蒙文化研究會報告 2, 1935, p.2.

13. 森田鐵次, 앞논문 p.17.

14. 張國鍾 저, 李成出 역, 「渤海の領域と五京制」 『高句麗·渤海と古代日本』 在日本朝鮮社會科學者協會 歷史部會 編, 雄山閣, 1993, pp.160~161; 장국종, 『발해사연구』 2, 사회과학출판사, 1988, pp.72~74.

15. 韓圭哲, 「渤海의 西京 鴨淥府 研究」 『韓國古代史研究』 14, 1998, p.364.

16. 盧泰敦, 『고구려사 연구』 사계절, 1999, pp.164~167; 임기환, 『고구려 정치사 연구』 한

따라서 발해 5경과 연계를 시킬 수 있는 것은 고구려 중·후기의 5부이다. 그러나 이 시기에 5부가 설치되었던 대상 지역에 대해서는 아직 이견이 있다. 이것은 『隋書』 高麗傳의 '內評·外評·五部'에 관한 기록을 어떻게 해석하느냐 하는 문제로 귀결된다.[17] 기왕의 연구에 따르면, 고구려 수도인 平壤과 漢城 등에 내부의 행정구역 단위로서 5부가 설정되어 있었다는 사실에 대체로 동의하고 있다. 다만, 전국을 5부로 획정하여 통치하였는가 하는 점에서는 의견이 엇갈리고 있다.[18]

고구려 5부가 수도 및 주요 도시 내부에 설치된 행정구역으로 한정시킨다면, 이것은 지방 거점에 설정된 발해 5경과는 개념적으로 전혀 다르다. 또 전체 영토를 5부로 분할하여 통치하였다는 사실을 인정한다고 하더라도, 이것도 역시 지방의 일부 거점도시를 5경으로 삼은 발해의 통치 방식과는 거리가 있다. 이렇게 본다면 발해 5경은 고구려 5부와 계승관계에 있다고 말하기는 어렵다.

같은 이유로 백제의 5부·5방을 발해와 연계시키는 것도 무리이다. 백제 5부는 수도의 행정구획이고, 5방은 전국을 크게 다섯 구역으로 나눈 행정구획이다. 따라서 고구려의 경우처럼 발해 5경과 무관하다. 일반적 정황을 따지더라도 발해가 한반도 남부에 있던 백제의 제도를 따르기는 어려웠을 것이다. 사실 발해 5경이 고구려나 백제의 제도처럼 방위명을 사용하고 있지만, 그것은 어디까지나 5행·5방 사상의 결과물이기 때문이지 제도적 계승관계 때문이 아니다.

그렇다면 고구려 3京에 눈을 돌릴 필요가 있다. 『隋書』 高麗傳 및 『北史』 高句麗傳에 따르면, 고구려에서 國內城과 漢城이 수도인 平壤城과 함께 3京으

나래, 2004, pp.62~63.

17. 노태돈, 앞책 pp.257~261.

18. 대체로 山尾幸久, 林起煥 등이 지방 5부의 존재를 인정하는 데에 비해, 武田幸男, 盧泰敦 등은 이를 부정하고 있다. 이와 관련된 연구사 정리로는 다음 두 글을 참고 바란다. 金賢淑, 「高句麗 中·後期 中央集權的 地方統治體制의 發展過程」 『韓國 古代社會의 地方支配』 신서원, 1997, p.51 주108; 노태돈, 앞책 p.258.

로 불렀다고 한다.[19] 따라서 고구려에 3경이 존재했음이 확실하다. 이 3경의 내부에는 각기 5부의 행정구획이 설치되어 있었으므로, 다른 도시들과 구별되는 위상을 지녔을 것으로 판단된다. 그런 의미에서 발해 5경과의 연계성 여부를 따져보아야 한다. 이에 대해서는 뒤에서 당나라 5경과 함께 검토해보겠다.

다만, 하나 더 짚고 넘어갈 것은 고구려 5경이 존재했다는 주장이다. 고구려가 국내성에 도읍하고 있었을 때에 이미 卒本城, 丸都城, 平壤城, 南平壤城, 北平壤城 등의 副首都들이 시간적 순서를 두고 형성되었고, 평양으로 도읍을 옮긴 뒤에는 졸본성, 국내성, 남평양성, 북평양성(환도성)과 함께 5경을 이루었다고 장국종이 주장했다.[20] 그러나 이것은 발해 5경에 맞추기 위해서 억지로 설정한 것이지, 고구려 당시에 5경제가 실재했다는 근거는 찾을 수 없다.

다음으로 통일신라 5小京과의 관련 여부이다. 주지하다시피 신라는 통일 이전에 이미 阿尸村小京(514), 國原小京(557), 北小京(639)을 설치한 적이 있지만, 통일 후에 北原小京(678), 金官小京(680), 西原小京(685), 南原小京(685)을 새로 설치하면서 國原小京(景德王 때에 中原京으로 바뀜)과 함께 비로소 5소경 제도를 완비하였다.[21] 이렇게 발해 건국보다 앞서서 5소경 제도가 마련되었으므로, 발해에서 이를 모방하였을 가능성도 고려해봄직하다.

그러나 신라에서는 수도를 제외한 5곳에 소경을 두었다는 점에서 우선 발해와 두드러진 차이가 드러난다. 또 발해에서는 府와 京의 治所가 동일하지만, 통일신라에서는 州治와 小京의 治所가 따로 있었고, 村落文書에 보이듯이 小京에는 縣이 설정되어 있지 않았다. 이것은 5소경이 9주와는 상관없이 독립적인 행정단

19. 『隋書』 권81, 高麗傳.

20. 장국종 저·이성출 역, 앞논문 p.161; 장국종, 앞책 p.73.

21. 통일신라의 5소경에 대해서는 다음 논문이 참고가 된다.
藤田亮策, 「新羅九州五京攷」 『朝鮮學報』 5, 1953〔『朝鮮學論考』 藤田先生記念事業會, 1963 재수록〕; 林炳泰, 「新羅小京考」 『歷史學報』 35·36합, 1967; 田中俊明, 「新羅五小京の成立と國原小京」 『古代の日本と渡來の文化』 學生社, 1997.

위로 설치된 것을 의미하는데, 이 점에서도 발해의 경우와 뚜렷한 차이를 보인다. 그리고, 발해에서 5경은 가장 높은 단계의 행정단위인 府보다도 높은 위상을 지니고 있어서 보통 경-부-주-현으로 불린 데에 비해서, 통일신라의 5소경은 이와 달리 州 다음에 등장한다.[22] 따라서 신라의 5소경제는 고구려 3경이나 백제 5방과 다른 독특한 성격을 띠고 있었고,[23] 발해 5경과의 연관성도 희박하다고 할 수 있다.

그러면 마지막으로 당나라의 5京·5都로 넘어갈 필요가 있다. 이를 위해서는 다소 번거롭지만 당나라 지방제도에 대해 먼저 개관해보겠다. 高祖 李淵이 당나라를 세우고 황제에 즉위한 武德 원년(618)에 隋나라의 郡을 州로 변경하는 조치를 내림으로써,[24] 당나라 지방제도는 州縣으로 구성된 2級制로 출발하였다. 太宗 貞觀 원년(627)에 關內道, 河南道 등의 10道를 두었고, 玄宗 開元 21년(733)에 15道로 늘렸으나,[25] 이 당시의 道는 監察 區域의 성격을 띠고 있었을 뿐이지 아직 정식의 행정구역이 되지 못하였다. 이것이 安史의 난 이후에 州 위에 설치된 새로운 단위의 행정 실체로 변모함으로써, 道州縣으로 이루어진 실질적인 3級制가 성립되었다.[26] 따라서 당나라 전기에는 道州縣 3단계 체제가 아니라 州縣 2단계 체제로 운영되었다.

한편, 상급 행정단위로서 州 대신에 府로 부른 예들이 보이는데, 여기에는 세 가지 유형이 있었다.[27] 지방의 중요 전략적 거점지역에 都督府를 두었고,

---

22. 景德王 16년(757) 12월의 지방제도 개편 내용에 따르면, 주-소경-군-현의 순서로 설명되고 있고(『三國史記』 권9), 地理志에서도 州 아래에서 소경-군의 순서로 설명되고 있다(같은책 권34~36).
23. 田中俊明, 앞논문 p.232.
24. 『新唐書』 권1, 武德 원년 5월.
25. 『新唐書』 권37, 地理志 1.
26. 張國剛, 앞책 p.129.
27. 程志·韓濱娜, 『唐代的州和道』 三秦出版社, 1987, p.52.

주변 국가에는 都護府를 설치하였다. 이러한 두 유형의 府와 함께 京兆府, 河南府 등과 같이 州의 지위를 높여 府로 부른 유형이 있었다. 이러한 부는 開元 원년(713)에 수도인 雍州를 京兆府, 洛州를 河南府로 명명하면서 비롯되었는데,[28] 개원 9년(721)에는 河中府, 11년(723)에는 太原府 등을 설치해감에 따라 점차 고정적인 제도가 되었고, 당나라 말기에는 10府로 증가했다.[29] 이렇게 부를 설치한 곳은 주로 京兆府(陝西 西安), 河南府(河南 洛陽), 太原府(山西 太原 서남쪽 晉源鎭), 鳳翔府(陝西 鳳翔), 成都府(四川 成都), 河中府(山西 蒲州鎭), 江陵府(湖北 江陵)처럼 首都나 配都의 소재지였으며, 그밖에 興元府(陝西 漢中), 興德府(陝西 華縣), 興唐府(河南 陜縣)와 같이 황제가 난리를 피하여 임시로 머물렀던 곳도 해당하였다.[30]

이와 같이, 당나라는 州와 동등한 행정단위면서 이보다 格이 높은 府를 설치하였는데, 이들은 주로 都, 京의 소재지와 일치한다. 당나라는 首都를 京兆府 외에 西京(742 이전[31]~757, 761~762), 中京(757~761), 上都(762[32]~?)라고도 불렀고,[33] 洛州를 河南府 외에 東都(657~684, 705~742, 762~?), 神都(684~705), 東京(742~761)이라고도 불렀다.[34] 또 岐州를 鳳翔府 외에 西京(757~761), 西都(762~?)라고 불렀고,[35] 并州를 太原府 외에 北都(690~705, 723~742, 762~?), 北京(742~761)이라고 불렀

28. 『舊唐書』 권8, 開元 원년 12월.

29. 程志·韓濱娜, 앞책 p.53.

30. 같은책 pp.53~54.

31. 『新唐書』 권37, 地理志 1에는 天寶 원년(742)에 처음으로 西京이라 불렀다고 하였으나, 권13 禮樂志나 고구려 유민 高玄의 묘지명에 따르면 이미 則天武后 시기에 西京이라 불렀던 사실이 나온다(宋基豪, 「고구려 유민 高玄 墓誌銘」 『서울大學校 博物館 年報』 10, 서울大學校 博物館, 1999, p.5 주8 참조).

32. 『新唐書』 地理志에는 肅宗 원년(756)에 上都, 東都, 西都, 南都, 北都를 둔 것으로 되어 있으나, 이것은 肅宗 寶應 원년(762)에 해당한다(『新唐書』 권6 참조).

33. 『舊唐書』 권38, 地理志 1, 京兆府; 『新唐書』 권37, 地理志 1, 上都.

34. 『舊唐書』 권38, 地理志 1, 河南府; 『新唐書』 권38, 地理志 2, 東都.

다.[36] 南京·南都의 소재지는 成都府에서 江陵府로 옮겨졌다. 至德 2載(757)에 益州에 南京과 成都府를 두었다가 上元 원년(760)에 南京을 폐지하였고,[37] 같은 해에 荊州에 南都와 江陵府를 두었다가 이듬해에 일시 폐지한 적이 있었고 그 후에 다시 폐지하였다.[38]

이러한 변화과정은 〈표 5-1〉과 같다. 이를 보면, 이미 657년에 東都란 명칭이 사용되기 시작하여, 그 뒤로 北都나 西京 등의 명칭이 뒤따랐다. 따라서 당나라에서는 처음부터 5경이나 5도를 설치하려 했던 것은 아니었다. 당나라는 上都(西安)와 東都(洛陽)의 두 도읍지를 기본으로 하였으며, 여기에 北都가 그 다음으로

표 5-1. 唐 5京 변천표

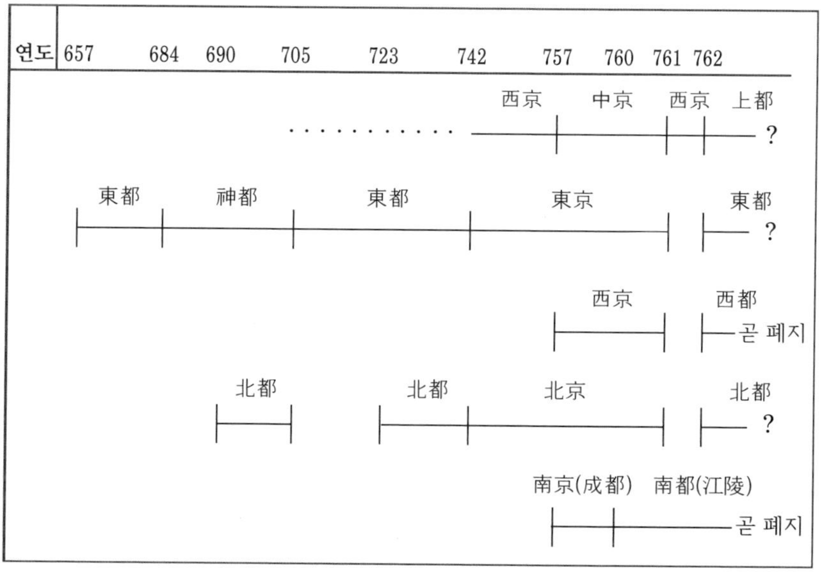

35. 『舊唐書』 권38, 地理志 1, 鳳翔府; 『新唐書』 권37, 地理志 1, 鳳翔府 扶風郡.

36. 『舊唐書』 권39, 地理志 2, 北京 太原府; 『新唐書』 권39, 地理志 3, 北都.

37. 『新唐書』 권42, 地理志 6, 成都府 蜀郡.

38. 『舊唐書』 권39, 地理志 2, 荊州 江陵府; 『新唐書』 권40, 地理志 4, 江陵府 江陵郡.

중요성을 띠고 있었다. 따라서 당나라의 수도는 크게 보면 兩都(京)制 또는 3都(京)制가 기본이었다. 여기에 일시적으로 西京(西都)과 南京(南都)이 설치되어 5京·5都制가 출현하게 된 것이다.

당나라에서 5경이 처음으로 성립된 것은 肅宗 至德 2載(757)로서, 〈표 5-1〉에서 이 사실이 확인되지만 『舊唐書』 地理志에 직접적인 언급이 나타난다.

1 鳳翔府 … 至德二年, … 十二月, 置鳳翔府, 號爲西京, 與成都·京兆·河南·太原爲五京. (『舊唐書』 권38, 地理志 1)

이처럼 中京, 東京, 西京, 北京, 南京으로 이루어진 5경은 4년 뒤인 肅宗 上元 2년(761)에 폐지되었고, 2-①의 사료에서 보듯이 이듬해인 代宗 寶應 원년(762)에 上都, 東都, 西都, 北都, 南都로 이루어신 5都가 등장하였다. 이에 대해서는 다음 사료가 참고가 된다.

2-① 建卯月辛亥, … 以京兆府爲上都, 河南府爲東都, 鳳翔府爲西都, 江陵府爲南都, 太原府爲北都. (『新唐書』 권6, 肅宗 寶應 元年)

2-② (寶應)元年建卯月, 詔曰, 五都之號, 其來自久. 宜以京兆府爲上都, 河南府爲東都, 鳳翔府爲西都, 江陵府爲南都, 太原府爲北都. (『册府元龜』 권14, 帝王部, 都邑 2)

2-②의 사료에서 5도의 유래가 오래되었다고 하는 것은 당나라에서 오래 전에 시행해왔다는 의미는 아니고, 뒤에 언급하듯이 漢 5도, 魏 5도를 염두에 둔 말로 해석된다. 그런데, 이 사료에 5도가 성립된 시기는 나와 있지만 언제까지 지속되었는지에 대해서 언급이 없다. 다른 사료에서 西都는 "얼마 안 있어 폐지되었다"고 하였고,[39] 南都도 역시 "곧 폐지되었다"고 하였으므로,[40] 몇

년 되지 않아 곧바로 폐지된 것이 분명하다. 따라서 5京과 5都의 존속기간은 모두 합해도 10년을 넘지 못했을 것이다.

이상으로 당나라의 지방제도와 5경·5도에 대해서 정리해보았다. 그러면 발해 5경과 연계가 있는지를 살펴보겠다. 당나라 5경·5도는 발해 5경에 비해 지속기간이 무척 짧았는데, 이것은 안사의 난 때의 임시 조치에 불과하기 때문이라고 하면서, 당나라 제도가 발해에 영향을 주었다고 보기는 어렵다는 주장이 있다.[41] 그러나 지속기간의 長短으로 영향 여부를 가늠할 수는 없다. 한 국가에서 일시적으로 설치하였던 제도라 하더라도 그것이 타국에 영향을 주어 그곳에서는 장기간 지속될 가능성이 얼마든지 있기 때문이다. 비근한 예로서 曆法을 들 수 있다. 당나라에서는 시기를 달리 하면서 8개의 曆法이 시행되었는데,[42] 長慶 2년(822)부터 慶福 원년(892)까지 사용된 長慶宣明曆[43]은 발해를 통하여 일본에 전해졌고, 일본에서는 이를 862년부터 1684년까지 823년간 사용했던 것이다.

따라서 지속기간이 아닌 다른 측면에서 영향 여부를 따져보아야 한다. 먼저, 上京 龍泉府, 中京 顯德府, 東京 龍原府, 南京 南海府, 西京 鴨淥府처럼 5경과 府의 명칭이 병칭된다는 점을 들 수 있다. 이 점에서 통일신라 5소경과 다르다는 점은 이미 앞에서 지적했다. 반면에 西京(中京, 上都)과 京兆府, 東京(東都, 神都)과 河南府, 西京(西都)과 鳳翔府, 北京(北都)과 太原府, 南京과 成都府, 南都와 江陵府가 결합된 당나라의 양상과 흡사하다.

다만 발해의 府가 3급제 가운데 최상위 행정단위였던 데에 비하여, 당나라의

---

39. 『新唐書』 권37, 地理志 1, 鳳翔府 扶風郡 「上元二年罷京, 元年曰西都, 未幾復罷都.」.
40. 『新唐書』 권40, 地理志 4, 江陵府 江陵郡 「(上元)二年罷都, 是年又號南都. 尋罷都.」.
41. 장국종 저, 이성출 역, 앞논문 pp.163~169.
42. 『新唐書』 권25, 曆志 1 「唐終始二百九十餘年, 而曆八改.」.
43. 『新唐書』 권30상, 曆志 6상 「起長慶二年, 用宣明曆. … 訖景福元年.」.

부는 상급 州에 해당한다는 차이는 있다. 이것은 발해가 당나라 제도를 받아들이면서 자기 나름대로 변형하는 과정에서 나타난 현상일 것이다. 이를 감안하더라도 京과 府의 병칭은 상호 비교할 때에 무시할 수 없는 요소임에 틀림없다. 이에 비해서 통일신라는 5소경제를 시행하다가 말기에 이르러 金海府, 高鬱府, 興禮府 등과 같은 府制로 전환했으니,[44] 이렇게 小京과 府가 시간적 선후관계를 보이는 것은 발해 및 당나라의 경우에 비추어 분명히 이질적이다.

또한 수도를 포함하여 5경을 형성하고 있는 점도 통일신라와 확실히 다르지만, 당나라와는 일맥 상통한다는 점도 덧붙여 둔다. 아울러, 동서남북중의 5방사상이 京名에 투영되어 있는 점에서 뒤에 다룰 고구려 3경제와 다르고, 반대로 당나라 5경·5도제와는 아주 접근해 있는 것이다.

한편으로, 발해의 다른 정치제도가 당나라 제도를 따르고 있다는 점도 염두에 두어야 한다. 文王은 8세기 전반에 文治政策을 추진하면서 중앙 통치기구, 지방제도, 왕실제도와 같은 정치제도에서는 물론이고, 都城 構造나 무덤 양식 등에서도 당나라 제도를 충실히 추종하였다.[45] 이러한 일련의 흐름에서 볼 때에 발해 5경제도 당나라로부터 도입했을 가능성이 농후해진다.

이제 그렇다면, 앞에서 보류해둔 고구려 3경제를 다시 거론할 필요가 있다. 우선 관련 사료는 다음과 같다.

3-① 都於平壤城，亦曰長安城，東西六里，隨山屈曲，南臨浿水. 復有國內城·漢城，並其都會之所，其國中呼爲三京.（『隋書』 권81，高麗傳）

3-② 治平壤城. 其城，東西六里，南臨浿水. 城內唯積倉儲器備，寇賊至日，方入固

44. 旗田巍，「高麗王朝成立期の「府」と豪族」『法制史硏究』 10，1960〔『朝鮮中世社會史の硏究』 法政大學出版局，1972 재수록〕; 배종도，「新羅下代의 地方制度 개편에 대한 고찰」『學林』 11，연세대 사학연구회，1989; 邊太燮，「高麗時代 地方制度의 構造」『國史館論叢』 1，1989，p.59; 黃善榮，「新羅下代의 府」『한국 중세사 연구』 1，1994.

45. 宋基豪，『渤海政治史硏究』 一潮閣，1995，pp.105~109.

守. 王則別爲宅於其側, 不常居之. 其外有國內城及漢城, 亦別都也, (『周書』 권49, 高麗傳)

3-①의 사료에서는 평양성과 함께 국내성, 한성이 고구려의 都會地였는데, 당시에 이들을 3경이라 부른다고 하였다. 그리고 3-②의 사료에서는 수도인 평양성 외에 別都로서 국내성, 한성이 있다고 하였다. 『周書』는 貞觀 10년(636)에 완성된 것이고, 『隋書』는 顯慶 원년(656)에 완성된 것으로서 서로 비슷한 시기에 편찬되었지만, 문맥으로 보아 3-①에서 '三京'이란 단어가 나옴으로써 3-②에서 설명한 것보다는 더 제도화되어 있었다는 느낌을 받게 된다.

이렇게 3-①의 사료에서 3경이라 하였으므로, 언뜻 당나라 5경·5도나 발해 5경과 동일한 성격으로 다룰 수 있을 듯도 하다. 그렇지만, "그 나라에서 3경이라 부른다"는 말은 정식의 제도를 설명한다기보다는 "통상적으로 3경이라 부른다"는 의미에 더 가까워 보인다. 사실 고구려 3경은 각 도시에 京名이 부여되지 않았다는 점에서 당나라나 발해의 경우와 두드러진 차이를 보인다. 이런 점에서 고구려 3경은 정식으로 제도화되기 이전의 모습을 띠고 있는 것으로 판단된다.

당나라 이전의 중국 역사에서 고구려 3경과 비슷한 사례들을 몇 가지 찾아볼 수 있다. 周나라는 鎬京(宗周)과 洛邑(東都, 成周)을 兩都로 삼았으니, 전자는 武王 때에 천도한 곳이고, 후자는 西周시기에 東都가 되었다가 東周시기에 왕도로서 낙읍이라 일컬어졌다. 한나라 때에도 高祖가 長安에 도읍을 정하고, 後漢 光武帝가 洛陽에 도읍을 정하였으므로, 당시에 장안을 西京, 낙양을 東京이라 부를 정도로 兩都(京)制가 지속되었고, 이러한 전통은 그 뒤에도 계속되어 당나라에서도 기본적으로 西安과 洛陽을 통치의 중심으로 삼게 되었다.

한편, 이 兩都에 몇 개의 도시를 추가하여 3京, 5都 등으로 부르기도 하였다. 漢나라 때에 長安 외에 洛陽, 邯鄲, 臨淄, 宛, 成都를 일러 5都라 하였으니,[46] 『漢書』, 『後漢書』, 『管子』, 『通典』 등에서 '長安及五都'라고 한 용례를 쉽게 찾아볼 수 있다.[47] 이 5도는 다섯 개의 주요 도회지를 일컫는 것으로서, 각각에 따로 京名이 부여된 것은 아니었다. 그 뒤에 魏나라에서도 長安, 譙, 許昌, 鄴, 洛陽으로 이루어진 5都가 있었으니,[48] 이것도 한나라에서처럼 다섯 개의 주요 도회지란 성격을 띠고 있었다. 이밖에 慕容氏의 前燕에서는 大棘城, 龍城, 鄴을 일러 3京이라고 하였다.[49]

이제까지 살펴본 바와 같이 漢 5도, 魏 5도, 前燕 3경은 고구려 3경처럼 각 나라의 주요 도회지를 일컫는 것으로서, 각각의 도시에 京名이 따로 붙지 않은 공통점을 발견할 수 있다. 이런 점에서 당 5경·5도나 발해 5경과 성격이 다르며, 고구려 3경과는 상통한다고 할 수 있다.

이상으로 다소 길게 발해 5경의 연원 문제를 다루어보았다. 고구려의 5部 또는 3京, 통일신라의 5小京과 비교해보았지만, 발해가 이들로 영향을 받았다고 보기는 어려웠다. 반면에 당나라의 5경·5도로부터 유래되었을 가능성은 훨씬 농후하였다. 따라서 발해 5경은 당나라 이외의 다른 나라로부터 영향을 전혀 받지 않았다고까지 단정하기는 어렵지만, 당나라의 제도를 기본 골격으로 삼았던 것으로 판단하는 것이 옳을 것이다.

---

46. 『後漢書』 권40상, 班固傳 「與乎州郡之豪桀, 五都之貨殖, … 〈註二, 前書音義曰, 五都謂洛陽邯鄲臨淄宛成都也.〉」.
기원전 314년에 齊王이 章子에게 명하여, '五都之兵'을 이끌고 燕나라를 치게 한 적이 있는데(『史記』 권34, 燕召公世家 4), 이것은 제나라의 수도인 臨淄가 漢나라 5도의 하나였기 때문에 붙여진 것으로 보이며, 따로 제나라에 5都制가 실행되었던 것은 아니다.

47. 五都에 관한 가장 대표적인 사료로 다음을 들 수 있다.
『通典』 권11, 食貨 11, 平準 「遂於長安及五都立五均官, 更名長安東西市令及雒陽邯鄲臨淄宛成都〈邯鄲, 故趙郡, 今廣平郡縣. 臨淄, 故齊郡, 今北海郡縣. 宛, 今南陽縣. 兼雒陽成都, 所謂五都也.〉市長皆爲五均司市.」.

48. 『三國志』 魏書 권2, 魏書 2, 文帝 黃初 2년(221) 春正月 壬午 「註三, 魏略曰, 改長安譙許昌鄴洛陽爲五都, 立石表, …」.

49. 『晉書』 권123, 載記 23, 慕容垂 「秦旣蕩覆三京〈… 慕容德載記亦有 '三京社稷, 鞠爲丘墟'語. 三京指慕容廆都大棘城與龍城及鄴. …〉」.

3. 5경의 설치 시기와 역할

발해 5경의 설치 시기와 관련하여 많은 연구자들이 문왕시대를 주목해왔다. 文王 前期 以前에 설치되었다는 견해가 있기는 하지만,[50] 대부분은 당나라에서 5경제가 실시된 이후인 문왕 후기로 잡고 있다.[51] 이밖에 宣王시기로 보거나,[52] 大彝震 시기로 보기도 하지만,[53] 별다른 증거는 제시하지 못하였다.

그런데, 발해 5경이 당나라 제도로부터 유래된 것이라면 발해에 5경이 설치된 上限 시기는 자연히 결정된다. 당나라에서 5경이 처음 설치된 至德 2載(757)가 상한선이 되는 것이다. 여기에 하나 더 고려할 것이 있다. 그것은 발해 수도를 北京이라 하지 않고, 上京이라 한 사실이다. 이를 두고 중국의 영향이라 지적하는가 하면,[54] 다른 한편으로 북쪽에 상경을 둔 것은 고구려와 백제가 東部를 上部라 한 것이나 당나라가 中京을 上都라 한 것과 다르다는 점도 지적하였다.[55] 그렇지만 고구려, 백제, 당나라와 다른 방위에 上京을 두었다고 해서 이로부터 발해 5경제의 독특성을 반영하고 있다고 보기는 어렵다. 그것은 어디까지나 발해 수도가 북쪽에 치우쳐 있었기 때문에 나타난 현상에 불과하기 때문이다.

발해가 수도를 북쪽에 치우쳐 설치한 것은 무엇보다도 당나라 安史의 난

---

50. 한규철, 앞논문 p.370.

51. 白鳥庫吉, 앞논문 1935(1970), p.509; 森田鐵次, 앞논문 p.23; 鳥山喜一, 앞논문 pp.4~5; 丹化沙, 앞논문 p.16; 魏國忠, 앞논문 p.40; 王承禮 저, 송기호 역, 앞책 p.112. 鳥山喜一은 1915년의 저서에서 康王시기(p.232), 宣王시기(p.57)로 보았으나, 나중에 文王시기로 견해를 바꾸었다.

52. 『東史綱目』(景仁文化社 영인본 p.479); 金毓黻, 『渤海國志長編』 권3, 世紀 宣王 仁秀; 和田淸, 「渤海國地理考」『東洋學報』 36-4, 1954〔『東亞史研究』 滿洲篇, 東洋文庫, 1955 재수록, p.114 주4〕.

53. 『東史世家』 4, 渤海世家 (旿晟社 영인 『淵泉全集』 6, p.334상).

54. 白鳥庫吉, 앞논문 1933(1970), p.507; 森田鐵次, 앞논문 p.18.

55. 森田鐵次, 윗논문 p.18; 丹化沙 앞논문 p.16.

때문이었다.[56] 이렇게 북쪽에 수도를 두게 되었으므로 그곳에 上京이란 명칭을 붙이게 된 것은 당나라의 수도를 上都라 부른 것만큼이나 자연스러운 일이다.

당나라에서 수도를 上都라 공식적으로 부르게 된 것은 寶應 원년(762)부터이고, 이로부터 당나라 말기까지 계속 사용되었다.[57] 따라서 발해에서 상경이란 명칭도 당나라로부터 따온 것이라고 한다면, 그 상한은 자연히 762년이 된다.

그러면 5경 설치의 下限에 대해서 고려할 필요가 있다. 京의 숫자가 당나라처럼 '다섯'으로 고정된 것을 보면, 당나라에 5도제가 시행되던 시점에서 발해가 도입하였을 가능성이 농후하다. 불행히도 언제까지 당나라 5도가 존속되었는지 기록이 불분명하지만, 762년에 5도가 설치된 뒤로 얼마 안 있어 西都와 南都가 폐지되었다고 하였으므로 불과 몇 년 지속되지 않았던 것으로 판단된다. 이러한 정황을 볼 때에 발해 5경 설치의 하한은 760년대를 크게 벗어나지 못했을 것이다.

결국, 발해에서 5경을 설치한 시기는 크게 보아 762년부터 760년대 말까지, 좀 더 범위를 좁힌다면 760년대 중반쯤이 될 것으로 판단된다. 더구나 당나라에서 이 제도를 받아들였다면 발해에서도 일시에 5경제를 구상하여 단기간에 설치했을 것이며, 오랜 시일에 걸쳐 逐次的으로 개설하지는 않았을 것이다. 760년대에는 이미 발해가 5경 설치 지역을 모두 확보하고 있었으므로,[58] 5경을 일시에 설치하는 데에 문제는 없었을 것이다.

여기서 방향을 잠시 바꾸어 발해 5경과 관련하여 지금까지 논의되어 온 사료들을 검토해보겠다.

---

56. 宋基豪, 앞책 p.98.

57. 『舊唐書』 본기에서는 咸通 8년(867)에 上都란 명칭이 마지막으로 나오는데(권19상, 함통 8년 9월 丁酉의 曹確 上奏文), 이로 보아 당나라 말기까지 사용하였던 것으로 보인다.

58. 河上洋, 「渤海の地方統治體制-一つの試論として-」 『東洋史研究』 42-2, 1983, p.12; 宋基豪, 「渤海의 盛衰와 疆域」 『白山學報』 47, 1996, pp.271~273.

4-① 天寶末, 欽茂徙上京, 直舊國三百里, 忽汗河之東. … 貞元時, 東南徙東京. (『新唐書』 권219, 渤海傳)

4-② 又陸行四百里, 至顯州, 天寶中王所都. (『新唐書』 권43하, 地理志 7하, 羈縻諸州)

顯州, 渤海國. 按皇華四達記, 唐天寶以前, 渤海國所都. (『武經總要』 前集 권16하)

4-③ 春日對雨得情字. 王孝廉.

主人開宴在邊廳, 客醉如泥等上京. 疑是雨師知聖意, 甘滋芳潤灑羈情. (『文華秀麗集』 권上, 新校羣書類從 권124)

4-①의 사료에서는 문왕시대에 上京으로 천도했다가 다시 東京으로 천도한 사실을 거론하고 있다. 이를 본다면, 天寶 말년 즉 756년 무렵에 上京이 설치되어 있었고, 貞元 연간 즉 780년대 후반에 東京이 설치되어 있던 것으로 여길 수 있다. 760년대에 5경이 설치되었다고 앞에서 이미 결론지었던 것을 상기한다면, 上京 설치 시기가 문제가 될 수 있을 것이다.

그러나 이 사료를 좀 더 천착해볼 필요가 있다. 지금의 黑龍江省 寧安으로 천도하기도 전에 이미 이 지역을 上京으로 명명하였을 리가 만무하기 때문이다. 이 사료는 어디까지나 후대의 명칭을 가져다가 천도 사실을 설명한 것으로 보아야 할 것이다. 다시 말해서, 寧安 지역으로 도읍을 옮긴 뒤에 上京이라 명명하였을 것이고, 이를 두고 나중에 '(지금의) 상경으로 천도하였다'고 설명한 것으로 해석하는 편이 훨씬 자연스럽다. 따라서 4-①의 사료는 5경 설치의 연대를 추정하는 자료로 삼기 어렵다. 더구나 이 해는 당나라에 5경제가 성립된 757년보다 1년이나 앞서 있으므로, 이때에 上京이 있었다고 보기가 더욱 어렵다.

4-②의 두 사료는 천보 연간 또는 그 이전에 顯州에 도읍하였던 사실이 있음을 보여준다. 그러나 여기서는 中京이나 顯德府의 명칭이 보이지 않으므로, 현주에 도읍하였다는 사실만으로 中京의 설치를 단정하기는 어렵다.

4-③은 王孝廉이 일본에 사신으로 갔다가 지은 詩로서, 시구에 上京이란 구절이 나타난다. 일본에서 베푼 잔치에서 上京에 있을 때처럼 잔뜩 취하였다는 내용으로서, 여기에 나오는 上京은 발해 수도를 의미하는 것이 분명하다. 이 시는 왕효렴이 일본에 머문 814년 말부터 815년 6월 사이에 지은 것이므로, 적어도 이 시기에는 上京의 명칭이 발해에서 사용되고 있었음을 확인할 수 있는 직접적인 사료이다. 그렇지만, 연대가 뒤떨어져 5경 설치 시기의 근거로 삼기는 어렵다.

다음으로 『續日本紀』와 賈耽의 『古今郡國志』에 실린 발해 府와 관련된 기록이다.

> 5-① (寶龜)八年春正月, … 癸酉〈二十〉, 遣使問渤海使史都蒙等曰, … 對曰, 「烏須弗來歸之日, 實承此旨, 由是都蒙等發自弊邑南海府吐號浦, 西指對馬嶋竹室之津. 而海中遭風, 着此禁境, 失約之罪, 更無所避.」(『續日本紀』 권34, 光仁天皇)
>
> 5-② 賈耽古今郡國志云, 「渤海國南海·鴨淥·扶餘·柵城四府, 竝是高句麗舊地也. 自新羅泉井郡至柵城府, 凡三十九驛.」(『三國史記』 권37, 雜志 6)

5-①은 史都蒙 등이 발해의 南海府 吐號浦에서 출발하여 일본으로 건너왔다고 설명하는 대목으로서, 이들이 일본으로 출발한 776년에 이미 南海府란 명칭이 있었음을 확인할 수 있다. 또 5-②는 발해 영역에 南海府, 鴨淥府, 扶餘府, 柵城府가 있었던 사실을 지적하고 있는데, 가탐(730~805)이 『古今郡國志』를 지은 것이 801년이므로, 적어도 이때에는 4개 부가 발해에 설치되어 있었다.

또 하나 중요한 것은 천정군, 책성부의 명칭이다. 천정군은 757년 景德王이 井泉郡으로 바꾸기 전에 사용한 지명이다. 그런데 여기서 책성부의 명칭은 보이지만 東京의 존재는 나타나지 않는다. 만일 이때에 동경이라 불렸다면 책성부 대신에 동경이라 표현했을 것이다. 이런 점에서 보아도 동경 설치,

나아가 5경 설치 시기는 757년 이후가 된다.

발해 15부의 명칭이 처음으로 등장하는 것이 5-①의 사료이다. 여기에 南海府가 처음 나타나는 것을 두고 南京이 적어도 이때에는 설치되어 있던 것으로 이해하여, 발해 5경 설치의 주요 논거로 삼기도 한다.[59] 그렇지만, 여기에 南海府의 명칭이 보인다고 해서 南京이 설치되었다고 곧바로 단정할 수 없다. 당나라를 보더라도 그렇다. 즉, 당나라 수도는 713년에 京兆府로 명명되었지만, 西京이라 불린 것은 742년부터이다. 반면에 낙양은 657년에 東都라 하였지만, 河南府가 된 것은 713년에 이르러서였다. 이에 비해 西京과 鳳翔府는 같은 해인 757년에 설치되었다. 따라서 京과 府의 설치 시기는 일치하지 않을 수 있다. 결국 府가 등장하는 연대가 776년까지 올라간다고 해서 발해 5경의 설치 연대도 그러하다고 단정할 수 없다. 그리고 그 등장 시기도 앞서 추정한 760년대보다 뒤진다.

이상의 고찰을 통하여, 발해 5경은 대체로 762년부터 760년대 말까지, 좀 더 범위를 좁힌다면 760년대 중반쯤에 설치되었을 것으로 판단해도 좋을 것이다. 이때는 문왕 통치기이다. 그가 통치했던 57년간(737~793. 3.)은 크게 세 시기로 나뉜다. 前期는 上京 천도 이전(顯州시대)으로서 737~756년 사이이고, 中期는 上京시대로서 756~780년대 후반 사이이며, 末期는 東京시대로서 780년대 후반~793년에 해당하는데, 이 세 시기는 각각 文治政策의 추진기, 전성기, 모순 노정시기에 대응된다.[60] 따라서 문왕이 전기에 문치정책을 다각도로 추진하여 내실을 다짐에 따라 중기에 이르러 국력 신장이 구체적으로 나타났고, 이러한 시기에 당나라를 모방하여 5京을 설치했을 것이다. 문왕이 高麗國을 표방하고 維新을 단행하였으며, 스스로 天孫이나 皇上을 칭하고 불교의 轉輪聖王을 통치 이념으로 채택하였던 것이 바로 이 무렵이다. 따라서 발해가 당나라의 5경제를

59. 鳥山喜一, 앞논문 1957, p.4; 朱國忱·魏國忠, 앞책 p.60.

60. 宋基豪, 앞책 p.101 및 pp.236~237.

채택한 것은, 국력 신장에 따른 자신감을 바탕으로 하여 당나라와 같은 황제체제를 취하려는 의도에서 비롯된 것으로 보아야 할 것이다. 그런 의미에서 적어도 모순 노정시기인 東京 천도시기에 5경이 설치되지는 않았을 것이고, 이에 따라 下限을 최대한 늦춰 잡아도 780년대 후반까지 내려가지는 않을 것이다.

지금까지 발해 5경의 설치 연대와 시대적 배경을 다루었다. 그러면, 발해 5경은 현재의 지명으로 각각 어디에 비정할 수 있는가. 사실 위치 비정은 지금까지 5경 문제에서 가장 중요하게 다루어왔다. 그것은 발해 사료에 5경의 위치에 대한 직접적인 언급이 없기 때문이었다. 이에 따라 이미 조선후기의 柳得恭, 丁若鏞, 韓致奫, 韓鎭書 등이 지리 고증에 힘을 기울였고,[61] 근대 이후로 중국의 景方昶, 金毓黻 등과 일본의 松井浪八, 松井等, 津田左右吉, 鳥山喜一, 和田清, 駒井和愛 등이 비교적 자세히 고증하였다.[62] 특히 20세기 전반부터 발해 성터에 대한 고고학 조사가 활발히 이루어짐으로써, 5경의 위치가 더욱 명확히 드러나게 되었다.

이러한 선학들의 연구에 힘입어 5경의 위치 비정에 대해서는 이제 크게 논란이 일고 있지는 않다. 따라서 그동안의 주요한 연구 주제였음에도 여기서는 간단히 정리하는 데에 그치겠다. 上京城은 중국 黑龍江省 寧安市 渤海鎮의 古城에 해당한다는 사실이 1933~34년 및 1963~64년 발굴을 통하여 확인되었다. 中京 지역의 중심지가 처음에는 河南屯古城이었다가 나중에 西古城址로 옮겨졌다는 견해가 있기는 하지만,[63] 中京城을 吉林省 和龍市 西城鎮의 西古城址에

---

61. 宋基豪, 「조선시대 史書에 나타난 발해관」『韓國史硏究』 72, 1991, p.71; 柳得恭 지음, 宋基豪 옮김, 『발해고』 홍익출판사, 2000, pp.27~29.

62. 발해 5경의 위치 비정과 관련된 연구동향은 다음 글에 정리되어 있다.
丹化沙, 앞논문.
다만, 이 글에는 이른 시기에 발표된 松井浪八의 논문이 누락되어 있다.
松井浪八, 「渤海五京考」 上·下, 『史學界』 1-4·1-7, 1899·1899.

63. 齋藤優, 「間島省海蘭平野の渤海遺蹟」『考古學雜誌』 40-1, 1954, p.22; 秋山進午, 「渤

비정하는 데에는 별다른 이견이 없다. 또 東京城의 소재지에 대해서는 吉林省 琿春市 八連城으로 지목되어 왔다. 그러나 근래에 채태형이 함경북도 청진시 청암구역의 부거리 石城이라고 주장하고,[64] 그 뒤로 북한에서는 이 설을 추종하고 있지만,[65] 성터에 관한 자료를 비교해볼 때에 논거가 설득력이 없다. 이밖에 팔련성에서 발해 초·중기 유물이 확인되지 않는다고 하여 그 부근의 溫特赫部城을 동경 소재지로 주장하는 설도 제기되었는데, 앞으로 이 일대 유적에 대한 정식 발굴 조사가 진행되어야만 확인될 수 있을 것이다.[66] 西京城 소재지는 이미 도심지로 편입되어 그 면모를 파악하기가 어려운 실정이지만,[67] 吉林省 渾江市 臨江鎮 시가지일 것이라는 데에는 별다른 이견이 없다. 마지막으로, 南京城은 함경남도 북청군 하호리에 있는 青海土城으로 비정된다.[68] 결국, 지금까지의 연구 성과를 근거로 할 때에, 상경은 영안시 발해진의 고성, 중경은 화룡현 서고성, 동경은 훈춘시 팔련성, 서경은 혼강시 임강진 유적, 남경은 북청군 청해토성으로 비정해도 대과는 없을 것이다.

그렇다면, 5경이 발해 지방제도에서 어떠한 성격을 띠고 있었고, 어떠한

海塔基"壁畵"墓の發見と研究」『大鏡』10, 富山考古學會, 1986, pp.159~ 160; 酒寄雅志, 「渤海の王都と領域支配」『古代文化』50-9, 1998, p.37; 王培新, 「中國における渤海都城と交通路の研究」『アジア遊學』6, 勉誠出版, 1999, p.29.

64. 채태형, 「발해 동경룡원부-훈춘 팔련성설에 대한 재검토」『력사과학』1990-3.

65. 김혁철, 「실학자들의 발해력사관」『발해사연구론문집』 1, 과학백과사전종합출판사, 1992, pp.182~185; 류병흥, 「동해안일대의 발해유적발굴에서 이룩한 성과에 대하여」『조선고고연구』1997-1, p.7; 김종혁, 「우리 나라 동해안일대에서 조사발굴된 발해의 유적과 유물」『발해사연구론문집』2, 과학백과사전종합출판사, 1997, pp.232~233; 장국종, 『발해사연구』1, 성립과 주민, 사회과학출판사, 1998, p.86; 김혁철, 『발해사연구』6, 역사지리 2, 사회과학출판사, 1998, p.4.

66. 王培新, 앞논문 pp.29~30.

67. 吉林省文物志編委會, 『渾江市文物志』 1987, pp.24~29.

68. 류병흥, 「위대한 수령 김일성동지의 현명한 령도밑에 고고학분야에서 이룩한 성과」『조선고고연구』1992-2, p.5; 류병흥, 앞논문 p.6; 김종혁, 앞논문 pp.230~232.

역할을 하였는지 살펴볼 차례이다. 발해 5경으로부터 먼저 연상되는 것은, 首都인 상경이 북쪽에 치우쳐 있다는 점이다. 이렇게 된 이유에 대해서는 이미 앞에서 언급했지만, 5경 설치 시기가 上京에 도읍하고 있던 760년대인 점을 감안한다면, 발해 5경제가 이러한 수도의 偏在를 보완해주는 성격을 띠고 있었음이 분명하다. 이와 같은 5경의 역할은, 통일신라의 수도가 동쪽으로 치우쳐 있어 이를 보완하기 위해서[69] 5소경을 따로 두었던 것과도 일맥상통한다.

이렇게 수도가 한 쪽에 치우쳐 있는 것을 보완하고자 지방에 몇 개의 통치 거점을 따로 마련함으로써, 전국을 효과적으로 통치하기 위한 발판을 마련하였던 것이다. 이러한 사실은 발해 사료를 통하여 어느 정도 뒷받침해볼 수 있다. 이를 위해서 먼저 다음 사료를 제시해보겠다.

6-① 地有五京十五府六十二州. 以肅愼故地爲上京, 曰龍泉府, 領龍湖渤三州. 其南爲中京, 曰顯德府, 領盧顯鐵湯榮興六州. 濊貊故地爲東京, 曰龍原府, 亦曰柵城府, 領慶鹽穆賀四州. 沃沮故地爲南京, 曰南海府, 領沃睛椒三州. 高麗故地爲西京, 曰鴨淥府, 領神桓豊正四州, … (『新唐書』 권219, 渤海傳)

6-② 龍原東南瀕海, 日本道也. 南海, 新羅道也. 鴨淥, 朝貢道也. 長嶺, 營州道也. 扶餘, 契丹道也. (『新唐書』 권219, 渤海傳)

6-①의 사료를 보면, 上京과 中京은 肅愼의 땅, 東京은 濊貊의 땅, 南京은 沃沮의 땅, 西京과 長嶺府는 고구려의 땅에 설치했다. 이렇게 5경은 주요 종족의 거점 지역에 설치되었다. 비단 이것은 5경에만 그치는 것이 아니라, 15부 전체가 그러하다. 扶餘府와 鄚頡府는 扶餘의 땅, 定理府와 安邊府는 挹婁(虞婁)의 땅, 率賓府는 率賓의 땅, 東平府는 拂涅의 땅, 鐵利府는 鐵利의 땅, 懷遠府와

69. 藤田亮策, 앞논문 1953(1963), p.357.

安遠府는 越喜의 땅에 있었다. 이렇게 이민족의 중심지에 거점을 마련하는 형태로 지방제도를 설정한 것은, 다종족 국가인 발해의 독특한 사회구성에서 비롯된 것이다.

5경은 15부 가운데에서도 비중이 큰 핵심적인 지역에 설치되었다. 발해 전역에서 5경은 가운데의 주요 지점에 자리잡고 있는 사실을 쉽게 발견할 수 있다. 더구나 5경에서 上京, 中京을 제외한 나머지 3경은 고구려 영토에 속했던 곳이므로,[70] 주로 말갈 지역에 설치된 다른 府들과는 중요도에서 차이가 있었을 것이다. 이런 점에서 5경은 내부의 주요 거점 지역을 통치하려는 목적이 있었다. 물론 이렇게 지방의 거점을 선택할 때에는 현지 종족을 제압하려는 정치적인 의도가 내재되었음이 분명하지만, 뒤에 다루듯이 요나라에서처럼 邊防的 측면과 財政的 측면도 함께 고려되었을 것이다.

다음으로 6-②의 사료를 보면, 5경은 대외교통로의 중심 역할도 수행했다. 동경은 日本道, 남경은 新羅道, 서경은 朝貢道의 중요한 거점도시였던 것이다. 이러한 사실은 南海府의 吐號浦(지금의 新昌港)가 일본으로 출항하던 항구였음을 보여주는 5-①의 사료에서 재차 확인된다.

대외교통로는 다른 한편으로 대외방어선의 전진기지 역할도 하였다. 요나라의 경우에 上京路는 奚를, 遼陽路(東京)는 高麗를, 南京은 宋國을, 西京은 西夏를 통제하는 역할을 수행하였다.[71] 금나라에서도 東京은 高麗를 견제하는 전진기지 역할을 하였다.[72] 마찬가지로 발해에서도 扶餘府는 거란을 방비하는 거점이었으면서,[73] 다른 한편으로 거란과 교류하던 契丹道의 요지였다. 이를 고려한다면,

---

70. 중경은 숙신의 땅에 설치하였다고 하였지만, 고구려 영역이 이곳까지 미쳤을 것이므로 실제는 고구려 전통을 지닌 곳에 편입시켜도 무방할 것이다.

71. 『遼史』 권46, 百官志 2, 北面邊防官 「… 已上上京路諸司, 控制諸奚. … 已上遼陽路諸司, 控扼高麗. … 已上南京諸司, 竝隸元帥府, 備禦宋國. … 已上西京諸司, 控制西夏.」.

72. 『金史』 권44, 兵志, 大將府治之稱號 「(天會)十年, … 治東京以鎮高麗.」.

73. 『新唐書』 권219, 渤海傳 「扶餘故地爲扶餘府, 常屯勁兵扞契丹.」.

南京은 新羅와의 교류창구 역할을 하는 동시에 이를 방어하는 거점도 되었을 것이다. 그렇지만, 日本道, 營州道, 朝貢道는 상대국과의 지리적 거리로 보아서 방어기지보다는 교류거점으로서의 역할이 훨씬 컸을 것이다.

그런데, 이들 교통로는 단지 대외적인 역할만 수행했던 것이 아니라, 중앙과 지방 또는 지방도시 사이를 연결하는 幹線道路 역할도 하였다. 발해의 山城과 平地城들이 이 노선을 따라 발견되고, 5-②의 사료에서 보듯이 東京에서 南京을 거쳐 신라로 가는 길에 39개의 驛이 설치되어 관리되고 있었다.[74] 고구려에서 國內城과 平壤 사이에 17개의 驛이 있었던 것[75]처럼 驛은 주요 지점을 연결하는 역할을 하였다. 발해에서도 이러한 驛들이 新羅道에 설치되어 있었을 뿐 아니라, 6-①에 보이는 바와 같이 전국의 주요 거점들 사이에도 설치되어 이들을 상호 연결하고 있었을 것이다.

따라서, 발해 5경은 다른 10부와 함께 내부 통치 및 대외교통, 대외방어의 주요 거점을 이루고 있었고, 특히 5경은 그러한 거점 가운데에서 더욱 중시되던 곳이었다.[76]

아쉬운 것은 5경의 관직체계를 전혀 파악할 수 없다는 점이다. 그것은 『신당서』 발해전에 外官에 관한 정보가 담겨져 있지 않은 데에 1차적인 원인이 있다. 단편적인 자료를 토대로 발해에서는 府의 장관을 都督, 州의 장관을 刺史, 縣의 장관을 縣丞이라 하였음이 확인된다.[77] 그리고, 다음 사료를 보면 5京의

74. 宋基豪, 앞논문 1997, p.262.

75. 『三國史記』 권37, 地理志 4, 高句麗 「目錄云, 鴨淥以北, 已降城十一. 其一國內城, 從平壤至此十七驛.」.

76. 河上洋도 발해 5경이 在地의 유력세력을 통제하는 거점이면서, 또한 대외적인 교역로상의 거점 역할도 띠고 있었다고 지적하였다.
河上洋, 앞논문; 河上洋, 「渤海の交通路と五京」 『史林』 72-6, 1989; 河上洋, 「遼五京の外交機能」 『東洋史研究』 52-2, 1993, p.52.

77. 송기호, 앞논문 1997, p.256.

장관도 역시 都督이라 한 것을 알 수 있다.

7 (淸泰)三年二月, 以入朝使南海府都督列周道爲檢校工部尙書, 政堂省工部卿烏濟顯試光祿卿. (『五代會要』 권30, 渤海)

발해 멸망 이후이기는 하지만, 後唐에 조공한 列周道의 직책이 南海府 都督이었다. 남해부는 바로 南京이 있던 곳이라는 사실을 감안한다면, 5京의 장관도 都督이었을 것이다. 이런 점에서 州의 장관을 都督 또는 摠管, 小京의 장관을 仕大等(仕臣)이라 하여[78] 차이를 둔 통일신라의 경우와는 다르다. 발해 5경에 대해서는 더 이상 자세한 사정을 알 길이 없지만, 발해가 영향을 받은 당나라의 관제나, 거꾸로 발해가 영향을 준 遼나라의 관제를 검토함으로써, 간접적으로나마 그 실상을 조금 더 추측해볼 수 있을 것이다.

당나라에서 府의 관직체계는 기본적으로 州와 동일하였으나, 州의 장관이 刺史였던 데에 비하여 府의 장관은 尹이라 하였다. 5京·5都도 기본적으로 府와 동일하였으므로, 따로 독자적인 관직체계를 지니고 있지는 않았다. 이에 대해서는 다음 사료가 참고가 된다.

8-① 西都·東都·北都牧各一人, 從二品. 西都·東都·北都·鳳翔·成都·河中·江陵·興元·興德府尹各一人, 從三品. (『新唐書』 권49하, 百官志 4하, 外官)

8-② 京兆·河南牧, 大都督, 大都護, 皆親王遙領. 兩府之政, 以尹主之, 大都督府之政, 以長史主之, … (위와 같음)

8-①의 사료에서는 西都, 東都, 北都, 鳳翔府, 成都府 또는 江陵府의 5京(都) 지역과 나머지 府들인 河中府, 興元府, 興德府에서 동일하게 從3品인 府尹을

78. 『三國史記』 권40, 職官志 하, 外官.

장관으로 하였음을 보여준다. 이것은 5경·5도의 설치 기간이 아주 짧았기 때문에 나름대로 관직체계를 갖추지 못하였던 데에 원인이 있을 것이다.

다만 5경(도) 가운데에서도 西都(경조부), 東都(하남부), 北都(태원부)는 다른 府들과 달리 從2品에 해당하는 牧이 두어진다고 하여 다른 부와 위상이 다른 것처럼 보인다. 그런데, 8-②의 사료에서 보듯이 牧에 임명되는 인물은 모두 皇室에 속하는 親王으로서 현지에 직접 부임하는 것이 아니었고, 실제로는 府尹이 실무를 담당했다고 한다.

이렇게 5경 장관의 명칭이 서로 다르지만, 발해에서 5경과 다른 10부의 장관을 동일하게 한 점에서는 당나라의 영향이 느껴진다. 그렇지만, 당나라와는 달리 발해에서 5경제가 160년 가까이 시행되었다는 점에서 나름대로 5경이 다른 10부와 다른 관직체계도 따로 가지고 있었을 가능성을 배제할 수 없다. 이러한 점은 발해의 영향을 받은 遼나라의 제도를 통하여 살펴볼 수 있다.

> 9 遼有五京. 上京爲皇都, 凡朝官·京官皆有之, 餘四京隨宜設官, 爲制不一. 大抵西京多邊防官, 南京·中京多財賦官. 五京並置者, 列陳之, 特置者, 分列于後. (『遼史』 권48, 百官志 4, 南面京官)

요나라의 통치제도는 2원적이었으니, 契丹族을 위시한 유목민을 다스리기 위해 北面官을 설치하였고, 漢族을 위시한 농경민을 다스리기 위해 南面官을 설치하였다. 5경은 위에서 보듯이 南面京官에 해당한다.

위의 사료를 통하여 두 가지 사실을 추출해낼 수 있다. 먼저, 5京에는 다른 지방구획과 구별되는 독특한 관제를 공통으로 지니고 있었다. 위에 제시한 사료에 이어서 열거되어 있는 바와 같이, 5京에 공통적으로 설치되는 관청에는 三京宰相府, 諸京內省客省, 五京諸使, 五京留守司兼府尹, 五京都總管府, 五京都虞候司, 五京警巡院, 五京處置使, 五京學이 있었다.

다음으로 5경은 각각 나름대로의 역할에 따라 독자적으로 설치되는 관청들도 지니고 있었다. 上京은 황제가 머무는 수도였기 때문에 朝官과 京官이 모두 갖추어져 최상의 위상을 지니고 있었다. 또 西京에는 邊防官이 많았던 데에 비하여 南京과 中京에는 財賦官이 많았다. 이렇게 각각의 역할에 따라 특별히 두어진 것으로서는 上京城隍使司, 東京渤海承奉官, 遼陽大都督府, 中京文思院, 中京路安撫使司, 南京宣徽院, 南京處置使司 등이 있었다.

요나라의 5경제가 발해의 제도를 많이 따랐으므로, 발해에서도 5京은 다른 10府와 다른 독자적인 관직체계를 지녔을 것이다. 5京이란 수도를 다섯 군데에 둔다는 의미로서, 首都와 나머지 4경은 원칙적으로 위상이 동등하였을 것이고 관직체계도 서로 비슷했을 것이다. 당나라에서도 南都를 설치하면서 관직체계를 京兆府와 동일하게 하였던 사례가 보인다.[79] 하지만 관련 사료가 없기 때문에 더 이상의 논의는 진행할 수 없다.

다른 한편으로, 요나라의 5경 사이에 위상과 역할에서 차이가 있고, 당나라에서도 5경 가운데 3경이 핵심적인 역할을 하였듯이, 발해에서도 실제적으로 5경 사이에 그러한 차이가 있었을 것이다. 우선 上京은 수도로서 최고의 위치를 점하고 있었을 것임이 분명하다. 〈표 5-2〉에서 보듯이, 상경성의 둘레가 나머지 京의 둘레보다 무려 6배 이상이 되는 사실에서도 이러한 격차를 실감할 수 있다. 아마 東京으로 천도하였을 적에는 八連城이 上京으로 불리면서 최고의 위상을 일시적으로 지니고 있었을 것이다.

나머지 4경 가운데서 잠시 도읍했던 中京과 東京이 상경 다음으로 중요하게 여겨졌을 것이고, 서경과 남경은 그 다음의 위치에 속했을 것이다. 서고성, 팔련성이 청해토성보다 약간 더 큰 것은 이 때문인 듯하다. 그렇지만 西京의

79. 『冊府元龜』 권14, 帝王部, 都邑 2 「上元元年九月, 詔荊州大都督府宜改爲江陵府, 仍爲南都. 江陵縣爲赤縣, 諸縣爲畿縣. 長史爲尹, 司馬爲少尹. 餘官屬名位竝同京兆府. 及京畿赤縣竝依舊.」.

표 5-2. 발해 5京城 및 府城의 규모

城址 명칭	평면 형태	크기(남북*동서, m)	둘레(km)	재료	성격
上京城	장방형	3500×5000~5500	18.5	土石 混築	上京
西古城	장방형	720×630	2.7	토축	中京
八連城	방형	735~746×701~712	2.894	토축	東京
臨江鎭古城	?	?	?	?	西京
青海土城	장방형		2.132	토축	南京
蘇密城(大城子)	장방형	697~747×535~611	2.59	토축	長嶺府
東寧 大城子村古城	장방형	460×1290~1365	3.343 또는 3.57	토석 혼축	率賓府?
유즈노-우수리스크 성터	불규칙 장방형	1200×350	3.1?		率賓府?

규모가 밝혀지지 않은 상태에서 정확한 비교를 하기는 어렵다. 그런데 중경성, 동경성, 남경성보다 率賓府城의 규모가 더 클 가능성도 있는 것으로 보아서 首都 이외의 地方城들은 현지의 사정에 따라 적절히 규모를 정했을 수도 있다.

이처럼 발해 5경 사이에 위상의 차이가 있었을 것으로 여겨지지만, 요나라의 서경과 남경·중경에서처럼 역할에서 어떤 차이를 지니고 있었는지는 구체적으로 확인할 수 없다. 다만, 지리적 조건으로 보아서 평야가 널리 펼쳐져 있는 中京과 東京에는 財賦官이, 山地가 많은 西京이나 新羅에 가까운 南京에는 邊防官이 많았을 것으로 추정해볼 수 있을 따름이다.

앞으로 고고학 조사를 통하여 5京城 내부구조의 해명에도 관심을 기울여야 하겠다. 통일신라 5소경 지역에는 慶州처럼 里坊制가 실시되었음이 밝혀지고 있는데,[80] 발해 5경에서도 이와 같은 제도가 실시되었는지 5경의 위상과 관련하여

80. 朴泰祐, 「統一新羅時代의 地方都市에 對한 研究」 『百濟研究』 18, 충남대학교 백제연구소, 1987, pp.60~63; 李琦錫, 「韓國 古代都市 條坊(坊里)制 研究에 대한 傾向과 課題」

검토할 필요가 있는 것이다.

4. 후대에 끼친 영향

이제 마지막으로 발해의 5경제가 후대에 어떠한 영향을 끼쳤는지를 살펴보겠다. 먼저, 遼 및 金의 5京制인데, 이들이 발해의 제도를 계승하였다는 데에는 별다른 이론이 없다.[81]

당나라가 멸망한 뒤에 들어선 後梁, 後唐, 後晋도 당나라의 제도를 이어받아, 대체로 3京(都)制를 채택하였다.[82] 후량이 건국된 開平 원년(907) 4월에 곧바로 수도인 汴州(河南 開封)를 東都로 삼고, 당나라 동도(洛陽)를 西都, 당나라 수도(長安)를 西京 大安府로 삼았다. 또 同光 원년(923) 4월에 後唐이 성립된 뒤로는 魏州(河北 大名 동북쪽)를 東京, 太原府(山西 太原 서남쪽)를 西京, 鎭州(河北 正定)를 北都로 삼았다가, 같은 해 10월에 後梁을 멸망시키고서는 당나라 제도를 본받아 北都를 파하고 太原府를 北京, 長安을 西京으로 삼았다. 12월에 洛陽으로 천도하고, 同光 3년에 수도였던 東京을 鄴都로 고친 뒤에는 낙양을 東都로 삼았다. 天福 원년(936) 11월에 後晋이 건국되어 이듬해에 汴州로 천도한 뒤로 이를 東京으로 삼았고, 西京(洛陽)·北京·鄴都를 陪都로 삼음으로써, 사료에 '三京과 鄴都'로 불린 사례가 많이 나타난다.[83] 그 뒤에 이어지는 後漢, 後周에서

『地理教育論集』 38, 서울대학교 사범대학 지리교육과, 1997, pp.127~130.

81. 白鳥庫吉, 1909(1970), p.476; 金毓黻, 앞책 1940, p.428; 鳥山喜一, 앞논문 p.3; 魏國忠, 앞논문 p.37; 河上洋, 앞논문 1993.

82. 五代의 都城에 관해서는 『中國大百科全書』 中國歷史 Ⅲ(中國大百科全書出版社, 北京·上海, 1992)의 '五代十國都城' 항목(p.1250)을 참고하였다.

83. 다음이 그 한 예이다.
『舊五代史』 권77, 高祖本紀 3 「天福三年十一月, 詔三京·鄴都·諸道州府, …」.

도 대체로 이를 따랐다. 이와 같이 5代의 국가들은 당나라 제도를 이어받아 3경(도)제를 기본으로 하였다. 또 北宋에서 시행한 東京, 西京, 南京, 北京의 4경제[84]도 대체로 이를 계승한 것이다.

그러나, 遼나라의 5경제는 이들과 성격이 조금 다르다. 이를 살피기 위해 다음 사료를 검토해보겠다.

> 10 太宗以皇都爲上京, 升幽州爲南京, 改南京爲東京, 聖宗城中京, 興宗升雲州爲西京, 於是五京備焉. (『遼史』 권37, 地理志 1, 序言)

요나라 5경의 설치 과정은 위의 사료에서 대강을 알 수 있다. 太宗 때에 皇都를 上京이라 하고 幽州를 南京으로 승격시키고 南京을 東京으로 고쳤으며, 聖宗 때에 中京을 세우고, 興宗 때에 雲州를 西京으로 삼음으로써 요나라의 5경이 완비되었다.

이 연혁을 더 구체적으로 살피면 다음과 같다. 上京(內蒙古 巴林左旗 남쪽)은 太祖 神册 3년(918)에 건설하여 皇都라 하였다가, 太宗 天顯 13년(938)에 上京臨潢府라 하였다.[85] 東京(遼寧 遼陽)은 원래 태종 天顯 3년(928)에 南京이라 하였다가 천현 13년(938) 幽州에 南京을 두면서 東京 遼陽府로 고쳤다.[86] 中京(內蒙古 寧城 서쪽)은 聖宗 統和 25년(1007)에 건설하여 中京 大定府라 한 것인데,[87] 그

---

84. 『宋史』 권85, 地理志 1 「迨宣和四年, 又置燕山府及雲中府路, 天下分路二十六, 京府四, 府三十, 州二百五十四, 監六十三, 縣一千二百三十四, 可謂極盛矣.」.

85. 『遼史』 권37, 地理志 1, 上京道 「上京臨潢府, … 神册三年城之, 名日皇都. 天顯十三年, 更名上京, 府日臨潢.」.

86. 『遼史』 권38, 地理志 2, 東京道 「東京遼陽府, … 神册四年, 葺遼陽故城, 以渤海·漢戶建東平郡, 爲防禦州. 天顯三年, 遷東丹國民居之, 升爲南京. … 天顯十三年, 改南京爲東京, 府日遼陽.」.

87. 『遼史』 권39, 地理志 3, 中京道 「中京大定府, … (統和)二十五年, 城之, 實以漢戶, 號日中京, 府日大定.」.

이전에 단기간이기는 하지만 鎭州(河北 正定縣)를 중경으로 삼은 적도 있었다.[88] 이밖에 南京(北京 서남쪽)은 太宗 天顯 13년(938)에 설치되었고,[89] 西京(山西 大同)은 興宗 重熙 13년(1044)에 설치되었다.[90]

5경의 설치 과정으로 보건대, 건국 초기인 938년에 먼저 3경이 완비되었고 100년 가까이 경과한 뒤에 2경이 추가되었다. 또 5경의 장관이 留守였다는 점[91]에서 역시 발해보다는 중국으로부터의 영향이 강했다.[92] 이것만 본다면, 요나라는 당나라 및 5代 국가들에서 시행된 3경제를 추종하였다고 판단할 수 있다.[93]

하지만, 실제 운영면에서는 발해의 5경제와 닮은 점이 많이 보인다. 우선, 수도를 다섯 개 설정하였던 점이다. 다음으로 수도를 북쪽에 두면서 나머지 4경을 남쪽에 배치한 것은 중국에서 東京, 西京(中京)이 주축이었던 점과 명확히 다르다.[94] 더구나 수도를 上京이라 칭한 것은 발해로부터의 영향임이 분명하다.

또 다음 사료에서 보듯이, 요나라의 지리를 설명할 때에 5경, 6부, 156주·군·성, 209현의 순서로 서술하고 있는 점은 발해의 지리를 5경, 15부, 62주의 순서로 서술한 6-①과 상통한다. 이처럼 5경이 지방행정체계의 제1위에 올려져 서술된 것은 요, 금 및 발해에서 찾아볼 수 있는 현상이다.[95]

---

88. 河上洋, 앞논문 1993, p.57.
89. 『遼史』 권4, 太宗本紀 하, 會同 원년 「十一月 … 大赦, 改元會同. 是月, 晉復遣趙瑩奉表來賀, …十六州并圖籍來獻. 於是詔以皇都爲上京, 府曰臨潢. 升幽州爲南京. 南京爲東京.」.
90. 『遼史』 권41, 地理志 5, 西京道 「西京大同府, … 重熙十三年升爲西京, 府曰大同.」.
91. 『遼史』 권48, 百官志 4, 南面京官, 五京留守司兼府尹職名總目.
92. 河上洋, 앞논문 1993, p.71.
93. 河上洋, 윗논문 pp.58~59.
94. 河上洋, 윗논문 p.59.
95. 河上洋, 윗논문 p.53.

11 總京五, 府六, 州·軍·城百五十有六, 縣二百有九, 部族五十有二, 屬國六十. 東至于海, 西至金山, 暨于流沙, 北至臚朐河, 南至白溝, 幅員萬里. (『遼史』 권37, 地理志 1, 序言)

요나라의 5경에서 上京路는 奚를, 遼陽路(東京)는 高麗를, 南京은 宋國을, 西京은 西夏를 통제하는 거점 역할을 수행하였다는 점에서도 역시 발해 5경과 닮아 있다.

이상과 같은 고찰을 통하여 요나라의 5경제는 중국 왕조의 3경제와 발해의 5경제로부터 영향을 받아 성립된 것임을 확인할 수 있다.

遼나라에 이은 金나라도 5경제를 채택하여, 上京 會寧府(黑龍江 阿城 남쪽), 中京 大定府(內蒙古 寧城), 東京 遼陽府(遼寧 遼陽), 南京 開封府(河南 開封), 西京 大同府(山西 大同)를 두었다. 5경 가운데, 상경과 남경을 제외하고는 요나라의 5경과 소재지도 동일하다. 그런 점에서 금나라 5경제는 요나라 제도를 계승한 것이 분명하지만, 다음 사료에서 "요나라 제도를 이어받아 5경을 설치했다"고 언명하고 있어 이 사실이 더욱 확실히 드러난다.

12 襲遼制, 建五京, 置十四總管府, 是爲十九路. (.『金史』 권24, 地理志 상, 序言)

이상과 같은 5경제는 요, 금 이후에 더 이상 명맥이 이어지지 않았다. 元나라에서는 大都(北京)와 上都(內蒙古 正藍旗 동쪽)의 兩都制를 시행하였고, 明나라에서는 京師(北京)와 南京(江蘇 南京)을 직할지로 삼았고,[96] 淸나라에서도 京師(北京)와 함께 그들의 발상지인 盛京(遼寧 瀋陽)이 중시되었을 뿐이다.

한편, 高麗에서도 3京制가 시행되었다. 이에 대해서는 다음 사료가 참고된다.

---

96. 『明史』 권40, 地理志 1, 序言 「終明之世, 爲直隸者二, 日京師, 日南京.」.

13 王居開州蜀莫郡，曰開成府. … 以新羅爲東州樂浪府，號東京. 百濟爲金州金馬郡，號南京. 平壤爲鎭州，號西京. 西京最盛. 總之，凡三京，四府，八牧，郡百有十八，縣鎭三百九十，洲島三千七百.（『宋史』 권487，高麗傳）

이 사료에 따르면, 高麗에서는 開京 이외에 東京(慶州), 南京, 西京(平壤)을 따로 두었다. 여기서는 남경이 마치 益山에 설치되었던 것처럼 설명되어 있으나, 『高麗史』에 따르면 지금의 서울에 설치되었던 것이 분명하다.[97] 고려 太祖 때에 開京과 西京의 兩京制를 채택하였다가, 成宗 때에 慶州에 東京을 설치하여 3京이 되었고, 文宗 연간에 서울에 南京을 추가하여 실제로는 4경이 되었다. 그러나 4京이라 부르는 것을 피하여, 때로는 開京(中京)을 제외하거나 때로는 東京을 제외하여 3경이라 불렀다고 한다.[98]

고려가 4京을 취했다는 점에서는 송나라와 유사하다. 장관으로 開京에 府尹을 두고, 나머지 3京에 留守를 두었다[99]는 점에서는 당나라 이래로 5대, 송, 요의 제도와 상통한다.[100] 하지만 설치 배경에 圖讖思想이 배어 있는 점에서는 고려 독자적인 양상도 보인다. 그렇다면 통일신라나 발해의 제도로부터 계승된 면은 상대적으로 미약하다고 할 것이다.

마지막으로 발해 5경과 관련하여 흥미로운 자료를 하나 제시하고자 한다. 조선 世祖 2년(1456)에 梁誠之가 왕에게 건의한 정책 가운데에 조선에서도 5경을 더 설치하자는 내용이 있다.

14 集賢殿直提學梁誠之上疏曰，臣伏覩 … 一，增置五京. 蓋遼金渤海，並建五京，

---

97. 李丙燾，「高麗南京建置に就いて」『青丘學叢』 2，1930，p.56; 李丙燾，『高麗時代의 研究』 改訂版，亞細亞文化社，1980，p.148.

98. 李丙燾，윗책 pp.146~147.

99. 『高麗史』 권7，百官志 2，外職.

100. 邊太燮，『高麗政治制度史研究』 一潮閣，1971，p.241.

前朝又建四京，而本朝則只有漢城開城兩京而已．以大東山海之險·州府之盛，而只置兩京，豈不欠哉．況元世祖許我以儀從本俗，高皇帝使我以自爲聲敎，是東郊之地，固非腹裏比也．乞以京都漢城府爲上京，開城府爲中京，慶州爲東京，全州爲南京，平壤爲西京，咸興爲北京，各設土官，加定軍兵．如是則庶幾得形勢之勝，而緩急亦足以賴矣．(『世祖實錄』 권3, 世祖 2년 3월 丁酉)

요·금 및 발해에서 5경을 두었고, 고려에서도 4경을 세웠는데, 조선에서는 한성과 개성만 있어 모자란다고 하면서, 漢城府를 上京, 開城府를 中京, 慶州를 東京, 全州를 南京, 平壤을 西京, 咸興을 北京으로 삼자고 제안하였다. 5경을 더 설치하게 되면 6경이 되지만, 수도를 上京이라 한 점에서 발해, 요, 금으로 이어지던 5경제의 전통을 따르려 한 사실이 엿보인다. 세조가 그의 건의들을 받아들였다고는 했으나 실행에는 옮기지 못했다. 그렇지만, 발해 5경제가 조선에까지 영향을 미치고 있었던 사실을 발견할 수 있어 주목된다. 또한 고려시대의 제도를 3경제가 아닌 4경제로 설명한 것도 흥미롭다.

지금까지 발해 5경제가 후대에 끼친 영향을 살펴보았다. 발해 5경제가 요나라를 거쳐 금나라에까지 지속되었고, 다시 조선 세조 때에 설치 건의가 있었지만 실행에까지 옮기지는 못하였다. 반면에 5대 국가들의 3경제나 송나라의 4경제, 고려의 3경제(4경제)는 당나라의 전통을 계승한 것이다.

지금까지의 고찰을 토대로 역대로 시행된 多京制의 흐름을 간단히 도식화하면 〈표 5-3〉과 같다.

표 5-3. 歷代 多京制의 변천표

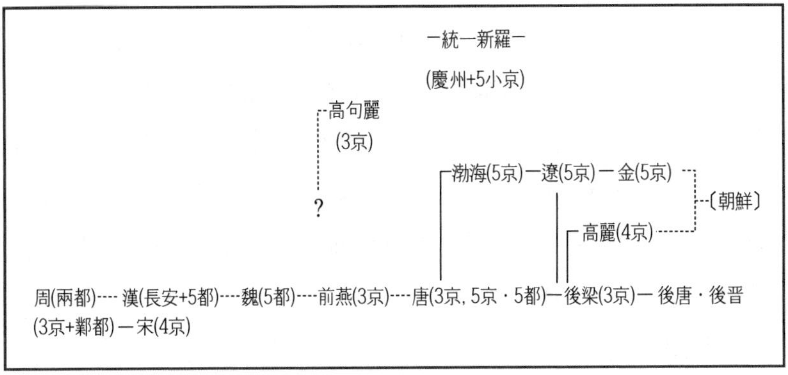

표 5-4. 歷代 5京 비교표

方位 / 왕조	中	東	西	南	北
唐	京兆府(西安)	河南府(洛陽)	鳳翔府(鳳翔)	成都府(成都) → 江陵府(江陵)	太原府(太原)
渤海	顯德府(和龍)	龍原府(琿春)	鴨淥府(臨江鎭)	南海府(北靑)	龍泉府(寧安)
遼	大定府(寧城)	遼陽府(遼陽)	大同府(大同)	析津府(北京)	臨潢府(巴林左旗)
金	大定府(寧城)	遼陽府(遼陽)	大同府(大同)	開封府(開封)	會寧府(阿城)
統一新羅	中原小京(忠州)	金官小京(金海)	西原小京(淸州)	南原小京(南原)	北原小京(原州)

5. 맺음말

지금까지 발해 5경제에 대해서 그 연원, 5경의 설치 시기와 역할, 그리고 후대에의 영향을 살펴보았다. 고찰 내용을 정리하면 다음과 같다.

발해 5京制는 중앙과 4방의 방위가 사용된 것으로 보아서 중국의 五行·五方思想이 투영된 것임에 틀림없다. 그렇지만, 고구려 5부, 백제 5부와 5방, 통일신라의 5소경 및 당나라 5경 제도에도 이러한 사상이 공통적으로 반영되어 있어, 사상적 측면에서 발해 5경제의 기원을 논하기는 어렵다.

따라서 제도적인 측면에서 이를 따져보아야 할 것이다. 우선, 고구려 중·후기의 5부나 백제의 5부·5방에서 연원을 찾기에는 성격이 너무 다르고, 통일신라의 5소경도 발해의 경우와 여러 가지 점에서 차이가 두드러진다. 또 고구려 3경에는 京名이 따로 붙지 않은 점에서 당나라 이전 漢 5都, 魏 5都, 前燕 3京과 통하는 것으로 볼 수 있다. 따라서 발해 5경은 8세기 중·후반에 설치되었던 당나라의 5京·5都에서 유래된 것으로 보는 것이 가장 타당하다.

이렇게 발해 5경이 당나라 영향을 받은 것이라고 한다면, 그 설치 시기의 상한은 자연히 당나라 5경이 처음 설치된 757년이 될 것이다. 그렇지만 발해 수도를 上京이라 하였고, 당나라에서도 762년에 와서 수도를 上都라 부르게 된 것을 감안한다면, 그 상한도 자연히 762년으로 떨어진다. 그리고 발해에 '다섯' 개의 수도를 둔 것이 당나라 제도를 모방한 것이라 한다면, 설치의 하한은 당나라에 5도 전체가 존속하였던 760년대를 벗어나지는 않을 것으로 판단된다.

따라서 발해 5경이 설치된 시기는, 文王이 上京에 도읍을 하고 국력 신장을 바탕으로 한참 자신감에 젖어 있었을 때인 762년부터 760년대 말까지, 좀 더 범위를 좁힌다면 760년대 중반쯤일 것이다. 만에 하나 780년대 전반까지 내려 잡을 수도 있겠지만, 東京에 도읍을 옮긴 780년대 후반으로까지 내려가지는 않을 것이다. 上京 시대에 皇上, 天孫 칭호들이 나타나는 것으로 보아서, 아마 文王은 당나라 5경·5도를 모방하여 당나라와 견줄 만한 황제국 체제를 꿈꾸었던 듯하다.

발해가 4경을 더 두게 된 것은 수도가 북쪽에 치우쳐 있었기 때문일 것이다. 이런 점에서 통일신라의 5소경과 상통하는 면이 있다. 이에 따라 지방에 통치의 거점을 따로 마련하게 되었으니, 5경은 15부 가운데에서도 수도였던 숙신지역을 제외하면 고구려(예맥, 옥저)와 같은 주요 종족의 거점 지역에 설치되었고, 이들 도시 사이에는 驛站이 설치되어 각 도시를 연결하는 간선도로가 펼쳐져 있었을 것이다. 이와 아울러 5경은 당나라, 일본, 신라에 왕래하던 대외교통로의 거점도

시였으며, 다른 한편으로 신라 등을 방비하던 대외방어의 전진기지 역할도 수행했을 것이다. 전반적으로 볼 때 방어기지보다는 교류거점으로서의 역할이 더 컸을 것으로 판단된다.

발해 5경의 장관은 다른 10부와 동일하게 都督이었다. 이것은 당나라와 유사한 면을 보여준다. 그렇지만, 당나라와는 달리 장기간 5경제를 유지했으므로, 요나라의 경우처럼 발해에서도 10府와 다른 독자적인 관직체계도 5京 나름대로 지니고 있었을 것이다.

또한 5경 사이에도 각각 위상을 달리 하였을 것이다. 上京은 왕이 머무는 수도라는 점에서 최상의 위치를 점했을 것이고, 다음으로 東京과 中京은 일시적으로 도읍을 정하였던 곳이라는 점에서 西京이나 南京보다는 높고 상경보다 낮은 위치에 처해 있었을 것이다. 요나라의 경우를 원용한다면, 지리적 여건으로 보아서 中京과 東京에는 財賦官이 많았을 것이고, 西京과 南京에는 邊防官이 많았을 것으로 추정해볼 수 있다.

발해의 5경제는 당나라로부터 영향을 받은 것이지만, 당나라에서는 극히 짧은 기간에만 5경·5도가 운영되고 나머지 기간에는 3경을 기본으로 하였다는 사실을 감안해볼 때에, 5경을 장기적인 제도로 정착시킨 것은 발해의 공적이라고 할 수 있다. 이러한 발해의 5경제는 遼·金나라로 계승되었다. 또 朝鮮 초기에도 이를 모방하여 5京(6경)을 설치하자는 논의가 있었지만 실행에는 미치지 못하였다. 한편으로 高麗의 4경(3경)제는 중국 5대의 국가들인 後梁, 後唐, 後晋 및 宋나라와 함께 당나라의 제도를 따른 것으로 판단된다.

발해는 이민족에게 멸망되어 스스로의 기록과 전통을 후대에 제대로 넘겨주지 못하는 불운을 겪었다. 따라서 후대의 역사에 드리운 발해의 그림자를 찾기가 상당히 어렵다. 그렇지만, 발해에서 정착시킨 5경제가 요나라를 거쳐 금나라에까지 이어졌고, 조선 초기에도 이를 따르고자 하였던 시도가 보여서 미약하나마 발해의 전통이 후대에 끼친 한 측면을 살펴볼 수 있게 되었다.

제Ⅲ부

불교와 문화

제6장 불교의 전개과정과 몇 가지 특징

제7장 咸和四年銘 발해 碑像 검토

제8장 문화사 연구의 현황과 과제

嚴山
德城面
車書倉
弘道洞山城
龍華山
距甲山府二百七十里
距鏡城府五百九十里
小谷面
道直令
中山面

제6장 불교의 전개과정과 몇 가지 특징

1. 머리말

발해 불교에 관한 문헌 자료는 거의 남아 있지 않고, 전해지는 자료라 하더라도 여기저기 산견되는 것들뿐이다. 따라서 기록만 가지고 발해 불교의 실상을 추적하기란 거의 불가능하다. 다행히 1930년대 이후 발해 유적들이 조사되면서 이러한 한계를 조금이나마 극복할 수 있게 되었다. 조사 과정에서 절터, 탑터, 불상 등을 위시한 불교 유적, 유물들이 곳곳에서 확인되었기 때문이다. 이에 따라 일본, 중국, 북한 등지에서는 현지 조사의 이점을 충분히 살려 발해 불교에 대한 조사 자료와 연구 논문들을 속속 발표해왔으며, 그 결과 발해 불교의 면모를 이해하는 데에 어느 정도 진전을 가져올 수 있었다.

일본의 경우 일제시대에 발해 도성들을 조사하면서 도성 안에 있던 여러 절터들을 발굴한 바 있다. 그러므로 일본인들의 연구는 자연히 다른 나라들보다 시기적으로 앞서는데, 이 당시 발굴된 불상들이 연구의 주된 대상이 되었다.[1] 이러한

1. 지금까지 발표된 논문은 다음과 같다.
原田淑人, 「渤海の佛像」 『文化』 2-11, 1935〔『東亞古文化研究』 1940, 재수록〕; 鳥山喜一, 「東京城寺址調査略報告」 『東京城』 滿洲古蹟古物名勝天然紀念物保存協會誌 6, 1943; 駒井和愛, 「渤海國の二佛竝座石像」 『學海』 3-4, 1946〔『中國考古學論叢』 慶友社, 1974 및 『中國都城·渤海研究』 雄山閣, 1977, 재수록〕; 駒井和愛, 「渤海の佛像-特に二佛竝座石像について-」 『遼陽發見の漢代墳墓』 考古學研究 제1책, 東京大學 文學部 考古學研究室, 1950〔『中國都城·渤海研究』 雄山閣, 1977, 재수록〕; 外山軍治, 「金代遼陽の渤海人と佛教」 『塚本博士頌壽記念佛教史學論集』 京都, 1961; 三上次男, 「半拉城出土の二佛并座

일련의 연구와 함께, 근래에 鎌田茂雄이 한국불교사 개설서를 집필하면서 그 속에서 문헌 자료를 중심으로 발해의 불교를 다룬 것이 주목된다.[2]

중국 정부가 수립된 1949년 이후 상당수의 발해 유적이 새로이 확인되었지만, 불교 관계 유적이나 유물들이 본격적으로 소개되기 시작한 것은 개혁개방 정책이 실시되던 1970년대 말부터이다.[3] 특히 1980년대 초부터 각 市, 縣 단위로 文物志 편찬 사업이 시작되었고, 이 사업을 위하여 정밀한 지표조사가 시행됨으로써 상당수의 발해 불교 유적들이 확인되었다. 이상의 발굴 자료들을 토대로 몇 편의 연구 논문도 발표되었다.[4]

러시아에서도 연해주 지역을 중심으로 1950년대 후반부터 절터들이 발굴되면서 발해 불교의 지방적 양상을 파악하는 데에 도움을 주고 있다.[5]

한편 북한에서는 1960년대 이후 발해 불교 유적에 대한 조사보고가 나타나기

像とその歷史的意義-高句麗と渤海を結ぶもの-」『朝鮮學報』49, 1968; 京田良志, 「渤海塼佛と陶製佛像押型」『北陸の古代寺院-その源流と古瓦-』北陸古瓦研究會, 桂書房, 1987; 河上洋, 「東北アジア地域の佛教-渤海を中心として-」『大谷大學史學論究』1, 1987.

2. 鎌田茂雄 저, 申賢淑 역, 『韓國佛教史』 民族社, 1988, pp.74~76.

3. 丹化沙, 「黑龍江省寧安縣出土的的舍利函」『文物資料叢刊』2, 1978; 梓筠, 「寧安縣發現的唐代舍利函」『學習與探索』1979-4; 孫秀仁, 「唐代渤海的佛像和舍利函」『黑龍江古代文物』黑龍江人民出版社, 1979; 陳顯昌, 「渤海國的佛像」『學習與探索』1980-5; 丹化沙, 「關于興隆寺與渤海大石佛」『北方論叢』1980-6; 邵春華, 「長白靈光塔」『博物館研究』1983-1; 張錫瑛, 「琿春馬滴達渤海塔基清理簡報」『博物館研究』1984-2; 方舟, 「長白靈光塔維修中發現地宮」『博物館研究』1984-2; 何明, 「吉林和龍高産渤海寺廟址」『北方文物』1985-4; 孫元吉·樊万象, 「渤海故都上京龍泉府發現金佛」『北方文物』1991-4.

4. 何明, 「淺談唐代渤海的佛教」『博物館研究』1983-3; 王承禮, 「渤海的儒學和佛教」『學術研究叢刊』1983-2; 方學鳳, 「渤海以舊國中京東京爲王都時期的佛教試探」『延邊大學學報』1986-4(『발해사연구』 정음사, 1989에 번역되어 수록됨).

5. E.V. Shavkunov 저, 宋基豪 역, 「沿海州의 발해 문화 유적」『白山學報』30·31합, 1985; E.V. Shavkunov, L.E. Semenichenko 저, 송기호 역, 「소련 연해주의 발해 문화 연구」『韓國史論』23, 서울대학교 국사학과, 1990; E.V. Shavkunov, A.L. Ivliev 저, 송기호 역, 「연해주에서 출토된 발해 板佛」『美術資料』50, 1992.

시작하였다. 이들이 발해 유적을 처음으로 조사한 것은 1963~65년 사이에 중국과 공동으로 발해 유적을 답사하여 발굴하면서였다. 이때 上京城 안에 있던 절터 가운데 일부가 발굴되어, 1960년대까지는 이들 자료가 연구 대상이 되었다. 그 뒤 소강 상태를 이루다가 1980년대 들어와서 유적 조사가 함경도 지역을 중심으로 재개되었고, 이 과정에서 2개의 절터가 확인되었다.[6]

문헌 자료를 통하여 발해 불교를 적극적으로 다룬 이는 북한의 최봉익이다. 그러나 뒤에 언급하는 바와 같이 자료 취급에 오류가 많다는 문제점이 있다. 북한에서는 불교를 유교와 함께 반동적인 것으로 규정하여,[7] 주로 불교가 끼친 해독성을 규명하는 데에 연구의 중점을 두고 있으며,[8] 그것도 역사학자들보다는 철학사 연구자들이 주도하고 있는 실정이다.

남한의 경우에 발해 불교가 불교사학계에서 거의 다루어지지 못하여 사실상 한국불교사에서 소외되어 왔다. 그것은 문헌 자료가 빈약한 실정인 데에다가 다른 나라들과는 달리 고고학적 자료마저 직접 접할 수 있는 기회가 봉쇄되어 왔기 때문이다. 그런 중에 安啓賢이 한국 고대 불교사를 개관하면서 처음으로 발해 불교를 다루었고, 그 후 李龍範도 발해사 서술에서 발해 불교를 다루어 이 방면의 선구를 이루었다.[9] 또 그레이슨(Grayson J. H.)이 한국 종교사를 다룬

---

6. 리준걸, 「함경남북도 일대의 발해 유적 유물에 대한 조사 보고」 『조선고고연구』 1986-1; 박진욱, 「최근년간 우리 나라 동해안일대에서 발굴된 발해유적들과 그 성격에 대하여」 『연변대학조선학국제학술토론회론문집』 학술토론회조직위원회, 1989; 김종혁 · 김지철, 「신포시 오매리 절골1호발해건축지 발굴 보고」 『조선고고연구』 1990-2.

7. 『위대한 수령 김일성 동지의 혁명사상에 의한 민족문화유산연구』 사회과학출판사, 1972, pp.141~149.

8. 최봉익, 『봉건시기 우리 나라에서의 불교철학의 전파와 그 해독성』 사회과학출판사, 1976.

9. 安啓賢, 「韓國佛敎史 上-古代篇-」 『韓國文化史大系』 Ⅵ, 宗敎哲學史, 1970, pp.262~264; 李龍範, 「大陸關係史」 『白山學報』 19, 1975〔『古代의 滿洲關係』 春秋文庫 20, 한국일보사, 1976 재수록, pp.153~154〕.

저서에서 발해 불교를 다루면서 발해 불교가 고구려 것을 계승했다고 설명하여 눈에 뜨인다.[10] 그러나 이들은 내용면에서 아주 초보적이고 매우 소략하다. 그밖에 최근에는 발해 불상, 사찰 건축을 연구한 논문이 발표된 바 있다.[11]

이제 이 글에서는 이상의 연구 성과를 바탕으로 하면서 아울러 필자가 기왕에 발표하였던 글들을 재정리하여,[12] 발해 불교의 전개 과정을 자세히 고찰하는 데에 중점을 두고자 한다. 자료의 제약 때문에 기왕의 연구들은 발해 불교를 시기별로 나누어 서술하지 못했지만, 여기서는 크게 네 시기로 나누어 살펴보겠다. 그런 다음으로는 발해 불교에서 나타나는 몇 가지 특징들을 정리하여 그 성격을 고찰함으로써 이 글을 마감하고자 한다.

2. 건국기의 불교 상황

발해에는 건국 초기부터 불교가 들어와 있었을 것이다. 그것은 大祚榮의 행로를 통하여 이미 짐작된다. 그는 고구려에 들어와 거주하면서 당시 번성하고 있던 불교에 접하지 않을 수 없었을 것이고, 營州로 옮겨간 뒤로는 그곳에서 당나라의 불교도 직접 체험하였을 것이기 때문이다.

그런 사정은 다음과 같은 기록을 통하여서 엿볼 수 있다.

---

10. James Huntley Grayson, *Early Buddhism and Christianity in Korea* E.J. Brill, Leiden, 1985, pp.23~25.

11. 車玉信, 「渤海 佛像에 관한 연구」 이화여대 미술사학과 석사학위 논문 1990.11.; 이병건, 「발해시대 사찰건축 연구」 건국대 건축공학과 석사학위 논문, 1991. 12.

12. 송기호, 「발해의 불교 자료에 대한 검토」 『崔永禧先生華甲紀念韓國史學論叢』 探求堂, 1987; 송기호, 「발해 불교의 성격과 전개」 『불교신문』 재조명 한국불교사 시리즈14, 1990년 11월 7일.

開元元年十二月, 靺鞨王子來朝, 奏曰, 臣請就市交易, 入寺禮佛. 許之. (『册府元龜』 권971)

여기에 보이는 말갈 왕자는 발해의 통치 밖에 있던 말갈 집단의 왕자로 해석할 수도 있겠지만 발해 왕자를 지칭할 가능성이 더 크다. 이를 보면 발해 왕자가 713년 12월에 당나라에 도착하여 "시장에 가서 교역하고, 절에 가서 예불하기"를 청하여 허락을 받았다고 한다. 이 해는 바로 발해와 당 사이에 공식적인 외교관계가 맺어진 때이다.

발해 건국은 당으로부터의 탈출로 시작되었기 때문에 자연히 당과 적대적인 관계 속에서 진행되었다. 그러다가 713년에 이르러 당나라가 사신을 보내어 대조영을 책봉함으로써 비로소 양국 사이에 공식적인 외교관계가 맺어질 수 있었다. 그리고 대조영이 그 답례 사신으로 보낸 왕자 일행이 이 해 12월에 長安에 도착하게 되었던 것이다.

이들은 도착하자마자 교역과 예불을 요청하였으니, 교역은 사신 왕래 과정에서 흔히 수반되는 것이기는 하지만, 예불을 원하고 이를 받아들인 것은 특이한 사례인 것으로 보인다. 이것은 건국 초기에 이미 발해 왕실에 불교가 수용되어 있었던 사실을 반영하는 것으로 보아도 무방할 것이다. 아니면 비로소 불교를 수입하려 하였던 시도였는지도 모르겠다. 그러나 필자는 전자의 가능성이 더 크다고 생각한다.

현재의 길림성 돈화시 지역은 초기의 중심지로서 당시에 '舊國'으로 불렸다. 이곳에서는 동모산으로 추정되는 城山子山城, 같은 시기 왕실과 귀족의 고분들이 있는 六頂山고분군 등이 확인되었다. 이들과 함께 廟屯절터가 부근에서 발견되었는데, 이들 유적에서 가까운 곳이다. 이 절터에서 수집된 기와 조각들은 육정산고분군에서 발견되는 것들과 비슷하여 동일 시기의 것으로 여겨진다.[13] 그러나 上京(흑룡강성 寧安 東京城), 東京(길림성 琿春 八連城), 中京(길림성 和龍 西古城), 南京(함경남도 北青 青海土城) 부근에서 불교 유적이 다수 발견된 반면에, 첫 도읍지였던 이 지역에서는 아직 하나밖에 발견되지 않는 것으로 미루어 보아 초기에는 불교의 유포 범위가 아주 제한적이었을 것이다. 그것은 또한 건국의 와중에서 불교를 진흥시킬 여력을 제대로 갖지 못했던 사정을 반영하는 것이기도 하다.

이러한 사정은 『松漠紀聞』에서 발해 초기의 불교에 대하여 다음과 같이 서술한 데에서도 확인된다.

> 其國初倣唐置官司, 國少浮圖氏. (『松漠紀聞』 권上 渤海國)

이 책에서 발해에 대해 서술한 것은 주로 금나라 당시의 유민들에 관한 것이기 때문에 이것도 혹시 그 당시의 상황으로 볼 수 있을지 모르겠다. 그러나 여기서 '國'으로 표현된 점이나 그 나라가 처음에는 당나라를 모방하여 관청을 두었다고 서술한 점으로 보건대, 발해 초기의 사정을 작자인 洪皓가 전해 듣고 썼을 것이다.

그러면 이러한 초기 발해 불교의 모태는 어디에 있었는가를 잠시 살펴보아야겠다. 일부에서는 발해 불교가 고구려로부터 직접 전수된 것을 부정하고 말갈족의 불교에서 그 연원을 찾기도 한다.[14] 이들은 중국으로부터 고구려로 불교가 전래되어 번성했던 사실을 인정하면서, 고구려와 밀접한 관련을 맺고 있었던 粟末靺鞨과 白山靺鞨도 자연히 고구려로부터 불교적 영향을 받게 되었을 것이고, 그에 따라 발해도 건국 초기부터 이들 말갈의 불교 전통을 이어받았다는 논리를 편다. 이것은 발해가 속말말갈족이 세운 나라라는 공식에 맞추기 위한

13. 吉林省文物志編委會, 『敦化市文物志』 1985, p.86.

14. 何明, 앞논문 1983, p.42; 方學鳳, 앞논문 1989(1986년 번역문), p.140.

억지이다. 적어도 이 논리가 타당성을 가지기 위해서는 불교와 관련된 말갈족들의 기록이나 유적이 발견되어야 한다. 그러나 발해 불교의 뿌리가 될 정도로 말갈족 사이에 불교가 광범위하게 퍼져 있었던 기록은 찾을 수 없고, 이를 뒷받침할 만한 유적도 발견된 것이 없다.[15]

결국 발해 불교의 뿌리는 고구려에서에서 직접 찾지 않을 수 없다. 그보다도 더욱 중요한 것은 불상이나 瓦當 등이 고구려 전통을 충실히 전승받았다는 사실인데, 이것은 고구려 불교가 직접적으로 계승된 것으로 볼 수밖에 없는 중요한 근거들이다.

구국과 上京 지역은 과거 고구려 영역 밖으로서 순수 말갈족들이 살던 곳이었기 때문에, 불교는 건국과 더불어 외부로부터 새로이 유입되었다. 반면에, 원래 고구려의 중요 지역이었던 東京, 南京, 中京, 西京 등지에서는 고구려 불교의 지방적 전통이 그대로 계승되었다. 이들 지역은 삼국통일 전쟁 과정에서도 별로 피해를 보지 않았던 지역이기에, 발해에 편입된 뒤에도 단절 없이 고구려 이래의 사회체제를 그대로 유지할 수 있었고, 종교적 활동도 역시 그러했을 것이다.

그러한 예로서 함경남도 新浦市 梧梅里 절골 유적을 들 수 있다. 이곳은 발해 南京으로 추정되는 青海土城 부근으로서, 이 유적에서는 고구려 문화층과 발해 문화층이 함께 나타나며, 발해 문화층은 다시 2개의 층으로 나뉜다고 한다.[16] 이것은 고구려 절터를 발해 시기에 들어서 다시 수리하여 두 시기에 걸쳐 사용한 것을 의미한다.

더욱 주목되는 것은 발해 문화층에서 고구려 때에 만들어진 金銅板이 발견되

15. 말갈인의 불교 관계 기사는 설화적인 내용 하나만이 『續高僧傳』 권25에 전하고 있을 뿐이다. 河上洋, 앞논문 pp.63~64

16. 조선유적유물도감 편찬위원회, 『조선유적유물도감』 8, 발해편, 외국문종합출판사, 1991, p.187.

었다는 사실이다.[17] 이 금동판은 1988년 6월에 발굴되었는데, 탑이나 건물 등에 고정시켰던 것으로 여겨진다. 금동판의 앞부분은 깨져 없어지고 뒷부분만 남아 있다. 그리고 그 크기는 길이 41.5cm, 너비 18.5cm, 두께 0.3~0.5cm이다. 여기에는 글이 새겨져 있는데, 현재 남아 있는 부분은 모두 12줄로서 113자를 판독할 수 있고 26자는 알아볼 수 없다.

그 말미에는 "(太?)和三年歲次丙寅二月卄六日 (甲?)戌朔 記首"라고 되어 있어, 고구려 陽原王 때인 546년 2월 26일에 만들어진 것으로 추측된다고 한다. 그리고 문장 중에는 '大王'이 5층탑을 만들었다는 내용과 王神이 도솔천에 올라가 彌勒과 '天孫'이 함께 만나기를 원한다는 내용도 있어서 고구려 불교사 연구에 중요한 자료가 된다. 여기에서 대왕이나 천손이라는 칭호가 사용된 것은 발해사 연구에도 중요한 자료가 된다. 이렇게 고구려 때에 만들어진 금동판이 발해 문화층에서 발견되었다는 것이 사실이라면,[18] 이 지역의 고구려 불교 전통이 발해시대까지 중단없이 전승되었던 것을 실증해주는 증거물이라 할 수 있다.

또한 二佛竝坐像이 발해 동경이었던 八連城에서만 집중적으로 발견된 사실도 주목된다. 이곳은 고구려 柵城 소재지로 추정되는 溫特赫部城에서 7.5km 정도 떨어져 있다. 원래 이불병좌상은 중국의 경우 5세기 전반 北魏에서 시작되어 5세기 말, 6세기 초에 성행하였으며, 6세기 중반 이후에는 그 형식이 변질된다고

---

17. 박진욱, 앞논문 p.292; 조선유적유물도감 편찬위원회, 『조선유적유물도감』 4, 고구려편, 외국문종합출판사, 1990, p.281.

18. 이 절골 유적과 여기에 딸렸던 金山건축지에 대한 발굴 보고가 발표되기는 하였지만, 고구려 문화층과 발해 문화층의 구분 근거를 밝히지 않고 있어 금동판이 발견된 층위가 과연 발해 시기의 것인지 명확하지 않다. 아울러 그 명문 중에서 연대 표기 부분이 훼손되어 있어 이것이 고구려 시기에 해당하는지도 명확하지는 않다. 이러한 한계성이 있지만 그렇다고 달리 판단할 근거도 없어서 일단 북한 학계의 견해를 따르도록 하겠다.
김종혁·김지철, 「신포시 오매리 금산발해건축지 발굴중간보고」 『조선고고연구』 1989-2;
김종혁·김지철, 「신포시 오매리 절골1호발해건축지 발굴 보고」 『조선고고연구』 1990-2.

한다. 이러한 중국측의 양식 변화에 비추어서 三上次男은 팔련성에서 발견되는 이불병좌상들이 고구려 말기인 6세기 말 또는 7세기 초에 만든 것으로 규정하고, 왜 발해 유적에서 고구려 시기의 불상들이 발견되는가를 추정한 바 있다.[19] 그는 고구려 이래의 이불병좌상 신앙 또는 그 신앙의 지도자가 발해 때에도 의연하게 그 지역 주민들에게 강한 영향력을 행사하고 있었다고 결론지었다. 이렇듯 고구려 柵城 이래의 불교 신앙이 발해 東京으로 그대로 이어졌던 것은 분명한 사실이다. 그러나 거의 모든 발해 불상들이 古式을 띠고 있는 점으로 보아 이들 이불병좌상 모두가 고구려 시기에 만들어졌다고 단정하기는 시기상조이다. 그중에는 고구려 전통을 이어받아 발해 시기에 조상된 것들도 포함되어 있을 가능성이 있기 때문이다.

결국 발해의 불교는 과거 고구려 영역이었던 지역과 그렇지 않은 지역으로 나뉘어 발전하게 된다. 고구려 영역 밖이었던 舊國과 上京 지역에서는 건국 집단이 고구려 불교를 도입하면서 비로소 불교의 싹이 트게 되었던 반면에, 고구려 영역에 속했던 발해 東京과 南京 지역에서는 고구려 이래 그 지방의 불교 전통이 그대로 전승되었던 것이다. 이에 따라 이 두 지역의 신앙 형태도 달리 나타나는 결과를 빚게 된다. 이러한 사실은 후술하는 바와 같이 두 지역에서 유행하는 불상 양식상의 차이에서 확인된다.

3. 文王의 불교 진흥과 王權 강화

대조영(698~719)대에 일단 건국을 완성하고 2대 武王 大武藝(719~737) 때에 국력을 외부로 발산하여 영역을 크게 확장함에 따라, 3대 文王 大欽茂(737~793)는

---

19. 三上次男, 앞논문 pp.341~346.

선왕들의 이러한 업적을 배경으로 內治에 힘을 기울여 국력을 크게 신장시켰다. 발해 불교가 발전기를 맞이하는 것도 바로 이 시기이다. 그것은 다음과 같은 몇 가지 점에서 확인된다.

먼저 문왕대에 축조된 상경성, 중경성, 동경성 지역에 절터가 집중적으로 발견된다는 사실이다. 물론 이 절터 중에는 이후에 세워진 것도 있겠지만, 문왕 이전의 중심지였던 돈화 지역에서 불교 유적이 하나밖에 나타나지 않는 점과 비교해볼 때, 문왕대의 文治政策에 힘입어 도성 내외에 사원들이 많이 개창되었을 가능성이 크다.

이보다 더 중요한 것은 그의 尊號에 나타난 불교적 요소이다. 그가 말년에 사용하던 존호는 '大興寶曆孝感金輪聖法大王'으로서, 이것은 그의 딸들인 貞惠公主와 貞孝公主 무덤에서 발견된 墓碑에서 확인되었다. 여기서 '대흥'과 '보력'은 모두 당시에 사용되던 연호들이고, '효감'은 효행의 德이 神人을 감동시켰다는 의미로 유교적 덕행과 관련된 것이다.[20] 이와 달리 '금륜'과 '성법'은 모두 불교 용어이다. 金輪은 金輪王의 약칭으로서 轉輪聖王 설화에서 유래한 것이다. 그리고 聖法이란 올바른 진리 또는 부처가 설법한 가르침을 의미하는 것이며, 聖法王은 過去佛인 世自在王佛을 가리키는 것으로서 역시 전륜성왕과 관련이 있다.

전륜성왕이란 원래 인도에서 등장한 王者觀으로서 세계를 통일하여 지배하는 이상적인 제왕상을 가리킨다. 그는 일곱 가지 寶를 가지고 네 가지 德을 갖추었으며, 須彌 4洲를 통일하여 무력이 아닌 正法으로 세상을 다스린다고 한다. 또한 전륜성왕에는 金輪王, 銀輪王, 銅輪王, 鐵輪王의 4왕이 있는데, 아소카왕(阿育王)은 이 중에서 鐵輪王으로 인식되었다.[21]

---

20. 예컨대 『冊府元龜』 권757에 孝感篇이 설정되어 있는 것이 참고가 된다.

21. 崔柄憲, 「불교사상과 신앙」 『한국사특강』 서울대학교출판부, 1990, p.319.

이러한 전륜성왕의 관념은 중국에서 남북조시대부터 등장하며, 우리나라에서도 이를 받아들여 고구려, 신라, 백제, 발해에서 모두 확인된다.[22] 그중에서도 불교를 받아들여 왕권을 강화하고 정복적인 팽창을 시도하였던 신라에서 이 관념이 더 적극적으로 받아들여졌다. 中古시기 신라에서는 왕권을 강화하기 위하여 국왕을 전륜성왕으로 상징하였는가 하면 석가모니 부처로 상징하기도 하였다. 眞興王은 전자의 경우로서 자신의 두 아들 이름을 전륜성왕에서 따와 銅輪(眞平王의 아버지)과 金輪(舍輪, 眞智王)이라 명명했다. 그는 활발한 정복전쟁을 바탕으로 왕권을 강화하고자 했다. 이를 위해 불교 승려들의 도움을 받아 새로운 王者觀을 수용했으니, 전륜성왕 설화의 채택이 바로 그것이다.[23] 그리고 이때에 조직이 정비되었던 花郎制度도 이 설화와 밀접하게 관련되어 있다.[24] 그런 의미에서 그는 인도의 아소카왕에 비견되기도 한다.

그런데 발해 문왕이 전륜성왕을 자처했던 것은 삼국으로부터가 아니고, 당나라 則天武后로부터 직접 영향을 받았을 것이다.[25] 그녀는 690년 국호를 周로 바꾼 뒤 자신의 권위를 강화하기 위하여 미신과 불교를 이용했다. 그리하여 693년에는 기존의 尊號에 金輪聖神皇帝號를 더하였다. 이 금륜도 금륜왕을 의미하는 것으로, 그는 이를 상징하기 위하여 궁정에 金輪寶를 비롯한 7寶를 만들어 두고 朝會 때마다 신하들에게 보였다고 한다. 694년 5월에는 越古金輪聖神皇帝로, 695년 1월에는 慈氏越古金輪聖神皇帝로, 그 해 9월에는 天册金輪聖神皇帝로 바꾸어 사용했다.[26]

---

22. 崔柄憲, 윗논문 p.321; 李基白, 『新羅思想史研究』 일조각, 1986, pp.80~81.
23. 南希叔, 「新羅 法興王代 國家發展과 佛教受容」 『韓國史論』 25, 1991, p.36; 판카즈 모한, 「6세기 신라에서의 왕권과 불교 간의 관계」 『불교학연구』 9, 2004.
24. 崔柄憲, 「新羅 佛教思想의 전개」 『역사도시 慶州』 열화당, 1984, p.369.
25. 王承禮, 「唐代渤海"貞惠公主墓志"和"貞孝公主墓志"的比較研究」 『社會科學戰線』 1982-1, p.184; 王俠, 「貞惠公主墓與貞孝公主墓」 『學習與探索』 1985-4, p.142.
26. 『舊唐書』 권6, 則天武后本紀; 『新唐書』 권76, 則天武皇后傳.

그러나 문왕이 聖法王, 金輪王을 칭하여 전륜성왕을 자처하였던 배경은 신라 진흥왕의 경우에 더 가까운 것으로, 그도 정복에 의해서 광대하게 넓어진 영토를 무력이 아닌 불법으로 통치하려는 이상적인 왕을 희구하였을 것이다. 그것은 대무예가 무력 정복에서 커다란 업적을 남겨 武王이라는 시호를 받았던 반면에, 대흠무는 그의 父王의 업적을 기반으로 하면서 그 다음에 요구되는 文治에 주력하여 文王이라는 시호를 받았던 역사적 사실과 부합되기 때문이다. 최종적으로는 이러한 이데올로기를 표방하여 자신의 권위를 강화하려는 데에 목적이 있었을 것이다.

국력이 신장되면서 문왕 후반기에 스스로 高麗國이라는 국호와 '天孫'이나 '皇上'이라는 칭호를 사용하기도 하였고, 774년에는 維新을 단행하기도 하였다.[27] 이에 따라 당으로부터는 渤海郡王에서 渤海國王 칭호로 進封받게 되었으니, 전륜성왕 설화의 채택도 바로 이러한 사실들과 불가분의 관계를 지니고 있었다.

그러면 이러한 전륜성왕 설화는 언제부터 채택되었는가. 그의 존호에 寶曆이란 연호가 들어가 있는 것으로 보아 774년 보력으로 개원할 때에 채택된 것으로 보는 것이 가능성이 크다. 참고로 이때의 改元은 바로 그가 단행하였던 유신의 일환으로 이루어진 것이다.

문왕이 불교와 밀접한 관련이 있다는 것은 貞孝公主 무덤을 통해서도 확인된다. 그것은 지하에 무덤칸을 만들고 그 위에 塼塔을 쌓았다는 점이다. 六頂山 고분군이나 龍頭山 고분군에서는 무덤 봉토에서 기와나 벽돌이 발견되었으니, 발해인은 초기부터 무덤 봉토 위에 특별한 시설을 했던 것을 보여준다. 그렇지만 그러한 시설물이 단지 봉토 위를 기와나 벽돌로 덮은 것이었는지, 아니면 무덤 위에 추도를 하기 위한 건물을 지었던 것인지는 분명하지 않다.

---

27. 송기호, 「文王의 文治」『渤海政治史硏究』 일조각, 1995.

시간이 흐르면서 이 시설은 정식의 건조물로 변모했다. 三陵屯 무덤이나 河南村 무덤에서는 주춧돌이 발견되었고, 정효공주 무덤에서는 벽돌탑이 발굴되었다. 馬滴達塔이나 靈光塔도 정효공주 무덤처럼 무덤 위에 세운 탑일 가능성이 크다. 정효공주 무덤 위의 시설은 벽돌탑이 분명하지만, 주초 건물의 용도는 분명하지 않다. 벽돌탑을 도입하기 이전에 목탑을 세운 것이거나(본서 제12장), 아니면 다른 형식의 추도시설이었을 것이다.

이렇게 건국 초기에는 고구려 이래의 전통을 이어받아 무덤 위에 일정한 시설을 했다가 불교가 점차 성행하면서 최상층의 무덤에서는 목탑이나 벽돌탑을 세우는 방식으로 전환된 것으로 이해된다. 삼릉둔 무덤은 756년 상경 천도 이후에 조성된 왕실 무덤이고, 정효공주 무덤은 792년에 조성되었으므로, 이런 전환은 문왕 때에 이루어졌을 것이다.

결국 문왕은 불교를 적극적으로 받아들여 왕권을 강화하고자 하였으니, 전륜성왕 설화의 채택은 그 대표적 증좌가 된다. 이러한 사실은 당시 불교가 왕실과 밀접한 관계에 있었던 것을 반영한다. 현재 長白縣에 완전하게 남아 있는 발해 시대의 靈光塔에는 1층의 4면에 각각 '王', '立', '國', '土'로 판독될 수 있는 벽돌 문양이 있다고 한다. 따라서 이를 이어서 읽게 되면 '王立國土'나 '國立王土'로 된다.[28] 이것이 문왕 때에 만들어진 것인지는 알 수 없지만, 발해 시기에 불교가 왕실과 밀접하게 관련을 맺고 있었던 또 하나의 증거에 속한다.

한편 762년 일본에 사신으로 갔다가 이듬해에 발해로 돌아온 王新福 일행이 東大寺에서 禮佛했던 자료가 있어서 주목된다. 일본 正倉院에 소장되어 있는 古文書 중의 하나에 다음과 같은 기록이 보인다.

> [高]麗客人禮佛會日破損如件 … 天平寶字七年正月卄四日史生凡判万呂[29]

---

28. 邵春華, 앞논문; 吉林省文物志編委會, 『長白朝鮮族自治縣文物志』 1988, p.72.

여기서 고려객인이란 발해 사신을 가리킨다. 발해를 고려라 칭한 예는 『續日本紀』와 平城宮에서 출토된 木簡에서도 확인된다.[30] 따라서 천평보자 7년(763)에 일본에 머물렀던 인물은 전 해에 사신으로 간 왕신복 일행일 수밖에 없다. 이 자료를 보더라도 이미 문왕대에는 발해 귀족층이 불교를 많이 받아들였음을 추측할 수 있다.

4. 9세기대의 불교 융성

문왕대의 불교 진흥책에 힘입어 9세기에 들어오면 불교가 융성기를 맞이한다. 현재로서는 이 당시의 모습을 전하는 기록이 전혀 남아있지 않지만, 승려들의 활동이나 유적, 유물을 통하여 그 편린을 엿볼 수 있다.

따라서 여기서는 우선 승려와 귀족 특히 使臣들의 불교 활동을 문헌을 바탕으로 살펴보고, 다음으로 불교 관계 유적과 유물들을 검토하겠다. 물론 이들 고고학 자료들이 모두 9세기대에 해당하는 것은 아니지만, 연대가 확실한 자료들만 살펴본다면 이들의 중심 연대가 9세기임이 확실하다. 그런 면에서 역시 9세기는 발해 불교의 융성기라고 할 수 있으며, 이러한 전개 과정은 발해사 자체의 흐름과도 궤를 같이한다.

(1) 승려 및 使臣들의 불교 활동

발해의 승려로서는 釋仁貞, 釋貞素, 薩多羅, 載雄 및 대원화상 등을 들 수

---

29. 東京帝國大學, 『大日本古文書』 16, 동경제국대학 문학부 史料編纂掛, 1927, pp.324~325; 石井正敏, 「渤海の日唐間における中繼的役割について」 『東方學』 51, 1976, 주24.
30. 송기호, 앞논문 1995, pp. 116~117.

있는데, 이들은 모두 9세기 이후에 들어와서 활동한 점이 특기할 만하다. 이것은 발해 역사에서 승려들이 활발히 활동했던 시기가 바로 9세기 이후라는 것을 보여주며, 결과적으로 이때에 불교가 융성하였던 사실을 반영한다.

현재로서는 이들의 종파나 불교 철학을 밝힐 만한 자료가 전혀 없고, 다만 이들이 남긴 행적을 통하여 당시 승려들의 역할을 부분적으로나마 파악할 수 있을 따름이다. 그러한 기록마저 발해인 자신이 남긴 것은 없고 일본측이나 중국측 산물이기 때문에 자연히 이들의 행적은 대외 관계 부분에 집중되어 있다.

釋仁貞(또는 仁眞, ?~815)은 僖王代의 인물로 詩를 잘 지었다. 814년 錄事의 직책으로 역시 시를 잘 지었던 大使 王孝廉을 따라 일본에 사신으로 갔다.[31] 그곳에서 일본 文人들과 교유했고, 그때 지은 「七日禁中陪宴詩」 1수가 전해진다.[32] 그는 일본에서 從5位下의 관등을 받기도 했으나, 귀국하지 못하고 왕효렴 등과 함께 병사했다.

기록이 제일 많이 남아 있는 사람은 釋貞素(?~828)이다. 그의 행적은 813년 무렵부터 828년까지 보이는데, 발해 8대왕 僖王代부터 10대왕 宣王代까지 해당한다.[33] 그는 일찍이 당에 유학하여 應公을 스승으로 삼았다. 813년 늦가을에 당나라 長安의 한 客舍에서 응공의 스승이기도 한 일본 유학승 靈仙(?~828)과

31. 그의 행적은 다음에 나타나 있다.
『日本後紀』 권24, 弘仁 5년 9월~6년 6월; 『日本逸史』 권24, 弘仁 7년 5월; 『類聚國史』 권194, 殊俗 渤海 下, 弘仁 5년 9월~7년 5월.

32. 『文華秀麗集』 上 (『新校群書類從』 6, 內外書籍株式會社, 1931, p.127).

33. 그의 행적은 다음에 나타나 있다.
『日本逸史』 권34, 天長 3년 3월~5월; 『續日本後紀』 권11, 承和 9년 3월; 『類聚國史』 권194, 殊俗 渤海 下, 天長 3년 3월~5월 및 承和 9년 3월; 『入唐求法巡禮行記』 권3, 開成 5년 7월 3일.
이밖에 다음에 그의 행적이 자세히 고찰되어 있다.
金毓黻, 『渤海國志長編』 권19, 叢考.

만나 즉시 의기투합하게 되었다. 그 뒤 그는 五臺山에 들어간 영선과 일본 조정 사이를 왕래하면서 이들의 중개자 역할을 충실히 수행하였고, 이로 인하여 목숨까지도 잃게 되었다. 즉 825년 일본에서 보내온 百金과 편지가 장안에 도착하자, 그는 장안에서 출발하여 오대산 鐵懃寺로 가서 이를 전하였다. 이에 영선이 舍利 1만 粒, 新經 兩部, 造勅 5통 등을 그에게 맡기면서 일본에 직접 전해주기를 청했다. 그는 그 해 발해로 돌아간 뒤, 같은 해에 발해 사신 高承祖를 따라 일본으로 갔고, 826년 3월에 이를 전했다. 이들이 귀국할 때에 일본은 黃金 100냥을 다시 맡겨 영선에게 보내주기를 부탁했다. 발해로 귀국한 그는 827년 발해의 朝唐賀正使를 따라 당으로 들어가서, 828년 4월 7일에 영선이 마지막으로 머물던 大曆靈境寺에 도착했으나, 영선은 이미 독살된 뒤였다. 이에 슬픔을 이기지 못하여 「哭日本國內供奉大德靈仙和尙詩并序」를 남기고, 이 해에 다시 사신을 따라 귀국하다가 塗里浦에서 풍랑을 만나 사신 일행과 함께 목숨을 잃게 되었다.

薩多羅는 14대왕 大虔晃(857~871) 초기에 長安에 들어가 西明精舍에 머물렀다고 한다.[34] 그는 鳥獸의 말에 능하여 貴臣들의 집에서 서로 불러 물어보기도 하였다. 그러나 五代 南唐 後主(961~976) 때에 여행자들을 금지시키고 그의 이름을 軍寺에 올리려고 하자 장안을 떠나 그 이후로 행적을 알 수 없게 되었다고 한다.

載雄에 대해서는 유민들의 불교 활동에서 언급하겠다. 그리고 대원화상이 10대 宣王 때인 826년 현재의 함경북도 七寶山에 開心寺를 창건하였던 사실을 전하는 기록이 최근에 발굴되었다고 한다.[35]

발해의 승려와 관련하여 여기서 좀 더 검토를 요하는 것은 최봉익이 발해의

---

34. 김육불이 그의 행적을 『厥史』에서 채록하여 놓았다. 그러나 이것은 소설가로부터 나온 것으로 신빙성은 적지만 워낙 사료가 적기 때문에 일단 적어 놓는다고 하였다. 김육불, 앞책 권11, 士庶列傳.

35. 리준걸, 앞논문 p.34.

승려로서 승원, 지범, 법정, 도정, 무명, 도유를 지적한 점이다. 그는 출전을 제대로 밝히지도 않은 채 위와 같은 한글 이름들만 제시했는데,[36] 이들은 각 高僧傳에서 渤海人으로 나오는 釋僧遠(414~484), 釋道儒(410~490), 釋法貞(461~521), 釋智梵(539~613), 釋道正(隋 文宗시), 釋無名(722~793)을 끌어온 것이 틀림없다.[37] 이 중에서 釋無名을 제외하고는 생몰 연대만 보더라도 발해국의 승려가 될 수 없음은 자명하다. 여기서 말하는 발해는 발해국이 아니고 漢 이래로 黃河 하류의 발해만 지역에 설치된 渤海郡, 渤海縣을 가리킨다. 따라서 이들은 발해국과 아무런 관련이 없다. 그 생몰 연대나 출전만 보더라도 이들이 발해국 승려가 아니라는 것이 분명한 데도, 최봉익이 발해국 승려로 단정하여 이들의 불교 철학을 장황하게 언급한 것은 의도적인 사료 왜곡이라는 의심을 가지게 한다.

釋無名은 발해국과 같은 시기에 살았다. 이러한 사실 때문에 다른 승려들과는 달리 다른 곳에서도 발해국의 승려로 다루어지는 경우가 있다.[38] 그러나 결론부터 말하면 이 사람도 발해국과 상관없는 渤海郡 출신일 것이다. 그것은 그의 할아버지가 洛陽에서 벼슬살이를 하였기 때문에 본래 발해인이었다가 낙양인이 되었다고 한 점에서 추정된다. 그가 태어난 것이 722년이므로, 그의 할아버지가 낙양에서 벼슬살이를 한 것은 적어도 700년 이전이 되어 발해 건국보다 앞서게 된다. 따라서 그가 발해국 출신이었을 가능성보다 발해군 출신이었을 가능성이 훨씬 크다. 고구려와 발해에는 高씨들이 많이 있었지만, 당시 渤海郡을 본관으로

---

36. 최봉익, 앞책 p.69; 최봉익, 『조선철학사개요』 사회과학출판사, 1986, pp.65~69.

37. 이들의 出自와 그 出典은 다음과 같다.
釋僧遠; 姓皇, 勃海重合人(『高僧傳』 권8): 釋道儒; 姓石, 渤海人(『高僧傳』 권13): 釋法貞; 不測氏族, 渤海東光人(『續高僧傳』 권6): 釋智梵; 姓封氏, 渤海條人(『續高僧傳』 권11): 釋道正; 滄州渤海人(『續高僧傳』 권16): 釋無名; 姓高氏, 渤海人也(『宋高僧傳』 권17).

38. 안계현, 앞논문.

하는 또 다른 고씨들이 중국에서 활약하고 있었다.[39] 결국 高僧傳들에 나오는 이상의 인물들은 모두 발해국과 무관하다.

한편 불교가 융성해짐에 따라 일반 지배층에서도 불교와 관련된 활동이 나타나게 되었다. 僖王代인 814년 가을 일본에 사신으로 갔던 王孝廉(? ~815)은 원래 詩를 잘 지어 일본의 유명한 승려인 弘法大師 즉 高野大師 空海(774~835)와 시문을 주고받으면서 교유했다. 왕효렴이 귀국하지 못하고 이듬해 6월에 사망하자 공해는 그를 추도하는 시를 지어 남겼다.[40] 이처럼 두 사람 사이에 시문을 사이에 두고 맺었던 인연을 통하여 왕효렴이 불교에 대한 이해가 깊었을 것이라는 점을 짐작할 수 있다.

일본에서 『文華秀麗集』(818)보다 9년 늦게 완성된 『經國集』(827)에는 발해 사신이 일본에 와서 禮佛을 한 사실이 전해진다. 일본인 安吉人(安倍吉人)은 발해 사신이 예불하였다는 소식을 듣고 이에 감응하여 「聞渤海客禮佛感而賦之」라는 7言詩를 남겼고, 島渚田(島田渚田)이 이 시에 화답하여 또 다른 7언시 「同安領客感客等禮佛之作」을 지었다.[41] 그 제목으로 보아 安吉人은 領客使의 직책으로 발해 사신을 접대하는 책임을 맡았었음을 알 수 있다. 그러나 800년 전후에는 발해 사신이 빈번하게 파견되었기 때문에 이 渤海客이 누구인지는 알 수 없다. 그는 일본인을 감응시킬 정도로 佛心이 대단하였던 듯하다.

일본에 전해지는 한 다라니경의 끝에 발해 사신이 전해주었다는 跋文이

---

39. 예컨대 당시에 활약하였던 高元裕, 高少逸, 高崇文, 高亭 등은 모두 이 지역 출신이다. 김육불, 앞책 권19, 총고 참조.
또한 土肥義和가 발해국인으로 추정한 渤海 高公도 역시 발해국과는 무관한 것으로 여겨진다. 土肥義和, 「敦煌發見 漢文文書에 나타난 韓國關係 記事에 관하여」 『大東文化研究』 23, 성균관대학교 대동문화연구원, 1989 참조.

40. 왕효렴이 일본에서 지은 시 5편이 『文華秀麗集』 上(앞책 p.127 및 p.129)에 수록되어 있고, 공해가 지은 추도시는 『高野大師御廣傳』 下 (『續群書類從』 8, 經濟雜誌社, 1904, p.662)에 수록되어 있다.

41. 『經國集』 권10, 校註日本文學大系 제24권, 國民圖書株式會社, 1927, p.285.

달려 있어 주목된다. 그 전문은 다음과 같다.

> 大唐大中六年十月卄八日, 弟子殷喪(段表?)施. 貞觀三年四月十四日, 渤海國使英秩大夫政堂省春部正三位上中郎將均谷枉縣開國李居正持來之.[42]

唐 大中 6년(852) 10월 28일에 제자 殷喪(段表?)이 시주 또는 필사한 것으로서, 그 시주물은 일본 貞觀 3년(861) 4월 14일에 발해 사신 英秩大夫, 政堂省 春部卿(義部의 장관인 듯), 正三位, 上中郎將, 均谷枉縣 開國男 李居正이 가지고 온 것이라고 한다. 당나라 연호가 있는 것으로 보아서, 원래 당에서 필사되었던 것이 발해에 유입되었다가 다시 일본으로 전해졌을 것이다. 그리고 이 다라니경을 일본에 전해주었던 인물이 다름 아닌 860년에 발해를 출발하여 이듬해 정월에 일본에 도착한 발해 사신 李居正이었다.

佛頂尊勝陀羅尼經은 밀교 계통의 저술이다. 따라서 이 기록은 단지 밀교가 일본에 전파되었던 경로를 밝혀주는 것일 뿐 아니라, 발해 불교도 밀교와 밀접하게 관련되어 있었을 가능성을 암시해준다. 일찍이 瀋陽에서 발견된 石經幢에는 尊勝陀羅尼가 새겨져 있었는데, 여기에서 '開元二年', '瀋州'라는 문자가 확인되어 714년에 요동지방에 밀교가 이미 들어와 있었음을 알 수 있다.[43] 그뿐 아니라

---

42. 稻葉岩吉, 『滿洲發達史』 大阪屋號出版部, 1915, pp.419~420; 田島公, 「第六章 海外との交涉」 『古文書の語る日本史』 제2권 平安, 筑摩書房, 1991, pp.256~258.
원래 稻葉岩吉은 이 발문이 일본 京都 남부인 山城의 東寺에 전해지고 있는 『尊勝呪諸家集』에 실려 있다고 하였으나, 田島公은 이 절에 소장되어 있는 것은 발견하지 못하였고, 石山寺에 소장되어 있는 『佛頂尊勝陀羅尼經記』의 발문에 실려 있다고 하였다. 여기에는 稻葉岩吉이 소개한 것과 거의 동일한 내용이 실려 있으나, 약간 다른 부분도 있다. 이 글에서는 후자의 것을 싣고 전자의 것을 참조하였다. 다만 田島公의 판독을 사진과 비교해본 결과 그의 판독에 李자가 중복된 것을 확인할 수 있었다.

43. 稻葉岩吉, 윗책 pp.416~418.
이 경당이 당나라 때가 아닌 요나라 때 유물이란 주장도 있다(閻萬章, 「瀋陽歷史沿革及有關問題」 『瀋陽地方志資料叢刊』 2, 1983〔『遼寧省博物館學術論文集』 1(1949~1984),

발해 이후에 일어난 遼나 淸에서도 밀교가 융성하였다. 이러한 사실들은 발해에도 밀교가 들어와 성행했을 가능성을 간접적으로 뒷받침해준다.

이밖에 시기상으로는 文王代에 속하기는 하지만, 776년 일본에 사신으로 갔던 史都蒙 일행이 이듬해 귀국할 때에 가지고 간 물품 중에 水精念珠 4貫이 포함되어 있는데, 이것은 水晶을 꿰어서 만든 염주일 것이므로 불교 용품에 해당한다.[44] 定王代(809~812)에 首領의 직책으로 809년 高南容을 따라 일본에 사신으로 갔다가 귀국하지 않고 일본 越前國에 홀로 남았던 高多佛의 이름으로 보아 발해인들 가운데는 불교적으로 이름을 짓는 경우도 많았을 것이다.[45] 그리고 기와에 새겨진 글자들 중에 佛자의 古字가 많이 나타나는 것도 불교와 관련이 있을 것이다.[46]

(2) 절터 및 탑터

9세기에 이르면 사원이 활발하게 개창되고 불상도 많이 조성되었을 것이다. 현재까지 발견된 절터로는 모두 40군데 정도가 되는데, 구체적으로는 다음과 같다.

遼寧省博物館, 1985 재수록 p.411〕. 그러나 아직 이 유물에 대한 구체적인 정보를 갖지 못하여 정확한 내막을 알 수 없다.

44. 『續日本紀』 권34, 寶龜 8년 5월.
水精은 水晶을 이르는 것으로 倭國에서 많이 난다고 하였는데, 이것은 이러한 수정을 꿰어서 염주로 만든 것인 듯하다(『本草綱目』 권8, 金石部 참조).

45. 『日本紀略』 前篇 권14, 弘仁 元年 5월.

46. 이강, 「발해의 문자」 『발해국사』 정음사, 1988 참조.
이밖에 발해에서 왕을 의미하던 可毒夫를 佛陀의 對音으로 보는 견해도 있으나 믿기 어렵다.
稻葉岩吉, 「滿洲國號の由來-東方諸民族と佛教との關係-」 『增訂 滿洲發達史』 附錄, 日本評論社, 1934, p.572.

1. 구국 지역(1곳): 紅石鄕의 廟屯절터
2. 상경 지역(10여곳)[47]: 성 안의 1~7호 절터, 성 밖의 8~9호 절터 등
3. 중경 지역(12곳): 八家子鎭의 河南村절터, 東南溝절터(일제시대에 보고된 東南山절터?), 德化鄕의 高産절터, 西城鄕의 軍民橋절터, 龍井鎭의 水七溝절터, 德新鄕의 仲坪절터, 明月鎭 부근의 舞鶴절터, 大東溝절터, 神仙洞절터, 傅家溝절터, 仲坪절터, 碱場절터
4. 동경 지역(10곳): 성 밖의 3개 절터, 馬滴達鄕의 馬滴達절터(龍王廟절터), 三家子鄕의 新生절터(四方砣子절터), 良種농장절터, 馬川子鄕의 五一절터, 楊泡鄕의 楊木林子절터, 密江河 상류의 大荒溝절터, 汪清 紅云절터[48]
5. 북한 지역(2곳): 明川郡의 開心寺절터, 新浦市 절골 유적
6. 연해주 지역(4곳): 연해주 슬라비안카 구역의 코프이토 절터, 아브리코스 절터, 우수리스크시 부근의 보리소프카 절터, 하산 구역의 크라스키노 성 안에 있는 절터

이밖에 西古城과 大城子고성 등에도 사원이 있었을 것이나 아직은 확인되지 않았다. 이상의 분포 상황을 보아 사원은 통치의 중심지였던 5京에 집중되어 있었다. 여기에는 왕실이나 귀족의 무덤을 관리하기 위해 조성된 사원도 포함되어 있으니, 馬滴達塔 부근에서 발견된 馬滴達절터가 그러하다.

절터에 대한 정밀 조사는 아직 진행되지 않아 이들 유적의 연대는 거의 알 수 없다. 다행히 근래에 조사된 함경북도 명천군 개심사 절터에서 "발해 선왕 9년 병오 3월 15일 룡강성, 석두현, 해성사, 금강곡, 칠보산, 개심사 창건자는 대원화상이고 목수는 팽가와 석가이다"라는 내용이 쓰여진 글쪽지가 나무함

---

47. 이곳의 절터 숫자에 대해서는 자료에 따라서 조금씩 다르다. 예컨대 陳顯昌, 何明은 모두 10여기의 절터가 발견되었다고 하였다. 성 안팎에서 9개의 절터가 발견되었던 것은 1960년대로서, 그 후 새로이 발견된 것에 대해서는 자세한 상황을 알 수 없다. 陳顯昌, 「唐代渤海上京龍泉府遺址」『文物』 1980-9, p.87; 何明, 앞논문 1983, p.39.

48. 吉林省文物考古研究所, 「吉林汪清縣紅云渤海建築遺址的發掘」『考古』 1999-6.

속에서 발견되어, 이 절이 826년(선왕 9)에 세워졌음을 확인할 수 있다.[49] 그러나 원문이 아직도 소개되지 않아 자세한 내막을 알 수 없다.

연해주 아브리코스 절터는 이미 폐기된 코프이토 절터의 기와를 가져다 건축했다는 사실과 그밖의 몇 가지 다른 근거를 들어, 코프이토 절터는 8세기대, 아브리코스 절터는 9세기대로 추정하는 견해가 피력된 적이 있다.[50]

한편 탑터도 여러 군데에서 발견되었다. 잘 알려진 것으로는 정효공주 무덤탑, 馬滴達塔, 靈光塔이 있지만, 이밖에도 八連城 제1절터, 上京城 안의 土台子, 東寧縣 大城子고성, 신포시 오매리 절골 등에서도 발견되었다.[51] 앞에서 절터로 제시된 것에도 실제는 탑 자리에 해당하는 것들이 있다. 아브리코스 절터에 대해서 일찍이 그러한 주장이 제기된 바 있고,[52] 高産절터와 같이 주춧돌이 2중의 8각 원형을 이루는 경우도 역시 탑 자리로 보아야 할 것이다.

이들 가운데 영광탑만이 온전하게 남아 있다. 이 탑은 5층 벽돌탑으로 높이가 13m 정도이다. 마적달탑은 7층의 벽돌탑이었지만 1921년경에 무너졌다고 한다. 정효공주 무덤탑도 역시 벽돌탑이었다. 그런데 이들은 舍利塔이 아니라 무덤탑의 성격을 띠고 있는 것이 특징적이다. 탑 아래 地宮에 무덤칸을 만들고, 그곳에 시신을 안치한 것이다.

墓塔을 세우는 것은 무덤 위에 시설물을 설치하는 전래의 전통이 불교와

---

49. 리준걸, 앞논문 p.34.

50. E.V. Shavkunov 저, 宋基豪 역, 앞논문 p.462.

51. 이들은 각기 다음 글을 참조 바람.
齋藤甚兵衛, 『半拉城-渤海の遺蹟調査-』 琿春縣公署, 1942, p.21; 丹化沙, 앞논문 1978, p.196; 張太湘, 「大城子古城調査記」 『文物資料叢刊』 4, 1981, p.225; 김종혁, 「청해토성과 그 주변의 발해유적」 『조선고고연구』 1990-4.

52. 江谷寬, 「沿海州における佛教遺蹟-渤海時代アブリコソボ寺院-」 『古代學』 13-2, 1966, p.131.

습합되면서 나타난 것으로 판단된다. 그러기에 승려의 무덤뿐 아니라 불교와 밀접한 왕실 내지 귀족 무덤 위에도 묘탑을 세운 것이다. 그런데 734년 郭元誠 부부묘 위에 쌍탑을 세웠고, 당나라 시인 王維의 어머니 묘 위에도 탑을 세운 사례[53]가 있으니, 당나라로부터 이와 같은 묘탑의 영향을 받았을 가능성도 배제할 수 없다.

사리탑도 있었다. 팔련성 제1절터에서는 사리 장치의 일부로 보이는 心礎石이 발견된 적이 있다. 대성자고성에서는 1972년 금동제 사리함이 발견되었는데, 그 안의 작은 은합에 6과의 사리가 들어 있었다. 또 상경성 토대자에서도 1975년 제일 겉의 석함에서 시작하여 마지막의 은합까지 7겹으로 된 사리함이 발견되었다. 이 중 漆匣에는 가는 銀絲로 꽃무늬가 상감되어 있고, 은합에는 구름무늬와 사천왕상이 새겨져 있어 발해 불교 예술의 수준을 가늠할 수 있게 해준다. 마지막 함 안에는 유리병 속에 사리 5과가 들어 있었다. 이 사리함은 발해 중·만기의 것으로 추정된다고 한다.

그밖에 상경성 안에 있는 청나라 때의 興隆寺 자리에는 용암으로 만든 높이 6m의 거대한 석등이 지금도 남아 있다.

(3) 불상

불교가 융성해지는 9세기대에 들어서면 불상들이 활발히 제작되었을 것이다. 현재까지 상당수의 불상이 발견되었으나, 이들이 중국, 일본, 러시아, 남북한에 흩어져 있기 때문에 정확한 숫자와 종류를 알기 어렵다. 현재까지 상경성에서 발견된 것만으로도 1,000점에 가깝다고 한다.

재료상으로 보더라도 석불, 철불, 금불, 금동불 또는 동불, 전불(泥佛, 陶佛),

53. 桑紹華·張蘊, 「西安出土文安公主等墓志及郭彦塔銘」 『考古與文物』 1988-4, p.82.

소조불, 건칠불 및 벽화에 그려진 불상 그림 파편들이 있다. 이 중에서 대표적인 것이 전불인데, 틀에 찍어내어 구워 만든 것이다. 이들은 상경성(동경성), 팔련성의 절터에서 대량으로 발견되었고, 연해주의 아브리코스 절터에서도 발견된 적이 있다. 불상 아래에는 못이 박혀 있는 원형 구멍이 있어 원래 절의 벽에 고정해 놓았던 것으로 여겨진다. 아마 이들은 千佛像이나 化佛을 이루었을 것이다. 상경성의 절터에서 발견된 벽화 파편에 천불도의 일부가 그려져 있는 것도 이들과 관련이 있을 것이다. 전불이 중국이나 일본에서도 만들어졌지만, 이들은 모두 납작한 板狀인 데에 비하여 발해의 것은 둥글게 입체적으로 만들어져 있어 대조를 이룬다. 이것은 오히려 고구려 元五里 절터 출토의 전불과 통하는 것으로 발해 전불이 고구려 전통을 이은 것임이 분명하다.[54] 발해 절터에서 발견되는 연화문 와당이 고구려의 것을 계승한 것과도 상통하는 것이다.

석불로는 현재 흥륭사지 안에 안치된 것이 대표적이지만, 청나라 때에 이 불상이 개조되면서 크기가 줄어들어 원래의 모습을 잃고 말았다. 현재의 높이는 대좌를 포함하여 3.3m에 이른다.

양식면에서 보면 觀音菩薩立像, 禪定印如來坐像, 彌陀定印如來坐像, 이불병좌상, 3尊佛, 5尊佛 등이 있다.[55] 이들은 분포상으로 크게 두 지역으로 나뉘는 현상이 발견된다. 가장 오랫동안 수도 역할을 하였던 상경용천부 지역은 관음상이 주류를 이루고, 동경용원부 지역은 이불병좌상이 주류를 이룬다. 이로 보건대 상경 지역에서는 관음신앙이 성행했던 반면에 동경에서는 법화신앙이 성행했을 것이다. 이러한 지역적 차이는 앞서 지적한 바와 같이 과거 고구려 불교의 지방적 전통이 그대로 이어진 지역과 그렇지 않은 지역이라는 역사적 배경에서 연원한 듯하다. 駒井和愛는 이를 두고 상경 지역의 불상을 龍泉府式이라 하고

54. 原田淑人, 앞논문 1940, p.370.

55. 차옥신, 앞논문 pp.52~85.

동경 지역의 불상을 龍原府式이라 하여, 후자가 고구려 불상의 영향을 농후하게 받은 고구려식인 데에 비하여, 전자는 발해 불상의 전형을 이루는 渤海國式으로 규정한 바 있다.[56]

일부 불상에서는 세부적인 면에서 발해 고유의 양식이 눈에 뜨인다. 그런 것으로 塼佛思惟觀音菩薩立像, 二佛竝坐像, 三尊佛을 들 수 있다. 관음보살입상 중에는 사유상도 포함되어 있는데, 사유상의 경우 보통 사유하는 자세를 표현하기 위하여 반가상으로만 표현되는 데에 비해 발해의 경우 입상으로 표현된 것이 특기할 만하다.[57] 또한 이불병좌상에서 왼쪽 부처가 오른쪽 부처의 왼손 위에 오른손을 올려놓은 것을 비롯하여,[58] 두 불상이 서로 팔을 맞대어 나란히 결가부좌하고 있는 것, 두 개의 頭光이 서로 겹치고 하나의 커다란 거신광의 광배 속에 같이 들어가 있는 것, 양쪽에 협시불이 있는 경우가 있는 것 등[59]은 발해 불상에서만 찾아볼 수 있는 독특한 양식들이다. 삼존불 중의 하나에는 협시보살의 목에 景教의 십자가로 보이는 목걸이가 걸려 있는 것이 있다.[60] 뒤에 다시 언급하다시피 이 지역에 경교가 전래되어 있었던 사실을 반영한다. 그 외에 거의 모든 불상들이 通肩衣를 하고 있는 것도 특색으로 들 수 있다.

발해의 불상들은 北魏에서 隋에 이르는 양식이 많이 나타나는데, 이 중에서도 북위 양식이 주를 이룬다.[61] 발해와 동시대의 당나라 양식이 눈에 많이 뜨이지 않는 것은 당시에 통일신라가 당나라 양식을 적극적으로 받아들였던 것과는 대조적인 것으로 발해 불교의 특성을 이해하는 데에 시사하는 바가 많다. 결과적

56. 駒井和愛, 앞논문 1946〔1977 재수록 논문 p.174〕.

57. 차옥신, 앞논문 pp.55~56.

58. 駒井和愛, 앞논문 1946〔1977 재수록 논문 p.173〕.

59. 차옥신, 앞논문 p.69.

60. 윗논문 p.78.

61. 윗논문 p.84.

으로 발해의 불상 양식은 동시대에 주변국가로부터 받아들여진 것보다 전시대로부터 이어받은 것이 더 큰 비중을 차지한다. 그렇다면 앞시대의 말갈로부터 전승된 것이거나 아니면 고구려로부터 계승된 것이 되는데, 이미 앞에서 언급한 바와 같이 고구려에서 그 연원을 찾지 않을 수 없다. 그러나 오랜 기간 왜 고집스럽게 古式을 고수했는지는 수수께끼라 하지 않을 수 없다.

양식면에서 古式을 나타내는 것은 이미 건국 초기부터 불상을 조성해왔다는 사실을 증명한다. 그렇지만 활발하게 제작된 것은 9세기 들어와서일 것이다. 그것은 불상 제작과 관련된 다음의 두 기록이 어느 정도 뒷받침한다.

첫째는 814년 당에 파견한 사신 高禮進등을 통하여 금불상과 은불상을 바친 기록으로서, 이때 가져간 불상들은 발해에서 제작된 것으로 생각된다.

> (元和九年正月) 渤海遣使高禮進等三十七人朝貢, 獻金銀佛像各一. (『册府元龜』 권972)

둘째는 현재 일본의 倉敷市 大原美術館에 소장되어 있는 碑像形 五尊像에 새겨진 명문이다. 그 명문은 다음과 같다.[62]

> 咸和四年閏五月八
> 日前許王府參軍騎
> 都尉趙文休母李氏
> 敬造阿弥陁佛及觀
> 音勢至等菩薩尊像
> (이하 생략)

---

62. 黃壽永, 『韓國金石遺文』 제3판, 一志社, 1981, pp.276~277.
이 책보다 정확하게 명문을 판독할 수 있도록 자료를 제공해주신 西川宏선생께 감사를 드린다.

불상 아래에 새겨져 있는 이 명문으로 보아 834년(咸和 4)에 조성된 것임을 알 수 있다.[63] 발해 관리였던 趙文休의 어머니 李氏가 主尊인 아미타불과 그 협시불인 관음과 세지의 두 보살 등을 조성했다는 사실도 확인할 수 있다.

지금까지 살펴본 바와 같이 9세기 대에 들어오면 불교가 융성해지면서 승려들이 활발히 활동하게 되었고, 일반 귀족층도 불교에 심취했을 것이다. 그 결과 절과 탑을 세우고 불상을 제작하는 활동도 적극적으로 이루어지게 되었다.

5. 유민들의 불교 활동

926년 발해가 멸망하자 많은 유민들이 고려로 망명해 들어왔다. 고려측의 기록에 의하면 멸망한 지 200년 가까이 된 1117년까지 유민들이 斷續的으로 유입해왔다. 이러한 유민 중에는 다음 기록처럼 승려도 포함되어 있었다.

> (太祖十年)三月甲寅, 渤海工部卿吾興等五十人僧載雄等六十人來投. (『高麗史』 권1)

이 문구를 보건대 이때 고려로 들어온 사람들은 모두 110명이었고, 工部의 장관인 吾興이 인솔한 50명과 승려인 載雄이 인솔한 60명으로 나뉘어 있었다. 재웅이 이끈 60명을 모두 승려라고 단정할 수는 없을 지 몰라도 승려나 또는 이와 밀접한 인물들로 구성되었을 것이다. 그러나 아쉽게도 이들이 고려로

63. 역사상 咸和란 연호는 東晋과 발해에서 사용되었다. 그러나 동진 함화 4년인 329년에는 윤달이 없고, 발해 함화 4년인 834년에도 윤달이 없다.

들어 온 이후의 행적은 전혀 남아 있지 않다.

거란이 발해를 멸망시키고 이들을 통제하기 쉽게 하기 위하여 928년 발해 유민들을 요동지방으로 강제 이주시켰다. 이러는 과정에서 수도였던 상경성을 불태웠고 이때 절들도 소실되었을 것이다. 이러한 사실은 상경성을 발굴하면 어김없이 대량의 화재 흔적이 발견되는 데에서 추측된다.[64] 그렇다면 928년 이후 옛 발해 영역 안에서는 불교 전통이 단절되어버렸을 것이다.

그 전통은 유민들이 강제로 옮겨졌던 요동지방에서 명맥을 유지하게 되었으니, 현재의 遼陽 지역은 그 중심지였다. 지금까지 전해지는 사료들은 모두 이 지역을 중심으로 한 것이며, 그것도 금나라 때에 속한다. 이 시기에 발해 유민들 사이에 불교가 갑자기 퍼졌을 리는 없으므로, 금나라가 지배하기 이전 거란 통치하에서도 유민들 사이에 발해 불교의 전통이 맥을 잇고 있었을 것이 틀림없다. 그러나 현재로서는 그 실상을 찾아볼 길이 없어 아쉽다.

금대까지 불교 전통이 끊이지 않았던 사실은 여러 가지 자료에서 확인된다.[65] 우선 남송의 洪皓(1088~1155)가 금나라에 유폐되었다가 돌아와서 쓴 『松漠紀聞』을 들 수 있다. 이 책에는 두 곳에서 불교에 관한 기록이 등장한다. 첫째는 발해국에 대한 언급에서이다.

> 其國初, 倣唐置官司, 國少浮圖氏. 有趙崇德者, 爲燕都運, 未[66]六十餘休致爲僧, 自爲大院, 請燕竹林寺慧日師住持, 約供衆僧三年費. 竹林乃四明人, 趙與予相識頗久. (『松漠紀聞』 권上 渤海國)

이미 앞에서 지적하였듯이 浮圖氏 즉 불교도들이 적었다는 내용까지는 발해국

64. 송기호, 「발해 城址의 조사와 연구」 『韓國史論』 19, 국사편찬위원회, 1989, pp.425~426.
65. 金代의 불교에 대해서는 앞에 제시한 外山軍治의 논문에 힘입은 바가 크다.
66. 김육불은 未자를 米자로 보아 앞 구절에 붙여 읽었다. 김육불, 앞책 권1, 總略 上.

초기의 상황을 전해 듣고 서술한 것으로 보이지만, 그 뒤에 이어지는 趙崇德에 관한 내용은 금나라 당시의 상황을 서술한 것이다. 따라서 조숭덕이란 인물은 금에서 벼슬을 하였던 발해 유민에 해당한다. 그는 벼슬을 그만 둔 뒤 스스로 승려가 되어 큰 절을 짓고 燕京 竹林寺에 있던 慧日을 청하여 주지하도록 했는데, 아마 이 절은 요양에 세워졌을 것이다.[67] 죽림사에 있던 혜일은 四明人이라 했는데, 사명은 절강성 寧波의 별칭이다. 그리고 저자 홍호가 이 조숭덕과 서로 알게 된 지가 상당히 오래되었다고 썼다. 홍호는 1140년 3천리 떨어져 있던 冷山으로부터 燕京으로 옮겨갔었고 거기에서 1143년에 사면되어 南宋으로 돌아갔다는 사실을 고려한다면,[68] 이 3년 사이에 두 사람이 알게 되었을 것이다. 그러므로 이 기사는 대체로 이 무렵에 해당할 것이다.

두 번째는 蒲路虎[69]에게 죽임을 당한 발해 승려 기록이다.[70] 그는 원래 술이 과하여 東京留守로서 臨地에 부임하기 전에 황제로부터 禁酒令을 받았다. 그런데 도중에서 술을 권하는 발해 승려를 만나게 되자 자신을 의도적으로 유인하는 것으로 생각하고 그를 죽였고, 다시 길에서 승려 5명이 輦을 타고 가는 것을 보자 이들마저 죽였다고 한다. 앞에서 죽임을 당한 승려는 발해인 출신의 승려임에 분명하지만, 뒤의 다섯 명은 출신을 알 수 없다. 그러나 본문에서 東京留守를 '治渤海城'하는 직책으로 주를 달아놓을 정도로 요양은 발해인의 도시였으므로, 이들도 발해인일 가능성이 크다. 그리고 宗雋(?~1139)이 동경유수로 부임한 것이 1136년(天會 14년)이므로,[71] 이 해에 이 사건이 일어났을 것이다.

---

67. 外山軍治, 「金朝治下の渤海人」 『金朝史研究』 京都大學 동양사연구실, 1964, p.134.

68. 趙鳴岐, 「試論洪皓使金」 『北方論叢』 1982-1, p.62.

69. 원래 蒲路虎(蒲魯虎)는 금 太宗의 長子인 宗磐의 이름이지만, 『松漠紀聞』에서는 太祖의 아들 宗雋(여진명 訛魯觀)을 지칭한 것으로 보인다. 그것은 이 책에 기록된 그의 행적을 『金史』 열전에 나오는 두 사람의 행적과 비교해보면 알 수 있다. 두 사람이 함께 모반했다가 죽임을 당한 사실이 있어 洪皓가 혼동을 하였던 것으로 여겨진다.

70. 『松漠紀聞』 권上, 蒲路虎.

따라서 이것은 이 책의 저자가 간접적으로 전해들은 사건으로 보인다.

『金史』에도 발해 유민들의 불교 활동이 보인다. 張浩(?~1162)의 집안이 대표적이다.[72] 그는 요양 출신의 발해인으로 원래의 성은 동명왕의 후예 高씨였다. 그는 금 태조 때로부터 세종 때에까지 5대에 걸쳐 벼슬살이를 하였고, 특히 4대 海陵王 이후로는 재상의 지위에 올라 요양 지방의 발해 유민으로서는 가장 부귀영달을 누렸던 인물이다.

그의 집안은 불교와도 깊은 관계가 있었다. 그 자신이 磁州 승려 法寶를 만날 때마다 대신의 지위에도 불구하고 아랫자리에 앉았다고 하여, 1155년(貞元 3) 3월에 海陵王으로부터 장20의 형벌을 받았다.[73] 그뿐 아니라 그의 형과 여동생은 승려가 되었다. 그것은 1923년에 遼陽城 동쪽 韓家墳村에서 발견된 그의 아버지 張行願(1071~1106)의 묘지에서 확인된다.[74]

> 生二男. 長爲僧, 日慧休圓通辨正大師, 前東京管內都僧錄. 次日浩, 特進參知政事, 虞國公也. 一女爲尼, 日即圓賜紫圓惠大德.

금 나라 초기에는 황실의 后妃에 요양 출신의 발해인들이 적지 않았다. 이것은 금 조정에서 요양 지방 발해인들이 지니고 있었던 중국풍의 교양을 중시하여 이를 흡수하고자 했던 결과였다.[75] 이들 중에서 睿宗妃로 世宗의

---

71. 『金史』 권69, 宗雋傳.
72. 『金史』 권83, 張浩傳.
이들 가문에 대해서는 다음 논문을 참조 바람.
外山軍治, 「金代遼陽の張氏と熊岳の王氏について」 『橋本博士古稀記念東洋學論叢』 1960; 外山軍治, 앞논문 1964.
73. 『金史』 권5, 海陵王 貞元 3년 3월; 같은책 권83, 張通古傳.
74. 羅福頤 輯, 『滿洲金石志』 권3, 光祿大夫張行願墓誌 (『石刻史料新編』 제1집 제23책, 新文豊出版公司, 臺北, 1982〔法仁문화사 영인본, 1987, pp.17286~17287〕.
75. 外山軍治, 앞논문 1964, pp.149~151.

생모이기도 한 貞懿皇后 李씨(?~1161)와 顯宗妃인 昭聖皇后 劉씨(1139~1163)처럼 불교에 심취한 인물도 보인다. 기록만으로 보면 이 두 사람이 요양인이었던 것이 분명하지만, 발해 유민이었다는 언급은 없다. 그러나 몇 가지 정황으로 미루어 보아 이들이 요양 출신 발해인이었음이 확실하다.[76]

李씨는 1135년 예종이 사망하자 다른 친족과 재가해야 하는 여진의 풍습을 따르지 않고 比丘尼가 되어 고향인 요양에 돌아왔다. 그는 內府 金錢 30여萬을 들여 淸安禪寺를 세우고 따로 尼院(垂慶寺)을 지어 거주하였으며, 이때 塔도 세웠다.[77] 그가 사망한 뒤에 세종은 이 탑을 증축하게 하였고, 절의 규모도 크게 늘렸다고 한다. 이 절이 청대의 廣祐寺(속칭 白塔寺)로서 현재는 요양 白塔公園이 되어 있다. 또 세종이 증축하였다고 한 탑이 바로 이 공원 안에 있는 白塔으로서, 현재 요동지방에서 규모가 제일 크다고 한다.[78]

그리고 劉씨는 어려서 '最喜佛書'하였다는 기록으로 보아,[79] 그가 宮으로 들어간 뒤에도 불교와 밀착되어 있었을 것이다.

그런데 중요한 사실은 금 황실에서 불교를 존숭하게 되었던 데에는 이러한 요양 발해인 출신의 후비들이 큰 역할을 하였다는 점이다. 금 황실에서 불교가 받아들여진 것은 제3대 熙宗代부터로서, 그는 직접 燕京에 가서 불교가 성행하던 모습을 보고 명승 海慧 등을 알게 되어 불교를 적극적으로 받아들이게 되었다고

76. 김육불, 앞책 권19, 총고; 外山軍治, 윗논문 pp.150~151; 范壽琨,「李石族屬新證」『學習與探索』 1983-5.
참고로 李石은 李씨의 친동생이다.

77. 『金史』 권64, 睿宗貞懿皇后傳; 羅福頤 輯,『滿洲金石志』 권3, 東京大淸安禪寺九代祖英公禪師△△并序 (앞책 pp.17305~17306)

78. 村田治郎,『滿洲の史蹟』座右寶刊行會, 동경, 1944, pp.452~464; 羅哲文,『中國古塔』中國青年出版社, 1985, p.157.

79. 『金史』 권64, 顯宗昭聖皇后傳.

수 없는 것이었다.[80]

한편 발해 유민인 王庭筠은 앞에서 서술한 張씨 가문과 인척 관계에 있었고, 文人으로 유명했다. 그는 일시 退官하여 黃華山의 사원에 은거한 적이 있어 黃華를 호로 삼았다는 기록이 있다.[81]

근래에 동경 요양에서 활동했던 승려의 塔銘片이 발굴되었는데, 遼陽에 勝嚴寺를 개창하여 주지했던 이 승려(1122~1190)는 발해 유민 출신이었다.[82]

이상으로 발해 유민들의 불교 활동을 정리해보았다. 이 단계가 되면 이미 한국불교사의 범주에서 벗어난 것으로 보아야 할 것이다. 그러나 요양 지방과 금 황실을 중심으로 한 이들의 불교 활동은 금대 불교사에서 아주 중요한 역할을 해냈고, 그러한 활동의 뿌리가 발해 당시로까지 소급될 수 있다는 점에서 발해 불교사 서술에서 이러한 사실을 간과해서는 안 된다.

6. 발해 불교의 몇 가지 특징

지금까지 발해 불교의 전개과정을 살펴보았다. 이제 이러한 고찰을 토대로 하여 발해 불교에서 보이는 몇 가지 특징들을 정리해보겠다.

첫째, 발해 불교의 원류와 성격에 관한 문제이다. 우선 발해 불교의 뿌리는 말갈이나 당나라에 있지 않고 고구려에 있다는 점이다. 이것은 현재까지 발견된 불상들이 대부분 북위에서 수나라에 이르는 고식을 취한다는 데에서 증명된다. 이로 보건대 발해 불교는 동시대에 주변국으로부터 영향받은 것보다는 전시대의 고구려로부터 전승받은 것이 모태가 되었다. 세월이 흘러도 고식이 고집스럽게

80. 外山軍治, 앞논문 1961, pp.499~500.

81. 河上洋, 앞논문 p.72.

82. 鄒寶庫, 「遼寧發現金代塔銘刻石」『文物』 1995-12.

고수되었던 사실도 이를 확인해준다. 또한 흔하게 발견되는 전불이 고구려 양식이고, 사원 건축에 이용된 와당도 고구려식 연화문이라는 사실도 이를 증명해준다.

물론 고구려 영역이었다가 커다란 변동을 겪지 않고 발해 영역으로 편입되었던 현재의 함경도 지역과 훈춘 지역에서는 고구려 불교가 발해로 쉽게 전승되었을 것은 자명하다. 훈춘을 중심으로 한 법화신앙이라든가, 신포시 오매리 절골 유적에서 발견된 금동판은 바로 그러한 사실을 확인해준다.

그러나 발해 불교에는 고구려적인 요소만 있었던 것은 아니다. 시간이 흐름에 따라 당나라로부터 새로 유입된 요소가 등장하고, 자신의 독창적인 요소도 점차 가미되기 시작했다. 예컨대 塔의 양식은 분명히 당나라 벽돌탑 양식을 채용하고 있으나, 탑의 운용면에서 승려의 사리탑이 아닌 권력자의 무덤탑으로 이용되기도 한 점은 독특하다. 아울러 불상 양식에서 思惟像이 立像으로 표현된 점은 특이한 것이며, 이불병좌상의 세부 양식에서 중국의 것과 다른 점들도 역시 그러하다. 불상들이 당나라 이전의 고식을 많이 띠고 있는 점도 발해 불교의 독특성을 보여준다.

둘째, 신앙의 유형에 관한 문제이다. 비록 어느 종파가 발해에 전해져 성행하였는지는 알 수 없지만, 신앙면에서 볼 때 관음신앙, 법화신앙, 아미타신앙 그리고 밀교 요소들이 발견된다. 이 중에서도 관음신앙과 법화신앙이 발해 불교의 주축을 이루었던 것 같다.

그러면서도 그러한 신앙이 지역적으로 구분되어 나타나는 점도 주목된다. 상경 지역에는 관음상으로 대표되는 관음신앙이 중심을 이루었고, 동경 지역에는 이불병좌상으로 대표되는 법화신앙이 중심을 이룬다. 이것은 시기적인 차이의 결과이기보다는, 불교 전통의 지역적 차이에 기인한다. 즉 상경과 같이 불교가 외부로부터 새로이 이식된 지역과 동경과 같이 고구려 책성 이래의 전통을 그대로 이어받은 지역이라는 역사적 배경의 차이에서 빚어진 것이다.

셋째, 지배층 특히 왕권과의 관련성이다. 발해 불교 역시 지배층 중심으로 융성되었으며, 특히 왕실과 밀접한 관련을 맺고 있었다. 지배층 중심이었다는 사실은 현재 불교 유적이 도성이었던 상경, 중경, 동경 지역에 집중되어 나타나는 것을 통하여 유추할 수 있다. 그리고 왕실과 밀접한 관련을 맺은 사실은 문왕대의 轉輪聖王 표방이나 정효공주의 무덤탑 양식 등으로부터 확인할 수 있다. 그밖에 靈光塔에 도안된 문구도 참고가 된다.

넷째, 다른 종교와의 관련성 문제이다. 특히 발해 불교가 景敎(네스토리우스敎)와 접합되었던 흔적이 보인다는 사실이 주목된다. 팔련성 제2절터에서 발견된 3尊佛 중에는 불상의 목에 십자가를 매단 것이 있는데,[83] 이것은 경교의 십자가로 보인다. 그리고 1960년에는 연해주의 아브리코스 절터에서도 경교 십자가가 새겨진 점토판이 발견되었다.[84] 이러한 사실들은 발해에 이미 경교가 들어와 있었고, 더구나 불교와 밀접하였다는 것을 증언해준다.

당나라에는 오래전에 경교가 들어와 太宗이 638년 이를 공인한 뒤로 크게 번성했으며, 武宗이 845년 廢佛毁釋의 制를 내리면서 쇠퇴하였다.[85] 또한 당시에 중앙아시아의 위구르汗國에도 경교가 널리 퍼져 있었다. 따라서 발해에 들어온 경교가 러시아 학자들이 주장하듯이 중앙아시아로부터 전래된 것인지,[86] 아니면 활발하게 접촉했던 당으로부터 들어온 것인지 아직 확증은 없다. 다만 이들이 훈춘과 연해주라는 서로 가까운 지역에서 발견되고 상경성에서는 아직 확인되지 않는 점은 중앙아시아로부터 유입되었을 가능성을 보여준다.

이와 함께 이웃의 통일신라에도 경교가 들어와 있었을 개연성이 몇몇 유물들에

---

83. 齋藤甚兵衛, 앞책 도판 7-1 참조.

84. E.V. Shavkunov 저, 송기호 역, 앞논문 p.457.

85. 佐伯好郎, 『景教の研究』 東方文化學院東京研究所, 1935, pp.510~538.

86. A.P. Okladnikov 저, 加藤九祚·加藤晋平 역, 『シベリアの古代文化-アジア文化の一源流-』 講談社, 1974, p.200; E.V. Shavkunov, L.E. Semenichenko 저, 송기호 역, 앞논문 p.566.

서 보인다는 점도 고려할 가치가 있다. 현재 숭실대박물관에 소장되어 있는 불상 양식의 마리아상, 십자가, 십자문 장식이 모두 경주에서 출토된 것이라고 한다.[87] 결국 당시 당나라나 중앙아시아에까지 전파되었던 경교가 발해와 신라에도 유입되었고, 이들은 모두 불교와 밀접한 관련을 맺고 있었다는 것을 시사해 준다.

한편 상경성이나 우수리스크에서 발견된 소형의 騎馬人物像들은 매우 양식화되어 있는 것으로, 이들은 샤머니즘적인 神을 표현한 것이라고 한다.[88] 이들이 불교와 어떤 관련을 가지고 있었는지는 알 수 없지만, 발해인의 신앙을 이해하는 데에 참고가 될 것이다.

7. 맺음말

이상으로 발해 불교의 전개 과정을 개관하고, 발해 불교에서 나타나는 몇 가지 특징들을 정리해보았다. 우선 그 전개 과정에 대해서는 대체로 네 시기로 나누어보았다.

첫째는 발해 건국기로서 대체로 1, 2대왕 시기인 8세기 초반에 해당한다. 여기서는 건국 초기의 불교 상황을 간단히 살펴보고, 다음으로 발해 불교의 원류가 고구려 불교에 있다는 점을 살펴보았다. 둘째는 3대 문왕 시기로서 8세기의 나머지를 모두 포괄한다. 여기서는 주로 정효공주 무덤 양식과 묘지를 중심으로 당시에 불교가 왕권과 밀착되어 있었음을 밝혀보았다. 셋째는 발해의

87. 숭실대학교, 『한국기독교박물관 도록』 숭실대학교출판부, 1988, pp.90~91.

88. A.P. Okladnikov 저, 加藤九祚·加藤晋平 역, 앞책 p.200; E.V. Shavkunov, L.E. Semenichenko 저, 송기호 역, 앞논문 pp.566~567.
이밖에 河上洋도 발해와 샤머니즘과의 관계를 논하였다. 河上洋, 앞논문 pp.75~79.

전성기 및 멸망기에 해당하는 9세기 이후다. 8세기를 거치면서 기반이 다져진 발해 불교는 9세기에 들어와 크게 융성했을 것이다. 이에 따라 승려와 귀족의 불교 활동이 활발하게 되었고, 사원의 개창과 불상의 조성도 크게 일어났을 것이다. 현재 남아 있는 기록이나 명문들이 9세기대에 집중되어 있는 것은 바로 이러한 사실을 반영한다. 마지막에는 멸망 뒤 발해 유민들의 불교 활동을 다루었는데, 기록이 남아 있는 12세기에 초점을 맞추었다.

네 시기에 걸쳐 불교의 전개 과정을 검토한 것을 토대로 하여, 그 다음에는 발해 불교의 특징들을 몇 가지 살펴보았다. 우선 발해 불교에 나타난 고구려적 요소를 검토하여 그 원류가 고구려 불교에 있다는 사실을 지적하였다. 이에 더하여 당나라로부터 유입된 요소라든가 자체적으로 만들어낸 독창적인 요소들이 가미되어 있는 사실도 지적했다. 둘째는 신앙 유형에서 볼 때 관음신앙, 법화신앙, 아미타신앙 그리고 밀교 요소들이 찾아지는데, 이 중에서도 관음신앙과 법화신앙이 발해 불교의 중심을 이루었을 것으로 추정했다. 아울러 관음신앙과 법화신앙이 지역적으로 구분되어 나타나는 사실도 강조했다. 셋째는 발해 불교가 다른 나라에서와 같이 지배층 특히 왕실과 밀접하게 관련되어 있었던 사실도 지적했다. 넷째는 발해에 경교가 전래되어 불교와 결합되어 있었던 사실을 밝혀보았다.

제7장 咸和四年銘 발해 碑像 검토*

1. 머리말

이 碑像은 현재 일본 倉敷市의 大原美術館 東洋館에 전시되어 있다. 黃壽永이 일찍이 '咸和四年銘渤海石佛'이란 이름으로 이 비상의 銘文을 소개한 적이 있다.[1] 그러나 전부 판독된 것이 아니고 그중에도 잘못된 것이 있기 때문에, 그 전모를 파악하기에는 매우 불충분한 것이었다. 더구나 사진이 공개되지 않았고 전체 모습에 대한 설명도 없어서, 어떠한 종류의 불상인지 알 수 없었다.

그런 이유에서인지 국내 불교미술사학계에서는 그동안 이 비상에 대해서 별다른 주의를 기울이지 않았다. 아울러 발해사 연구자들에게도 국내외를 막론하고 관심의 대상 밖에 있었다.

근년에 필자(宋基豪)가 이 비상의 명문에 관심을 가지고 일부 내용을 검토했지만, 황수영의 판독문을 근거로 한 것이었기 때문에 한계가 있었다.[2] 이에 따라 다시 확인할 필요성을 느끼게 되어 현지 학자들의 도움으로 이 비상에 관한 자료들을 얻을 수 있게 되었다.[3] 필자가 직접 현지에 가서 확인하지는 못했지만,[4]

---

* 이 글은 송기호, 전호태가 공동으로 집필하였다. 송기호는 명문을 분석하였고, 전호태는 양식을 검토하였으며, 연대 문제는 이들 검토를 토대로 하여 공동으로 작성하였다.

1. 黃壽永, 『韓國金石遺文』 제3판, 一志社, 1981, pp.276~277.

2. 宋基豪, 「발해의 불교 자료에 대한 검토」 『崔永禧先生華甲紀念 韓國史學論叢』 探求堂, 1987, p.164; 宋基豪, 「渤海佛教의 展開過程과 몇 가지 特徵」 『伽山李智冠스님華甲紀念論叢 韓國佛教文化思想史』 上, 논총간행위원회, 1992 (본서 제6장).

이들 자료를 검토해본 결과 발해사 연구에 아주 중요한 자료로 판단되어 이 글에서 기초적인 검토를 시도하게 되었다.[5]

이 비상은 砂岩으로 만들어졌으며 높이는 64cm이다. 비상의 출토지는 알 수 없으며 소장자인 오하라미술관측에 의하면 大原孫一郎이 동양미술연구가 北野正男의 소개로 고미술상에서 구입하였다고 한다. 현재 이 미술관에서는 佛龕이란 이름으로 전시되어 있고, 연대는 '渤海 咸和 4年'으로 소개되어 있다. 그러나 불감이라고 하기보다는 비상으로 부르는 것이 나을 것이다. 이러한 비상으로서 국내에 잘 알려진 것은 673년에 조성된 것으로 추정되는 癸酉銘全氏阿彌陀佛三尊石像과 679년작 추정인 己丑銘阿彌陀如來諸佛菩薩石像이 있는데, 이 함화4년명비상(이하 함화비상)과는 양식상 크게 차이가 난다.

양식에 대해서는 뒤에서 자세히 검토하도록 하고, 우선 이 비상을 이해하기 위해 전체적인 모습을 간단히 기술하면 다음과 같다. 앞면 가운데 부분에는 5존상이 있는데, 명문과 대조해보면 가운데에 阿彌陀佛이 좌상으로 표현되었고, 양 옆에 聲聞이 서 있으며, 그 옆에 다시 觀音菩薩과 大勢至菩薩이 입상으로 표현되었다. 그 아래에는 명문이 음각되었다. 명문 양 옆에는 仁王像이 있다. 5존상 윗쪽의 비상머리 부분은 여의주를 움켜쥔 두 마리의 용으로 장식되었고, 5존상과 명문 사이의 공간은 향로와 두 마리의 護法獅子, 공양자로 보이는 두 인물의 좌상으로 채워졌다.

---

3. 자료소개를 허락하고 자료사진을 보내준 오하라미술관 관장 藤田愼一郎 선생과 자료입수에 크게 도움을 주신 일본의 西川宏 선생, 龜田修一 선생, 국립중앙박물관의 徐五善 선생에게 감사를 드린다.
4. 이 논문을 발표한 뒤 3년여 뒤인 1996년 초 일본 규슈대학에 단기간 머물 때에 오하라미술관을 방문하여 실물을 확인할 수 있었다.
5. 이 글이 발표된 뒤에 중국에서 따로 이 비상을 검토한 논문이 발표되었다.
李殿福, 「渤海咸和四年銘佛龕」 『東北亞考古與歷史信息』 1993-1·2합; 李殿福, 「渤海咸和四年銘文佛龕考釋」 『社會科學戰線』 1994-3.

한편 앞면 5존상의 오른쪽 측면에는 文殊師利菩薩이, 왼쪽 측면에는 地藏菩薩이 새겨졌고, 두 보살의 아래쪽에는 이들의 이름이 음각되었다. 뒷면에는 아무런 새김이 없다.

이제 이 비상의 명문, 양식, 연대에 대해서 자세한 고찰을 하겠다.

2. 명문 분석

명문은 비상 앞면의 아랫부분에 있다. 여기에는 직사각형의 커다란 구획이 설정되었고, 그 안에 다시 가로, 세로로 선이 그어져 바둑판 모양의 작은 사각형 구획들이 만들어졌다. 글자는 그 안에 하나씩 음각되었는데, 오른쪽부터 한 행마다 8자씩, 모두 12행으로 이루어졌다. 그러나 제8행에서 '日'자 다음에 한 칸이 비어 있고, 마지막 행에서 끝에 두 칸이 비어 있어, 전체 글자는 93자이다. 현재 이 비상은 나무 받침대 위에 놓여 전시되어 있기 때문에 매행의 마지막 글자가 1/3 정도 받침대에 가려져 있으나 판독에는 별 문제가 없다. 그밖에 왼쪽 측면 아래쪽에는 '地藏菩薩', 오른쪽 측면 아래쪽에는 '文殊師利菩薩'이라는 글자가 새겨졌다.

이들은 모두 보존 상태가 양호하여 완벽하게 판독할 수 있다. 앞면의 명문과 그 해석문은 다음과 같다.

〈명문〉

咸和四年閏五月八
日，前許王府參軍騎
都尉趙文休母李氏，
敬造阿弥陁佛及觀
音勢至等菩薩尊像.

庶俱門眷屬，咸濟六
波，法界蒼生，同超八
正. 乃爲頌曰，大矣
眞如，至哉正覺. 開鑿
四生，舟航五濁. 不垢
不淨，非滅非生. 慈雲
永蔭，惠日常明.

〈해석문〉

함화 4년(834) 윤5월 8일에 과거 許王府의 參軍·騎都尉였던 趙文休의 어머니 李씨가 삼가 阿彌陀佛과 觀音菩薩, 大勢至菩薩 등의 여러 菩薩尊像들을 조성했으니, 모든 佛門의 권속들이 모두 6波羅蜜을 실천하고, 法界의 창생들이 함께 8正道를 뛰어넘기를 바라노라. 이에 기리는 글을 짓는다.

크도다 불법의 진리여, 지극하도다 올바른 깨달음이여. 4生의 장애를 뚫고 지났으며, 5濁의 세계를 배타고 건넜도다. 이는 더럽지도 않고 깨끗하지도 않으며, 사라지지도 않고 생겨나지도 않는 것이니, 자비로운 구름이 영원히 드리우고, 지혜로운 태양이 항상 밝으리라.

맨처음에 보이는 '咸和'는 이 비상의 연대를 결정할 수 있는 가장 중요한 근거가 된다. 이 연호는 역사상 東晋과 渤海에서 사용되었다. 따라서 이 비상의 연대는 4세기대와 9세기대로 좁혀진다. 과연 이 두 시기 중에서 어디에 속하는 것인가. 이에 대해서는 후속적인 검토가 더 필요하므로 뒤에서 장을 달리 하여 따로 검토하겠다. 따라서 여기서는 '함화'가 발해 연호에 해당된다는 사실만 지적해두고 논의를 진행하겠다.

다음으로 주목되는 것이 趙文休란 사람의 이름과 그의 관직이다. 그의 이름은 다른 기록에서는 보이지 않는다. 다만 趙씨 성을 가진 발해인은 두 사람이 확인되므로 발해에도 조씨 성이 존재했다는 것을 확인할 수 있다. 그 한 사람은

833년에 당나라로 공부하러 간 학생 趙孝明이고,[6] 다른 한 사람은 유민으로서 금나라 때에 遼陽지역의 불교 진흥에 앞장섰던 趙崇德이다.[7]

조문휴가 역임했던 관직은 許王府의 參軍·騎都尉였다. 당나라 官制를 참조해보면, 參軍은 參軍事와 동일한 것으로 王府官에 속했던 관직이고, 騎都尉는 勳官에 해당한다. 5~7세기 서역국가인 高昌國에서도 王公府를 설치하였는데, 여기에 속한 관직으로 參軍이 존재한다.[8]

발해에 이러한 왕부관이 설치되었던 기록은 없다. 발해의 관제에 관한 기록은 『新唐書』 渤海傳이 체계적이지만 여기에는 가장 기본적인 골격만 소개되어 있어 그밖의 것들이 생략되어 있다. 예컨대 散官, 勳官, 封爵 제도에 관한 것이 그렇다. 따라서 지금 기록이 남아 있지 않다고 해서 발해에 존재하지 않았다고 단정할 수 없다. 더구나 발해의 관제는 당나라의 것을 거의 그대로 따르면서 그 규모를 축소시킨 특징이 있다. 그러므로 조문휴가 역임했던 관직이 과연 당나라의 것인지, 발해의 것인지에 대해서는 좀 더 자세한 검토가 필요하다.

그러면 許王府란 어떠한 관청이며 이러한 관청의 설치가 지니는 의미는 무엇인가. 발해에 설치되어 있었던 것이라고 한다면, 이것은 9세기대에 발해국의 위상이 어떠하였는가를 시사해주는 중요한 자료가 된다. 허왕부가 존재했다는 것은 당시에 許王으로 봉해진 인물이 있었고, 그에 따라 王府官이 설치되어 있었음을 의미한다. 그리고 이러한 사실은 발해 통치자가 황제적 지위에 있었던 것을 가리킨다. 그러므로 이 허왕부가 과연 당나라에 설치되어 있었던 것인가, 아니면 발해에 설치되어 있었던 것인가 여부를 따지는 것이 필요하다.

먼저, 당나라에 설치되어 있었을 가능성을 생각해보자. 당나라에는 초기에 許王이 존재했다. 『舊唐書』와 『新唐書』에서는 5명 정도의 허왕이 확인된다.

---

6. 『册府元龜』 권999, 外臣部 請求, 文宗 太和 7년 춘정월.

7. 『松漠紀聞』 권上, 渤海國.

8. 王素, 「麴氏高昌中央行政體制考論」 『文物』 1989-11.

高祖의 아들 李元祥이 일시 허왕으로 봉해진 적이 있고,[9] 高宗의 아들 李孝와 李素節도 허왕으로 봉해졌다.[10] 그리고 이소절의 손자 李益과 李解도 역시 허왕에 봉해졌다.[11] 그 뒤에도 이해의 아들 李昭가 허왕을 이은 것으로 보이지만,[12] 허왕에 봉해진 기록은 더 이상 보이지 않는다. 따라서 9세기에도 허왕이 존재하였고 이에 따라 허왕부가 설치되어 있었는지는 문헌상으로 확인되지 않지만, 李素節의 후손들이 허왕에 봉해졌을 가능성은 충분히 있다.

허왕부가 당나라에 설치되어 있던 것이라고 하면 조문휴가 당나라 관리였던 셈이 된다. 그런데 왜 함화라는 발해의 연호를 사용하였는가가 문제가 된다. 여기에는 두 가지 가능성이 있다. 하나는 조문휴가 원래 당나라 관리였는데 발해로 귀화한 경우이고, 다른 하나는 원래 발해인이었는데 당에서 관리로 있다가 발해로 다시 들어온 경우이다.

명문을 보면 이 비상이 만들어질 당시에 조문휴가 어머니와 함께 있었던 것으로 여겨지므로, 그가 혼자 일시적으로 발해에 머물렀던 것은 아니다. 명문으로 보아 그가 마지막으로 역임한 관직이 참군, 기도위였다. 따라서 그는 관직에서 물러난 뒤 가족과 함께 여생을 보내고 있었다. 이럴 경우 그가 발해에 들어온 뒤로는 관료로서의 활동이 전혀 없었던 것이 되는데, 이것은 어쩐지 어색하다.

다음으로, 허왕부가 발해에 설치되어 있었을 가능성을 생각해보자. 그렇다면 발해가 당나라의 親王制度를 모방한 것이 된다. 그러나 이에 대한 문헌 기록이 전혀 없다. 따라서 그 가능성을 다른 정황 증거로서 살필 수밖에 없다.

친왕제도의 존재는 발해의 통치자가 황제적인 지위에 있었던 것을 의미한다. 이에 대해서는 文王代의 사정이 참고가 된다. 그는 文治를 바탕으로 국력을

9. 『舊唐書』 권64, 江王元祥傳; 『新唐書』 권79, 江王元祥傳.

10. 『舊唐書』 권86, 原王孝傳 및 許王素節傳; 『新唐書』 권81, 原悼王孝傳 및 許王素節傳.

11. 위와 같음.

12. 『新唐書』 권70하, 許王房.

크게 신장시켰다. 이를 배경으로 스스로 '天孫'이란 칭호를 사용했고, 일본에 대해 舅甥관계를 요구하였으며, 아울러 貞孝公主 묘지에서 보이는 바와 같이 '皇上'이란 용어를 사용하였다.[13] 따라서 그가 황제적인 지위에 있었던 것을 알 수 있다.

海東盛國으로 불렸던 9세기대에 와서도 황제적 지위는 지속되었을 것이다. 더구나 이 시기에는 당나라나 신라가 쇠퇴기에 들어가 있었던 반면에, 발해는 내적으로 말갈족에 대한 복속이 거의 완료되는 등 전성기를 구가하고 있었기 때문에 그 가능성을 더욱 높여준다. 3省의 하나인 宣詔省의 명칭이나 詔誥舍人이라는 관직에 '詔'라는 용어가 들어가 있는 것은 발해왕의 명령을 '詔'라고 칭했던 사실을 반영한다. 그리고 혹시 東宮이 王的 존재인 副王으로 불렸던 것도 이러한 사실과 관련이 있지 않을까 생각된다.

이러한 정황 증거로 보아서, 발해에도 왕부를 설치하였을 개연성이 크다. 그렇다면 조문휴는 이곳에서 근무했을 것이다. 당나라 관직체계에 의하면, 參軍事는 正8品下에 해당하고,[14] 騎都尉는 從5品에 상당한다.[15] 그러나 발해의 관제가 당나라의 것을 모방했다고 하더라도 그대로 따른 것이 아니기 때문에, 발해에서는 몇 品職에 해당하는지 단정할 수는 없다. 그렇지만 조문휴가 역임하였던 관직이 그리 고위직이 아니었던 것만은 분명하다.

발해에 허왕부가 두어졌다고 한다면, 허왕으로 봉해진 황제의 近親이 존재했다는 것을 의미하는데, 그러한 인물로 비정될 만한 것이 기록에는 보이지 않는다. 또한 허왕으로 봉해진 것은 許라는 이름을 가진 지역에 봉해진 것을 의미하는데, 그러한 지명도 문헌에 보이지 않는다. 발해의 경우에서는 이러한 명칭이 실제 봉해지는 지역 이름과는 관련이 없을 수도 있다. 이럴 경우 許라는 명칭이

13. 宋基豪, 「文王의 文治」『渤海政治史研究』 一潮閣, 1995.

14. 『新唐書』 권49하, 百官志 4하, 王府官.

15. 『新唐書』 권46, 百官志 1, 吏部.

발해 건국 초기에 측천무후가 乞四比羽에게 봉하려 하였던 許國公과 관련지어 생각해볼 수도 있다.

이상으로 허왕부가 당나라에 두어졌을 가능성과 발해에 두어졌을 가능성을 검토하였다. 현재로서는 과연 어느쪽이 타당한지 단정할 수 없다. 따라서 이 문제에 대해서는 장차 새로운 자료가 발굴되기를 기다리지 않을 수 없다. 그럼에도 불구하고 필자는 이 불상이 양식면에서 볼 때 발해에서 만들어진 것이고 연대 표기에 발해 연호를 사용했다는 점에 유의하여, 일단 허왕부가 발해에 두어졌던 것으로 잠정적 결론을 맺고자 한다.

마지막으로 주목되는 것은 造像功德에 의한 혜택 대상이다. 발원자 이씨는 아미타여래를 본존으로 하는 비상을 만들면서도 발원문 속에서 어떤 특정인물이 아닌 막연하고 포괄적인 존재를 조상공덕의 혜택 대상으로 삼고 있다. 물론 문맥으로 보아 조상공덕의 일차적인 수혜 대상은 발원자 이씨의 아들인 조문휴일 것이다.

唐乾封元年(666)銘彌勒三尊佛碑像(이하 건봉원년비상)에서도 조상명의 형식은 함화비상의 것과 비슷하다.[16] 그러나 이러한 조상명의 사례는 중국에서도 극히 드물게 발견되며 아미타여래를 본존으로 하는 비상에서는 이와 같은 조상명의 유례를 찾아보기가 힘들다. 더욱이 건봉원년비상의 경우에도 막연한 대상이지만 '위로는 황제 아래로는 창생'이라는 상투적이면서도 일면 구체적인 표현을 쓰고 있다. 그런데 함화비상의 경우에는 비교적 세련된 기림글(頌)을 덧붙이면서도 공덕의 대상은 매우 모호하다. 이것은 발해의 아미타신앙 내지는 발해불교의 성격과 깊이 관련된 문제로 생각된다. 차후의 검토가 요구되는 부분이다.

---

16. 大村西崖,『支那美術史 彫塑篇』圖書刊行會, 1917, 附圖770 所載「乾封元年四月十日佛弟子李威△母楚敬造彌勒像一鋪上爲皇帝下及倉生普爲法界同登覺」.

3. 양식 검토

머리말에서 간단히 소개했듯이 이 비상은 아미타여래5존상이다(사진 7-1). 이제 비상의 여러 구성요소와 표현양식에 대해 살펴보기로 하자.

비상 앞면의 한가운데에는 아미타여래의 좌상이 표현되었다(사진 7-2). 아미타여래는 줄기가 달린 연밥 형태의 대좌에 結伽趺坐하였으며, 오른손은 施無畏印을 취하고 왼손은 손등을 보이면서 왼쪽 무릎 위에 살짝 얹었다. 여래의 대의는 右肩偏袒이다. 대의의 겹진 옷주름자락이 가부좌한 자세의 왼발 위까지 덮고 있다. 시무외인을 취하면서 앞으로 들어올린 오른팔과 오른쪽 어깨, 오른쪽 허리께에 걸쳐진 옷자락은 주름 없이 빳빳하게 표현되어 마치 가죽옷과 같은 느낌을 준다.

舍利佛과 阿難으로 추정되는 여래 좌우의 두 聲聞은 독립된 입상으로 새겨졌는데, 여래의 대좌와 같은 형태의 줄기 달린 연밥형 받침 위에 전신이 표현되어 있다. 여래 오른쪽의 성문은 소매자락이 따로 늘어지지 않고 몸에 거의 들어맞는 간편한 형태의 衲衣를 걸치고 있어 상체의 윤곽이 잘 드러난다. 성문은 배 앞에 두 손을 가지런히 모아 맞잡은 차분한 자세를 취하고 있다. 왼쪽의 성문은 九條大衣로 온몸을 가리고 있어 몸의 윤곽이 거의 드러나지 않는다. 가슴께로 두 손을 모아 올려 두 손바닥 위에 바리인지 보주인지 잘 알 수 없는 둥근 물건을 받쳐 들고 있다.

두 성문의 옆에는 觀音菩薩과 大勢至菩薩이 三曲자세로 서 있다. 두 보살의 대좌 역시 줄기 달린 연밥형이다. 여래 오른편의 관음보살은 허리 아래로 늘어뜨린 오른손 안에 淨甁을 쥐고 있으며 허리께에서 팔꿈치를 구부려 위로 쳐든 왼손에는 연봉오리 줄기를 쥐었다. 보살은 오른쪽 발을 약간 앞으로 내밀면서 무릎을 살짝 구부렸으며 뒤로 쳐진 왼쪽다리와 허리를 바깥으로 살짝 내밀며 틀었다. 보살의 팔목에는 세 겹의 팔찌가, 목에는 굵은 고리형의 목걸이가

장식되었으며, 머리의 寶冠은 북상투의 변형으로 보일 정도로 그 위에 별다른 장식을 하지 않았다. 몸의 선이 거의 드러나지 않을 정도로 天衣의 표현이 두텁다. 때문에 허리께에 그어진 굵은 弧線과 허벅지 좌우로 바깥에서 안으로 비스듬히 내리 그어진 굵은 옷주름선은, 보살이 허리 아래에 짧은 반바지류의 옷 이외에는 아무 것도 걸치지 않은 듯한 인상을 준다. 상체와 하체의 비례가 별 차이가 없으며 몸 전체는 5등신에 가깝다. 여래 왼편의 대세지보살은 관음보살과 대칭에 가까운 자세를 취하고 있으며 세부표현도 거의 비슷하다. 가슴께로 들어 올린 보살의 오른손에는 연봉오리 줄기와 같은 것을 쥐고 있으며 허리 아래로 늘어뜨린 왼손에는 아무 것도 쥐고 있지 않다. 관음보살과 같이 대세지보살의 왼쪽 어깨에서 오른쪽 허리로는 비스듬히 굵은 옷주름이 세 겹 지게 하여 보살이 윗몸에 천의를 걸쳤음을 나타냈다. 허리 아래로는 역시 짧은 반바지류의 옷만을 걸친 듯이 표현되었다. 아미타5존이 자리잡은 비상 중심부의 나머지 공간에는 아무런 다른 장식이 없다.

5존상이 있는 가운데의 네모칸과 명문이 있는 아래의 네모칸 사이의 공간에는 향로와 護法獅子, 供養者像이 표현되었다(사진 7-3). 가운데에 있는 커다란 향로는 밑받침 부분의 둥근 테외에는 아무런 세부장식이 없고 몸체가 둥글고 목이 길어 마치 정병과 같은 느낌을 주는 비교적 단순한 형태로 표현되었다. 향로 좌우의 호법사자는 두 앞다리를 세운 채 향로를 가운데 두고 마주 앉아 향로를 지켜 보고 있다. 갈기와 꼬리가 간결하고 형식적인 선으로만 표현되어 풍성한 갈기나 커다란 꼬리에서 비롯되는 호법사자 특유의 분위기는 느껴지지 않는다. 두 호법사자 옆의 공양자 2인은 모두 두 손을 앞으로 모으고 무릎을 꿇은 자세이다. 향로 오른편의 공양자는 자신의 왼편에 있는 호법사자쪽으로 비스듬히 몸을 돌린 상태로 눈은 향로를 향하였으며 두 손은 배 앞에서 모아 잡았다. 반면 향로 왼편의 공양자는 두 손을 가슴께로 모아 올려 합장하는 듯한 자세이며 정면을 향하여 무릎 꿇고 앉았다. 두 공양자의 앉은 방향과 두 손의 위치는

위 5존상중의 두 성문의 그것과 매우 닮았다.

비상 아래칸 명문의 좌우에는 惡鬼를 밟고 서 있는 仁王 2구가 표현되었다. 거의 대칭적인 자세인 두 인왕은 머리에 상투를 틀었고 허리 아래에는 무릎까지 오는 반바지를 걸쳤다. 명문 오른쪽의 인왕은 몸의 오른편을 약간 뒤로 제낀 자세로 주먹을 불끈 쥔 오른팔을 어깨 위로 들어 올리고 왼팔은 오른편 허리쪽으로 비스듬히 힘있게 뻗었다. 오른쪽 다리를 약간 뒤로 빼면서 좌우로 벌린 두 발로는 불법을 방해하는 악귀를 밟고 있다. 인왕의 온몸은 울퉁불퉁한 근육으로 뒤덮혔다. 명문 왼편의 인왕은 몸의 왼편을 약간 뒤로 제끼고 왼쪽 다리 역시 비스듬히 뒤로 뺀 자세로 두 발로 악귀를 밟고 있다. 두 팔과 두 다리의 위치와 자세는 명문 오른편 인왕과 대칭을 이룬다.

비상의 최상부에는 머리를 각기 비상의 양 끝모서리에 두고 서로의 몸을 휘감은 두 마리의 용으로 장식되었다(사진 7-4). 입으로 5존상 윗면 좌우 모서리를 물다시피한 두 용은 왼쪽 앞발과 오른쪽 뒷발로는 5존상이 있는 네모칸 윗면을 디디고 바깥쪽으로 보이는 왼쪽 뒷발로는 함께 如意寶珠를 맞쥐고 있다. 소뿔과 같이 곧게 뻗은 머리의 두 뿔 이외에는 용의 머리와 몸에는 별다른 세부표현이 더해지지 않았다. 두 용이 디디고 있는 5존상 네모칸 윗면의 공간도 5존상이 표현된 공간과 같이 비어 있다.

비상의 오른쪽과 왼쪽 측면에는 5존상과 같은 높이에 죽순 모양의 칸을 만들고 그안에 文殊舍利菩薩과 地藏菩薩의 서 있는 모습을 표현하였다. 두 보살의 옷입음새는 앞면의 두 보살과 거의 같으나 자세는 조금씩 다르다.

오른쪽 측면의 문수사리보살은 오른쪽 팔꿈치를 안으로 구부려 아래팔뚝을 가슴 앞으로 올리고 왼팔은 허리 아래로 늘어뜨렸다(사진 7-5). 왼팔은 팔꿈치를 허리께에서 약간 구부려 아래팔뚝을 조금 앞으로 내밀었다. 허리를 앞으로 살짝 구부리고 왼발도 조금 앞으로 내딛고 있어 전체적으로는 보살이 앞으로 걸어오는 듯한 느낌을 준다. 둥근 고리 모양의 목걸이와 팔찌 이외에는 몸에 별다른 치레를 하지 않았다. 허리에는 호선형의 굵은 선이 두 줄 그어졌고 허벅지께에는 안으로 비스듬히 굵은 선이 가로로 그어져 앞면의 보살들과 같이 반바지와 같은 것을 걸친 듯한 느낌을 준다. 왼쪽 측면의 지장보살은 오른팔은 허리께에서 팔꿈치를 안으로 구부려 아래팔뚝을 위로 올리고 손에는 연봉오리 줄기를 쥐었으며, 왼팔은 허리 아래로 늘어뜨려 손에는 정병을 쥐었다(사진 7-6). 두 다리는 차렷자세에 가까우며 옷입음새와 몸치레는 오른쪽 측면의 문수사리보살의 그것과 거의 같다.

이와 같은 구성과 표현양식을 지닌 불비상으로 이 비상과 비교할 수 있는 작품으로는 隋唐時代 특히 初唐時代에 만들어진 5존불비상들을 들 수 있다.[17] 대표적인 것으로는 咸亨3年銘佛碑像(672, 이하 함형3년비상, 사진7-7), 上元3年銘佛碑像(676, 이하 상원3년비상, 사진 7-8)과 儀鳳4年銘佛碑像(679, 이하 의봉4년비상, 사진 7-9), 永淳元年銘佛碑像(682, 이하 영원원년비상, 사진 7-10), 7세기 후반작으로 평가되는 無紀年銘唐佛碑像(이하 무기년비상, 사진 7-11)과 東京藝術大學藏唐佛碑像(이하 동경예술대비상, 사진 7-12) 등을 손꼽을 수 있다.[18] 이 가운데 무기년비상은 본 함화비상의 원본으로 여겨질 정도로 존상의 구성방식과 기본 표현양식이 서로 닮았다. 비상의 구성요소별로 함화비상과 이들 초당시대의 비상(이하 초당비상)들을 비교하여 보면 다음과 같다.

본존 좌우 안쪽에 두 성문을, 바깥에 두 보살을 배치하는 5존의 배열방식

---

17. 3존불 혹은 5존불비상이라는 양식 자체는 이미 남북조 말기까지는 출현하였으며 東魏, 西魏時代의 작품은 미국 캔자스시 넬슨미술관 소장의 傳山西省 芮城縣 出土 五尊佛碑像을 비롯하여 현재에도 비교적 여러 점이 남아 있다. 그러나 본 함화비상과 같은 존상의 구성방식과 표현양식을 지닌 동위, 서위 및 北齊, 北周時代 불비상은 아직 발견되지 않았다.

18. 이들 작품은『增補中國佛教彫刻史研究』(松原三郎 著, 吉川弘文館, 1966)의 자료 도판에 소개된 것들로 필자가 실견하지는 못하였다. 松原三郎의 정리 이후 隋唐佛碑像에 대한 분석이나 명문에 대한 상세한 소개와 연구는 더 이상 진전되지 못하였다. 필자도 이들 작품에 대해서는 도판상의 접근에 그치고 있음을 밝혀 두면서 양해를 구한다.

및 본존의 자세는 함화비상과 初唐비상이 같다. 두 성문은 초당비상이 본존의 좌우 뒤편 깊숙한 곳에 머리와 상체의 일부만을 나타내며 상체는 윤곽의 형태 정도만 나타내어 상체에 걸친 납의의 주름도 뚜렷하지 않은 데에 비해, 함화비상은 본존 좌우의 약간 뒤에서 독립된 입상의 형태로 세부를 상세히 표현하였다. 함화비상중의 좌우 성문은 서로간의 옷입음새와 두 손의 위치, 持物 등도 다르다. 본존 좌우의 두 성문을 독립입상으로 나타낸 이러한 표현방식은 오히려 西魏時代에 만들어진 兩面 혹은 四面佛碑像들에 보이는 5존상의 성문 표현과 비슷하다.[19] 캔자스 넬슨미술관소장 傳山西省 芮城縣 出土 西魏五尊佛碑像, 山西省 新絳縣 出土 西魏四面佛碑像 등의 작품에서 두 성문은 거의 독립입상에 가깝게 표현되었다. 그러나 이러한 종류의 불비상의 본존은 미륵불인 경우가 많으며, 이들 비상의 구성요소와 표현양식은 함화비상과 초당비상의 그것과는 확연히 구별된다.

두 보살은 초당비상의 경우 발목까지 흘러내리는 길다란 천의를 걸친 보살이 본존쪽의 팔을 자기 가슴 앞으로 올리고 손에는 지물을 받쳐 든 자세를 취하는 데에 비해, 함화비상의 보살은 상체의 일부와 허리 아래의 일부만을 가리는 옷을 걸치고 본존쪽의 팔은 어깨 위로 접어 올린 상태로 손에는 연봉오리 가지를 쥔 모습으로 나타난다. 대좌의 경우, 초당비상에서는 본존의 대좌가 연화받침의 수미좌이고 두 보살은 연밥 모양의 연화좌인 것과 달리, 함화비상의 5존은 모두 연밥 모양의 연화좌 위에 서거나 앉았다. 5존상이 위치한 공간은 초당비상에서는 帳房形이거나 보리수나 비슷한 류의 天上樹로 덮인 龕形인 것에 비해, 함화비상에서는 안으로 오목하기만 하고 주변에 아무런 장식이 없는 네모칸의 형태로 표현되었을 뿐이다. 또한 초당비상이 본존을 중심으로 위계적 차이를 보이면서 모여 있는 것과 달리 함화비상에서는 5존이 각기 떨어져 독립된 모습으

19. 잘 알려진 사실이지만 北周, 隋代에 이르면 본존 좌우 두 성문의 독립성은 전시대에 비해 약화된다.

로 표현되었다. 이러한 차이로 말미암아 초당비상에 비해 함화비상은 존상간의 위계적 차이가 뚜렷하지 않으며 5존상이 표현된 공간의 깊이감이나 충만감 등이 약하다.

향로와 호법사자, 공양자는 초당비상들에서도 위치와 표현형태가 일정하지 않다. 대부분의 초당비상에서는 향로 좌우의 안쪽에 공양자를 바깥쪽에 호법사자를 배치하거나, 향로 좌우에 공양자만을 혹은 향로 좌우에 호법사자를 두고 공양자는 이들 아래에 따로 표현한다. 반면 이 함화비상의 경우에는 향로 좌우의 안쪽에 호법사자를, 바깥쪽에 공양자를 배치하여 초당비상의 일반적인 배치방식과는 차이를 보인다. 배치방식의 차이에도 불구하고 향로와 호법사자, 공양자의 자세와 표현양식이 함화비상과 어느 정도 이어지는 것으로 여겨지는 초당비상으로는 함형3년비상을 들 수 있다.

두 인왕은 초당비상에서는 거의 예외없이 5존상 혹은 3존상이 위치한 장방이나 감의 좌우에 서서 불법수호신으로서의 위치와 역할을 강하게 드러내 보이지만, 함화비상에서는 명문 좌우의 공간에 자리잡아 차이를 보인다. 혹 함화비상의 발원자인 조문휴의 어머니가 명문에 담긴 소망성취를 간절히 바랐기 때문에 두 인왕을 명문 좌우에 배치시켰는지도 모르겠다. 머리장식과 팔의 위치 등 표현양식상 함화비상의 인왕과 비교적 가까운 초당비상으로는 상원3년비상의 인왕을 들 수 있으며, 얼굴 표정과 머리 표현이 근접한 것으로는 영순원년비상의 인왕을, 팔과 다리의 자세에서 비교되는 것으로는 의봉4년비상의 인왕을 들 수 있다.

비상 머리부분을 두 마리의 용으로 장식한 예는 남북조 말기의 비상들에서부터 나타나며 초당비상에서는 비교적 쉽게 찾아볼 수 있다. 함화비상에 장식된 용과 거의 같은 형태로 장식된 비상의 예로는 무기년비상을 들 수 있다. 두 불비상의 용은 위치와 자세가 기본적으로 같으나 무기년비상의 용이 서로의 몸을 더 힘있게 얽고 있으며 얼굴 세부를 나타낸 선이 더욱 구체적이고 뚜렷한 점, 서로를 얽은 두 용 사이의 공간이 활짝핀 天上樹의 꽃으로 가득찬 것이 눈에 띈다. 영순원년비상이나 동경예술대비상 등도 비상 머리가 용으로 장식되었으나 함화비상 및 무기년비상의 용에 비해 얽힘의 정도가 덜하거나 더하며 용몸에 세부장식이 더해져 번잡해지는 등 차이가 있다.

이상에서 살펴보았듯이 함화비상의 주요 구성요소와 여러 존상의 대체적인 표현양식은 7세기 후반 초당시대 후기에 유행한 唐代 5존불비상의 그것과 매우 근접하고 있다. 그러나 비상 구성요소의 세부 표현 및 이로 말미암은 분위기는 양자간에 여러모로 차이가 있다. 초당비상과 달리 함화비상은 5존상을 각기 서로간에 거리가 있는 완전한 독립상으로 거의 나란히 배열하고, 향로, 호법사자, 공양자 등을 5존상이 있는 네모칸과 구별되는 공간에 나타내되 역시 서로 일정한 거리를 두게 하였으며, 두 인왕은 앞면 아래편 명문 좌우의 구획 안에 옮겼다. 또한 여러 존상과 물체에 별다른 세부장식을 더하지 않고 5존의 대좌나 향로에서 볼 수 있듯이 가능한 한 그 형태를 단순화하였으며, 5존상의 배경공간과 비상 머리 용 장식 아래의 공간 등을 모두 비어 있는 상태로 두었다. 이 때문에 함화비상에서는 비상 구성요소들이 흩어져 있는 듯한 느낌을 주며 공간적 깊이나 응축감, 긴장감이 느껴지는 대신 평면감과 단순함이 오히려 두드러진다.

따라서 5존상의 표현 등에서 부분적으로는 서위와 북주 양식의 흔적이 남아 있다. 그렇지만 함화비상은 초당비상양식이 나타나기 이전의 아미타5존불비상 양식의 성립단계에 출현한 작품으로서보다는, 더 양식화되고 퇴화된 형태로 초당비상양식을 본뜬 듯한 느낌이 드는 작품이다. 초당비상 특유의 분위기가 함화비상에서는 나타나지 않는데, 이것은 주로 함화비상이 초당비상 안의 여러 구성요소에 덧붙여지던 장식적 요소들을 과감히 생략한 데에 말미암기 때문일 것이다. 문제는 이 비상이 정말 초당비상을 본뜬 것인가 하는 점이다. 만일 이 비상에 새겨진 '함화'라는 연호가 발해의 것이 아니라면 양식적 측면에서의 이러한 접근은 재검토를 요구하기 때문이다. 이제 명문의 내용과 양식적 특성을 함께 고려하면서 비상의 제작연대를 추정해보겠다.

4. 비상의 연대

명문 내용에서 먼저 살펴볼 것은 咸和란 연호와 조문휴의 관직이다. 咸和란 연호는 東晋과 발해에서 사용되었다. 동진의 경우에는 함화 4년이 329년에 해당하고, 발해의 경우에는 834년에 해당한다. 이 시기 발해의 紀年은 정확하지 않다. 『新唐書』 발해전에는 당 太和 4년(830)에 宣王이 사망하자 손자 大彝震이 즉위하여 바로 함화로 개원한 것처럼 되어 있다.[20] 그렇지만 일본에 전해지고 있는 발해의 中臺省牒 寫本에 의하면 함화 11년이 841년에 해당되어, 함화 원년이 831년이 된다.[21] 따라서 발해 함화 4년을 834년으로 보는 것이 옳을 것이다. 그런데 329년이나 834년에는 비상에 보이는 바와 같이 윤5월이 없다. 설령 함화 4년이 833년에 해당한다고 하더라도 이 해에는 윤7월이 있었을 뿐이다. 아마 연대 표기에 착오가 있는 듯하다. 결국 연호만으로는 연대를 단정짓기 어렵다.

다음으로, 명문 중에 나오는 參軍과 騎都尉라는 관직이다. 參軍은 後漢 말년에 설치된 '參丞相軍事'등에서 비롯된 것으로서, 남북조시대까지 중요 막료직으로 사용되었다. 당나라에 들어와서는 여러 衛, 王府官 및 지방의 府, 州에 참군을 두었다.[22] 騎都尉는 漢 武帝 때에 처음 설치된 것이다. 그 후 관직으로 사용되다가 당나라에 들어와서는 勳官의 하나가 되었다.[23] 따라서 참군과 기도위

---

20. 『新唐書』 권219, 발해전 「大和四年, 仁秀死, 諡宣王. 子新德蚤死, 孫彝震立, 改年咸和. 明年, 詔襲爵」.

21. 中村裕一, 「渤海國咸和一一年中臺省牒に就いて-古代東アジア國際文書の一形式-」『隋唐帝國と東アジア世界』汲古書院, 1979〔임상선 편역, 『발해사의 이해』 열린서사 1, 신서원, 번역 수록, 1990〕; 橋本義彦 편, 『古文書の語る日本史』 제2권 平安, 筑摩書房, 1991, pp.241~254.
함화 11년에 윤9월이 있는데, 이것은 841년에 해당한다.

22. 陳茂同, 『歷代職官沿革史』 華東師範大學出版社, 1988, p.684; 『通典』 권31, 歷代王侯封爵.

23. 『通典』 권29, 三都尉; 같은책 권34, 勳官.

는 동진과 당나라에 모두 존재했기 때문에 이것으로도 연대를 결정할 수 없다.

다음은 명문의 書體이다. 명문의 서체는 동진의 서예가인 王羲之가 쓴 '樂毅論', '黃庭經' 등에 전하는 이른바 '왕희지체'에 가깝다. '왕희지체'는 왕희지가 활동하던 동진시대부터 이미 세간에 널리 알려졌으며 당대에 이르러 특히 유행한 서체이다. 통일신라시대에 활약한 禪師들의 비문도 왕희지체로 쓴 경우가 많다. 따라서 동진 이래 당대에 이르기까지 널리 쓰인 이러한 서체만으로도 비상의 연대를 논하기에 무리가 있다.[24]

마지막으로 살펴볼 것은 비상의 양식과 조상대상이다. 이 함화비상의 본존인 아미타여래가 중국에서 예배대상으로 만들어지기 시작하는 것은 대개 6세기 초부터인 것으로 추정되고 있다.[25] 이 비상에서와 같이 두 성문과 관음보살, 대세지보살을 협시로 하는 아미타5존상은 남북조시대 말기에 나타나 수·당대에 이르러서야 유행하는 불상양식 가운데 하나이다. 아미타5존상보다 이른 시기에 나타나는 아미타3존상도 현재 전하는 가장 오래된 조상의 예는 東魏元象元年(523)銘金銅鎚鍱佛이다. 따라서 앞면의 5존상만을 놓고 볼 때, 함화비상의 조상 시기는 현재로는 6세기 전반 이전으로 거슬러 올라가기는 어렵다.

조상대상을 살펴볼 때, 주목되는 것은 비상 좌우 측면의 문수사리보살과 지장보살이다. 오른쪽 측면의 문수사리보살은 보통 보현보살과 짝을 이루어 조상되고 예배되는 존재이다. 기록상 문수사리보살이 예배대상으로 조상되기 시작한 것은

---

24. 물론 동진시대에 왕희지 자신이 쓴 서체와 이것을 바탕으로 더 다듬은 당대의 '왕희지체'는 실제 상당한 차이를 지니고 있다. 그러나 본 함화비상 명문의 서체는 '왕희지체'의 이러한 시대적 차이를 뚜렷이 담고 있지 못하다. 따라서 비상명문의 서체는 시대구분의 지표가 되기 어렵다.

25. 塚本善隆에 의하면 북위시대에 개착된 용문석굴에 아미타여래의 漢譯名인 無量壽佛이 처음 나타나는 것은 519년(북위 神龜 2年)이며 아미타여래라는 이름으로 조상되기는 595년(隋 開皇 15年)이 처음이다(塚本善隆, 「龍門石窟に現れたる北魏佛教」『龍門石窟の研究』二(本文篇), 附錄第一, 同朋舍, 1941).

南朝의 劉宋時代부터이다. 『法苑珠林』에 보이는 "宋元嘉2年(425)에 劉式之가 문수사리보살의 金像을 만들어 예배하였다"[26]는 기록이 그것이다. 따라서 문수사리보살이 신앙대상으로 조상되기 시작한 것은 일러도 동진 멸망(418) 이후이다.

지옥에 떨어지는 중생의 구제를 담당하는 존재이자 현세의 고통을 치유하는 존재인 지장보살은 수·당 이후에야 신앙대상으로 널리 받들어진다. 이 지장보살이 예배의 대상으로 조상된 가장 오랜 기록은 龍門石窟 조상명중에 보이는 "麟德元年(664)五月六日(中略)敬造地藏菩薩一軀"라는 기록이며, 같은 용문석굴 조상명중에는 아미타여래와 관음보살, 지장보살을 함께 조상한 가장 오랜 기록인 '長壽二年(693)' 造像銘이 있다.[27] 이로 볼 때, 지장보살이 신앙대상으로 조상되기 시작한 것은 7세기 중엽을 전후한 시기로 추정된다.

따라서 불상양식과 조상대상이라는 측면에서 볼 때, 함화비상의 조상연대가 7세기 중엽 이전으로 거슬러 올라가기는 어렵다. 그렇다면 연호기년으로서의 '함화4년'은 발해 시기인 834년으로 보아야 하며, 따라서 이 비상은 834년 발해에서 만들어진 것으로 볼 수밖에 없다.

이 비상을 발해비상으로 단정지을 경우 발해불교 및 불교미술과 관련하여 풀어야 할 문제는 여러 가지이나 크게 보면 두 가지로 모아진다. 첫째, 당에서는 7세기 후반에서 8세기 전반에 걸쳐 유행한 아미타5존불비상이 발해에서는 적어도 1세기 이상 뒤인 9세기 전반에야 만들어지는 이유가 무엇인가이다. 물론 9세기 이전부터 이러한 형태의 비상이 만들어졌을 가능성은 높으며 발해 불교유적에서의 발굴성과에 따라 이러한 가정의 타당성은 실제 유물로 확인될 수 있을 것이다. 문제는 이미 당에서는 쇠퇴한 양식이 발해에서는 해동성국으로 일컬어지던 전성기에 당대의 비상보다 퇴화된 양식으로 만들어지고 있는 점이다.

---

26. 『法苑珠林』 卷14.

27. 塚本善隆, 「龍門石刻錄」 『龍門石窟の研究』二(本文篇), 附錄第二, 同朋舍, 1941.

이것은 발해유적에서 흔히 발견되는 남북조 말기 양식의 불상들과 관련하여 주목되는 부분이다.[28] 즉 발해유적에서는 발해가 멸망할 때까지 같은 시대인 盛唐時代 이후의 세련된 양식의 불교미술품이 별로 발견되지 않고 있기 때문이다. 이것은 당과 밀접한 관계를 유지했던 발해의 역사 및 불교승려의 활동과 관련하여 특히 주목되는 사실이며 풀어야 할 수수께끼의 하나이다.

두 번째 문제는 이 비상에는 아미타여래의 협시보살로 앞면에는 관음보살과 대세지보살이 표현되었고 좌우측면에는 문수사리보살과 지장보살이 새겨졌다는 사실이다. 이 비상의 경우 아미타5불상은 아니지만 대개 아미타5불상을 구성하는 여래의 4협시는 대개 관음, 세지, 용수, 지장보살이며, 문수사리보살은 보현보살과 짝을 이루는 존재이나. 때문에 지장보살이 아미타여래의 협시로 표현될 경우, 그에 짝하여 나타나는 것은 거의 예외없이 용수보살이다. 조상에 나타나는 이러한 구성은 대승불교 각 종파의 소의경전 및 신앙교리상으로도 일정한 근거를 지니고 있다. 따라서 함화비상에 보이는 문수와 지장의 동시 출현은 발해의 불교신앙상의 특성과 관련하여 해명해야 할 숙제이다.

본 함화비상의 구성요소와 표현양식에서 제기되는 이러한 의문점은 명문에서 제기되는 여러 가지 문제와 함께 앞으로 풀어야 할 것이다.

5. 맺음말

이상에서 살펴본 함화비상은 비상에 나타나는 존상들의 구성방식과 표현양식 그 자체로 큰 의미를 지니기도 하지만 비상의 명문 중에 절대연대가 새겨져

28. 발해 옛터에서 발견되거나 수집된 불교조각품에 대한 종합적인 정리는 차옥신에 의해 시도되었다(車玉信, 「渤海佛像에 관한 연구」 이화여자대학교 미술사학과 석사학위 논문, 1990. 11.).

있다는 점에서 발해 불교사 및 불교미술연구에 특히 중요한 새 자료이다. 나아가 비교적 상세한 명문의 내용은 발해 역사의 재구성작업에 여러 가지 도움이 될 것으로 생각된다.

그러나 이 비상의 양식과 명문 자체에 대해서 해결되어야 할 문제는 아직도 여럿이다. 우선 명문에 왜 함화 4년에 없는 윤5월이 새겨졌는지이다. 명문을 새기면서 이런 착오가 왜 생겼는가 하는 문제는 앞으로의 연구에서 규명되어야 할 것이다. 그러나 금석문에서 역법 사용에 착오가 발생하는 경우는 종종 발견된다.

두 번째 문제는 명문상에 나오는 허왕부와 같은 친왕제도가 발해에도 존재하였는지의 여부이다. 장차 이에 대한 논의가 있어야 하겠다.

세 번째로 일반적인 조상명과 달리 함화비상에서는 조상자의 발원내용과 대상이 막연하고 포괄적인 이유가 무엇인가이다. 이것은 발해에서의 아미타신앙 내용과 관련이 있을 것이다.

네 번째 문제는 중국에서 이미 쇠퇴한 양식이 발해에서 고수된 원인과 그 의미이다. 역시 앞선 시기의 양식을 답습한 발해의 다른 불교미술품과 관련하여 검토되어야 할 문제이다.

다섯 번째로 비상중에 문수사리보살과 지장보살이 함께 표현된 점이다. 위의 네 번째 문제와 관련하여 발해 불교신앙의 지방성, 토착화와 관련하여 살펴보아야 할 연구과제이다.

이상으로 이 비상에 대한 기초적 검토를 하여 보았다. 장차 발해사학계나 불교사학계에서 이 비상의 양식과 명문에 대해 적극적인 검토와 활발한 논의가 이루어져 발해의 정치제도와 불교신앙, 불교미술연구에 대한 이해가 더욱 깊어지기를 기대한다.

사진 7-1. 비상 앞면

사진 7-2. 앞면 세부

사진 7-3. 명문

사진 7-4. 앞면 머리부분

사진 7-5. 오른쪽 측면

사진 7-6. 왼쪽 측면

사진 7-7. 咸亨三年銘 비상, 唐 672년 석회암 6cm 앞면

사진 7-8. 上元三年銘 비상, 唐 676년 석회암 36.5cm

사진 7-9. 儀鳳四年銘 비상, 唐 679년 석회암

사진 7-10. 永淳元年銘 비상, 唐 682년 석회암 48cm

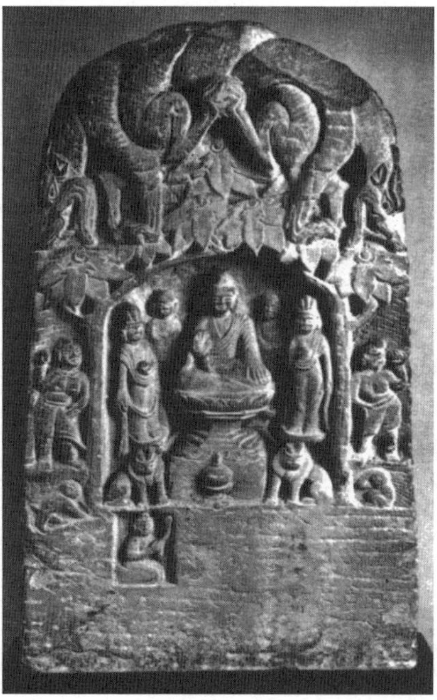

사진 7-11. 無紀年銘 비상, 唐 650~700년경 砂岩 67cm

사진 7-12. 동경예술대학 소장 비상

제8장 문화사의 연구 현황과 과제

무엇을 문화사라 하는가에 대해서는 다양한 정의를 내릴 수 있는 복잡한 사안이다. 이에 대해서 한국사학계에서 근래에 학술토론을 벌인 적이 있으므로 이를 참고할 만하다.[1] 문화란 넓은 의미로 자연에 대비되는 개념으로서 인간 활동 전체를 의미하지만, 좁은 의미로는 정치·경제·사회 등에 대응되는 개념으로서 학문과 문학·예술·사상과 종교 등의 정신 문화를 가리킨다. 따라서 문화사의 영역도 여기에 조응시켜 얘기할 수 있을 것이다.

그렇지만 발해 문화사로 시야를 돌린다면 이와 같은 정의는 한갓 부질없는 것처럼 보인다. 사료가 워낙 적다보니 아직까지는 자료의 취합에 그치는 수준에 머물고 있기 때문이다. 따라서 협의의 전통적 정의에 부합되는 영역마저도 복원해내기가 벅찬 실정이다. 위에 제시한 영역에서 문학 작품은 그래도 약간 남아 있는 편이고, 예술 가운데 미술과 음악에 관한 자료도 그런대로 꾸려볼 수 있을 정도이며, 종교에서도 불교 부분을 추정해볼 수 있을 따름이다. 그 나머지 분야는 거의 전무하다고 해도 과언이 아니다. 특히 사상사 분야는 그 편린마저도 찾기가 어렵다. 이처럼 문화의 일반적 정의마저도 충족시키기 어려운 것이 발해 문화사이다.

이런 사정으로 발해 문화 연구의 정리에 변형을 가하지 않을 수 없다. 대다수를

1. 국사편찬위원회, 『한국문화사의 이해와 편찬 방향』 제28회 한국사 학술회의, 2001. 6. 29. 발표요지. 여기에 최갑수, 주명철, 윤병남, 서영대, 조광 교수의 글이 실려 있다.

차지하는 고고 자료가 그 중심에 자리잡고, 문화의 중심인 상기 분야들은 그 다음으로 밀리게 될 수밖에 없다. 이 글에서 다루고자 하는 각 영역도 여기에 맞추어 구성될 것이다. 이제 이러한 사실을 염두에 두면서, 자료와 연구의 대다수를 차지하고 있는 중국, 중국과 함께 현장 자료를 가지고 있는 북한과 러시아, 과거에 현장 자료를 확보하여 연구가 활발했고 지금은 다른 방향에서 연구를 진행하고 있는 일본, 그리고 또 다른 연구 특색을 지니고 있는 남한에서 각기 발해 문화사 연구가 어떻게 진행되었는지를 살펴보도록 하겠다.

1. 각국의 연구 개황과 문화 총론

발해 문화사와 관련된 논문과 저서를 국가별로 뽑아보면, 중국 362편, 북한 63편, 남한 71편, 러시아 112편, 일본 105편으로 모두 713편에 달하며, 이는 전체 2,477편 가운데 28.8%를 차지한다. 이를 좀 더 구체적으로 분류하여 통계표를 작성하면 〈표 8-1〉과 같다.

〈표 8-1〉를 보면, 우선 국가별로 문화사의 비중이 다른 것을 알 수 있다. 러시아와 북한이 각기 60%, 46%를 차지하고, 중국은 32.7%, 일본은 17.6%, 남한 15.7%를 차지하여 그 뒤를 잇고 있다. 언뜻 보면 발해 문화사에 대한 관심이 국가별로 크게 차이가 나는 것처럼 보인다. 그렇지만 이렇게 60%에서 15.7%까지 격차가 벌어지는 것은 실제로는 고고 현장을 확보하고 있느냐 여부에 기인한다. 그러기에 러시아, 중국, 북한의 비율이 높고, 남한과 일본이 낮게 나타난다.

또 러시아가 중국보다 높은 것은 이들이 문헌보다는 주로 고고 자료에 의존하여 연구를 하고 있기 때문이다. 연해주 유적에 대한 역사 문헌 정보가 거의 없으므로 발굴 종사자들의 글이 대부분을 차지한다. 결과적으로, 발굴 조사

표 8-1. 발해 문화사 논저 통계표(2002년말 기준)

	문화 총론	유적과 유물							문학·문자	불교	유학	풍속·음악·놀이·복식	기타	합계	비율 (/전체 논문수)
		고고 일반	성터	무덤과 벽화	불교 유적 유물	주거지와 건축	기타 유적	유물							
중국	17	82	43	61	28	36	3	48	11	5	9	17	2	362	32.7% (/1,106)
북한	1	11	9	11	4	10	2	14	0	0	0	0	1	63	46% (/137)
남한	4	13	2	9	17	5	0	3	3	4	0	8	3	71	15.7% (/451)
러시아	2	32	23	0	6	10	1	35	2	0	0	0	1	112	60% (/186)
일본	11	21	23	3	10	3	0	20	7	2	0	3	2	105	17.6% (/597)
합계	35	159	100	84	65	64	6	120	23	11	9	28	9	713	28.8% (/2,477)

및 연구를 제외한 순수한 의미의 문화사, 즉 〈표 8-1〉에서 유적과 유물의 항목을 제외하면 중국의 글이 압도적으로 많게 되고, 그 다음으로 일본과 남한이 뒤따르며, 이에 비해서 북한과 러시아에서의 연구 숫자는 아주 소략하다. 러시아에서는 문헌 자료보다 발굴에 따른 물질 자료에 의존하다보니 문학이나 불교, 유학 등에 대한 관심이 적을 수밖에 없고, 북한에서도 개설서를 제외하고는 上部構造에 대한 연구에 소홀하였던 것이 사실이다. 또 북한에서는 『력사과학』과 『조선고고연구』로 연구 발표 지면이 극히 제한되어 있는 데에도 원인이 있다.[2]

이제 〈표 8-1〉에 설정된 항목 순서로 연구 내용을 검토해볼 차례이다. 먼저, 〈문화 총론〉으로 분류된 글들은 발해 문화에 대한 전반적 서술이나 이와 관련된 기본 시각이 중심을 이루고 있다. 발해 문화 개설서로는 朱榮憲의 『발해문화』(사회과학출판사, 1971)가 대표적인데, 그 내용은 '제1편 유적과 유물'에서 도시와 건축,

2. 이밖에 『김일성종합대학학보』 등이 있으나 국외에서 입수하기가 여의치 않다.

무덤, 유물을 다루고, '제2편 발해는 고구려의 계승자'에서 무덤으로 본 계승관계, 도시와 건축 및 각종 유물을 가지고 본 계승관계를 다루고 있어서, 본격적인 문화사 책이 아니라 고고 연구서에 해당된다. 方學鳳의 『발해문화연구』(이론과실천, 1991)가 국내에서 출간되었지만, 저자가 기왕에 발표한 논문들을 모아놓은 데에 불과하여 체계적이지 않다. 근래에 方學鳳·鄭永振이 편집한 『渤海文化研究』(吉林人民出版社, 2000)도 여러 사람의 논문을 실은 것이다.

그 다음으로, 기본 시각 문제를 다룬 글들은 추후에 언급할 것이므로 일단 뒤로 미루도록 하겠다.

2. 고고 연구 현황

(1) 고고 일반

지금부터는 본격적으로 유적과 유물에 대한 연구 개황을 정리하겠다. 〈고고 일반〉으로 분류된 것은 주로 유적 조사와 발굴 보고서들이므로 중국측의 숫자가 단연 압도적이다. 중국에서는 1980년대 이래로 省·市·縣 단위로 유적 조사를 세밀히 시행하여 그 결과를 시리즈로 간행하였으니, 吉林省의 경우에 1982년부터 1986년 사이에 조사를 시행하고 1988년 이래 49책의 각 시·현 『文物志』를 완간했고, 1991년에는 이를 종합하여 『吉林省志』 文物志篇(吉林人民出版社, 1991)을 발간하고, 1993년에는 國家文物局에서 『中國文物地圖集』 吉林分册(中國地圖出版社 1993)을 발간하여 자료의 종합화·체계화를 꾀했다. 이와 동일한 작업은 黑龍江省에서도 진행되고 있어서 依蘭縣과 같은 縣文物志가 간행되었고, 『黑龍江省志』 文物志(黑龍江人民出版社, 1994)도 출간되었다. 이러한 자료집을 통하여 발해 유적의 전체적 윤곽을 파악할 수 있다.

러시아에서도 이와 비슷하게 『연해주의 역사 유적 및 문화 유적』(러시아과학원 극동지부 극동민족 역사학·고고학·민족학연구소, 1991)이란 자료집을 간행하였으니, '제2부 고고 자료'에서 연해주 행정구역별로 유적이 간단히 소개되어 있고 도면도 일부 실려 있어 역시 전체 개황을 파악하는 데에 소중하다. 북한의 경우에 자료집을 내지는 않았지만, 궁성희가 작성한 「조선력사유적유물 지명표」 시리즈 가운데(『조선고고연구』 1994-1·2·3, 1995-4) 발해 유적들이 게재되어 있어 중요한 참고가 된다.

이밖에는 개별적인 유적에 대한 조사 또는 발굴 보고, 그리고 연구사가 중심을 이룬다. 그렇지만 발굴 보고서의 경우에 대부분이 簡報 형태에 머무르고 있어서 그 전모를 파악하기가 어렵다. 최초의 본격적인 보고서로는 1933~34년 발굴 성과를 집대성한 『東京城-渤海國上京龍泉府址の發掘調査-』(東亞考古學會, 東京·京都, 1939)가 있다. 이 당시 발굴품은 현재 일본 東京大學 등에 분산되어 보관되어 있고, 발굴 때에 찍은 사진들도 동경대학 고고학연구실에 남아 있다. 이와 함께 일제시대에 간행된 보고서에는 『半拉城-渤海の遺蹟調査-』(齋藤優, 琿春縣公署, 1942)도 있는데, 이 책은 추후 增補되어 『半拉城と他の史跡』(1978)으로 복간되었다.

해방 이후의 정식 발굴서로는 중국과 북한의 공동 발굴 결과물인 『중국 동북지방의 유적 발굴 보고(1963~1965)』(사회과학원출판사, 1966)와 『六頂山與渤海鎮-唐代渤海國的貴族墓地與都城遺址-』(中國大百科全書出版社, 1997)가 있다. 이 두 책은 공동으로 집필된 것이었으나 발간 과정에 우여곡절을 겪으면서 내용에서 일부 달라진 부분이 발견된다.[3] 그리고 牡丹江 하류에 蓮花수력발전소 댐 건설을 계기로 수몰되는 지역에 대한 구제 발굴을 1992~96년 사이에 진행하였고, 그 가운데 대표적인 두 유적에 대한 발굴 보고서인 『河口與振興-牡丹江蓮花水

3. 宋基豪, 「六頂山 古墳群의 성격과 발해 건국집단」 『汕耘史學』 8, 1998, 주7 (본서 제1장).

庫發掘報告(一)-』(科學出版社, 2001)가 간행되었는데, 여기에도 중요한 발해 유적이 실려 있다. 그 외에는 중국에서 간행된 정식보고서가 없는데, 정효공주 무덤 발굴보고서는 이미 원고가 완성되어 있지만 경비 마련이 되지 않아서 발간이 되지 못하고 있다.

한편 러시아 우수리스크에 있는 보리소프카 절터에 대한 보고서가 발굴이 끝난 1972년으로부터 무려 26년이 지난 뒤에 국내 학회의 도움으로 『러시아 연해주 발해 절터』(학연문화사, 1998)란 명칭으로 간행되었고, 국내학자와 공동으로 진행된 연해주 발해 유적에 대한 조사와 발굴 결과 보고서도 『러시아 연해주 발해유적』(대륙연구소, 1994)과 『연해주에 남아 있는 발해-沿海州 渤海遺蹟 調査報告-』(高麗學術文化財團, 1999)란 이름으로 간행되었다. 근래에는 일본의 田村晃一을 중심으로 연해주 유적을 조사하여 지속적으로 보고서를 간행해내고 있다.[4] 이러다 보니 북한 지역의 발해 유적에 대한 종합적인 보고서가 한 권도 없는 셈이 되는데, 이것은 『조선유적유물도감』 8(발해편, 외국문종합출판사, 1991)과 국내에서 출판된 『동해안 일대의 발해 유적에 대한 연구』(김종혁, 중심, 2002)가 어느 정도 그러한 아쉬움을 채워준다. 한편, 일본에서도 발해 관련 유적과 유물들이 발견되고 있는데, 小嶋芳孝가 이를 지속적으로 정리하여 보고하고 있다.[5]

발해 유물 전시회는 서울대박물관에서 1982년과 1990년 두 차례 소장 유물 전시회를 열었고,[6] 소장 유물에 관한 간단한 보고서도 간행하였으며,[7] 2003년

---

4. 田村晃一, 『古代國家渤海と日本の交流に關する考古學的調査』 平成8年度~平成10年度科學研究費補助金(海外學術調査)研究成果報告書, 1999; 田村晃一 外, 『「日本道」關連渤海遺跡の考古學的調査』 平成11·12年度科學研究費補助金研究成果報告書, 2001.

5. 小嶋芳孝, 「日本 국내의 발해 관계 자료」 『高句麗研究』 6, 발해건국 1300주년(698~1998), 1999.

6. 서울대학교박물관, 『渤海 高句麗 樂浪遺物』 전시회 도록, 1982.

7. 崔夢龍·鄭永鎬·宣逸, 『서울大 博物館所藏 渤海遺物』 서울大學校博物館學術叢書 7, 서울大學校 博物館, 1998.

7월에는 동경대학 유물을 대여해와서 다시 한 번 전시회를 개최하였다. 그리고 발해 상설전시실을 처음으로 마련한 전쟁기념관에서 발해 건국 1300주년을 기념하여 1998년 가을에 '발해를 찾아서'란 전시회를 열었으며, 국립민속박물관에서도 2000년 말에 상설전시실을 마련하였다. 일본에서도 러시아 발굴 유물을 들여와 1994년에 전시회를 연 적이 있고,[8] 발해와 관련된 일본의 유적과 유물이 소개된 전시회도 1990년과 1996년 두 차례나 石川縣에서 개최되었다.[9] 이에 비해서 중국이나 북한의 발해 유물은 아직 접근조차 어려운 실정이다.

이밖에 발해 유적에 대한 종합적인 정리를 한 것으로는 중국측의 『東北古代民族考古與疆域』(張博泉·魏存成 主編, 吉林大學出版社, 1998)과 『渤海遺迹』(朱國忱·朱威, 文物出版社, 2002), 러시아측의 『발해(698~926년)와 러시아 극동의 종족들』(샤프쿠노프 에.붸. 책임 감수, 과학출판사, 모스크바, 1994)[10]을 참고할 수 있고, 북한측의 것으로는 위에 제시한 김종혁 저서를 들 수 있다.

(2) 성터

발해 성터는 크게 平地城과 山城으로 나뉘고, 이밖에 長城(邊墻)도 확인된다. 현재까지 확인된 발해시대의 성터를 종합적으로 정리한 것으로는 『高句麗渤海古城址研究滙編』(王禹浪·王宏北 編著, 哈爾濱出版社, 1994)이 가장 최근의 것이다. 이 책에 수록된 성터의 숫자를 보면, 中國 黑龍江省에 42개, 吉林省에 178개,

---

8. 北海道開拓記念館, 『第40回特別展 ロシア極東諸民族の歴史と文化-ロシア科學アカデミ-極東支部所藏資料-』 1994.

9. 石川縣立歷史博物館, 『魅惑の日本海文化』 1990; 石川縣立歷史博物館, 『波濤をこえて-古代·中世の東アジア交流-』 1996.

10. 이 책은 국내에 번역 출간되었다.
샤프쿠노프 에.붸. 책임 감수, 송기호·정석배 옮김, 『러시아 연해주와 발해 역사』 대우학술총서 번역97, 민음사, 1996.

러시아 沿海州에 29개, 북한에 28개가 되어 모두 277개가 정리되어 있다.

그러나 여기서 제대로 발굴이 이루어진 것은 손에 꼽을 정도이다. 가장 대표적인 유적이 上京城이다. 이미 1909년에 白鳥庫吉이 답사한 뒤로 鳥山喜一, 鳥居龍藏, 포노소프 붸.붸(Поносов В.В.) 등이 그 뒤를 이어 조사를 하였지만, 본격적인 발굴은 1933년과 1934년에 실시되었다. 1940년과 1942년에는 鳥山喜一이 절터를 조사하였고, 1963년과 1964년에는 조중공동고고학발굴대가 답사와 시굴을 하였으며, 1979년 門址를 발굴한 뒤로는 지금까지 지속적인 발굴이 이루어지고 있다.[11] 상경성에 대한 종합적인 자료집 성격을 띤 책으로서 『渤海故都』(朱國忱·金太順·李硯鐵, 黑龍江人民出版社, 1996)를 추천할 만하다. 그리고 일제시대인 1937년과 1942년에 발굴된 琿春 八連城, 1937년과 1943년 및 1945년에 발굴되었고 2000~02년에 궁전지 등이 다시 발굴된[12] 和龍 西古城 정도를 손꼽을 수 있다. 그나마 이들은 平地城으로서 山城 발굴은 전무하다시피 하다. 따라서 아직은 중국의 발해 성터에 대한 자세한 정보를 얻기가 어렵다. 다만 2001년에 延邊에서 간행된 『渤海城郭』(方學鳳, 延邊人民出版社, 2001)에 65곳의 발해 성터 사진이 게재되어 있어 현장 접근이 어려운 형편을 감안하면 큰 도움이 되는 자료집이 될 수 있으니, 뒤이어 출간한 『발해성곽연구』(방학봉, 연변인민출판사, 2002)와 함께 참고하면 좋을 것이다.

러시아에서는 제법 많은 성터들이 발굴되었지만, 소규모 단위로 진행되는 발굴 방식 때문에 성터의 전모를 파악하는 데에는 많은 시간이 걸릴 것으로 보인다. 그런 가운데에서도 크라스키노(Краскино) 성터가 가장 오랫동안 발굴

---

11. 구체적인 것은 매년 발간되는 『中國考古學年鑒』(文物出版社)과 『中國歷史學年鑒』(三聯書店)에 각각 실리고 있는 「考古文物新發現」 항목에서 찾아볼 수 있다.

12. 宋玉彬·全仁學·王志剛, 「延邊和龍西古城城址發掘廓淸歷史懸案」 『中國文物報』 2003. 1. 10.; 「吉林和龍西古城城址」 『2001中國重要考古發現』 國家文物局 主編, 文物出版社, 2002. * 西古城은 2005년까지 발굴되고 上京城은 2007년까지 발굴되었으니, 그 결과물이 각각 단독 보고서로 간행되었다(본서 제12장 주2). 八連城 발굴 보고서도 곧 간행될 예정이다.

되었고, 여기에 한국과 일본에서도 참가하여 국제적인 발굴 경연장이 되고 있다. 이 덕택으로 연해주의 발해 성터 가운데에서는 가장 많은 정보를 얻을 수 있게 되었다. 북한에서는 南京南海府의 소재지로 알려진 青海土城이 1972년과 1985년에 발굴되었다고 하지만, 아직 제대로 된 보고서는 나오지 않고 그 개략적인 내용만 앞에 언급한 김종혁의 저서에 소개되어 있다.

발해 성터에 대한 발굴이 미진하기 때문에 본격적인 연구는 아직 시작되지 않았다고 해도 과언이 아니다. 현재로서 가장 관심을 갖는 부분은 발해 행정구역인 京·府·州·縣을 현존 성터와 연결시키는 작업이다. 발해 5경의 소재지에 대해서는 대체로 의견의 일치를 보고 있어서 上京은 寧安 上京城, 中京은 和龍 西古城, 東京은 琿春 八連城, 西京은 臨江 市街地의 성터, 南京은 北青 青海土城으로 비정되고 있는데, 東京 소재지에 대해서 북한에서는 채태형이 함경북도 청진시 富居城으로 비정한 이래 이 견해로 의견을 통일했지만 믿기 어렵다.[13] 5京을 제외한 나머지 10府 가운데 長嶺府는 樺甸 蘇密城, 率賓府는 大城子古城 또는 연해주 유즈노 우수리스크(Южно-Уссурийск) 성터로 비정되고, 州城 가운데 鹽州는 크라스키노 성터, 涑州는 吉林市 南城子古城, 湖州는 南湖頭古城으로 비정되고 있으며, 縣城 가운데 長平縣이 寧安 土城子古城, 海陽縣이 김책시 성상리(성현리)토성[14]으로 비정하는 견해가 제시되었다.

이밖에 5개 대외교통로 선상에 위치하는 발해시대의 성들을 조사하여 구체적인 경로를 파악하였고, 고구려 및 당나라 城과 비교하여 발해가 초기에는 山城과 平地城이 결합된 고구려식 방어체계를 취하였다가 점차 당나라 방식인 평지성 중심의 방어체계로 전환된 것을 밝혀내기도 하였다. 그렇지만 발해 성터의

13. 채태형, 「발해 동경룡원부-훈춘 팔련성설에 대한 재검토」 『력사과학』 1990-3; 류병흥, 「동해안일대의 발해유적발굴에서 이룩한 성과에 대하여」 『조선고고연구』 1997-1, p.7; 김혁철, 『발해사연구』 6, 력사지리 2, 사회과학출판사, 1998, p.4.

14. 한인덕, 「성상리토성에 대하여」 『조선고고연구』 1993-1.

編年은 아직 제대로 이루어지지 않았다. 편년 기준으로는 雉나 甕城 등의 유무를 따지는 城의 구조, 그리고 기와나 陶器와 같은 출토 유물의 양식이 제시될 수 있는데, 근래에 田村晃一이 瓦當 文様의 編年을 통하여 上京城 내부 각 건물의 先後 關係를 설정하고 나아가 상경성의 구조적 변천 과정을 파악하고자 한 시도가 주목된다.[15]

(3) 무덤과 벽화

발해 무덤은 중국에서 90개 가까운 고분군에서 대략 2천기 정도가 발견되었고,[16] 이 가운데 1980년대 이래 길림성과 흑룡강성에서 발굴한 숫자만 대략 450기 정도가 된다.[17] 북한에서는 30개 정도의 고분군에서 2000여 기의 고분을 확인하고, 여기서 200기 내지 300기가 발굴되었다고 한다.[18] 확인된 고분수가 중국의 경우와 비교할 때에 너무 많아 보이는데, 이것은 고구려 시대의 무덤도 포함되어 있기 때문으로 생각된다. 사실 함경도에서 발견된 고분에는 고구려와 발해의 무덤이 모두 포함되어 있을 터인데, 현재까지의 보고를 보면 모두 발해시대로 비정하는 경향을 보인다.[19] 이에 비해서 러시아에서는 7개 고분군에서

15. 田村晃一, 「渤海の瓦當文様に關する若干の考察」『青山史學』 19, 2001; 田村晃一, 「渤海瓦當論再考」『早稻田大學大學院文學硏究科紀要』 47, 2002.

16. 본서 제1장 〈표 1-10, 1-11, 1-12〉 참조.

17. 朱國忱·朱威, 『渤海遺迹』 文物出版社, 2002, p.32.

18. 본서 제1장 〈표 1-13〉 참조. 발굴된 고분 숫자에 대해서 장철만은 2000기 가운데 300기가 발굴되었다고 한 반면에, 김종혁은 200여기가 발굴되었다고 적고 있어 차이를 보인다(장철만, 「동해안일대의 발해무덤에 대하여」『조선고고연구』 1997-1, p.33; 김종혁, 『동해안 일대의 발해 유적에 대한 연구』 중심, 2002, p.121).

19. 함경도 지역의 고구려 고분에 대한 보고는 全無한 형편이다.
東潮, 『高句麗考古學硏究』 吉川弘文館, 1997 〈付表-高句麗古墳地名表〉; 姜賢淑, 『高句麗 古墳 硏究』 서울대학교 고고미술사학과 박사학위 논문, 2000. 2. 〈부록. 고구려 고분군 분포 특징〉 참조 바람.

100기 정도가 발견되었지만 여기에는 발해 건국 이전의 말갈족 무덤도 포함되어 있으므로,[20] 연해주에서 발견된 발해 고분의 숫자는 아주 적은 편이다. 이상의 자료로 보건대 정확한 통계를 내기는 어렵지만, 대략 130개 가까운 고분군에서 4천기 이상을 확인하였고 700~800기 정도를 발굴한 것으로 추정된다. 그렇지만 실제로 보고된 발굴 고분은 소수에 불과하다.

중국에서 발굴된 고분 가운데 특히 중요한 것으로는 묘지가 출토된 貞惠公主 무덤(1949년 발굴), 묘지와 벽화가 발견된 貞孝公主 무덤(1980년), 순금제 부장품이 출토된 和龍 河南屯 고분(1971년), 발해 三彩가 발견된 和龍 北大 고분군(1973, 1988년 등)과 石國 고분(1998년), 塔葬의 실체를 보여주는 琿春 馬滴達 고분(1973년), 지방세력의 실체를 반영하는 安圖 東淸 고분군(1990, 1991년), 벽회 多人葬을 보여주는 발해 왕실 무덤인 寧安 三陵屯(三靈屯) 고분군(1991, 1992년), 대규모 발굴을 통하여 324기의 고분과 함께 祭壇 7기, 주거지 1기, 유물 2천여 점이 조사되어 다양한 고분 유형과 매장 습속을 확인할 수 있는 寧安 虹鱒魚場 고분군(1992~1995년 등) 등이 있다. 북한에서는 北靑 坪里 고분군, 花臺 정문리 창덕고분군, 花臺 松洞里 송동부락 고분군, 淸津 부거리 고분군에서 다수의 고분이 발굴되었고, 러시아에서는 아브라모프카(Абрамовка)-2 고분군과 모나스트이르카(Монастырка)-3 고분군에서 여러 기가 발굴되었다.

무덤 발굴 결과에 대해서도 역시 정식 보고서는 거의 없고 簡報 형태만이 주류를 이룬다. 六頂山 고분군과 大朱屯 고분군 발굴을 보고한 『중국 동북지방의 유적 발굴 보고(1963~1965)』와 『六頂山與渤海鎭』, 그리고 발해 초기의 무덤이 포함된 『楡樹老河深』(文物出版社, 1987) 정도를 꼽을 수 있다. 연구서로는 『渤海墓葬研究』(鄭永振·嚴長錄, 吉林人民出版社, 2000)가 있지만, 발해 무덤 전체를 포괄하는

이에 따라 마치 關西地方에는 고구려 고분만, 關北地方에는 발해 고분만 분포되어 있는 것처럼 느끼게 한다. 이것은 고구려와 발해1의 영역으로 보건대 분명 잘못된 설정이다.

20. 본서 제1장 〈표 1-14〉 참조.

체계적인 연구가 아니라 저자들이 발굴에 직접 참여하였던 延邊 지역의 고분들을 정리한 글과 함께 이를 토대로 한 연구 논문을 수록하고 있다.

이 방면의 연구에서 우선 중요한 것으로 무덤 유형 분류를 들 수 있다. 현재까지 제시된 주요 분류안은 〈표 8-2〉와 같다.

표 8-2. 발해 무덤 분류안

연구자	분류안
李殿福(1981)	Ⅰ. 土坑封土墓, Ⅱ. 石壙封土墓, Ⅲ. 石棺封土墓, Ⅳ. 石室封土墓, Ⅴ. 磚室石頂封土墓
鄭永振(1984)	Ⅰ. 磚室墓類: 墓塔결합식 磚壁石頂單室墓(1식), 陵園建築式 磚壁石頂單室封土墓(2식) Ⅱ. 石室墓類: 迭澀頂[고임천정]封土墓(1식), 平頂封土墓(2식), 石棺封土墓(3식), 石壙封土墓(4식) Ⅲ. 土坑墓類: 土石壁封土墓(1식), 土坑蓋石頂封土墓(2식), 土坑竪穴墓(3식)
鄭永振(2000)	Ⅰ. 磚墓類: 墓塔結合式 磚壁石頂墓(1식), 享堂建築式 磚壁石頂封土墓(2식), 磚室封土墓(3식) Ⅱ. 石墓類: 石室封土墓(1식) 迭澀頂(A) 및 平頂(B), 石壙封土墓(2식), 石棺封土墓(3식), 方壇階梯積石墓(4식) Ⅲ. 土墓類: 土石壁封土墓(1식), 土坑蓋石頂封土墓(2식), 土坑竪穴墓(3식)
孫秉根(1994)	Ⅰ. 竪穴土坑墓(1,2,3식 분류), Ⅱ. 石壙墓 또는 石棺墓(1,2식), Ⅲ. 石室墓(1,2,3식), Ⅳ. 大型石室墓(1,2식), Ⅴ. 石頂磚室墓(1,2식)
劉曉東(1996)	Ⅰ. 土壙墓, Ⅱ. 有槨墓: 木槨墓(1식), 石槨墓(2식), Ⅲ. 墓室墓: 石室墓(1식), 磚室墓(2식)
金太順(1997)	構造: 土坑墓(A형), 石墓(B형) 石室墓(BⅠ형) 石壙墓(BⅡ형) 石棺墓(BⅢ형), 磚墓(C형) 平面: 鏟形(a형), 刀形(b형), 長方形(c형), 双室(d형), 불규칙형(e형) 전체 유형: Ac, Ae, BⅠa, BⅠb, BⅠc, BⅠd, BⅡ, BⅢ, Ca형
朱榮憲(1971)	Ⅰ. 큰 돌칸흙무덤, Ⅱ. 중간쯤되는 돌칸흙무덤, Ⅲ. 작은 돌칸흙무덤
李南奭(1995)	Ⅰ. 土壙墓, Ⅱ. 石築墓 石室型(1식) 積石型(2식) 石棺型(3식), Ⅲ. 塼築墓

주: 李殿福, 「從考古學上看唐代渤海文化」 『學習與探索』 1981-4.
鄭永振, 「渤海墓葬研究」 『黑龍江文物叢刊』 1984-2.
孫秉根, 「渤海墓葬的類型與分期」 『漢唐與邊疆考古研究』 1, 科學出版社, 1994.
劉曉東, 「渤海墓葬的類型與演變」 『北方文物』 1996-2.
金太順, 「渤海墓葬研究中的幾個問題」 『考古』 1997-2.
鄭永振·嚴長錄, 『渤海墓葬研究』 吉林人民出版社, 2000.
주영헌, 『발해문화』 사회과학출판사, 1971.
李南奭, 「渤海墓制의 研究」 『國史館論叢』 62, 1995.

〈표 8-2〉는 발해 무덤 전체를 대상으로 분류한 사례만 제시하였다. 그중에서 鄭永振은 1984년 글을 수정하여 1990년에 발표하였고,[21] 그 다음에 최종안을 2000년에 제시하였다. 金太順의 1997년 글도 그에 앞서 발표되었던 안[22]을 다시 수정한 것이다. 이밖에 石室墓만을 대상으로 분류를 시도한 것도 있다.[23]

이 표를 검토하면 곧 알 수 있듯이 발해 무덤은 축조 재료에 따라 土壙墓, 石築墓, 塼築墓로 대별된다. 이들은 토광묘-석축묘-전축묘 순서로 출현 시기가 빠르며, 墓制面에서 볼 때에 토광묘는 靺鞨的, 석축묘는 高句麗的, 전축묘는 唐的인 전통을 반영하고 있다. 그러면서 石室墓와 石槨墓(石壙墓)가 중심을 이루고 토광묘와 전축묘가 극히 적다는 점에서 고구려 전통이 지배적인 것을 확인할 수 있다.

이밖에 墓上建築物의 존재, 單人葬·二人合葬·多人合葬이나 1차장·2차장, 그리고 火葬과 같은 매장 방식의 성격에 대한 연구들도 있다. 특히 왕릉으로 추정되는 三陵屯 2호묘에서 근년에 15인의 인골이 출토되어 발해 다인장이 과연 殉葬의 유풍을 반영하는 것인지, 아니면 追加葬 내지 家族葬의 성격을 띠고 있는지에 대한 관심을 다시 환기시켜 주었다.

이러한 墓制 및 葬制와 함께 무엇보다 중요한 것은 古墳 壁畵이다. 특히 貞孝公主 무덤에 그려진 12명의 인물도, 三陵屯 2호묘에서 발견된 인물도 및 꽃 그림은 발해 회화를 이해하는 데에 필수적이다. 중국에서 발표된 글은 대체로 벽화 내용이나 벽화 技法을 記述하는 데에 그치고 있지만, 국내에서는

---

21. 정영진, 「발해무덤연구」 『발해사연구』 1, 연변대학 발해사연구실 편, 연변대학출판사, 1990.

22. 김태순·황성림 서·바싱길 역, 「발해무덤의 시기획분 및 그와 유관된 문제」 『발해사연구』 4, 연변대학출판사, 1993.

23. 박윤무, 「발해석실봉토무덤에 대한 고찰」 『발해사연구』 2, 연변대학 발해사연구실 편, 연변대학출판사, 1991; 東潮, 「渤海墓制と領域」 『朝鮮學報』 176·177, 2000; 朴潤武, 「略論渤海石室封土墓」 『渤海文化研究』 渤海史論叢 上卷, 吉林人民出版社, 2000.

이를 통하여 발해 服飾을 복원한 글도 발표되어 주목된다.[24] 이들 벽화가 어느 전통에 연결되어 있는가에 대해서도 관심이 지대하다. 중국측에서는 고구려 벽화와의 연결성을 부정하는 데에 비해서 북한에서는 적극적으로 고구려적인 모습을 부각시키려 하고 있으나, 양자 모두 피상적인 관찰에 머무르고 있다. 그런 의미에서 발해 벽화가 전반적으로 당나라적인 모습을 띠고 있되 인물의 구체적인 표현 방식에서 발해 고유의 모습을 엿볼 수 있고, 나아가 삼릉둔 2호의 연꽃무늬는 고구려 방식에 연원을 두고 있다는 사실을 밝힌 국내의 논문들은 연구의 심도에서 진전을 가져온 것이라 할 수 있다.[25]

(4) 불교 유적과 유물

성터, 무덤과 더불어 발해 유적의 주축을 이루고 있는 것이 불교 유적, 특히 절터와 탑터이다. 현재까지 발해 절터는 40여 곳이 정도가 확인되었다. 이 가운데 대표적인 절터로서 상경성 1호·2호·9호 절터, 함경남도 신포시 梧梅里 절터, 연해주 코프이토(Копыто) 절터·아브리코스(Абрикос) 절터·크라스키노 성터 안의 절터 등을 손꼽을 수 있다. 특히 상경성 2호 절터에는 石燈과 石佛이 온존해 있고, 오매리 절터에서는 고구려 시대의 銘文 金銅板이 발견되었으며, 함경북도 명천군 開心寺 절터에서는 826년(선왕 9)에 절이 창건되었다는 명문 자료가 출토되어 주목된다.

탑터로는 정효공주 무덤탑, 馬滴達塔, 靈光塔 3기를 대표적인 것으로 지목할 수 있다. 이들은 모두 塼塔으로서, 특히 영광탑은 7층 높이로 그대로 보존되어

24. 김민지, 『渤海 服飾 硏究』 서울대학교 대학원 의류학과 박사학위 논문, 2000. 8.

25. 全虎兌, 「渤海의 고분벽화와 발해문화」 『高句麗硏究』 6, 발해건국 1300주년(698~1998), 1999; 鄭炳模, 「渤海 貞孝公主墓 壁畵 侍衛圖의 연구」 『高句麗·渤海 硏究』 Ⅱ, 강좌 미술사 14, 발해미술特輯號, 1999.

있다. 그밖에 和龍 高産 절터에서 발견된 8각 건물터도 탑터로 추정된다.

이상과 같은 발해 불교 유적 자료는 方學鳳의 『발해불교연구』(연변대학출판사, 1998)에 잘 정리되어 있어 이를 참고할 수 있다.

불교 유물로는 우선 佛像이 있다. 발해 불상은 중국과 러시아의 발해 유적지에서 지금도 속속 발굴되고 있지만 그 수량은 매우 한정되어 있다. 이에 비해서 과거 일제시대에 발굴되어 일본과 한국에 흩어져 있는 것은 상대적으로 많은 편이다. 여기에 사회주의 국가에서 불교 연구를 소홀히 한 탓에 한·일 연구자들의 연구 성과가 중심을 이룬다. 일본에서는 原田淑人이 1935년에 쓴 글[26]을 시작으로 여러 편의 논문이 발표되었다. 그 가운데 東京에서 출토된 二佛竝坐像에 대한 관심이 제일 높은 것을 볼 수 있는데, 특히 三上次男의 연구는 고구려의 불교 전통이 발해에 그대로 이어진 것을 밝혀냄으로써 東京 일대의 불교 전통을 이해하는 데에 큰 도움을 주었다.[27] 이에 비해서 남한에서는 발해 불상의 현황 파악을 목적으로 양식 분류와 편년을 시도한 글들이 대종을 이룬다.[28] 이런 가운데 공통적으로 꼽고 있는 발해 불상의 특징은 同時代의 당나라보다는 그 이전의 北朝 또는 高句麗 때에 유행하였던 古式을 취하고 있다는 사실이니,

---

26. 原田淑人, 「渤海の佛像」 『文化』 2-11, 1935.

27. 駒井和愛, 「渤海國の二佛竝座石像」 『學海』 3-4, 1946; 駒井和愛, 「渤海の佛像-特に二佛竝座石像について-」 『遼陽發見の漢代墳墓』 考古學硏究 제1책, 東京大學 文學部 考古學硏究室, 1950; 三上次男, 「半拉城出土の二佛并座像とその歷史的意義-高句麗と渤海を結ぶもの-」 『朝鮮學報』 49, 1968; 河上洋, 「渤海の東京と二佛竝座像」 『佛教史學硏究』 35-2, 1992.

28. 車玉信, 「渤海 佛像에 관한 연구」 이화여대 미술사학과 석사학위 논문, 1990. 11.; 宋基豪·全虎兌, 「咸和四年銘 발해 碑像 검토」 『西巖趙恒來敎授華甲紀念 韓國史學論叢』 亞細亞文化社, 1992 (본서 제7장); 鄭永鎬, 「渤海의 佛教와 佛像」 『高句麗硏究』 6, 발해건국 1300주년(698~1998), 1999; 林碩奎, 「東京大 所藏 渤海佛像의 現狀과 性格」 『高句麗硏究』 6, 발해건국 1300주년(698~1998), 1999; 文明大, 「渤海 佛像彫刻의 流派와 樣式硏究」 『高句麗·渤海 硏究』 Ⅱ, 강좌 미술사 14, 발해미술特輯號, 1999; 崔聖銀, 「渤海(698~926)의 菩薩像 樣式에 대한 考察」 『高句麗·渤海 硏究』 Ⅱ, 강좌 미술사 14, 발해미술特輯號, 1999.

이것은 발해 불교가 고구려의 전통을 계승하였다는 역사적 진실을 반영하는 것이다. 발해 절터에서 출토되는 瓦當 양식이 고구려 것과 통하는 것도 이 때문일 것이다.

이밖에 舍利函도 上京城 등지에서 여러 점이 발굴되었는데, 상경성 출토품은 9세기 후반 당나라 사리함과 통한다고 한다.[29]

(5) 주거지와 건축, 기타 유적

발해 住居址에 대한 연구는 단연 러시아쪽에서 많이 발표되고 있다. 중국과 북한에서는 성터나 절터, 무덤에 고고학적 관심이 집중되는 바람에 일반 주거지에 대한 발굴은 희소하다. 러시아에서는 소규모 발굴을 다년간에 걸쳐서 지속적으로 진행하는 방식을 택하기 때문에 성 내부의 주거지 또는 일반 취락지의 주거지들을 다수 발굴하였고, 이 자료를 토대로 유형 분류나 발전 과정에 대한 연구까지 시도하였다.[30] 근래에는 발해의 쪽구들(炕)에 대한 몇몇 연구자의 관심이 높아지고 있다.

일반 주거지보다 더 많이 조사된 것으로는 절터, 그리고 궁전과 관청, 성문·정원·우물 등의 부속시설이 있다. 上京城 부근에서 五孔橋, 七孔橋와

29. 周炅美, 「韓國 古代 佛舍利莊嚴에 미친 중국의 영향」 『美術史學研究』 235, 한국미술사학회, 2002, p.56.

30. 디야코바 오.웨., 「소련 극동의 중세 초기 집자리-사료, 복원, 해석-」 『소련 극동 고고학의 문제들』 소련과학원 극동지부 극동민족 역사학·고고학·민족학 연구소, 블라디보스톡, 1987; 아르체미예바 엔.게., 「연해주 중세 초기 집자리」 『소비에트 고고학』 1987-1; 볼딘 웨.이.·이블리예프 아.엘.·호레프 웨.아.·샤프쿠노프 웨.에., 「연해주 발해 집자리의 새로운 유형」 『소련 극동의 중세 고고 및 역사 자료』 연구논문집, 블라디보스톡, 1990; 아르체미예바 엔.게., 「연해주 지역 집자리의 발전 과정」 『러시아 극동에서의 중세 사학 연구』 극동과학출판사, 블라디보스톡, 1994.
아울러 발해 집자리에 대한 개괄적인 정리는 다음 글이 참고가 된다.
샤프쿠노프 에.웨. 엮음, 송기호·정석배 옮김, 앞책 pp.111~123.

같은 교량 유적도 발견되었다. 절터에 대한 연구는 앞서 언급하였으므로, 그 외의 건물터 및 건축학적 연구만 다루겠다. 궁전터와 관청터는 上京城에서 조사된 것이 대표적이다. 이에 대해서는 앞서 소개한 『渤海故都』에 자세히 소개되어 있어 참고할 수 있다. 이밖에 일제시대 八連城(半拉城) 보고서를 통하여 東京의 궁전 건물지도 보고되었다. 이러한 건물지, 특히 궁전지의 건물 형태를 복원해보려는 시도도 보인다.[31] 발해 건축에 대해서 전반적으로 고루 다루고 있는 논문집으로는 『발해건축연구』(방학봉, 연변대학출판사, 1995)와 『발해건축의 이해』(이병건 편저, 백산자료원, 2003)가 있다.

그 다음으로 중요한 것이 24個石 유적이다. 현재까지 敦化市 일대에서 4곳, 鏡泊湖 부근에서 2곳, 두만강 유역에서 2곳, 嘎呀河 연안에서 1곳, 함경북도에서 3곳이 발견되어 모두 12개소가 된다.[32] 문제는 이 건물의 성격에 대한 논의로서 모두 추정의 범위를 벗어나지는 못하고 있지만, 다락창고 유적일 가능성이 가장 크다. 24개석에 관한 몇 논문은 『渤海貨幣及二十四塊石論著匯編』(方學鳳·鄭永振 主編, 吉林人民出版社, 2000)에 모아져 있어 李秉建의 박사 논문과 함께 참고할 수 있다.

三陵屯 1호분의 주춧돌이나 정효공주 무덤의 塔과 같은 墓上建築物도 관심사가 되는데, 무덤 위에 집을 짓는 풍습을 중국학자들은 勿吉의 전통에서 찾고 있는 반면에 한국학자들은 고구려 무덤에서 찾고 있어 대조를 이루지만, 아무래도 고구려적인 전통으로 이해하는 것이 옳을 것이다. 다만, 墓上塔의 형식은 唐나라에서 일반 신도의 무덤 위에 탑을 세우던 풍습에서 비롯되었다는 최근의 지적이 흥미롭다.[33]

---

31. 「부록: 몇개의 발해건축에 대한 외관복원」『고고민속론문집』 3, 사회과학출판사, 1971; 張鐵寧, 「渤海上京龍泉府宮殿建築復原」『文物』 1994-6.
32. 이병건, 『발해 24개돌유적에 관한 건축적 연구』 건국대학교 대학원 건축공학과 박사학위 논문, 2001. 6., pp.68~69.

기타 유적으로는 窯址, 冶鐵址 등이 보고되었는데, 특히 가마터는 중국과 북한, 연해주에서 모두 조사되었다. 이는 도자기 및 벽돌이나 기와를 굽던 시설로서, 특히 杏山窯址는 상경성에 가까운 곳으로서 성을 축조할 때에 제공되었던 벽돌과 기와를 구웠던 곳으로 알려져 있다.

(6) 유물

지금까지 유적을 언급하였는데, 그러한 유적들에서 출토된 유물도 중요하다. 발해 유물에는 조각품, 도자기, 기와와 벽돌, 금속 제품 등이 있다. 조각품으로는 앞서 다룬 불상과 석등 이외에 石獅子像이 있으니, 정혜공주 무덤과 上京城 제1궁전지에서 출토된 것이 대표적이다. 이와 함께 龜趺, 그릇 다리, 墓誌石 등도 발견되었는데, 묘지석으로는 주지하다시피 정혜공주와 정효공주에서 출토된 것을 손꼽을 수 있다. 그리고 연해주에서 많이 발견된 소형 장식물들(네츠케), 유리 제품, 骨角 제품, 점토 제품 등도 있다.

발해 그릇에는 소수의 磁器를 제외하면 陶器가 주류를 이룬다. 여기에는 말갈적 전통을 보여주는 것이 있는가 하면 고구려 전통을 보여주는 것도 있다. 도기에는 당나라 기술을 수입하여 유약을 바른 것도 있으니, 三陵屯 4호와 和龍 北大 7호분에서 출토된 三彩陶器가 주목되는 것이다. 도기는 그 자체로서뿐 아니라 연대 설정의 주요 대상물이기 때문에 고분 편년에도 활용되고 있다.[34]

---

33. 주경미, 앞논문 p.56.

34. 김태순 저, 마성길 역, 「발해 질그릇의 시기획분에 대하여」 『발해사연구』 3, 연변대학출판사, 1992〔金太順, 「略談渤海陶器分期」 『渤海文化研究』 吉林人民出版社, 2000 재수록〕; 교량 저, 박룡연 역, 「발해말갈도기 시기구분 초탐」 『발해사연구』 7, 연변대학출판사, 1996; 金太順, 「渤海墓葬硏究中的幾個問題」 『考古』 1997-2.

기와에는 암키와, 수키와, 치미, 귀면와, 柱礎裝飾瓦 등이 있다. 여기서 가장 관심의 대상이 되는 것이 瓦當으로서 이 또한 陶器와 함께 편년의 중요 근거가 되며,[35] 고구려 전통과 연계된다는 사실 때문에도 주목받아 왔다. 이와 함께 文字瓦도 문자가 새겨진 도기나 벽돌과 함께 발해 고유 문자의 존재 여부와 연관되어 관심의 대상이 되어 왔다. 벽돌 가운데에는 寶相華紋과 忍冬紋이 화려하게 장식된 것이 있다.

금속 제품에는 투구·창·화살촉 같은 무기류, 그릇·가위·자물쇠·삽·낫·못·거울·팔찌·허리띠·귀걸이·부싯쇠 손잡이와 같은 일상용품류, 風鐸·불상과 같은 종교용품, 青銅符節·도장과 같은 관청용품류가 있다. 외국화폐로서 당나라 開元通寶뿐 아니라 일본의 和同開珎, 중앙아시아의 소그드 화폐 등도 출토되어 대외교류의 증거물이 되고 있다.

3. 문화사 연구 현황

고고 연구를 제외한 다른 문화사 방면의 연구는 아주 빈약한데, 여기서는 문학과 문자, 불교, 유학과 교육, 풍속·음악·놀이·복식, 기타로 나누어 개관해 보겠다.

먼저 〈문학과 문자〉를 살펴보자. 발해 문학 작품은 다른 사료에 비해서 상대적으로 많은 편이다. 문장 형식으로 된 것은 거의가 외교관계와 관련하여 보낸 글들이기 때문에 엄밀한 의미에서 문학작품이라 할 수는 없지만, 발해인이 작성한 문장이라는 의미에서 그 대상에 포함시킬 수 있다. 당나라에 보낸 賀正表

35. 劉濱祥·郭仁, 「渤海瓦當的分類與分期研究」 『北方文物』 1995-3; 田村晃一, 앞논문 2001 및 2002.

1편을 제외하고는 발해에서 일본에 보낸 20여 편의 國書 및 中臺省牒 등이 전해진다. 이보다는 私的인 문장에 속하는 것으로 釋貞素가 靈仙의 죽음을 애도하여 지은 詩에 붙인 序가 있고, 貞惠公主와 貞孝公主의 묘지명이 있다. 詩로는 석정소가 지은 것을 제외하면 모두 일본에 파견된 사신들이 남긴 것으로서 모두 9수가 전해진다. 멸망 후에는 王庭筠을 비롯한 遺民 作家들이 文名을 떨치기도 하였다.

자료가 일본에 많이 남아 있는 만큼, 일본학자들은 발해와 일본 사이의 문학 교류란 측면에서 접근한 글들이 대부분이다. 이에 비해서 제일 많은 글이 발표된 중국에서는 문학 작품들을 번역하고 소개하는 차원에 머무르면서 주로 唐代 文學의 영향을 크게 받은 점을 강조하고 있다. 북한에서 발표한 글은 없고, 남한에서는 趙東一이 한국문학사를 서술하면서 '남북국시대의 문학'을 처음으로 설정하였으며, 金武植은 작품들을 분석하여 초기에는 駢驪文 형식을 충실히 따르나가 후기에 갈수록 문장 호흡이 자유로워진다는 점을 지적하였다.[36]

발해 문자에 대해서는 기와와 도기, 벽돌에 새겨진 글자들을 대상으로 과연 고유문자가 있었는지 여부를 따지는 데에 초점을 맞추고 있는데, 현재로서는 고유문자가 있었다고 인정하기는 어려우며 역시 다른 국가들처럼 한자 사용이 보편화되었던 것으로 보는 것이 옳을 것이다.

두 번째로 〈佛敎〉에 관한 연구이다. 발해 불교 사상을 밝혀줄 수 있는 자료가 전무하다시피 하므로 이 방면의 서술은 대체로 절터와 불상을 중심으로 한 고고 자료에 의존하고 있다. 중국에서 발표된 何明, 關金泉, 박룡연 등의 논문이 그러하다.[37] 여기서 나아가 宋基豪는 문헌과 고고 자료를 토대로 발해 불교의

---

36. 조동일, 「4.7.남북국 시대의 상황과 문학」『한국문학통사』 1, 지식산업사, 1982; 金武植, 「渤海 文學 研究」 한국정신문화연구원 석사학위 논문, 1992. 7.

37. 何明, 「淺談唐代渤海的佛教」『博物館研究』 1983-3: 關金泉, 「渤海國的佛教」『渤海史學術討論會論文集』 黑龍江省渤海上京遺址博物館, 1990; 박룡연, 「고고학방면으로부터 본

전개과정을 복원해보고자 하였고,[38] 許英子와 文明大는 발해에 성행한 불교 종파를 추정하였지만 현존 자료만으로 과연 가능한지는 의문이다.[39] 유민의 불교 문화가 금나라에 영향을 준 사실을 밝힌 外山軍治의 논문도 주목할 만하다.[40] 이 방면에서도 북한의 논문은 전혀 보이지 않는다.

세 번째로 〈儒學과 敎育〉에 관해서는 중국의 논문이 전부라 해도 과언이 아니다. 특히 두 공주의 묘지명 분석을 통하여 儒家思想의 영향을 밝힌 鄒秀玉의 글이 대표적이며,[41] 그밖에는 개설서에 정리되어 있는 정도로 개략적인 것들이다. 발해 敎育에 대한 글들도 역시 그러하다.

네 번째로 〈풍속, 음악, 놀이, 복식〉에 관한 것이다. 풍속과 놀이로는 馬球(擊毬), 婚喪儀禮, 女性의 지위 등에 관한 개괄적인 글들이 있다. 음악도 渤海樂에 관한 자료 정리 수준을 벗어나지 못하고 있지만, 일본의 雅樂 '新靺鞨'이 과연 발해에서 전래된 음악인지에 대해서 酒寄雅志와 石井正敏 사이에 상반된 의견을 개진하고 있어 앞으로의 연구 과제로 남겨질 수밖에 없다.[42] 服飾에 대해서는 앞서 언급한 金玟志의 자세한 고찰을 통하여 그 면모가 많이 밝혀졌다.

마지막으로 〈書藝, 미술, 도교 사상, 샤머니즘〉에 대한 시론적인 글들이 있으나, 매우 소략한 편이다.

발해의 불교문화」『발해사연구』 4, 연변대학출판사, 1993.

38. 宋基豪, 「渤海佛敎의 展開過程과 몇 가지 特徵」『伽山李智冠스님華甲紀念論叢 韓國佛敎文化思想史』 上, 논총간행위원회, 1992 (본서 제6장).

39. 許英子, 「試論渤海的佛教宗派及其特點」『博物館研究』 1999-2; 文明大, 앞논문.

40. 外山軍治, 「金代遼陽の渤海人と佛教」『塚本博士頌壽記念佛敎史學論集』 京都, 1961.

41. 鄒秀玉, 「貞孝公主墓志反映出的儒家思想」『博物館研究』 1983-3.

42. 宋基豪, 「일본에서 접근한 발해사-酒寄雅志와 石井正敏의 저서를 읽고-」『歷史學報』 174, 2002, pp.385~386.

4. 연구의 시각과 과제

발해 문화사 연구에서 큰 쟁점이 되는 것은 별로 없다. 발해사에서 가장 논쟁이 되는 부분이 발해의 歸屬 問題이므로 정치사적, 종족사적 연구에 온 역량이 쏠려 있고, 또 남아 있는 사료가 외교관계 자료이므로 일본 또는 당나라와의 대외관계에 치중되어 있는 실정이다. 이에 비해서 문화사 방면에 대한 연구는 深度가 그리 깊지 못하고 발굴조사 자료를 정리하고 소개한 것이 많다. 따라서 큰 논쟁거리는 없다고 해도 과언이 아니다.

큰 견해 차이를 보이는 분야는 발해 문화에 대한 시각 정도인데, 이것은 연구자 개인별로 드러나는 것이 아니라 국가별로 드러나는 특징이 있다. 대체로 중국학자들은 발해 문화의 靺鞨的 基盤과 당나라의 影響에 시각을 고정시키고 있는 반면에, 남북한 학자들과 일본학자들은 高句麗的인 요소에 더 매력을 느끼고 있다. 이에 비해서 러시아 학자들은 말갈적 요소를 중심에 두면서도 발해 문화를 구성하는 다양한 因素를 지적하고 있다.

발해 문화에 대한 고정된 인식 태도는 발해의 실상을 파악하는 장애물이 되고 있다. 이에 대해서는 발해 고분 연구의 예를 들어서 지적한 적이 있으니,[43] 그 주된 내용은 이러하다. 발해 문화의 원류를 규명하는 기왕의 연구들을 보면, 크게 두 가지 경향성을 보인다. 하나는 말갈 문화를 무시하면서 오직 高句麗 계승국으로서 발해 문화를 바라보는 것이고, 두 번째는 그와 반대로 말갈과 발해를 일체화시키면서 고구려를 이들로부터 떼어내려는 태도이다. 첫째 경향성은 북한의 연구에서 두드러지며, 둘째 경향성은 중국의 연구에서 두드러진다. 이 때문에 발해 고분을 연구할 때에도 실상을 제대로 파악하지 못하고 있고, 심지어는 자료 왜곡 경향마저 보인다. 예를 들어서 六頂山 古墳群에 말갈적

43. 宋基豪, 「史實과 前提: 발해 고분 연구의 경우」 『韓國文化』 25, 2000.

전통을 지닌 土壙墓가 소수 발굴되었는데, 중국측에서는 많다고 지적하는 반면에 북한측에서는 아예 무시를 하고 있다.

이러한 전제 때문에 중국은 吉林市 일대의 고분 변화 과정을 잘못 해석하고 있다. 이 지역에서 粟末靺鞨 土壙墓 → 粟末靺鞨 石墓로의 변화 과정을 겪은 뒤에 六頂山 고분군의 단계로 나아간 것으로 해석하고 있으나, 오히려 육정산 고분군의 석묘가 길림시 일대의 속말말갈족에게 영향을 주면서 토광묘에서 석묘로 변화시킨 것으로 보는 것이 순리적이다. 다음으로, 북한에서처럼 육정산 고분군이 고구려적인 요소만 지니고 있는 것도 아니다. 석묘의 구조나 내외부 시설 등에서 고구려 요소를 강하게 띠고 있지만, 棺槨 사용·火葬이나 多人葬·2차장 및 獸骨 공반과 관련된 매장 습속, 말갈식 陶器라고 하는 筒形罐이 가장 많은 수를 차지하는 부장품 양상에서 말갈적인 요소도 많이 섞여 있는 것을 발견할 수 있다.

이런 점에서 볼 때에 발해사 연구자는 기왕의 어떠한 전제에도 구속되지 않고 발해, 고구려, 말갈 세 가지 요소, 나아가 러시아 학자들이 주장하는 더 많은 요소들에 유연한 태도를 지니고 있어야만 제대로 된 발해 문화사를 엮어낼 수 있을 것이다. 이제 구체적으로 발해 문화 시각과 관련된 논문들을 살펴보겠다.

먼저 중국에서 발해 문화의 성격을 논한 글이 10여 편이 있는데, 대부분 문학이나 회화, 조각 등과 같이 각 부문별로 발해 문화를 정리해놓은 것에 불과하다. 이들은 또한 당나라의 영향과 함께 말갈의 고유한 전통을 강조하는 공통점을 지니고 있다. 臺灣에서 발표된 韓道誠 논문을 비롯하여 중국의 李殿福, 魏存成, 張高, 劉曉東 등이 그러하다.[44] 예를 들어서 李殿福은 1981년의 글에서

44. 韓道誠,「渤海國與唐文化」『東北論文集』2, 中國文化學院 東北研究所, 臺北, 1967; 朱國忱·張泰湘·吳文銜·魏國忠, 「唐代渤海文化初探」『黑龍江省文博學會成立紀念文集』1980; 李殿福,「從考古學上看唐代渤海文化」『學習與探索』1981-4; 李殿福,「渤海文化」『松遼文物』1985-1; 鄧梅珍,「渤海文化源流芻議」『牡丹江師院學報』1987-2; 孫進己,「唐代渤海的文化」『東北民族史研究』1, 中州古籍出版社, 1994; 魏存成,「渤海文化的特

"발해는 당 문화를 이룬 한 부분이다. 발해 문화를 독립된 문화라고 하거나, 다른 민족 문화의 영향을 받았다고 하거나, 某某 문화를 계승하였다고 하는 따위의 설명은 모두 착오이다. 발해는 당 왕조의 1개 州로서 册封을 받았고 당에 臣屬하였던 당나라의 지방정권이었다. 속말말갈인은 발해의 주요 민족으로서 당 왕조 봉건제국 多民族大家庭의 한 성원으로서, 발해 문화는 중화민족문화사의 1개 조성 부분이며, 중화민족 공동노동지혜의 結晶이다"고 결론을 맺었으며, 魏存成은 1991년의 글에서 "발해정권은 말갈족을 주체로 한 민족정권인 동시에 당나라 중앙정권의 책봉을 받아 당 왕조에 예속된 지방정권이다. 때문에 발해문화는 의심할 바 없이 곧 당조때 중국력사문화의 한부분이다. … 우리들이 당조문화를 이야기하거나 중국고대전통문화를 이야기할 때면 필연적으로 발해문화를 말하게 되며 동시에 오직 발해문화를 당조문화 및 중국고대 전통문화의 정체속에 넣어야만이 더욱 깊고도 투철하게 말할수 있다"는 주장으로 결론을 맺었다. 아울러 劉曉東의 글에서는 발해문화가 부단히 중원의 唐 文化에 근섭동화되어간 현상을 다루었고, 張高의 글에서는 말갈의 연장선에서 발해를 다루다보니 발해 문화의 시간적 상한을 563년 말갈족의 출현부터로 잡는 무리를 범하고 있다.

결과적으로 고구려 요소는 상대적으로 소홀히 취급되거나 왜곡되는 현상이 보인다. 孫進己는 발해 문화가 대량의 당 문화에 속말말갈과 고구려 문화가 융합되어 성립되었다고 지적하였다. 魏存成도 山城과 平地城의 결합, 蓮花紋瓦當, 封土石室墓, 四耳展沿壺 등에서 고구려의 영향이 발현되어 있다는 것을 지적하면서도 발해 초기에는 고구려 특징이 남아 있었지만 文王부터는 당 문화를

徵與形成」『渤海と環日本海交流』環日本海論叢 第8號, 1995; 위존성 저·방학봉 역, 「발해문화연구에 관한 몇개 문제」『발해사연구』2, 연변대학 발해사연구실 편, 연변대학 출판사, 1991〔魏存成, 「有關渤海文化研究的幾個問題」『渤海文化研究』吉林人民出版社, 2000 재수록〕; 劉曉東, 「"車書本一家"的考古學詮釋-論渤海文化與中原唐文化的趨同性-」『北方文物』2002-1.

크게 받아들임으로써, 발해가 고구려 문화를 계승하고 발전시켰다는 말은 할 수 없게 되었다고 지적하였다.[45]

그래도 이들은 고구려 문화 요소를 긍정하는 편이지만, 다른 글에서는 이 요소를 아예 언급하지 않는 형편이며, 심지어는 李殿福의 글에서처럼 왜곡된 주장을 펴기도 하였다. 그는 1981년 글에서 山城을 설치하는 것은 중원과 다른 것으로서 발해에 고유한 것이라고만 설명하였고, 封土墓도 고구려 무덤과 현저히 다른 것이라 주장하였으며, 와당도 고구려적이라 하면서 후기의 와당은 오히려 중국 西安 출토품과 유사하다고 지적하였다.

반면에 북한에서는 오로지 고구려 전통을 추적하는 데에 열중해왔다. 일찍이 朴時亨은 "발해는 그 주민, 령역, 주권의 일체 면에서 다 고구려의 후계자인 동시에 또 문화적 면에서도 틀림 없이 그의 훌륭한 계승 발전자였다"고 결론을 내려 '발해는 고구려의 계승자'란 명제를 제시하였고, 이것은 朱榮憲의 고고학 연구를 통하여 "발해와 고구려는 혈통관계를 가장 뚜렷하게 나타내는 무덤의 째임새와 묻기가 모두 같으며 생활풍습을 반영하는 살림집과 그들이 일상적으로 쓰던 그릇과 무기 같은것은 물론 기와나 조각품들이 서로 공통하다. 이와 같은 사실은 발해는 고구려의 혈통과 풍습 및 문화를 직접 이어받은 나라임을 여러가지 측면에서 폭넓고 깊이있게 증명하여 준다. 따라서 일제어용학자들과 그들의 영향에서 벗어나지 못한 일부 사람들이 발해는 말갈족이 세운 나라고 그 문화가 높았던것은 당나라의 영향을 받았기 때문이라고 한것은 력사에 대한 심한 외곡과 날조인것이다"[46]라고 강조하였다. 이 명제는 그 후에도 지속되었고 1980년 후반부터는 더욱 강화되어 오늘날에 이르고 있다. 이에 따라 북한에서는 고구려

45. 魏存成, 「高句麗,渤海文化之發展及其關係」 『吉林大學學報』 社會科學, 1989-4, pp.81~82.

46. 박시형, 「발해사 연구를 위하여」 『력사과학』 1962-1; 주영헌, 「발해는 고구려의 계승자」 『고고민속』 1967-2.

이외의 다른 요소들에 대한 언급을 전혀 찾아볼 수 없는 극단성을 드러낸다. 예를 들어서 발해 靈光塔은 중국의 塼塔 양식을 받아들인 것이 분명한데 이를 두고 중국의 탑과는 다르고 우리나라 탑의 특징을 뚜렷이 나타내고 있다고 하거나, 발해 5京制가 당나라 제도가 아니라 고구려 5部·5京制(사실 고구려 5경제도 허구이다)를 받아들였다고 하였고, 발해 三彩가 唐三彩가 아닌 고구려 色釉陶器로부터 계승한 것이라고 하였고, 발해 上京城마저 당나라가 아닌 고구려 平壤城과 통하는 것으로 설명하였다.[47] 그런가 하면 고려 靑磁도 발해 청자를 계승한 것이라는 주장도 보인다.[48] 이들은 모두 사실을 왜곡한 것이다.

한국에서도 일찍이 李龍範이 "渤海문화라고 하지만은 이상과 같이 그 문화의 내용을 구체적으로 살펴본다면 그것은 高句麗系 중심의 문화이었으며 그 정치·경제·사회적 신분상의 지배를 받고 있던 靺鞨系의 문화는 아니었다"[49]고 결론을 내린 데에서 알 수 있듯이 교과서와 通史 모두 고구려적인 요소를 강조해왔다. 고구려인들이 세운 국가로서 고구려 문화를 바탕으로 당나라 문화를 받아들인 것으로 서술하고 있는 것이다.

한편, 일본에서도 고구려 요소에 관심을 많이 기울여왔으니, 발해를 고구려계 국가로 기술한 그들의 역사 기록에 기인하는 바가 크다. 물론 이것은 고구려와 발해 모두 일본에 조공을 바친 국가라는 의도에서 기록된 것이다. 근래에 출간된

---

47. 장상렬, 「발해 상경룡천부터에 표현된 도시계획 방법과 그 고구려적성격」 『조선고고연구』 1998-2; 한인호, 「발해의 령광탑」 『조선고고연구』 1988-3; 張國鍾 저·李成出 역, 「渤海の領域と五京制」 『高句麗·渤海と古代日本』 在日本朝鮮社會科學者協會歷史部會 編, 雄山閣, 1993; 김영진, 「발해삼채의 연원에 대하여」 『조선고고연구』 1997-1; 리창진, 「발해도자기의 연원에 대하여」 『조선고고연구』 1997-1; 김영진, 「도자기를 통하여 본 고구려와 발해의 계승관계에 대하여」 『조선고고연구』 1998-4; 한용걸, 「발해건축의 몇가지 특징에 대하여」 『조선고고연구』 1998-4; 장상렬, 「발해의 수도 상경룡천부와 고구려의 수도 평양성의 계승관계에 대하여」 『조선고고연구』 1998-4.

48. 리창진, 「고려푸른자기는 발해푸른자기의 계승발전」 『조선고고연구』 2001-1.

49. 국사편찬위원회, 『한국사』 3, 1978, pp.99~100.

石井正敏의 저서도 고구려 계승국이란 시각에서 연구해온 결과물이다.[50] 고구려 문화와 발해 문화의 연결고리를 제시한 논문으로서 주목되는 것은 三上次男의 글로서, 그는 상경성 궁전의 온돌 장치, 횡혈식 석실봉토분, 와당 등에서 고구려 요소를 발견하였고,[51] 앞서 언급하였듯이 八連城(半拉城) 출토의 二佛竝坐像을 통하여 고구려 이래의 신앙이 발해 東京 지역에 지속되었음을 밝혔다.

러시아에서는 발해를 靺鞨國家로 보고 있다. 디야코바 오. 붸.(Дьякова О.В.)는 아무르강 유역의 말갈 도기와 발해 도기를 동일선상에 놓고 연구를 하고 있어 발해 도기에서 말갈적 전통을 강조하고 있다.[52] 발해 문화의 전반적 특성을 지적한 학자는 샤프쿠노프 에.붸.(Шавкунов Э.В.)로서, 그는 좀 더 다양한 요소를 제시하였다. 그도 "발해는 중국 사료에 勿吉 또는 靺鞨이라 적혀 있는 퉁구스語 種族인 무크리가 사회경제적으로 발전하면서 이룩한 국가이다"고 정의를 내리면서도, 발해 영토에는 고구려인, 위구르인, 실위인, 소그드인 등 다양한 종족이 살았음을 지적하였다.[53] 그는 다른 글에서 발해 문화에 고구려 및 중국 요소가 나타나는 것은 건국자인 말갈족이 오래전부터 접촉해왔고 건국 뒤에는 그들의 권위를 강화하기 위해서 이들 요소를 차용하였기 때문이라 하였으며, "발해는 말갈족을 기본으로 하는 다민족국가로서, 남부에는 고구려인이 우세하였고, 남서·서·북서부에는 말갈족과 함께 몽골語 種族인 거란과 실위 및 突厥語 종족인 위구르족이 거주하였고, 북동부에는 니브히語 종족이 거주하였고, 동부에는 아이누어 종족인 窟說 또는 苦夷가 거주하였다"고 지적하였으며,

---

50. 石井正敏, 『日本渤海關係史の研究』 吉川弘文館, 2001.

51. 三上次男, 「高句麗と渤海-その社會·文化の近親性-」 『末永先生古稀記念古代學論叢』 1967.

52. 디야코바 오.붸., 「발해인의 도기 제조에 보이는 말갈 전통」 『소련 극동의 고고자료』 소련과학원 극동학센타 극동민족 역사학·고고학·민족학 연구소, 블라디보스톡, 1981; 디야코바 오.붸., 『소련 극동의 중세 초기 도기들-4~10세기의 사료로서-』 과학출판사, 모스크바, 1984.

53. 샤프쿠노프 에.붸. 책임 감수, 송기호·정석배 옮김, 앞책 p.7, p.250.

"이밖에 발해 곳곳에 소규모의 이란語 종족인 소그드인(오늘날 타지크인의 조상)의 거류지가 있었으니, 이들 덕택에 발해 문화에 소그드, 호탄, 이란 문화에 특징적인 요소들도 자리를 잡았다"고 주장하였다.[54] 이러한 시각은 한·중·일에서 강조하는 당나라 요소나 고구려 요소를 희석시키면서 만주·연해주의 소수민족과 중앙아시아 민족의 역할을 강조하려는 의도로 보인다.

이상 각국에서 발해 문화를 바라보는 태도를 살펴보았다. 크게 보면 한국과 중국의 시각이 상반되면서, 러시아에서 제3의 시각을 견지하고 있다고 할 수 있다. 상반된 두 나라의 시각을 대변하는 것이 발해사에 대한 정의이다. 중국에서 "발해는 속말말갈인이 주체가 되어 건립하여 唐朝에 예속되었던 지방민족정권(是以粟末靺鞨人爲主建立的隸屬于唐朝的地方民族政權)"[55]이라는 틀을 고수하고 있는 반면에, 북한에서는 "발해국은 고구려강국이 멸망한후에 그 고구려사람들에 의하여 옛 고구려의 령토우에 다시 세워진 봉건국가였다"[56]는 생각에 흐트러짐이 없다. '속말말갈 주체'의 '지방세력'이라는 渤海像과 '고구려인이 세운' '봉건국가'라는 渤海像이 평행선을 그으면서 접점을 찾기가 어려운 지경에 있다.

그 결과 러시아에서 지적한 것과 같은 문화의 다양성을 찾을 수 없고, 결국은 발해 문화의 진면목을 외면하는 결과를 빚게 되었다. 발해 문화를 자신들에게 유리한 시각에서 해체하여 분석하다가 발해 고유의 문화는 과연 무엇인지에 대한 성찰이 전혀 없게 된 것이다. 200년 이상을 유지해온 국가에 외래적인 요소만 자리잡고 있었다고 한다면 분명 잘못된 것이다. 발해에는 고구려 문화, 당나라 문화, 말갈 문화, 기타 외래 문화와 함께 발해인들이 창조한 고유한

---

54. 샤프쿠노프 에.붸., 「발해 문화 형성의 특징에 대하여」 『러시아과학원 극동지부 통보』 1995-1, 블라디보스톡.

55. 朱國忱·朱威, 앞책 p.2.

56. 박시형, 「발해력사는 조선력사의 한 부분이다」 『력사과학』 1976-3, p.19.

문화가 있을 것이다.[57] 예컨대 앞서 제시한 벽화 세부 양식과 함께 柱礎裝飾瓦, 鬼面瓦 양식, 多人葬 풍습 등을 지적할 수 있다. 이러한 고유 요소를 무시해서는 역사의 진실이 가려질 수밖에 없다.

각국이 왜 편향된 시각을 지니게 되었는가 하는 원인으로 정치적 요인 이외에 자료의 결핍을 들 수 있다. 북한학자들은 함경도에서 발굴된 자료만 접하다보니 자연히 고구려 문화가 중심을 이룰 수밖에 없고, 러시아 학자들은 연해주에서 조사된 자료에만 열중하다보니 그 또한 말갈 문화가 중심에 서지 않을 수 없으며, 중국학자들은 上京城 같은 상층부 문화를 접하다보니 당나라 문화에 눈을 돌리는 것은 어쩔 수 없다. 발굴 자료는 簡報 정도로 간단히 보고되어 발굴 성과의 극히 일부분만 공표가 되니 상대국의 연구 자료를 제대로 공유하지 못하는 것은 당연하다. 더구나 외국인에게는 발굴 현장 접근이 차단되어 있고, 유적 답사의 기회마저도 갈수록 박탈되고 있어 공동 연구의 장을 마련하기가 더욱 어려워지고 있다.

牡丹江 하류에 蓮花댐을 건설하면서 수몰 예정 지역에 대해 긴급 발굴을 실시하였다. 이제 이 지역의 발해 유적이 수몰됨에 따라 더 이상 현장을 답사할 수 없게 되었다. 앞으로 경제개발이 지속되면 이렇게 사라질 유적이 얼마나 더 있을지 모른다. 1960년대에 桓仁에 댐이 생겨 고구려 초기 유적들이 물에 잠기는 바람에 고구려 건국의 역사가 미궁에 빠져 있는 사실을 염두에 두어야 할 것이다. 사정이 이러하니 자신들이 가진 자료만 연구의 기초로 활용되고 있는 것이다.

그런 점에서 남한 학자들은 가장 불리한 처지에 놓여 있지만, 다른 한편으로는 미진하나마 3개국 발굴 자료를 모두 종합할 수 있고 다양한 시각을 함께 접할 수 있는 유연성을 지닐 수 있다는 점에서 강점도 지니고 있다. 따라서 앞으로

57. 송기호, 「다양한 문화 성격」 『발해를 다시 본다』 주류성, 1999.

국내의 발해사 연구자를 육성하기 위해서는 유적 현장을 제대로 접근할 수 있고 나아가 가능하다면 일본학자들처럼 공동 발굴을 진행할 수 있도록 정부에서 학술문화교류협정을 맺어주어야 할 것이며, 연구자들의 해외 답사에 대한 장기적인 지원 프로그램도 개발해주어야 할 것이다.

제Ⅳ부

고구려 계승성

제9장 발해의 고구려 계승성

제10장 발해의 고구려 계승성 補論

제11장 발해 쪽구들의 유래

제12장 용해구역 고분 발굴에서 드러난 발해국의 성격

巖山
德城面
車書倉
弘道洞山城
種山面
洪原香坡
龍華山
距甲山府二百七十里
距鏡城府五百九十里
道直岺
中山面

제9장 발해의 고구려 계승성

1. 머리말

발해는 고구려인과 말갈인으로 구성된 나라였다. 그러나 어느 쪽이 국가의 핵심이 되었는가에 대해서는 연구자들 사이에 의견이 갈리고 있다. 대체로 일본과 남·북한 학자들은 고구려인이 주도했던 것으로 보는 반면에 중국과 러시아 학자들은 말갈인의 국가로 간주하고 있다.

이렇게 연구자의 국적에 따라 견해가 나뉜다는 점에서 현재의 정치적, 민족적 관점이 투영되어 있음을 부인할 수 없다. 중국에서는 발해 국가 성격을 "속말말갈족이 주체가 된 당나라의 지방정권"이라고 정의하고 있고, 북한에서는 "발해의 모든 것이 고구려를 계승하였다"고 정의해놓고 있다. 이렇게 틀에 맞추어 해석하려 하면서 그 반대되는 증거들은 무시하려 하니 역사적 사실을 제대로 보기가 어렵다.[1]

여기에 중국, 북한, 러시아에서 각자 진행해 온 고고학 발굴의 성과물을 서로 공유하지 못하는 점을 또 하나의 원인으로 들 수 있다.[2] 북한은 원래 고구려 영토였으니 이곳에서 고구려 영향을 확인하는 것이 어렵지 않다. 그러나 러시아는 고구려 영토 밖으로서 말갈인들이 거주하던 곳이었으니 이곳에서는

1. 宋基豪, 「史實과 前提: 발해 고분 연구의 경우」 『韓國文化』 25, 2000.
2. 송기호, 「발해 문화사의 연구 현황과 과제」 『한국사연구』 122, 한국사연구회, 2003, p.266 (본서 제8장).

말갈 문화가 중심을 이룰 수밖에 없다. 따라서 북한의 고구려 계승 주장이나 러시아의 말갈 계승 주장은 모두 일부분을 지나치게 확대하여 해석하고 있는 것이다.

발해사의 정체성을 정확히 밝히려면 현재적 관점을 제거하고 과거 역사 기록과 문화 자료 그 자체를 직시할 필요가 있다. 이 글에서는 발해의 국가적 성격에 대해서 발해인 스스로 어떻게 생각하였는가, 그리고 주변국에서는 어떻게 인식하고 있었는지를 살펴보고자 한다. 다음으로 발해의 문물제도에 보이는 문화 요소도 분석해보겠다. 이 가운데 발해인의 自意識은 발해 정체성 해명에서 가장 결정적인 증거가 될 것이고, 주변국 인식과 문화 면모는 이를 방증하는 보조적인 증거가 될 것이다.

2. 발해인의 자의식

우선, 발해 멸망 후에 건국된 定安國(10C) 기록에서 발해인의 의식을 찾는 작업을 시작해보겠다. 981년 송나라에 보낸 上表文에는 다음과 같은 구절이 있다.

> 定安國王臣烏玄明言, … 臣本以高麗舊壤, 渤海遺黎, 保據方隅, 涉歷星紀, … 而又扶餘府昨背契丹, 竝歸本國, … (『宋史』 권491, 定安國傳)

여기서 '高麗舊壤의 渤海遺黎'라 했으니, 정안국은 발해 유민이 세운 나라로서 과거의 고구려 땅을 차지하고 있었음이 확인된다. 이 글에 대한 答書에서도 송나라는 정안국이 "馬韓의 땅을 점유하였다(奄有馬韓之地)"고 지적하였다.

그런데 이것은 단순히 고구려 땅에 건국했다는 사실을 표명한 것이 아니라 고구려 계승의식과 관련된 것으로 해석되어야 한다. 定安國傳의 시작 부분이 이를 뒷받침해준다.

> 定安國本馬韓之種, 爲契丹所攻破, 其酋帥糾合餘衆, 保于西鄙, 建國改元, 自稱定安國. (『宋史』 권491, 定安國傳)

'마한'은 원래 백제 지역을 가리키지만 때로는 고구려를 의미하기도 한다. 이 문장의 마한은 고구려이면서 또한 '거란에 격파된 발해'를 가리킨다. 고구려와 발해를 동일시한 것이다. 그러므로 이 글을 통하여 고구려(마한)-발해-정안국으로 이어지는 역사적 계승관계를 발견할 수 있다. 이러한 계승관계는 정안국과 송나라 모두 의식하고 있었다.

정안국이 고구려 땅을 차지하고 부여부도 귀속시켰다고 한 말은 발해 2대 武王이 727년 일본에 보낸 國書의 내용을 상기시킨다.

> 武藝忝當列國, 濫惣諸蕃, 復高麗之舊居, 有夫餘之遺俗. (『續日本紀』 권10)

일본과 처음 수교하면서 발해가 스스로 '고구려 땅을 차지하고 부여 전통을 계승한 나라'임을 천명하고 있다. 이 대목도 단순히 영토 수복과 전통 소유를 전하려 한 것이라기보다는 고구려·부여의 계승국임을 일본 조정에 스스로 밝히려 한 것이 분명하다. 그러기에 『續日本紀』에서 발해에 관한 기록이 처음 등장하는 곳에 "발해는 옛 고구려국이다(渤海郡者, 舊高麗國也.)"고 부기해놓았던 것이다.

다음으로, 6대 康王 大嵩璘도 798년 일본에 보낸 국서에서 고구려와 연계시키고 있다.

> 然則向風之趣，自不倦於寡情，慕化之勤，可尋蹤於高氏.（『日本逸史』 권7）

“부지런히 교화를 사모하는 것은 고씨의 발자취를 따르겠습니다”고 한 말에는 다소 정략적인 내용이 숨어 있기는 하지만, 발해 왕이 스스로 고구려를 따르겠다고 표명한 것은 분명하다.

지금까지 살펴보았듯이 고구려 계승의식은 2대 왕과 6대 왕에서 정안국까지 지속되었다. 그런데 이런 계승의식의 근원은 건국 당시까지 올라갈 수 있다.

발해 건국자 大祚榮이 고구려인인가 말갈인인가에 대해서는 쉽게 결론을 내기 어렵다. 그렇지만 발해 건국집단의 구성을 보면 그의 집안이 말갈계보다는 고구려계에 가까웠음이 분명하다. 다음 사료는 이를 증명해준다.

> 有高麗別種大舍利乞乞仲象，與靺鞨反人乞四比羽走保遼東，分王高麗故地.（『五代會要』 권30, 발해）

흔히 인용되는 『舊唐書』 渤海靺鞨傳, 『新唐書』 발해전에서도 이와 거의 동일하게 기록되어 있다. 발해 건국 기록에는 이처럼 걸걸중상과 걸사비우가 각각 인솔하는 두 집단이 등장한다. 그렇지만 두 지도자 모두 도중에 사망하여 걸걸중상의 아들 대조영이 이들을 병합하여 발해를 건국하게 된다. 이렇게 두 집단이 발해 건국의 핵심세력이 되었다.

그런데, 위의 인용문에서 걸사비우를 말갈인이라 부르면서, 걸걸중상은 이와 달리 고구려 별종으로 표현하고 있는 사실이 주목된다. 이들이 인솔한 망명자들도 고구려인과 말갈인으로 구성되어 있었으니, 필시 걸걸중상은 고구려 집단을 통솔하고 걸사비우는 말갈 무리를 인솔했을 것이다. 걸걸중상이 고구려 별종이고 그의 아들 대조영은 고구려 장수를 역임한 인물이었던 사실을 기억하면, 이런 추론을 쉽게 수긍할 수 있을 것이다.

이러한 사정으로 볼 때에 걸걸중상은 말갈보다 고구려에 가까운 인물이었다. 그런 점에서 필자는 걸걸중상과 대조영을 고구려화된 말갈인 즉 말갈계 고구려인, 걸사비우를 순수 말갈인으로 파악한 바 있다.[3]

아울러 이들이 당나라 세력권 밖에 있던 말갈 땅으로 손쉽게 도피하지 않고 아직도 당나라 군사가 활동하던 遼東으로 피신했다는 점도 염두에 두어야 한다. 위험 부담을 안고서 굳이 고구려 땅으로 이동한 것은 고구려를 재건하거나 아니면 고구려 유민을 규합하겠다는 의지가 있었기 때문일 것이다. 그러나 당나라 군대가 추격해옴으로써 어쩔 수 없이 고구려 옛 땅을 벗어나 동쪽으로 멀리 쫓겨 가서 발해를 건국하게 되었다. 따라서 발해의 건국지가 말갈 땅이라 해서 말갈계 국가란 주장은 성립하기 어렵다.

이상으로 건국 당시부터 후기까지, 그리고 멸망 이후에도 발해인들이 지속적으로 고구려 계승의식을 지니고 있었음을 살펴보았다. 발해 지배계층의 성씨 구성은 이러한 필자의 주장을 더욱 뒷받침해준다. 『松漠紀聞』에는 발해 왕실 성씨로서 大씨가 있고 유력 귀족의 성씨로서 高, 張, 楊, 竇(賀), 烏, 李씨가 있었다고 한다.[4] 이 기록은 현재 전해지는 발해인들의 성씨 분석과도 대체로 일치한다. 발해 유민까지 포함하여 380명의 성명이 알려져 있는데, 이 중에서 대씨가 117명이고, 고씨가 63명, 장씨가 20명, 양씨가 8명, 하씨가 4명, 오씨가 13명, 이씨가 21명이다. 그런데, 고씨는 380명 가운데에서 16.6%, 왕족인 대씨를 제외한 유력 귀족 가운데에서 48.8%를 차지한다. 이렇게 유력 귀족의 절반 정도를 차지하는 고씨는 고구려 왕실·귀족의 후손이 분명하다. 따라서 발해 국가를 운영하던 유력 귀족에서도 고구려계 인물들이 주도권을 쥐고 있었던 사실을 확인할 수 있다.

---

3. 宋基豪, 『渤海政治史研究』 일조각, 1995, p.45.

4. 『松漠紀聞』 권上, 발해국 「其王舊以大爲姓, 右姓曰高·張·楊·竇·烏·李, 不過數種.」 여기서 竇는 賀의 잘못인 듯하다.

3. 주변국의 인식

발해 주변국이었던 당나라, 신라, 일본에서의 발해 인식은 이상의 고찰과 다른 모습을 보이기도 한다. 모두 다 자기 나라의 이해관계 속에서 바라보았기 때문이다. 그런 점에서 이 국가들의 기록은 역사적 사실과 정치적 관점이 뒤섞여 있을 수밖에 없다. 따라서 이 기록들은 발해인의 자의식을 전하는 기록보다 증거 능력이 다소 떨어진다.

그런데, 이들 국가의 속내를 드러내는 서술 자료가 있어 먼저 이를 검토해보겠다. 각국에서 독립적으로 편찬된 역사 기록들인데도 한결같이 발해 건국을 고구려 멸망과 연계시키고 있는 것이다. 중국의 『舊唐書』, 『新唐書』, 『五代會要』 등, 신라의 崔致遠 문장들, 일본의 『入唐求法巡禮行記』, 『續日本紀』, 『類聚國史』에서 발해 건국을 설명하면서 모두 고구려 멸망을 서술의 기점으로 삼고 있다.[5] 이것은 발해의 건국이 고구려 멸망과 직결되어 있다는 사실을 동아시아 국가들이 공통적으로 인식하였던 사실을 보여준다. 다시 말해 발해는 고구려 부흥국가로 인식했던 것이다.

고구려 후계국가란 인식이 가장 강했던 나라는 일본이다. 앞서 『續日本紀』 기록을 인용하였지만, 『類聚國史』에도 "渤海國者, 高麗之故地也."라고 하였다. 이러한 인식은 후대에도 변동이 없이 지속되었으니, 영남대학교 박물관 소장의 일본지도인 「朝鮮國八道全圖」(1747), 「朝鮮八道之圖」(1806)에 발해국을 한반도 내부에 표시해놓았다.[6] 현재의 일본측 연구자들도 대체로 고구려 계승국

5. 송기호, 앞책 pp.24~25.

6. 영남대학교 박물관, 『韓國의 옛 地圖』 도판편, 1998, pp.187~188.
「朝鮮國八道全圖」의 설명문에는 『東國通鑑』에 의거하여 고려 이전의 연표를 만든 것으로 되어 있다. 『동국통감』에서는 발해를 한국사로 다루지 않았음에도 이 지도에 발해를 표기한 것은 일본측의 전통적 인식을 보여주는 것이다.

이란 입장에서 발해를 바라보고 있다.

그런데, 일본의 인식에는 고구려가 일본에 조공을 바친 국가였고 발해는 그러한 조공국의 지위를 그대로 계승하였다는 정치적 주장이 깔려 있다. 다음 사료는 그러한 사실을 잘 드러낸다.

> ① 渤海郡者, 舊高麗國也. 淡海朝廷七年冬十月, 唐將李勣伐滅高麗, 其後朝貢久絕矣. 至是渤海郡王遣寧遠將軍高仁義等廿四人朝聘. (『續日本紀』 권10)
>
> ② 昔高麗全盛時, 其王高武, … 帆海梯山, 朝貢相續. 逮乎季歲, 高氏淪亡, 自尒以來, 音問寂絕. 爰洎神龜四年, 王之先考左金吾衛大將軍·渤海郡王遣使來朝, 始修職貢. (『續日本紀』 권32)

고구려가 일본에 조공을 바쳤던 사실은 조작되었을 가능성이 높고, 그런 까닭으로 고구려와 발해가 조공국이었다는 서술은 역사적 사실과 거리가 있다. 이런 상황을 감안하더라도 일본이 발해를 고구려 계승국으로 인식했던 것만은 분명하다. 그리고 고구려-발해-고려로의 계승인식은 1366년의 사료에서도 확인된다.[7]

다음으로 신라의 인식을 보겠다. 가장 대표적으로 들 수 있는 것이 최치원의 문장들인데, 여기에는 발해에 대한 이중적인 태도가 드러난다.[8]

> ① 臣謹按渤海之源流也, 句驪未滅之時, 本爲疣贅部落. 靺鞨之屬, 寔繁有徒, 是名栗末小蕃, 嘗逐句驪內徙. 其首領乞四羽及大祚榮等, 至武后臨朝之際, 自營州作孽而逃, 輒據荒丘, 始稱振國. (『東文選』 권33, 謝不許北國居上表)
>
> ② 惟彼勾麗, 今爲渤海. (『東文選』 권47, 新羅王與唐江西高大夫湘狀)

---

7. 石井正敏, 『日本渤海關係史の研究』 吉川弘文館, 2001, p.33.
8. 송기호, 「발해에 대한 신라의 양면적 인식과 그 배경」 『韓國史論』 19, 서울대학교 국사학과, 1988.

③ 則知昔之句麗，則是今之渤海.（『東文選』 권47，與禮部裵尙書瓚狀）

④ 高句麗殘孽類聚，北依太白山下，國號渤海.（『三國史記』 권46，崔致遠傳）

비록 최치원이 집필하였으나 이들은 모두 당나라에 보낸 신라의 공식 외교문서들이다. 그런 점에서 신라인의 의식을 대변한다고 할 수 있다.

인용문을 보면 고구려 계승국(②, ③, ④)으로 인식하면서 때로는 말갈 국가(①)로 卑下하기도 한다. 그런데 내용을 좀 더 자세히 들여다보면, 고구려 계승국 인식도 과거 자신들이 당나라와 함께 멸망시킨 無道한 고구려의 후계국가라는 의식을 바탕에 깔고 있음을 발견할 수 있다. 당나라에 대해서 적대적이었던 고구려를 상기시켜 발해를 배척하려는 의도가 분명히 담겨 있는 것이다.

그가 활동하던 9세기 후반에 신라는 쇠퇴해가던 반면에 발해는 해동성국의 명성을 날리고 있었다. 이에 따라 과거의 영광을 유지하려는 신라인과 현재의 국력을 앞세우려는 발해인 사이에 당나라에서 잦은 경쟁 관계가 형성되었다. 과거시험에서의 수석 다툼이나 使臣의 윗자리 다툼은 그러한 대표적인 사례들이다. 그러한 신라의 경쟁심 때문에 발해를 백안시하려 하였고, 그런 과정에서 과거 자신들과 당나라가 함께 멸망시킨 고구려의 후예라든가, 아니면 아예 미개한 말갈인의 국가라는 식으로 표현하였던 것이다. 따라서 신라인들의 기록에도 역시 정치색이 끼어 있음을 알 수 있다.

고려시대에 들어서 신라계 인사들은 발해를 한국사의 일부에 넣기를 지속적으로 거부하였다. 그러나 『三國遺事』나 『帝王韻紀』 등에서는 한국사의 한 부분으로 파악하였다. 이러한 두 갈래 흐름은 조선 전기에 신라계 인식을 대변하는 쪽으로 일원화되면서 발해사가 홀시되었다. 그러다가 조선 후기에 와서 실학자들이 발해사를 한국사에서 부활시켰고, 그러한 연구 전통이 지금까지 이어지고 있다.

마지막으로, 당나라의 인식도 이중적인 면을 보인다. 발해 건국을 설명하거나 걸걸중상·대조영의 출신을 서술할 때에 고구려와 연계시켰던 것은 이미 지적한 바와 같다.

다른 한편으로 발해와 말갈을 연결시키는 서술도 있으니 다음 기록에서 이를 살펴볼 수 있다.

① 渤海靺鞨大祚榮者, 本高麗別種也. (『舊唐書』 권199下, 渤海靺鞨傳)
② 渤海, 本粟末靺鞨附高麗者, 姓大氏. … 睿宗先天中, 遣使拜祚榮爲左驍衛大將軍·渤海郡王, 以所統爲忽汗州, 領忽汗州都督, 自是始去靺鞨號, 專稱渤海. (『新唐書』 권219, 渤海傳)
③ 勑持節宣勞靺羯使鴻臚卿崔忻井兩口, 永爲記驗. 開元二年五月十八日. (당나라 사신 최흔의 石刻)

이상은 중국학자들이 발해를 말갈 국가로 파악하는 주요 근거들이다. 그러나 이 기록들에도 역시 정치적 배경이 존재한다.

발해 건국 집단은 당나라의 회유를 거부하였고, 당나라의 추격 군대마저 天門嶺에서 격퇴시켰다. 이러했으니 당나라로서는 발해의 건국을 인정하고 싶지 않았다. 그러기에 중국의 역사서에서 초기 국호인 振國(震國)은 인정하지 않고 그냥 靺鞨로 표기했다. 이런 원칙에 따라 당나라는 713년 발해에 崔忻을 사신으로 파견하면서 '말갈을 위로하는 사신'으로 임명하였다(③). 발해에 정식으로 사신을 파견하면서도 공식 국호였던 '진국'을 사용하지 않고 굳이 '말갈'이라 불렀던 것이다.

그러다가 최흔이 대조영을 책봉하고 귀국한 뒤로부터 '말갈' 대신에 '발해'라 부르게 되었다(②). 이렇게 공식적으로 발해라 부르기 시작했다지만, 주요 역사서들은 여전히 과거의 표기법을 버리지 않았다. 정식 국호인 '발해'보다 '발해말갈', '말갈', '말갈발해'란 표기를 선호했으니, 이렇게 '말갈'을 덧붙여서 애써 이들을 외면하고 낮추어보려 하였다. 『구당서』와 『신당서』에서 발해를 東夷傳이 아닌

北狄傳에 넣은 것도 이 때문이다. 그리고 이것이 근거가 되어 지금 중국에서 발해를 말갈 국가로 파악하고 있다.

그러나 당나라의 진심은 발해 왕의 아들을 桂婁郡王으로 임명하였던 데에서 다시 한 번 확인할 수 있다. 대조영의 아들 大武藝, 대무예의 아들 大都利行을 차례로 계루군왕으로 임명한 사실이 중국 역사서에 보인다. 桂婁란 고구려의 주체 세력이었던 桂婁部에서 따온 것이다. 말갈의 선조인 挹婁의 땅에 건국하였다고 하면서도 굳이 계루군왕에 임명한 것은 당나라가 발해를 고구려 계승국으로 인정하고 있었던 사실을 전해준다.

그럼에도 불구하고 정치적 이유 때문에 표면적으로 말갈이란 卑稱을 자주 내세웠다. 따라서 현재 중국에서 제기하는 말갈국가론은, 과거 당나라의 정치적 입장을 받아서 현재의 정치적 목적과 결합시킨 것에 불과하다.

이상으로 일본, 신라, 당나라의 시각을 검토해보았다. 일본은 시종일관 고구려 계승국으로 보아왔으나, 신라와 당나라는 이중적 태도를 취하였다. 아마 과거 자신들에게 대항하다가 멸망한 고구려의 존재를 새삼 떠올리기가 싫었을 것이다. 신라와 당나라 모두 이러한 심리상태를 지니고 있었다. 아울러 9세기에 들어 국력에서 밀리던 신라로서는 발해의 존재마저 부정하고도 싶었을 것이다. 이런 이유로 발해가 고구려 계승국인 진실을 외면하고 말갈 국가로 부르곤 하였다.

아무튼 발해 주변 3국의 인식에는 모두 정치적 계산이 깔려 있으므로, 이를 그대로 해석해서는 안 된다. 이러한 정치적 왜곡을 걷어내야만 역사적 진실을 찾아낼 수 있는 것이다.

4. 문물제도

발해의 문물제도에는 고구려, 말갈, 당나라, 기타 외래 요소 및 고유 문화가 뒤섞여 나타난다. 이러한 문화 요소 가운데 어느 한 부분을 특별히 강조하여 발해의 국가적 성격을 규정하는 것은 문제가 있다. 이를 객관적으로 해명하기 위해서는 어떠한 문화 요소가 발해국의 주요 기반이 되었고, 그것이 어떻게 변화되었는지를 종합적으로 밝혀내야 할 것이다.

발해 문화의 흐름은 초기에 고구려 문화가 주축을 이루다가 점차 문물제도가 정비되면서 당나라 문화로 전환되는 과정을 겪었다.

그러한 사례로서 먼저 地方制度를 들 수 있다. 발해는 8세기 전반기까지 고구려식 제도를 채택하다가 당나라 제도를 수용하면서 府州縣制로 전환되었다. 8세기 전반에 일본에 파견된 사신들의 직책을 보면, 739년에 파견된 胥要德은 若忽州 都督, 758년에 파견된 楊承慶은 行木底州 刺史, 759년에 파견된 高南申은 玄菟州 刺史였다. 여기서 약홀주, 목저주, 현도주는 고구려 지명으로서 그 뒤에 마련된 당나라식 62州의 명칭과는 판연히 다르다. 또한 같은 州이면서 그 책임자는 都督, 刺史로 다르게 불리는 것도, 城의 크기에 따라 그 책임자가 傉薩(욕살), 處閭近支로 구분된 고구려 지배방식과 통한다.[9] 당나라에서는 州의 장관은 刺史, 縣의 장관은 縣令으로 고정되어 있었다.

둘째는 都城制度이다. 발해의 건국지는 현재의 吉林省 敦化市이다. 처음 도읍한 곳은 동모산 즉 山城인 城山子山城이었다. 이것은 朱蒙이 홀본 서쪽 산 위에 첫 도읍을 정했던 정신과 상통한다. 이렇게 산성에 도읍을 정한 것은 고구려로부터 내려온 전통을 따른 것이다.

그러나 그 뒤에 천도하면서 조성된 都城들은 모두 당나라 도성을 모방하였다. 西古城, 上京城, 八連城은 평지성이고, 성 내부의 궁궐 위치나 도시 구획도 당나라 방식을 따르고 있다. 비단 발해 도성뿐 아니라 이 당시 신라, 일본의

---

9. 송기호, 「渤海의 地方統治와 그 실상」 『韓國 古代社會의 地方支配』 한국고대사연구회, 1997, pp.254~255 (본서 제3장).

도성도 유사하였으니, 당나라 방식을 따르는 것은 동아시아 국가들의 일반적 추세였다. 그렇지만, 상경성 주변의 산 위에는 도성을 호위하는 산성과 보루들이 설치되어 있는데, 이것은 평지성과 산성이 결합된 고구려 전통이 남아 있는 것을 보여준다.

셋째는 무덤 양식이다. 발해 왕실·귀족들이 묻혀 있는 敦化市 六頂山古墳群에서 발굴된 32기의 무덤 가운데 돌무덤(석실묘, 석곽묘, 석관묘)이 28기, 흙무덤(토광묘)이 4기이다. 대체로 돌무덤은 고구려 전통을 반영하는 데에 비해서 흙무덤은 말갈 전통을 반영한다.[10] 특히 돌무덤 가운데 가장 상위 계층이 사용하였던 石室墓는 고구려 양식을 고스란히 간직하고 있다.

貞惠公主(738~777) 무덤을 예로 들면, 玄室이 반지하식으로 축조되고 천정은 抹角藻井(평행삼각고임)을 하고 있다. 이것은 고구려 양식이다. 그러면서 무덤 안에 墓誌와 石獅子像을 넣은 것은 당나라 영향을 반영한다. 따라서 고구려 양식을 기반으로 하면서 당나라 문화를 받아들인 면모를 살펴볼 수 있다.

그런데 정혜공주의 동생인 貞孝公主(757~792)의 무덤은 현실을 지하에 축조하고 벽돌로 쌓았으며 무덤 벽에는 인물 벽화를 그렸다. 이것은 당나라 양식이다. 하지만 천정 구조는 고구려 전통을 반영하고 있다. 따라서 당나라 양식을 기반으로 하면서 고구려 전통을 일부 반영하고 있다.

이러한 두 공주 무덤의 변화는 발해 왕실의 무덤이 고구려 양식에서 당나라 양식으로 전환되는 과정을 보여준다. 이렇게 최상층부에서는 당나라 양식을 채택하기는 하였지만, 그 아래 귀족들은 여전히 고구려적인 석실묘 전통을 고수하였다.

이상으로 고구려 요소와 당나라 요소를 지적하였는데, 이들이 상층 문화를

---

10. 宋基豪, 「六頂山 古墳群의 성격과 발해 건국집단」 『汕耘史學』 8, 1998 (본서 제1장); 鄭永振, 『高句麗渤海靺鞨墓葬比較研究』 延邊大學出版社, 2003.

구성하였던 데에 비해서 말갈 요소는 기층 문화를 구성하였다. 발해 土壙墓는 육정산 고분군에서처럼 발해 핵심지역에서는 극소수가 발견되고 이에 비해서 돌무덤의 비율은 월등히 높다. 반면에 변방으로 갈수록 토광묘 일색으로 변모한다. 아울러 말갈식 토기인 筒形罐도 토광묘처럼 발해 중심지역에서는 비율이 낮은 반면에 변두리 지역에서는 높아진다. 이것은 문헌에서 발해 인구의 대다수를 차지하는 말갈인은 피지배층이었다고 한 것과 일치한다. 따라서 이러한 문화 요소를 근거로 발해를 말갈 국가로 규정하는 것은 무리가 있다.

한편, 지속적으로 고구려 문화를 유지하고 있던 면도 보인다.

첫째, 瓦當을 들 수 있다. 발해 와당의 연꽃 문양은 한 눈에 알아볼 정도로 독특성을 보인다. 주변국인 통일신라와 일본이 당나라 양식을 충실히 받아들여서로 유사한 반면에, 전형적인 발해 와당 문양은 고구려 양식을 계승하여 변형시킨 것이다.

일반 기와의 제작에서도 고구려 전통을 충실히 계승하였다. 발해 기와에 많이 보이는 指頭紋 기와는 고구려에서 계승된 것이고, 와당과 평기와 등의 제작기법도 고구려의 축소판이라 할 정도이다. 다만 태토의 질이나 색조 등에서는 고구려에 미치지 못하는 면도 보인다.[11]

이밖에도 최맹식 국립문화재연구소 실장의 전언에 따르면, 기와 제작 수법으로 발해에서 통쪽와통을 사용한 것은 고구려의 계승을 보여주는 것이라 한다. 통쪽와통 사용법은 삼국시대에 유행하였고, 통일신라시대가 되면 사라진다고 한다. 또 바탕흙(素地)에서도 발해는 가래떡형(粘土帶)이 우세한데, 이것도 고구려 영향이라고 한다. 통일신라가 되면 거의 모두가 널판형(粘土板)이라고 한다. 색조에서 고구려 계통의 붉은색 기와가 많이 보이는 것도 유의할 만하다. 이처럼

---

11. 최맹식, 「三國 암막새의 始原에 관한 小考」 『文化史學』 21, 한국문화사학회, 2004, p.131.

발해는 동시기의 제작기법이 아닌 옛날식 제작기법을 고수하였다.

둘째, 佛像을 들 수 있다. 八連城에서 출토된 二佛竝坐像은 발해 건국 이전의 古式을 띠고 있으며, 上京城에서 출토된 塑造 불상들은 고구려 원오리 절터에서 출토된 것들과 서로 통한다.[12] 발해 불상에는 동시대 당나라의 영향을 받은 것보다 이와 같이 앞시대 고구려의 전통을 묵수하고 있는 것들이 더 많다.

셋째, 쪽구들(고대 온돌, 炕)이란 난방장치를 들 수 있다. 발해 상경성의 궁궐 안에서는 쪽구들이 있는 건물이 두 군데 발굴되었다. 이들은 왕의 침실로 이용되었던 시설로 추정된다. 팔련성과 서고성에서도 역시 쪽구들이 발견되었고, 지방의 주거지에서도 흔히 발굴된다. 이러한 쪽구들은 말갈이나 당나라에서 사용되지 않았으므로, 당연히 고구려로부터 영향을 받은 것이다.[13]

이상으로 세 가지 요소만 지적하였지만, 당나라 문화를 많이 받아들인 뒤에도 일부에서는 과거 고구려의 전통을 지속적으로 고수하였던 면도 발견된다. 결국, 발해는 고구려 전통 문화의 기반 위에서 세워진 나라였다.

5. 맺음말

지금까지 인식과 문물제도란 두 가지 측면에서 발해의 고구려 계승성을 고찰해보았다. 발해 지배층은 건국시부터 멸망 후까지도 지속적으로 고구려를 계승하였다고 생각해왔다. 이것은 발해가 고구려계 국가임을 증명하는 중요한

12. 宋基豪, 「渤海佛教의 展開過程과 몇 가지 特徵」 『伽山李智冠스님華甲紀念論叢 韓國佛教文化思想史』 上, 논총간행위원회, 1992 (본서 제6장); 林碩奎, 「東京大 所藏 渤海佛像의 現狀과 性格」 『高句麗研究』 6, 1999.

13. 三上次男, 「渤海國에 對하여-特히 高句麗와의 文化關係에 대하여-」 『종합학술회의논문집』 대한민국학술원, 1975; 송기호, 『한국 고대의 온돌: 북옥저, 고구려, 발해』 서울대학교출판부, 2006.

자료이다.

반면에, 주변국에서 발해를 바라보는 시각에는 각국의 정치색이 깔려 있어 이보다는 증거 능력이 떨어진다. 이를 감안한다고 해도 일본, 신라, 당나라는 발해가 기본적으로 고구려 계승국임을 잘 인식하고 있었다. 그러면서 때로는 자신의 이해관계에 따라 말갈 국가로 비하해 부르기도 하였다.

한편, 발해 문화를 검토해보면 상층 문화는 초기에 고구려 문화가 주류를 이루다가 점차 당나라 문화로 전환되었다. 그렇지만 와당 문양, 불상, 쪽구들 등과 같은 분야에서는 고구려 문화가 후기까지 그 주도권을 잃지 않았다. 이에 비해서 기층 문화는 말갈 문화가 중심이 되었다.

결국, 전체적으로 볼 때에 발해를 주도했던 사람들은 고구려계임을 인정하지 않을 수 없다. 일부 나타나는 말갈 요소만 강조하여 발해를 말갈계 국가로 규정할 수는 없는 것이다.

제10장 발해의 고구려 계승성 補論

1. 머리말

발해와 고구려의 관계를 논한다는 것은 결국 발해가 고구려를 계승했는가 여부를 따지는 일이다. 양자는 동시대적으로 존재했던 것이 아니고, 30년의 간격을 두고 선후 관계에 있기 때문이다. 그러기에 발해와 당나라, 발해와 고대일본과의 왕래 및 교류 관계를 논하는 것과 성격이 다른 것이다.

발해의 고구려 계승성은 1960년대에 발표된 북한의 박시형과 주영헌의 연구,[1] 일본의 三上次男의 연구[2]가 선구를 이루었고, 1970년대에 와서 남한의 李龍範과 일본의 石井正敏의 연구가 뒤를 따랐다.[3] 그리고 1980년대에 들어서는 활발한 연구 결과가 각국에서 발표되었다.

필자도 이미 고구려 계승성을 탐구한 글을 발표하였으므로,[4] 이 글에서는

---

1. 박시형, 「발해사 연구를 위하여」 『력사과학』 1962-1; 주영헌, 「발해는 고구려의 계승자」 『고고민속』 1967-2.
2. 三上次男, 「高句麗と渤海-その社會·文化の近親性-」 『末永先生古稀記念古代學論叢』 1967; 三上次男, 「半拉城出土の二佛并座像とその歷史的意義-高句麗と渤海を結ぶもの-」 『朝鮮學報』 49, 1968.
3. 李龍範, 「渤海王國의 形成과 高句麗遺族」 上·下 『東國大學校論文集』 10·11, 1972·1973; 石井正敏, 「日渤交涉における渤海高句麗繼承國意識について」 『中央大學大學院研究年報』 4, 1975.
4. 송기호, 「발해의 고구려 계승성」 하버드대학 한국연구소 고구려학술회의 발표문, 2005. 4. 5.~7. (본서 제9장).

이를 보완하는 내용을 담고자 한다. 먼저, 이 방면 연구에서 유의해야 할 점을 지적하고, 그 다음으로 이미 발표한 글에서 미처 언급하지 못한 자료들을 두 가지 범주로 나누어 검토함으로써, 기왕에 발표했던 논문의 補論으로 삼겠다.

2. 연구의 시각

지금까지 발해의 고구려 계승성을 다룬 논저는 남한 13편, 북한 14편, 중국 17편, 일본 4편, 러시아 2편으로 모두 50편이다. 물론 부분적으로 언급한 것까지 합치면 일일이 지적할 수 없을 만큼 그 수는 훨씬 늘어나게 된다. 이 방면의 연구는 실증성보다는 정치성을 띠는 경우가 많다. 한국학자는 고구려 계승성을 밝혀내려는 데에 주력하고 중국학자는 이를 부인하는 데에 집중하고 있는 것처럼 연구 성향이 연구자의 국적별로 구분되는 것이 이를 증언해준다. 따라서 정치성을 걷어내고 실증성을 바탕으로 하면서 제3의 연구자도 수긍할 수 있는 연구 방향이 설정되지 않으면 학술 논문이 아닌 선전용 글로 전락할 수밖에 없다.

고구려 계승성 연구는 文獻과 文物의 두 방면에서 이루어져 왔다. 고구려와의 연관성을 보여주는 사료가 일본측 기록에 집중되어 있어서 발해 연구자들은 주로 여기에 주목해왔다. 그 대표적인 것이 石井正敏의 연구이다. 그는 발해와 일본이 모두 발해를 고구려 계승국가로 인식했던 것으로 보았다. 다만, 발해는 스스로 강대했던 국가의 후신이라 생각했던 데에 비해서, 일본은 과거 조공국의 후예라 여긴 인식의 차이가 있다고 설명하였다.[5] 한마디로 양국은 한 가지 사실을 두고 同床異夢을 했던 것이다.

이처럼 고구려 계승을 언급한 사료에는 역사적 사실 그 자체뿐 아니라 당시의

5. 石井正敏, 앞논문〔『日本渤海關係史の研究』 吉川弘文館, 2001 재수록, p.414〕.

국제정세인식 내지 자국내 정치의식도 담겨 있다. 물론 후자의 인식도 연구 주제로서 중요하지만, 발해의 고구려 계승성 자체를 따질 때에는 이를 걷어내고 속살을 드러낼 필요가 있다.

그렇지만 이는 결코 쉬운 일이 아니다. 북한의 연구자들은 고대 일본측 인식은 고려하지 않은 채 강대국 고구려의 계승자라는 발해측 인식만 추종하고 있다.[6] 물론 남한의 연구자들도 그런 경향이 강하다. 반면에 중국의 연구자들은 고대일본이 정치적 목적을 위해서 왜곡한 사료로 치부해버리면서, 발해는 결코 고구려의 계승자가 아니었고 그런 의식도 없었다는 異口同聲의 주장을 편다.[7]

일본 사료를 검토해보면, 발해는 분명히 고구려 계승의식을 가지고 있었고, 일본은 이를 정치적으로 이용하려 했던 것이 분명하다. 따라서 양자를 모두 감안해야만 역사적 사실에 제대로 접근할 수 있을 것이다. 당나라가 발해를 말갈국으로 간주하려 하였던 것이나, 신라가 발해를 때로는 고구려 후예 때로는 말갈국으로 보았던 것도 모두 당시의 정치적 상황과 연결되어 있었다.

중국학자들은 당시의 정황을 생각하지 않고 당나라 자료를 토대로 발해를 말갈국가로 규정하려 한다. 이는 당나라 때의 정치적 주장이 지금도 유용하기 때문에 그대로 추종하는 것에 불과하다. 남북한 연구자들이 고구려 후예라는 문헌 사료를 곧이곧대로 취신하는 것도 동일한 문제점을 안고 있다. 왜 당나라가 발해를 말갈국으로 보려했는지, 일본이 고구려계 국가로 보려했는지, 신라가 말갈계 국가나 고구려계 국가로 오락가락했는지를 생각하지 않을 수 없다.

이렇게 당나라, 신라, 일본의 정치적 상황을 염두에 두면서 역사적 사실에

---

6. 박영해, 「발해는 고구려를 계승한 국가」『력사과학』 1986-3 pp.20~21; 박시형, 「발해는 고구려의 계승국」『발해사연구론문집』 1, 과학백과사전종합출판사, 1992, pp.11~16.

7. 魏國忠 · 郭素美 · 魏建華, 「關于渤日交聘中的"高麗國"問題」『北方文物』 2001-1; 程妮娜, 「渤海與日本交聘中"高麗國"的辨析」『吉林大學社會科學學報』 2001-4; 張碧波, 「關于渤海王室高句麗意識的考辨」『北方論叢』 2002-1.

다가갈 필요가 있다. 이러한 정치색에서 자유로운 사료로서 『入唐求法巡禮行記』를 들 수 있다.

1. (開成四年;839)八月 … 十五日, 寺家設餺飩餅食等, 作八月十五日之節. 斯節諸國未有, 唯新羅國獨有此節. 老僧等語云, 新羅國, 昔與渤海相戰之時, 以是日得勝矣. 仍作節, 樂而喜儛, 永代相續不息. 設百種飮食, 歌儛管絃, 以晝續夜, 三箇日便休. 今此山院, 追慕鄕國, 今日作節. 其渤海爲新羅罰, 纔有一千人, 向北逃去. 向後却來, 依舊爲國. 今喚渤海國之者是也. (『入唐求法巡禮行記』 권2)

일본 승려 圓仁이 赤山院에서 신라 老僧으로부터 들은 추석의 유래이다. 이 승려는 신라와 발해가 전쟁을 벌였다고 하였다. 그렇다면 733년에 벌어진 양국 간의 전쟁이 연상될 것이지만, 이 전쟁은 겨울에 벌어졌다. 더구나 '발해' 잔당이 도망갔다가 다시 나라를 세워서 돌아왔다고 하여 발해 건국을 언급하고 있다. 따라서 여기서 말한 전쟁은 그 이전의 삼국통일 전쟁이다. 실제로 나당 연합군이 고구려 평양성을 공략한 것은 668년 8월과 9월이었다.

이처럼 신라 승려는 고구려와의 통일전쟁을 발해와의 전쟁으로 이해하고 있다. 세 번 나오는 '발해' 가운데 앞의 두 번이 고구려를 가리킨다. 따라서 당시에 존재했던 발해와 앞 시대에 있었던 고구려를 동일한 실체로 여겼던 것이다. 이처럼 신라인들은 일반적으로 고구려와 발해를 동일시했던 것으로 생각된다. 승려로 대표되는 신라 지식인, 나아가 일반인들의 생각을 반영하는 것으로 보인다. 이것은 신라 조정의 공식 견해라고 할 수 있는 최치원의 글들에서 발해를 고구려계 국가와 말갈계 국가로 보는 이중성과 차이가 있다.

무엇보다 중요한 것은 발해인 스스로의 사고를 반영하는 사료들을 추출하는 작업일 것이다. 이것이 발해와 고구려의 관계를 밝혀주는 중요한 고리가 될 수 있다. 이런 자료들은 앞서 발표한 논문에서 정리를 해두었으므로 여기서는 생략한다.

다만 두 가지 추가할 것이 있다. 첫째, 발해인은 스스로 고구려계 국가라고 언급한 적은 있지만, 말갈인의 국가라고 생각한 기록은 전혀 발견되지 않는다. 오히려 그 반대의 증거가 보이는데, 792년에 당나라에 파견된 발해 사신 楊吉福의 사례가 그것이다. 그의 직함이 '渤海押靺鞨使'였으니,[8] 이것은 발해 사신이 말갈 사신을 押領하여 당나라에 간 것을 의미한다. 그런데 압령 대상을 '靺鞨'로 표현하고 있는 것은 발해 조정이 말갈족을 他者化하고 있다는 증거이다.[9] 이것은 마치 당나라의 '押兩蕃渤海黑水四府經略使'가 이민족인 兩蕃(契丹, 奚), 발해, 흑수말갈을 관리의 대상으로 삼아 타자화한 것과 동일하다. 따라서 발해 정권은 말갈 속성과 거리가 있다고 하겠다.

둘째, 발해 지배층의 고구려 계승의식을 보여주는 사료이다. 고구려와 발해의 왕실에서 공유한 天孫意識에 대해서는 이미 다른 글에서 지적하였는데,[10] 발해 지배층의 대다수를 이룬 高氏들이 고구려의 후예라는 의식을 지니고 있었던 사실이 다음 사료에서 확인된다.

> 2. 張浩字浩然, 遼陽渤海人. 本姓高, 東明王之後. 曾祖霸, 仕遼而爲張氏. (『金史』 권83, 張浩傳)

금나라 때의 張浩는 원래 발해 출신의 고씨였다고 하면서, 동명왕의 후예임을 밝혔다. 이는 장호 집안의 전승의식을 그대로 반영한 것으로 보인다.[11] 동명왕의

---

8. 『唐會要』 권96, 渤海 「貞元八年閏十二月, 渤海押靺鞨使楊吉福等三十五人來朝貢.」.
9. 盧泰敦, 「渤海國의 住民構成과 渤海人의 族源」 『韓國古代의 國家와 社會』 일조각, 1985 pp.289~291.
10. 宋基豪, 『渤海政治史硏究』 一潮閣, 1995, p.187.
11. 盧明鎬, 「高麗 支配層의 渤海遺民에 대한 認識과 政策」 『汕耘史學』 8, 1998, p.154.

신화가 이때까지 이어졌는지는 확언하기 어렵지만, 적어도 발해에서 활동하던 고씨들은 멸망 후까지도 高朱蒙의 후예들로 자부하고 있었던 것이 확실하다. 그러하니 발해 당시에 국정을 책임지고 있던 고씨들이 어떤 의식을 가지고 국가를 운영해나갔을지는 충분히 짐작할 수 있는 것이다.

文物方面에서의 연구는 문제점이 더욱 많다. 중국에서는 고구려 문화 요소를 애써 외면하면서 당 문화를 찾는 데에 진력하고 있고, 러시아에서는 발해 문화에서 차지하는 말갈 문화의 비중을 과장하고 있다. 반면에 남북한에서는 다른 요소를 배제한 채 고구려 요소를 찾는 데에 힘을 쏟고 있다. 이처럼 방향성은 다르지만, 모두 발해 문화의 일부를 강조하여 전체 성격을 규정짓는다는 점에서는 동일한 문제점을 안고 있다. 따라서 발해 문화를 통해서 고구려 계승성을 제대로 규명하려면 다음 사항을 고려하지 않으면 안 된다.

첫째, 地域性을 염두에 두어야 한다. 크게 보면 발해 강역은 옛 고구려 땅과 그 외곽의 말갈 땅으로 구분할 수 있다. 대체로 현재의 吉林에서 琿春을 잇는 선을 경계로 동쪽의 말갈 전통 구역과 서쪽의 고구려 전통 구역으로 구분할 수 있다. 발해 정권이 들어선 뒤에도 고구려 옛땅에서는 고구려 전통이 계승되고 있었을 것이고, 말갈 땅에서는 말갈 문화가 지속되었을 것은 당연하다. 이 가운데 한 쪽의 자료만 토대로 발해 문화를 규정하려 들면 독단적이 될 수밖에 없다.

북한 연구자들은 함경도의 발해 유적과 유물에서 고구려 계승을 찾고 있다.[12] 또 러시아 연구자들은 연해주 발굴에서 말갈 요소를 찾아내서 말갈계 국가의 근거로 삼고 있다.[13] 그 연구 결과는 不問可知이다. 이러한 연구들은 지역적

---

12. 김종혁, 「동해안일대 발해유적의 고구려적성격에 대하여」 『조선고고연구』 1997-4; 김남일, 「연차골 1지구무덤떼를 통하여 본 고구려와 발해의 계승관계」 『조선고고연구』 2005-2.

13. 디야코바 오.붸., 「발해인의 도기 제조에 보이는 말갈 전통」 『소련 극동의 고고자료』 소

특성을 마치 전체인 것처럼 오해하고 있다.

중요한 점은 고구려 지역이었던 곳에서 발해 건국 뒤에 말갈 요소가 왜 새롭게 등장하느냐, 그 반대로 순수 말갈지역이었던 곳에서 고구려 요소가 왜 새롭게 등장하느냐 하는 것이다. 그런데 전자의 사례는 거의 발견되지 않는 반면에 후자의 사례는 뚜렷이 확인된다.

다시 말해서 上京城처럼 말갈 땅이었던 곳에서 왜 외래적인 당나라 문화나 고구려 문화가 새롭게 나타나느냐 하는 것이 발해 문화의 속성을 이해하는 데에 관건이 된다. 두 외래문화 가운데 당나라 문화는 발해가 당나라와 문물 교류를 했던 결과물이 분명하다. 당나라 사람들이 발해국의 세력을 이룬 것이 아니기 때문이다. 이는 누구도 부인할 수 없을 것이다. 문제는 고구려 문화이다. 이에 대해서 중국과 러시아의 연구자들은 交流, 影響 또는 借用의 결과로 보는 데에 반해서[14] 남북한 연구자들은 繼承의 결과로 간주하여[15] 대립되고 있다.

과연 교류냐 계승이냐의 판단은 두 번째로 염두에 두어야 할 階層性을 통하여 규명할 수 있다. 발해국의 속성은 그 나라를 이끌어갔던 주도층, 즉 지배층의 성격 규명에 따라 규정되어야 한다. 그런데 이들이 영위하였던 상층부 문화는 초기에 高句麗的인 性格을 농후하게 띠다가 3대 文王의 唐化政策에 힘입어 唐的인 性格을 강하게 띠었다. 그것은 都城制度, 古墳樣式, 地方制度 등 여러 측면에서 증빙할 수 있다. 그럼에도 불구하고 瓦當 문양, 佛像 양식, 古代

련과학원 극동학센타 극동민족 역사학·고고학·민족학 연구소, 블라디보스톡, 1981; 샤프쿠노프 에.붸. 책임 감수, 송기호·정석배 옮김, 『러시아 연해주와 발해 역사』 대우학술총서 번역 97, 민음사, 1996, p.16.

14. 魏存成, 「高句麗,渤海墓葬之比較」 『古民俗研究』 1990-1, p.123; 샤프쿠노프 에.붸. 책임 감수, 송기호·정석배 옮김, 앞책 p.278.

15. 장철만, 「발해무덤의 고구려적성격에 대하여」 『조선고고연구』 1998-4; 韓圭哲, 「高句麗의 繼承性을 통해 본 渤海國의 正體性」 『高句麗研究』 18, 2004; 차달만, 「발해무덤을 통하여 본 발해와 고구려와의 계승관계」 『고조선·고구려·발해 발표 논문집』 고구려연구재단, 2005.

溫突(쪽구들) 등에서는 초기부터 후기까지 고구려 전통을 그대로 계승하고 있다. 이것은 지배층과 불교승려들이 주로 고구려계였다는 것을 반영한다. 말갈인들이 국가를 세운 뒤에 고구려인의 문화에서 영향을 받아 이를 차용한 결과로 보기에는 고구려 요소가 너무 광범위하고 생명력이 있는 것이다.

연해주의 체르냐티노 고분군에서는 초기에 土壙墓가 조성되다가 점차 石室墓로 전환되는 과정이 확인되는데, 이것은 말갈 전통을 가지고 있던 지방세력에까지 고구려 문화가 침투해들어가는 모습을 반영하는 것이다. 발해가 건국된 뒤에도 고구려 요소가 말갈 지역에까지 확산되어 갔던 것이다. 이처럼 고구려 문화가 발해 상층부에 짙게 깔려 있고, 지방에까지 확산되어 갔던 것은 고구려 계승성으로밖에 설명할 수 없다.

지금까지 지적한 바와 같이, 문헌에서 정치적 색채를 제거하고 이해하여야 하고, 문물에서 지역성과 계층성을 고려해야만 발해와 고구려의 관련성에 관한 실상을 제대로 밝힐 수 있을 것이다. 그렇지 않으면, 자신의 견해에 유리한 것만 강조하면서 불리한 점은 다른 이유를 들어서 외면해버리는 잘못을 반복하게 될 것이다.

3. 馬韓과 高句麗, 渤海

고대에 三韓은 마한, 진한, 변한을 가리킬 뿐 아니라 고구려, 백제, 신라를 의미하기도 하였다.[16] 이 과정에서 高句麗를 馬韓으로 인식했던 사실은 이미

16. 盧泰敦, 「三韓에 대한 認識의 變遷」 『韓國史硏究』 38, 1982; 全俊鉉, 「三韓問題の再檢討」 『朝鮮民族と國家の源流』 雄山閣, 1995, pp.253~255; 조법종, 「高句麗의 馬韓繼承 認識論에 대한 檢討」 『韓國史硏究』 102, 1998; 金炳坤, 「崔致遠의 三韓觀에 대한 認識과 評價」 『韓國古代史硏究』 40, 2005.

잘 알려져 있다. 그러나 기왕의 연구는 공통적으로 이런 인식의 최초 사례를 『三國史記』에 인용된 9세기 말 崔致遠의 「上太師侍中狀」에서 찾고 있다. 그러나 『册府元龜』에 실려 있는 다음 글을 보면 그 연원은 삼국 말기로 올라가게 된다.

3. (貞觀)十九年七月詔曰, 西戎賢相, 寵光秦册, 北夷嗣子, 榮珥漢貂. 羈以長纓, 用表元功之大, 掩玆宏網, 式昭天覆之寬. 高麗位頭大兄理大夫後部軍主高延壽大兄前部軍主高惠真等, 并馬韓酋長, 鯷海英髦, 分羲景於扶桑, 數鍾天厭, 竊封疆於孤竹. … 延壽可鴻臚卿, 惠真可司農卿. (『册府元龜』 권170, 帝王部, 來遠)

이 詔書는 『全唐文』 권7에도 실려 있다. 貞觀 19년(645)에 당 太宗이 투항해온 고구려 장수 高延壽와 高惠眞에게 각각 鴻臚卿과 司農卿을 내린 내용이다. 두 사람은 이 해에 安市城에서 당 태종의 군대를 맞아 싸우다가 휘하의 군대를 이끌고 항복했었다.

이 조서에서 두 사람을 모두 '馬韓 酋長'이라 지칭한 것이 주목된다. 여기서 7세기 전반에 이미 고구려를 마한으로 부른 사실을 확인할 수 있기 때문이다. 백제를 변한으로 부른 사례는 아직 확인되지는 않지만, 그 연원도 신라 말보다는 훨씬 올라갈 것이다. 고구려를 馬韓, 백제를 卞韓, 신라를 辰韓으로 등치시킨 것이 최치원 독자의 발상이 아닌 것이다.

고구려를 마한으로만 부른 것은 아니었다. 고구려를 卞韓이나 辰韓으로 부른 사례도 당나라에서 사망한 高句麗系 人物의 묘지명에서 확인된다.

4-① 祖福鄒, 本朝大兄, 父孟眞, 本朝大相. 并以鯷壑景靈, 卞韓英伐, 國楨人干, 疊祉連花. (李他仁 墓誌)[17]

17. 鐵山, 「唐李他仁墓志考釋」 『遠望集 』 下, 陝西人民美術出版社, 1998, p.736 (여기에 제

② 公迺扶餘貴種，辰韓令族.（高震 墓誌）

〈사료 4-①〉의 주인공인 李他仁(610~677)도 앞의 두 장수처럼 당나라에 투항한 인물이다. 그는 투항후 고구려와 부여 공격에 앞장 섰던 인물이다. 또 柵州都督兼總兵馬로 임명되어 고구려 12州를 관할하고 靺鞨 37部를 통솔하였다. 더구나 그를 遼東 柵州人이라 한 것으로 보아서 柵城을 근거로 삼았던 집안인 것 같다. 이렇게 말갈을 통솔하고 지방에 기반을 두었으며 당나라에서 李姓을 수여받았던 것으로 보아서, 순수 고구려인이 아니라 고구려화된 말갈인이었을 가능성이 크다. 李盡忠이나 李多祚, 李謹行처럼 당에 투항한 거란인, 말갈인에게 李姓을 내려준 사례가 있기 때문이다.

더구나 李多祚(654~707)는 靺鞨酋長 가문에서 태어난 인물인데도 마치 고구려 귀족 출신인 것처럼 표현되어 있는 것도 참고가 된다. 그의 묘지명에는 遼東의 '蓋州人'으로 표현되어 있고, 『舊唐書』 列傳에는 '三韓의 貴種'이라 기록되어 있는 것이다.[18] 그러면서도 몇 대에 걸쳐 고구려 고위직을 역임한 것으로 보아서 그의 집안은 상당히 일찍 고구려에 귀화했던 것으로 보인다. 설령 말갈 혈통을 지닌 인물이라 하더라도 이미 그는 고구려인으로 활동했던 것이 분명하다. 대조영처럼 그도 '말갈계 고구려인'이었던 것이다.

그런데, 이 묘지명에서 그의 祖와 父가 각기 고구려의 大兄, 大相을 역임한 명문가임을 밝히기 위해 '卞韓의 英伐'이라 하였다. 반면에 고구려 寶藏王의 손자인 高震(701~773)의 묘지명인 〈사료 4-②〉에서는 그의 가문을 부여의 貴種이요 '辰韓의 令族'이라 표현하였다.

시된 원문은 簡字로 되어 있을 뿐 아니라 문장의 단락짓기에서도 오류를 많이 범하고 있다.); 尹龍九, 「중국출토의 韓國古代 遺民資料 몇 가지」 『韓國古代史研究』 32, 2003, p.307.

18. 宋基豪, 「粟末靺鞨의 원류와 扶餘系 집단 문제」 『한반도와 만주의 역사 문화』 서울대학교출판부, 2003, pp.355~356 (본서 제2장).

이렇게 당나라에서는 고구려를 가리켜 마한이라 하거나 변한 또는 진한이라 불렀다. 아마 이 용어들이 구분되지 않은 채 三韓과 동일한 의미의 汎稱으로 쓰였던 것 같다. 그럼에도 馬韓의 용례는 좀 더 주목할 필요가 있다. 우선 두 墓誌銘이 私的인 데 비해서 앞의 詔書는 이보다 公的인 성격을 띠고 있다. 더구나 시간이 흐르면서 마한만이 고구려를 상징하는 용어로 귀착되었다. 마한=고구려의 등식으로 살아남아 다음과 같이 崔致遠의 글에 반영되었고, 定安國 기사에까지 이어졌던 것이다.

5-① 故其文集有上大師侍中狀云, 伏聞, 東海之外, 有三國, 其名馬韓卞韓辰韓. 馬韓則高麗, 卞韓則百濟, 辰韓則新羅也. (『三國史記』 권46, 崔致遠傳)

② 定安國本馬韓之種, 爲契丹所攻破, 其酋帥糾合餘衆, 保于西鄙, 建國改元, 自稱定安國. (『宋史』 권491, 定安國傳)

왜 마한을 고구려와 연결시켰는지에 대해서는 분명한 기록이 없다. 다만 『三國遺事』에 몇 가지 시사하는 글만 보인다. 고구려 東明王 때에 이미 馬韓을 병합했기 때문이라거나 고구려 땅에 본래 馬邑山이 있었기 때문이라는 두 가지 설이 제시되어 있다.[19] 그러나 그 어느 쪽도 신빙하기는 어렵다.

위의 사료로 보아서 본래적인 三韓과 다른 새로운 認識은 삼국 내부에서가 아니라 당나라에서 생성되었을 가능성이 높다. 최치원은 당나라에 보내는 글에 당나라인의 인식을 담았을 것이다. 그렇지만, 그러한 인식이 당나라에서 나타나게 된 계기는 현재로서 확인할 수 없다.

다만, 扶餘隆의 묘지명에서 고구려와 백제를 가리켜 兩貊이라 표현하였고, 『舊唐書』 百濟傳에서 백제를 고구려처럼 '부여의 별종이면서 馬韓故地에 해당'

19. 『三國遺事』 권1, 馬韓 「以此知東明之起, 已并馬韓而因之矣, 故稱麗爲馬韓. … 麗地自有[馬]邑山, 故名馬韓也.」.

한다[20]고 한 데서 추측할 수 있듯이, 당나라에서는 두 나라를 同種의 국가로 이해하면서 백제를 지칭하던 마한이 고구려에도 옮아갔던 것이 아닌가 추측된다. 4세기 전반경에 부여를 공격하였던 실체를 고구려가 아니라 백제로 표기[21]한 데에서도 이런 혼동의 일단을 엿볼 수 있다.

동시대에 당나라는 백제도 馬韓으로 불렀다. 다음 두 자료는 백제 멸망 전후에 당나라에서 백제를 馬韓이라 불렀고, 백제지역을 馬韓道로 호칭하였던 사실을 보여준다.

6-① 使持節, 神丘嵎夷馬韓熊津等一十四道大摠官, 左武衛大將軍, 上柱國, 邢國公, 蘇定方. (大唐平百濟國碑銘)

② 而馬韓餘燼, 狼心不悛, 鴟張遼海之濱, 蟻結丸山之域. … 以公爲熊津都督, 封百濟郡公, 仍爲熊津道摠管兼馬韓道安撫大使. (扶餘隆 墓誌)

당나라에서는 고구려와 대결하면서 직접적인 호칭을 피하고 마한을 끌어다 에둘러 언급하는 것을 선호하였을 가능성이 크다. 이것이 고구려=마한 인식의 출발점이었던 듯하다. 그런 다음에 卞韓을 백제에 연결시킴으로써 三韓은 三國이라는 인식이 형성되었던 것은 아닐까.

이렇게 고구려=마한 호칭의 역사를 살펴보면, 발해 유민국가인 定安國을 두고 馬韓種이라 부른 배경도 쉽게 이해할 수 있다. 이것은 발해를 고구려 후신으로 보지 않으면 불가능한 것이다. 따라서 이 표현을 매개로 고구려-발해-정안국으로 이어지는 계승성을 『宋史』 編者가 인정하고 있었던 사실을 확인할 수 있다.

---

20. 『舊唐書』 권199상, 百濟傳 「百濟國, 本亦扶餘之別種, 嘗為馬韓故地.」.

21. 『資治通鑑』 권97, 晉 穆帝 「(永和二年)春正月, … 初, 夫餘居于鹿山, 爲百濟所侵, 部落衰散, 西徙近燕, 而不設備.」.

이렇게 되면 그동안 의문시되었던 다음 두 가지 사료도 재해석해볼 수 있다. 첫째는 『新唐書』 渤海傳의 기사이다.

7. 盡得扶餘沃沮弁韓朝鮮海北諸國. (『新唐書』 권219, 渤海傳)

발해가 건국된 뒤에 부여, 옥저, 변한, 조선 및 海北諸國을 모두 얻었다고 설명한 대목이다. 여기서 나머지 지역은 문제가 없는데 고구려 땅에 대한 언급이 없는 대신에 발해 영역과 무관한 弁韓이 등장하여 연구자들이 이해를 하지 못해왔다.

여기서 '弁韓'이나 '朝鮮'이 고구려를 가리킬 가능성을 생각해볼 수 있다. 후자의 경우, 다음 절의 〈표 10-1〉에서 보듯이 고구려인을 '朝鮮人'으로 표기한 사례가 이를 뒷받침한다. 문제는 이럴 경우 弁韓은 아무런 의미가 없게 된다. 반면에 '弁韓'을 고구려로 상정할 경우에 변한과 조선 모두 의미있는 표현이 된다. 발해 영역에는 고구려, 고조선 영역이 모두 포함되어 있기 때문이다.

이런 가정이 설득력을 얻으려면 고구려와 변한을 연결시킬 수 있는 사료를 찾아내야 한다. 그런데 최근에 李他仁 묘지명이 확인됨으로써 고구려를 卞韓(弁韓)으로도 불렀던 사실이 확인된다. 아니면 弁韓은 馬韓의 誤寫일 수도 있다. 그 어느 쪽이든 이곳의 변한은 고구려를 의미하는 표현임에 틀림없다. 그래야만 武王이 727년 일본에 보낸 국서에서 "고구려의 옛 터전을 수복하고 부여의 풍속을 소유하게 되었다"[22]고 언급한 배경을 제대로 이해할 수 있을 것이다.

앞에서도 지적하였듯이 당나라는 발해를 고구려 후신으로 보길 원하지 않았다. 발해가 고구려 영역을 차지했다는 말을 직접 언급하고 싶지 않았을 것이다. 자신에게 대적했던 고구려에 대한 기억을 지우고 싶었던 것 같다. 이 기사에서

---

22. 『續日本紀』 권10 「武藝忝當列國, 濫惣諸蕃, 復高麗之舊居, 有夫餘之遺俗.」.

고구려 대신에 弁韓(馬韓)으로 표기했던 것도 바로 그런 이유였을 것이다.

이러한 경향성은 『新唐書』 발해전의 발해 영토 설명에서도 드러난다. 上京은 肅愼故地, 南京은 沃沮故地, 西京은 高麗故地 등으로 나열되어 있다. 그런데 西京과 함께 中京과 東京까지 고구려 땅이었는데도 이들의 연혁은 애매하게 표현되어 있다. 중경은 '상경의 남쪽'으로, 동경은 濊貊故地라 하였던 것이다. 이것도 당나라에서 고구려를 축소해서 보려는 의도가 개재된 것이 아닌가 의심이 가는 부분이다.

그런 표현법은 앞서 언급하였듯이 후대에 定安國 기사에서도 그대로 계승되었던 것이다. 또 신라가 당나라에 보내는 글에 발해의 고구려 계승성을 강조했던 것도 당나라의 이러한 반감 심리를 이용하려 했기 때문일 것이다.

둘째는 『舊唐書』와 『新唐書』의 百濟傳 기사이다.

8-① 其地自此爲新羅及渤海靺鞨所分, 百濟之種遂絕. (『舊唐書』 권199상, 百濟傳)

② 而其地已爲新羅渤海靺鞨所分, 百濟遂絕. (『新唐書』 권220, 百濟傳)

백제가 멸망한 뒤에 그 영토가 신라에 편입되었다는 것은 수긍할 수 있지만, 渤海靺鞨이 나누어 가졌다는 것은 이해가 되지 않는다. 이것도 아마 백제를 마한의 후신으로 보는 인식과 고구려를 마한으로 보는 인식이 연결되면서 백제에 대한 설명에 발해말갈이 끼어들게 되었던 것으로 보인다.

4. '渤海人'의 의미

다음은 이미 잘 알려진 고구려 유민 高震 묘지명의 한 부분이다.

9. 公諱震, 字某, 渤海人. 祖藏, 開府儀同三司, 工部尙書, 朝鮮郡王, 柳城郡開國公. 禰諱連, 雲麾將軍, 右豹韜大將軍, 安東都護. (高震 墓誌)

그는 寶藏王의 손자인 데에도 이처럼 '渤海人'으로 불려서 발해사 연구자들의 주목을 받아왔다. 여기서 渤海人은 두 가지 의미로 해석될 수 있다. 고구려계의 '渤海國人'을 가리킬 수 있고, 중국의 名望 家門인 '渤海 高氏'를 가리킬 수도 있다.

그동안 국내학계에서는 전자의 뜻으로 이해해왔다. 일찍이 盧泰敦이 이렇게 추정하면서 "그와 그의 집안은 발해인이 고구려인의 후예임을 분명히 인식하고 있었음을 의미한다"고 해석하였고,[23] 필자도 이 견해를 따랐다.[24] 이에 대해서 중국 연구자인 馬一虹이 반론을 제기하였다. 당나라에서 夷狄視하는 渤海國人으로 자처하였을 리 없다고 하면서, 당나라의 명문가인 발해 고씨를 모칭하여 자신의 신분을 높이려 하였을 것이라는 것이다.[25] 그러나 결정적인 근거가 부족하여 그 어느 쪽도 추측 차원에서 벗어나지 못했다.

그런데, 근래에 高震의 딸 묘지명이 확인되어 이 의문점이 풀리게 되었다. 다음은 이 논의와 관련된 부분이다.

10. 夫人姓高氏, 渤海人也. 齊之諸裔也, 著令族世傳, 家諜詳矣, 此無備焉. 曾祖, 皇朝鮮王. 祖諱連, 皇封朝鮮郡王. 父震, 定州別駕. 乃祖乃父, 如珪如璋. (高氏夫人 墓誌)[26]

고씨 부인(731~772)은 아버지보다 1년 먼저 사망하였다. 따라서 '발해인'으로

---

23. 盧泰敦, 앞논문 1985, p.293.

24. 宋基豪, 앞책 p.75.

25. 馬一虹, 「唐封大祚榮"渤海郡王"號考-兼及唐朝對渤海與高句麗關係的認識-」『北方文物』 2002-2, p.63.

26. 송기호, 「고구려 유민 高氏夫人 墓誌銘」『한국사론』 53, 서울대학교 국사학과, 2007.

표 10-1. 고구려 유민 묘지명

성명	출신 표기	계보
泉男生(634~679)	遼東郡平壤城人	연개소문 장남
泉男産(639~701)	遼東朝鮮人	연개소문 아들
泉獻誠(650~692)	其先高句驪國人	천남생 아들
泉毖(708~729)	京兆萬年人	천헌성 손자
高足酉(626~695)	遼東平壤人	
高玄(642~690)	遼東三韓人	
高質(636~697)	遼東朝鮮人	
高慈(665~697)	朝鮮人	고질 아들
高震(701~773)	渤海人	보장왕 손자
高氏夫人(731~772)	渤海人	고진 제4녀

표현된 것은 고씨 부인이 먼저이다. 그런데 이 묘지명에서 그녀는 '齊나라의 後裔'로 언급하고 있는데, 이것은 '발해 고씨의 후예'와 동일한 의미를 담고 있다. 따라서 馬一虹의 추측이 옳았다는 것이 확인되었다.

이런 사실을 감안하면서 고구려 유민의 묘지명들을 다시 살펴보면, 이들이 당나라 사람으로 동화되어가는 과정을 선연하게 느낄 수 있다. 〈표 10-1〉은 이를 간단히 정리해본 것이다.

淵蓋蘇文의 아들들은 고구려인으로서 '遼東郡 平壤城人', '遼東 朝鮮人'이라 했다가 손자에 이르면 '그 조상이 고구려인'이라 하게 되었고, 그 다음 대에 가서는 '당나라 京兆人'임을 내세웠다. 이와 동일한 과정을 거치면서 보장왕의 후손도 高震 단계에 와서 고구려 후예라는 의식이 사라지게 되었던 것이다.

이와 비교할 수 있는 것이 百濟 遺民의 묘지들일 것이다. 扶餘隆은 '百濟辰朝人', 黑齒常之는 '百濟人', 黑齒俊은 언급 없고, 難元慶은 '扶餘之尒類', 諸思計는 언급 없고, 祢寔進은 '百濟熊川人'으로 되어 있다.[27] 이들로부터는 고구려

27. 董延壽·趙振華, 「洛陽,鲁山,西安出土的唐代百濟人墓志探索」 『東北史地』 2007-2.

묘지명처럼 뚜렷한 의미를 추출하기가 어렵다. 그것은 고구려 유민의 경우와 달리 한 가문의 변화 과정을 볼 수가 없는 것도 한 원인일 것이다.

이와 관련하여 大祚榮에게 봉한 渤海郡王의 칭호도 검토할 필요가 있다. 만주 내륙에서 건국한 대조영은 바다 이름인 渤海와는 인연이 없어 보인다. 더구나 대조영은 발해군왕으로 책봉받은 뒤에 국호를 振國에서 渤海國으로 고쳤다. 근래에 중국에서 靺鞨이 발해 초기의 국호였다고 주장하는 것은 역사적 사실과 동떨어진 것이다.[28]

중국의 책봉호에서 유래된 국호는 아마 발해가 유일할 것이다. 이 때문에 책봉호의 유래가 궁금하다. 대조영에 대한 책봉은 당나라가 일찍이 고구려왕을 遼東郡王, 신라왕을 樂浪郡王, 백제왕을 帶方郡王으로 책봉한 전례를 따른 것이다. 그런데 요동군, 낙랑군, 대방군은 한반도의 역사와 밀접한 곳이지만, 발해군은 그러한 연관성을 찾기가 어렵다.[29] 발해군왕으로 봉한 것은 아마 당나라의 인식과 관련이 있을 것이다. 당나라로서 발해의 건국을 고구려의 부활로 보고 싶지 않았던 것이다. 그러기에 대조영을 고구려와 관련된 遼東郡王이나 朝鮮郡王으로 봉하기보다는 당나라 內地의 발해 고씨와 연계시켜 책봉했던 것이다.[30] 그러면서도 다른 한편에서는 고구려를 의식하여 아들을 桂婁郡王으로 봉함으로써 발해 인식에 양면성을 노정시켰다.

---

28. 말갈을 국호로 주장하는 중국측 연구들은 다음에 간략히 정리되어 있다.
정영진, 「발해의 建國年代와 建國地, 建國集團과 國號에 대하여」『東北亞歷史論叢』16, 동북아역사재단, 2007, pp.303~306.

29. 당나라에서 볼 때에 대조영의 국가가 渤海 건너에 위치했기 때문에 渤海란 명칭을 사용하였을 것으로 추측한 견해도 있다(김종복, 「渤海 國號의 성립 배경과 의미」『韓國史研究』128, 2005, p.17).

30. 馬一虹, 앞논문 p.64
張碧波는 大庭氏의 地望인 渤海郡과 연계시켜 渤海郡王을 책봉한 것으로 추정하였다. 그러나 大祚榮을 大庭氏의 후예로 보는 것은 무리가 있다.
張碧波, 「漢唐郡望觀念與渤海大氏-渤海大氏三考-」『學習與探索』2002-1.

5. 맺음말

지금까지 발해의 계승성과 관련된 연구의 문제점을 지적하고, 몇 가지 자료들을 검토하여 새로운 해석을 시도해보았다. 여러 가지 문제를 보충적으로 다루었으므로 여기서 요약은 하지 않겠다.

다만, 발해가 말갈을 계승했다는 기록이나 의식은 어디에서도 찾아볼 수 없는 반면에 고구려 계승을 반영하는 자료는 상당수가 된다는 사실만을 강조해두고자 한다. 발해인 스스로 남긴 사료가 없어서 발해인의 사고를 직접 확인할 수 없고, 특히 당나라에서는 발해를 고구려의 부활로 보려 하지 않음으로써 사료가 일정 부분 왜곡되어 있는 가운데서도 그러한 사실이 확인되는 것은 중요한 의미를 지니는 것이다.

제11장 발해 쪽구들의 유래

1. 머리말

온돌은 한국 전통 문화를 상징한다. 온돌은 구들이라고도 하는데, 온돌은 '데운 돌', 구들은 '구운 돌'이란 말에서 유래된 것으로 생각된다. 전통시대에는 주로 堗 또는 突로 표기했는데, 중국에서 炕이란 단어를 사용했던 것과 대비된다. 온돌에는 두 가지 형식이 있으니, 고대에 사용되었던 것과 현재 사용하는 것이 그것이다. 전자는 방의 일부분에만 시설되어 있어서 '쪽구들'이라 부를 수 있고, 후자는 방 전체에 시설되어 있어서 '온구들'이라 부를 수 있다.

중국에서 온돌이 발생한 것으로 설명한 건축학 영어 논문이 근래에 발표된 적이 있는데,[1] 이 논문에서는 고구려가 중국사라는 전제 아래 논지를 전개하고 있다. 그러나 단지 현재의 중국 땅에서 발생했다고 해서 그것이 중국의 발명품이 될 수는 없다.

전세계적으로 온돌과 같은 난방 장치가 발명된 곳으로는 네 곳이 알려져 있다. 첫째는 로마시대에 사용되었던 하이퍼코스트(hypocaust)이다. 그러나 이 장치는 목욕탕 난방에 주로 사용되었다는 점에서 우리의 온돌과 차이가 있다. 더구나 로마의 멸망과 더불어 쇠퇴해버렸고, 다만 이슬람세계를 비롯한 일부

---

1. Qinghua Guo, "The Chinese Domestic Architectural Heating System[Kang]: Origins, Applications and Techniques" *Architectural History*, SAHGB Publications Limited. Vol.45, 2002.

지역에서 그 명맥이 유지되었다. 둘째는 외바이칼(Zabaikal) 지역과 몽골에서 발굴된 北匈奴의 주거 난방 시설이다. 이것도 흉노 이후에는 전통이 끊기고 말았다. 셋째는 근래에 알려진 아메리카 대륙의 난방시설이다. 알래스카 알류산 열도에서 애머크낵(Amaknak) 다리를 건설하면서 쪽구들과 유사한 시설이 발굴되었는데,[2] 아직은 좀 더 많은 증거가 필요하다. 이는 아메리카 인디언에서 볼 수 있는 혼령 정화 움막(Indian sweat lodge)의 원형일 가능성도 있다. 넷째는 만주와 연해주 및 두만강 일대이다. 이곳에서 발생한 쪽구들은 한반도와 만주로 퍼져나가 오늘날 한국의 온돌 문화로 발전했다.

온돌의 역사는 국내 학계에서 그간 고고학과 건축사의 전유물이 되어 왔을 뿐이지 역사학의 연구 대상이 되지 못했다. 온돌이 너무나 일상적인 것이어서 문헌 기록으로 남아 있는 것이 거의 없는 데 기인한다. 그렇지만, 고고학에서는 주로 발굴 사례를 정리하고 유형을 분류하는 데에 머물면서 자료의 해석을 통해서 역사적 의미를 끌어내는 데까지 나아가지 못하는 한계가 있다. 또 건축사에서는 이와 반대로 발굴 현장의 자료를 체계적으로 파악하지 못하는 약점을 지니고 있다. 이러한 한계와 약점을 극복한다면, 역사학에서도 이들 분야와 다른 나름의 성과를 낼 수 있을 것이다.

北沃沮, 高句麗, 渤海의 쪽구들에 대해서는 이미 연구 결과를 발표한 적이 있다.[3] 이 글은 이러한 연구를 토대로 하면서 발해 쪽구들의 유래에 초점을 맞추어 재검토하려고 한다. 먼저, 두만강 및 연해주 일대에 한정해서 보면, 현지의 토착 쪽구들 전통이 발해에까지 계승되었을 가능성이 있음을 밝히고자 한다. 그렇지만 발해 전체의 쪽구들 분포 상황으로 볼 때에는 고구려로부터 전래된

---

2. Heather Pringle, "The Battle Over Amaknak Bridge" *Archaeology* vol.60 no.3, Archaeological Institute of America, 2007.

3. 송기호, 『한국 고대의 온돌 : 북옥저, 고구려, 발해』 서울대학교출판부, 2006. 이 글은 주로 이 책에 의존했으므로, 새로운 전거만 주석으로 달겠다.

것이 주류였음을 아울러 확인하고자 한다. 그 다음으로는 발굴보고 사례를 정리해서 고구려의 경우와 비교하여 발해 쪽구들의 특징을 찾아내 보겠다.

지금까지 발해의 고구려 계승성에 대해서는 두 편의 글을 발표한 적이 있다.[4] 이 글은 이 주제에 대한 세 번째 글에 해당한다.

2. 쪽구들의 전수자

이 연구는 고고학 자료에 의존하지 않을 수 없다. 고대 쪽구들과 관련된 문헌 기록은 『舊唐書』와 『新唐書』 高麗傳의 것이 유일하다.

> 그 풍속에 가난한 사람이 많은데, 겨울에 기다란 구덩이를 만들고 그 아래에 불을 때서 따뜻하게 한다.[5]

이 설명은 고구려 말기인 7세기 전반의 상황에 해당한다. 반면에 유적에서 발굴되는 쪽구들은 이보다도 1천년가량 앞서는 초기 철기시대까지 올라간다.

그런데, 이 글에서 '가난한 사람이 많다는 사실'과 '쪽구들을 사용한다는 사실'이 상호 연결된 것인지 아니면 서로 독립된 문장인지 명확하지 않다. 하지만 문장의 흐름으로 보거나 고고학 자료의 분포 상황으로 보건대, 양자를 연계시켜 읽어내는 것이 자연스럽다. 고구려 벽화에 쪽구들이 전혀 보이지 않고, 고려시대의 상황을 전하는 『高麗圖經』에서도 지배층이 아니라 서민들이 애용한 것으로

4. 송기호, 「발해의 고구려 계승성」 하버드대학 한국연구소 고구려학술회의 발표문, 2005. 4. 5.~7. (본서 제9장); 송기호, 「渤海의 高句麗 繼承性 補論」 『東아시아속의 渤海와 日本』 한일문화교류기금·동북아역사재단 편, 경인문화사, 2008 (본서 제10장).

5. 『舊唐書』 권199상, 高麗傳 「其俗貧窶者多, 冬月皆作長坑, 下燃熅火以取暖.」.

설명하고 있는 것도 이런 추론을 뒷받침해준다.

『舊唐書』보다 1세기 정도 앞서는 기록이 『水經注』에 나타나는데, 중국의 土垠縣 觀雞寺에도 온돌 장치가 있었다고 한다.

> 관계수 동쪽에 관계사가 있는데, 절 안에 아주 높고 넓은 큰 집을 지어 승려 1천명을 수용할 수 있었다. 아래는 모두 돌로 쌓았고, 위는 미장을 했다. 건물 기초에는 소통 공간이 있어서 마치 나무줄기와 가지가 뻗어 있는 것 같은데, 기초 측면의 실외에는 4면에 모두 아궁이가 있어서 불을 때면 뜨거운 기운이 안으로 흘러 건물 전체가 따뜻해진다. 대개 이곳 기후는 무척 추워서 서리 기운이 맹렬하다.[6]

토은현은 현재의 북경 동남방에 해당한다. 거리상으로 볼 때에 이곳의 온돌 장치도 앞에 열거한 몇 지역처럼 독립 발생한 것으로 여겨지며, 여기서 다루려는 쪽구들과는 무관한 것으로 판단된다. 결과적으로 두 唐書의 기록을 제외하면, 고구려와 발해 쪽구들에 대해서는 전적으로 고고학 자료에 의존해야만 한다.

발해국은 고구려 유민과 말갈인이 주축이 된 나라이다. 따라서 발해 유적에서 보편적으로 나타나는 쪽구들은 고구려 아니면 말갈로부터 유입되었을 것으로 가정할 수 있다.

먼저, 말갈로부터 전래되었을 가능성부터 검토해보겠다. 만주와 연해주 및 아무르강 유역에서 다수의 말갈 주거지들이 발굴되었다.[7] 발해 건국 이전 말갈 주거지들은 모두 쪽구들 시설이 없는데, 아무르 강가의 시카치 알랸 성터 1, 2호 주거지, 연해주의 아우로프카 성터 10호 주거지에서만 쪽구들의 존재가 보고되었다.

---

6. 『水經注』 권14, 鮑丘水 觀雞寺 「(觀雞)水東有觀雞寺, 寺內起大堂〈案起, 近刻訛作有.〉, 甚高廣, 可容千僧. 下悉結石爲之, 上加塗墍. 基內疎通, 枝經脈散, 基側室外, 四出爨火, 炎勢內流, 一堂盡溫. 蓋以此土寒嚴, 霜氣肅猛.」.

7. 송기호, 앞책 pp.102~104 부표 참조 바람.

그런데 시카치 알랸 성터의 쪽구들은 ㄷ자형에 2고래 또는 3고래로 되어 있다. 이런 구조는 발해 또는 더 늦은 女眞시기에 와서야 일반적으로 등장하고, 이 지역이 발해 영역 밖이었던 점도 감안하면, 이 주거지는 말갈 주거지가 아니라 이보다 훨씬 늦은 여진시기의 것으로 판단하는 것이 타당할 것이다. 처음에 말갈 주거지로 판단되었다가 나중에 여진시기의 것으로 판명된 것으로는 이밖에도 볼쇼이 두랄 계곡 유적, 샤프카 산 유적 등 여럿이 있다. 따라서 시카치 알랸 성터 쪽구들은 말갈보다 늦은 시기의 것으로 여겨진다.

다만, 발해 영역 안에 속하는 아우로프카 성터 10호 주거지 문제는 좀 더 검토할 필요가 있다. 이곳의 쪽구들은 ㄱ자형, 외고래이다. 이보다 상층에서 발견된 발해 말기의 주거지에서는 ㄱ자형, 2고래의 쪽구들이 달려 있다. 뒤에 설명하듯이 ㄱ자형, 외고래는 발해 또는 그 이전 시기에 비정할 수 있게 해준다.

10호 주거지에서는 말갈 토기와 함께 올가 문화(폴체 문화) 및 크로우노프카 문화 토기도 소량 발굴되었다. 이 때문에 이 주거지의 연대는 발해 건국 이전으로 보고 있다. 이를 인정한다면, 발해 건국 이전에 속하는 말갈인의 유일한 쪽구들 사례가 된다. 드물게는 이곳 말갈인처럼 올가 문화, 크로우노프카 문화와 접촉하면서 쪽구들을 받아들였던 경우도 있었다. 그러나 이것은 극히 이례적이다.

이를 제외한다면, 현재까지 발굴된 25곳 62기의 말갈 주거지에서는 쪽구들이 전혀 발견되지 않았다. 말갈인들이 발해로 편입되기 전에는 쪽구들을 채용하지 않은 것이다. 사실 말갈인들이 쪽구들을 적극적으로 수용하게 된 계기는 발해의 건국이었다. 심지어 발해가 건국되어 여기에 편입된 말갈인들이 쪽구들을 계속 받아들이지 않은 사례도 있다. 그런 예로서 白山의 永安 유적을 들 수 있다. 발해시대 白山靺鞨人이 남긴 것으로 추정되는 6기의 주거지가 발굴되었는데, 모두 쪽구들이 없었다.

이 사실은 연해주 불로치카 유적에서 보이는 바와 같이 폴체 문화라고도

표 11-1. 불로치카 주거지 표

자이사노프카 문화		크로우노프카 문화		올가 문화	
유적 번호	온돌 유무	유적 번호	온돌 유무	유적 번호	온돌 유무
9호	×	1호	×	2호	0
10호	×	8호	×	3호	0
13호	×	14호	0	4호	0
		15-나호	0	5호	0
		19-나호	0	6호	0
				7호	0
				11호	0
				12호	0
				15-가호	0
				16호	0?
				17호	0
				18호	0
				19-가호	0
				20호	0
				21호	0

불리는 올가 문화 주인공들이 쪽구들을 받아들인 것과 대비된다. 이곳에서는 3년간에 걸쳐 모두 21기의 주거지가 발굴되었다.[8] 후기 신석기시대인 자이사노프카 문화 주거지 3기를 제외하면, 크로우노프카 문화에 속하는 것이 5기, 올가 문화에 속하는 것이 15기이다. 이를 표로 정리하면 〈표 11-1〉과 같다.

이처럼 불로치카에 거주했던 올가인들은 크로우노프카 문화로부터 쪽구들을 적극적으로 수용했다. 크로우노프카 문화에서는 쪽구들이 없는 주거지가 있는

8. 국립문화재연구소·러시아과학원 시베리아지부 고고학민족학연구소, 『연해주 불로치까 유적 Ⅰ-제4차 한·러공동발굴조사-』 2004; 국립문화재연구소·러시아과학원 시베리아지부 고고학민족학연구소, 『연해주 불로치까 유적 Ⅱ-제5차 한·러공동발굴조사-』 2005; 국립문화재연구소·러시아과학원 시베리아지부 고고학민족학연구소, 『연해주 불로치까 유적 Ⅲ-제6차 한·러공동발굴조사-』 2006.

반면에, 올가 문화에서는 모든 주거지에서 쪽구들이 발견되기 때문이다. 그런데, 탄소연대 측정치로 보면, 이곳의 올가 문화 주거지들은 5~6세기로 편년되어 말갈인과 공존했을 가능성이 제기되었다.[9] 그런데도 쪽구들의 수용 여부에서는 올가인과 말갈인이 대조적이었다. 아마 이들의 생활양식이 달랐던 데에 기인한 듯하다.

따라서 발해인들이 말갈로부터 쪽구들을 받아들였을 가능성은 극히 희박하지만, 올가인들로부터 전수받았을 여지는 남아 있다. 그러나 올가 문화의 분포 범위는 연해주 일대에 한정되어 좁고, 발해 사회에서의 이들 역할이 미미했던 점을 볼 때에 발해 쪽구들의 확산 주체는 아니었을 것이다. 발해 쪽구들은 만주와 북한, 연해주 일대에 광범하게 퍼져 있었기 때문이다.

團結-크로우노프카 문화로부터 직접 전수받았을 가능성은 없는지도 검토해 보아야 한다. 이 문화는 두만강 일대 및 그 북쪽에 걸쳐 있었다. 최근 조사 지료에 따르면, 초기철기에 속하는 크로우노프카 문화, 올가 문화가 말갈 문화와 상호 공존하면서 뒷시기까지 계속되었을 가능성이 높아지고 있다. 단결-크로우노프카 문화의 주인공인 北沃沮人이 말갈인과 서로 다른 생업 경제를 영위하면서 상호 공존했던 듯하다. 이렇게 되면서 북옥저인이 일부 살아남아 그 전통을 발해로 직접 전수했을 가능성이 있다. 그러한 사례로서 '추가 노지(추가 화덕)' 문제를 들 수 있다.

중국의 東寧 小地營 유적이나 러시아의 콘스탄티노프카 취락지에서는 쪽구들과 함께 추가 노지의 존재가 확인된다. 방 안 일부 장소에 쪽구들과 그에 딸린 화덕을 시설하는 것이 일반적인데, 추가 노지란 여기에 더하여 방 한가운데에 독립적으로 시설된 화덕을 가리킨다. 이런 형태는 단결-크로우노프카 문화에서 많이 보이고, 그 영향을 받은 한반도 남부의 일부 유적에서도 보인다. 반면에

9. 윗책 Ⅲ p. 291.

현재까지 고구려 유적에서는 이런 양식이 확인되지 않는다. 더구나 소지영 유적이나 콘스탄티노프카 유적은 단결-크로우노프카 문화유적의 분포 범위에 속한다. 따라서 단결-크로우노프카 문화의 전통이 그 지역에서는 발해까지 살아남았을 가능성이 크다.

북옥저 문화가 발해로 전수되었을 가능성은 크라스키노 발굴 결과에서도 확인된다. 이곳에서 크로우노프카 문화 유물이 확인된 것으로 보아 이 문화 단계에 이미 사람들이 거주했을 것이다.[10] 그러면서 크로우노프카 문화의 흔적이 발해 층위에서도 소수 나타나는 것은 그 문화의 명맥이 발해 때까지 전승되었음을 의미한다. 크로우노프카 문화 유적에서 발견되는 유형의 어망추가 출토되었고,[11] 또 크로우노프카 도기에 특징적인 그루디기 모양의 손잡이가 발해 토기에서도 보인다. 그렇지만 쪽구들이 이곳에서 발해 중기에 등장한다는 발굴 결과는 다른 곳에서 유입된 사실을 반영한다.

이상으로 보건대, 북옥저인의 활동지 내지 그 외곽인 연해주 일대에서는 북옥저인의 쪽구들 명맥이 직접적으로 또는 올가인을 통해서 발해로 계승되었을 여지가 있다. 그렇지만 발해 영역 전체로 볼 때에 쪽구들의 확산은 이러한 계승보다는 외부로부터의 유입이 더 큰 동인이 되었다. 뒤에 보다시피 발해 쪽구들은 주로 중앙으로부터 지방으로 전파된 것이지, 지방에서 중앙으로 올라온 것은 아니었다. 지배층의 문화가 피지배층으로 확산된 것이었다. 따라서 발해 쪽구들은 고구려 유민들을 통해 도입되었을 개연성이 가장 크다.

이를 위해서는 쪽구들의 발생과 확산 과정을 살펴볼 필요가 있다. 쪽구들은 단결-크로우노프카 문화에서 처음 발생한 뒤에 한반도 전역으로 전파되었다. 한반도 북부에서는 고구려가 이를 발전시켰고, 뒤이어 일어난 발해는 고구려의

---

10. 동북아역사재단·러시아극동역사고고민속학연구소, 『2006년도 러시아 연해주 크라스키노 성 발굴보고서』 2007, p.93.

11. 윗책 p.72.

쪽구들을 받아들였던 것이다. 이런 사실을 증명해주는 몇 가지 유적 사례가 있다.

우선, 연해주 지역의 고고학 편년을 살펴볼 필요가 있다. 연해주에서는 초기철기시대에 해당하는 얀콥스키 문화, 크로우노프카 문화, 올가 문화가 차례로 등장하고, 그 뒤로 말갈 문화, 발해 문화가 일어났다. 이 가운데 크로우노프카 문화와 발해문화에서만 쪽구들이 발견되고, 그 중간의 문화들에서는 약간의 사례만 지역적으로 한정되어 발견될 뿐 거의 공백에 가깝다. 크로우노프카 문화 내지 올가 문화가 직접 발해 문화와 잇닿았을 가능성이 있다고 앞서 지적했지만, 그것이 쪽구들 전파의 대세는 아니었다. 이것은 크로우노프카 문화의 주인공들이 쪽구들을 발명했으나, 곧바로 발해인에게 전수해주지 못한 것을 의미한다.

크로우노프카 문화의 쪽구들은 고구려 내지로 전파되었다. 이것은 고구려 초기의 도읍지였던 桓仁의 五女山城 발굴을 통해서 확인할 수 있다. 이 유적은 5개 문화층으로 구분되는데, 제1기와 제2기는 선사 문화에 속하고, 제3기는 고구려 건국 전후에 해당하고, 제4기는 고구려 중기인 4세기 말~5세기 초에 해당하며, 제5기는 金나라 때에 속한다. 그런데 제3기에서는 쪽구들이 전혀 발견되지 않고, 제4기와 제5기에 이르러서야 등장한다. 이것은 고구려 중반에 다른 곳에서 이곳으로 쪽구들이 유입된 것을 의미한다. 또한 고구려 중심부에서 쪽구들이 발생한 것이 아니라는 사실도 보여준다. 그 다른 곳이란 다름 아니라 고구려 동북방에 자리잡고 있던 단결-크로우노프카 문화였다.

고구려는 이렇게 북옥저인으로부터 쪽구들을 받아들였고, 멸망 후에는 그 전통이 다시 북방으로 이동하여 발해 땅에서 되살아났다. 고구려 영역 밖이었던 발해 上京城 궁전지에서 쪽구들이 발견되는 것은 이 때문이다. 이렇게 발해 중앙의 지배층에서 채택한 쪽구들은 지방으로 퍼져나갔다. 연해주에서 발해시대에 쪽구들이 새로 보편적으로 등장하는 것은 발해 중앙으로부터 다시 전파해들어

온 것이다.

먼저, 상경성 북쪽 지역의 사례이다. 최근에 발굴보고서가 출간된 중국 흑룡강성 海林의 河口 유적 및 振興 유적이 있다. 이곳은 발해 상경성에서 牡丹江을 따라 북상한 하류 지역에 해당한다. 두 유적은 각각 5개의 문화로 구분된다. 제1기는 신석기시대, 제2기는 부근의 滾兎嶺 문화 및 단결 문화와 동시대에 해당한다. 제3기와 제4기는 후한 말기에서 발해 건국 이전까지에 해당하고, 제5기는 발해시기에 해당한다. 그런데 이 지역에서는 제5기에 와서 처음으로 쪽구들이 출현한다. 제2기 문화는 단결 문화의 영향을 받았으면서도 쪽구들은 보이지 않는다. 이것은 발해 때에 와서 비로소 다른 지역으로부터 쪽구들이 이곳에 유입된 것을 의미한다. 그 전수자는 바로 발해 중앙부였다. 즉 발해 중앙에서 지방으로 쪽구들이 확산된 것이다.

다음으로, 연해주 지역이다. 이곳의 주민은 거의 대부분이 말갈족이었는데, 발해가 건국된 뒤에 이들에게도 쪽구들이 소개되었다. 이곳에 파견된 고구려계 관리들이 촉매 역할을 하였을 것이다. 연해주에서 발견되는 발해 쪽구들 주거지는 대체로 이렇게 해서 형성된 것이다. 이들도 발해 중앙으로부터 쪽구들을 받아들였던 것이다.

그러한 구체적인 사례로서 크라스키노 성터 34구역을 들 수 있다.[12] 이곳에서는 발해시대에 속하는 4개 문화층이 확인되었고, 그 아래에는 이보다 이른 시기의 제5층이 있다. 그런데 최상층인 제1층에서 제3층까지 발굴된 1~4호 주거지에서는 쪽구들이 딸린 반면에, 제4층에서 발굴된 5호 주거지 및 발해 이전에 속하는 제5층에서 발굴된 6호 주거지에서는 쪽구들이 없었다. 크라스키노 성터에서도 아주 한정된 범위에서 발굴된 것이라서 일반화하기에는 성급하겠

---

12. 윗책 pp.60~68; 고구려연구재단·러시아극동역사고고민속학연구소, 『2005년도 러시아 연해주 크라스키노성 발굴 보고서』 2006, pp.26~32.

지만, 발해가 건국된 직후인 초기에는 쪽구들이 사용되지 않다가 중기부터 비로소 도입되었던 것을 알 수 있다.

3. 발해 쪽구들의 특징

발해는 고구려 쪽구들을 계승했으면서, 나름대로 이를 발전시킨 점도 발견된다. 이제부터는 발해 쪽구들을 고구려의 경우와 비교하면서 그 특징들을 검토해 보겠다.

지금까지 발해의 생활유적은 40곳에서 모두 170기가 발굴되었고, 이 가운데 62기에 쪽구들이 시설되어 있었다(표 11-2, 11-3 참조).[13] 고구려의 생활유적은 22곳에서 178기가 발굴되었고, 이 가운데 76기에 쪽구들이 시설되어 있었다. 이 숫자만 보면, 발굴된 주거지 수나 쪽구들 수에서 발해와 고구려의 사례는 상호 비교하기에 부족함이 없다.

쪽구들은 진흙만으로 만든 것도 극히 일부가 있지만 대부분은 돌과 진흙으로 만들었다. 따라서 재료만으로는 특징적인 모습이 드러나지 않는다. 발굴된 전체 주거지에서 쪽구들 주거지가 차지하는 비율도 시대에 따라 크게 차이가 나지 않는다. 이것은 시간적 흐름에 따라 보급률이 높아졌을 것이란 기대감을 깨는 것이다. 아마 발생 초기부터 쪽구들은 이미 보편적으로 확산되었던 것 같다.

쪽구들의 구조에서 시대별 특징을 반영하는 것은 평면 형태와 고래 수이다. 이를 정리하면 〈표 11-4〉와 같다.

---

13. 〈표 11-3〉 및 〈표 11-4〉에서 자세한 내역을 알 수 없는 10여기(A6), 31기(A13), 20여기 일부(B9 Ⅰ區 서북부)는 1기로 계산했다. 또 명확하지 않아 ?로 표시된 것도 포함시켰다.

표 11-4. 발해, 고구려 쪽구들의 구조 비교[14]

		발해(62기)	고구려(76기)
형태	ㅡ	10 (16%)	25 (33%)
	ㄱ	24 (39%)	39 (51%)
	ㄷ	8 (13%)	4 (5%)
고래 수	1	8 (13%)	48 (63%)
	2	34 (55%)	9 (12%)
	3	4 (6%)	9 (12%)

쪽구들의 구조는 시대가 내려오면서 점점 복잡해진다. 평면 형태는 발생기에 ㄱ자형이 대세를 이루다가 점차 비율이 줄어들면서 3개 벽면을 따라 시설되는 ㄷ자형으로 대체되어 간다. 고래 수는 외고래에서 시작하여 2고래, 3고래로 늘어나게 된다.

이런 변화 추세를 보면서 〈표 11-4〉를 들여다 볼 필요가 있다. 평면 형태면에서 고구려와 발해는 ㄱ자형이 주류를 이루어 큰 변화는 없지만, 점차 ㅡ자형과 ㄱ자형이 줄어들고 ㄷ자형이 늘어나는 추세가 보인다. ㄷ자형은 발해 멸망 이후에 대세를 이루게 되므로, 그 漸移 과정에 있는 것이다. 고래 수에서는 고구려의 경우에 외고래가 대다수를 차지하다가 발해에 와서는 2고래로 대세가 바뀌었다. 따라서 발해 쪽구들은 구조면에서 고구려 쪽구들을 발전시켜 그 다음 시대로 넘겨주는 역할을 했다.

다음으로 쪽구들의 분포 상황과 사용 계층 문제이다. 쪽구들이 시설된 생활유적은 고구려와 발해의 경우에 그 분포면에서 서로 다른 모습이 보인다. 발해에서는 궁궐 유적이 다수 포함되어 있지만, 고구려에서는 도성 유적보다는 兵營 유적이 다수 포함된 것이다. 발해 유적에서는 쪽구들이 전국에 걸쳐 골고루 분포해 있고, 上京城, 西古城, 八連城 등의 궁궐 유적에서도 확인된다. 반면에

14. 고래 수가 변하거나 두 가지 이상으로 되어 있는 것, 예를 들어 2→3의 경우 2와 3으로 중복 계산했다. 다만, 1~2고래(A33)는 내용이 부정확하여 산정에서 제외했다.

고구려 유적에서는 중심지보다는 변두리, 평지보다는 山上에서 발견된다. 특히 지배자들이 거처하는 궁궐 유적에서는 아직 쪽구들이 확인되지 않았다. 이것은 근래에 발굴된 국내성 유적에서 쪽구들의 존재가 전혀 확인되지 않은 사실로도 뒷받침된다.

이 현상은 쪽구들의 유입 경로와 사용 계층을 상징적으로 알려준다. 북옥저인의 거주지는 고구려 동북방 변경에 속한다. 여기서부터 서서히 고구려 중심지를 향하여 쪽구들이 확산된 것이다. 위에 인용했듯이, 문헌기록도 고구려에서 신분이 낮고 가난한 사람들이 쪽구들을 애용했던 것을 증언해준다. 그러한 사람들에 더하여 변방의 산 위에 거처하는 병사들도 이를 즐겨 사용했다고 할 수 있다. 이처럼 고구려에서는 지배층보다는 피지배층이 주된 사용 계층이었다.

그런데 발해가 건국된 뒤에는 상황이 달라졌다. 건국의 주체를 이루는 고구려 유민들이 쪽구들을 채택했기에 도성 유적에서부터 등장한다. 따라서 발해 때에는 중앙에서 지방으로, 지배층에서 피지배층으로 확산되는 모습이 나타났다. 이 때문에 고구려와 발해의 쪽구들이 분포면에서 다른 양상을 보이게 된 것이다.

여기서 하나 더 고려할 사항이 있다. 曲자형 평면을 가진 건물이 상경성, 서고성, 팔련성의 발해 궁전지에서 특징적으로 나타난다. '곡자형 평면'이란, 건물 뒤쪽에 일정 거리를 두고 두 개의 굴뚝이 서 있고, 건물과 굴뚝을 잇는 고래가 이어져 있기에 평면 형태가 曲자처럼 생겨서 붙인 것이다. 그런데 이와 유사한 건물 배치가 集安 東台子 유적에서도 보인다. 이것은 고구려의 대표적인 건물지로 알려져 왔으나, 아주 오래전에 간략히 보고되어 그 실체가 모호하다.

곡자형 평면만 보면 오히려 발해 건물에 가깝다. 따라서 과연 고구려 유적인지 재검토할 필요가 있다. 만일 동대자 유적이 고구려 것이라면 발해 곡자형 건물의 시원을 고구려에서 찾을 수 있게 되며, 만일 발해 것이라면 集安을 발해 西京과 연관시킬 수 있는 증거물이 될 것이다.

동대자 유적을 제외하면, 쪽구들이 딸린 고구려 평지유적은 陵寺의 성격을 띤 평양의 정릉사지가 있다.[15] 고구려에서는 일반적으로 하층민이 쪽구들을 이용했지만, 상층부에서는 이러한 능사 건물에서 쪽구들이 채택되었던 듯하다. 그렇게 본다면 고구려 때에 능사 건물에 도입되었던 쪽구들이 발해 건국 뒤에 왕실 건물지로 계승된 것으로 여겨진다.

4. 맺음말

온돌 시설은 추위에 적응하기 위해서 북옥저인들이 고안해낸 것이다. 그렇다고 한다면 쪽구들이 북방으로 확산되어 가는 것이 자연스런 추세였을 터인데, 오히려 남쪽 한반도로 전파해 내려오는 길을 택했다. 이것은 북방에 적대세력이 있어서 북옥저인들이 이들에게 밀려 내려왔고, 그에 따라 쪽구들도 남하하게 되었던 것 같다. 북옥저인의 쪽구들이 한반도 남부까지 퍼져 내려간 것은 이 때문일 것이다. 옥저 문화의 남하는 최근에 다른 논문에서도 지적된 바 있다.[16]

그 결과로 고대 쪽구들의 분포는 한민족의 역사 범위와 일치하게 되었다. 북쪽으로는 북옥저와 발해의 영역 밖을 벗어나지 않고, 서쪽으로는 고구려 영역 밖을 벗어나지 않는다. 남쪽으로는 한반도 전체에 고루 분포하고 있다. 일본에서도 쪽구들이 발견되는데, 이들은 모두 한반도에서 건너간 이주민의 유적에 해당한다. 예를 들어 7세기 전반에 해당하는 穴太 유적의 쪽구들은 백제계 사람들이 사용했던 것이다.

---

15. 金吉植, 「百濟 始祖 仇台廟와 陵山里寺址-仇台廟에서 廟寺로-」『한국고고학보』 69, 2008.

16. 강인욱, 「동아시아 고고학·고대사 연구 속에서 옥저문화의 위치-옥저·읍루 문화권의 제기를 중심으로-」『고고학으로 본 옥저문화』 동북아역사재단, 2008; A.L. 수보티나, 「한반도의 중도식 토기문화와 크로우노프카문화의 비교-옥저문화와 한반도의 상호교류에 대한 실증적 비교연구-」 같은책.

그림 11-1. 쪽구들 분포 개념도

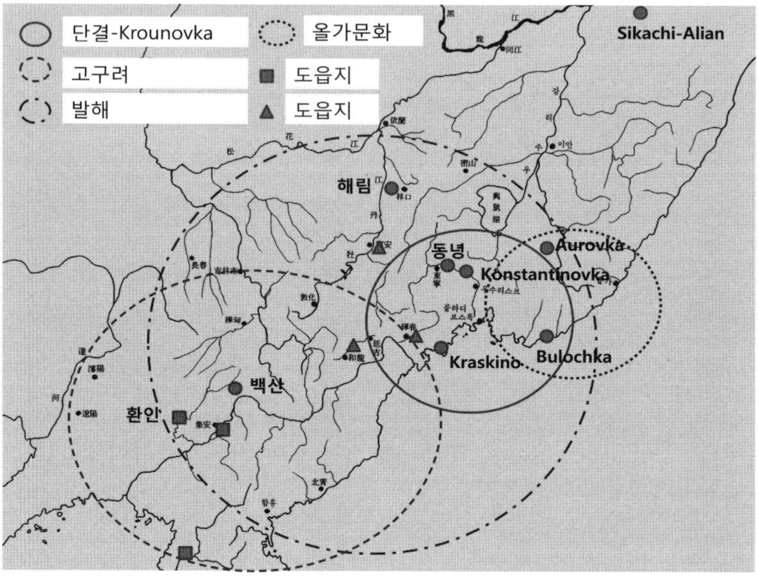

그런데, 발해가 멸망한 뒤에는 북방에서 그 외연이 크게 확장되었다. 발해 때에 말갈인들이 쪽구들을 받아들였고, 멸망 후에는 이들이 여진인이 되어 발전시켜 나갔던 것이다. 이것은 만주족으로까지 계승되어 현재의 캉(炕)에 이르게 된다. 중국의 심양 고궁이나 자금성에서 쪽구들 시설이 발견되는 것은 이 때문이다.

이와 함께 몽골의 친톨고이 유적에서도 쪽구들이 발견되어 주목된다.[17] 그곳에는 쪽구들의 문화가 없기에 이것은 발해 멸망 후 契丹人들이 강제 이주시킨 발해 유민들이 남긴 유적으로 추정된다. 따라서 발해인의 쪽구들은 몽골까지도 확산시키는 계기를 만들어주었다.

---

17. 오치르, 「몽골과 동아시아의 교류(10~11세기)」 『발해와 동아시아』 동북아역사재단 국제학술회의 발표논문집, 2008. 7. 2.~3.

표 11-2. 발해 주거지, 절터 및 쪽구들

번호	유적명	주거지명	쪽구들			비고
			유무	형태	고래 수	
A1	寧安 上京城址	제1궁전지	×			
		제2궁전지	×			
		제3궁전지	×			
		제4궁전지	○	ㅡ	2	曲자형 평면
		제4궁전 西殿址	○	ㄱ	2	曲자형 평면
		제5궁전지	×			
		제5궁전 西殿址	×			
		2(舊1)호절터	×			
		6(舊2)호절터	×			
		4(舊3)호절터	×			
		5(舊4)호절터	×			
		西區 寢殿址	○	ㅡ?, ㄱ	1, 2	曲자형 평면
		宮城 서구 퇴적장	○	ㅡ?	1?	
		皇城 관청지1차	×			
		皇城 관청지2차	×			
		1호절터	×			금당지
		9호절터	×			금당지
		3호문지F1(북)	○	ㅡ?	2	문지기 사용
		3호문지F2(남)	?			
A2	海林 渡口유적	F2	○	ㄱ	2	
		F3	?			
		F4	?			
		F5	?			
A3	海林 河口유적	F1003	○	ㄷ	3 → 2	
		F2001	?			
		F2002	○	ㄱ	3	
		F2005	?			
		F2015	?			
		F2018	○	?	?	
A4	海林 振興유적	F1	?			
		F8	○	ㄱ?	1	
		F16	?			

(표 11-2에서 계속)

번호	유적명	주거지명	쪽구들			비고
			유무	형태	고래 수	
		F17	○	?	?	
A5	海林 木蘭集東유적	F1	○	ㄷ	2	
A6	海林 鷹嘴峰 3호유적	10여기	○	ㄷ	주로 2	
A7	海林 細鱗河유적	8기	×			
A8	海林 興農성지	F1	?			
		F3	○	ㄱ	2	
		F4	?			
A9	東寧 團結유적上層2기	F8	?			
		F10	○	ㄱ	2	
		F11	?			
		F14	○	ㄱ	2	
A10	東寧 小地營유적	F1	○	一	1	추가 노지
		F2	○	一	1	추가 노지
		F3	?			
A11	蛟河 七道河村건축지		×			
A12	琿春 八連城(半拉城)	제1궁전지	×			
		제2궁전지	○	?	?	曲자형 평면
		제3궁전지	×			
		제4궁전지	×			
		제5궁전지	×			
		제6궁전지	×			
		제7궁전지	×			
		제8궁전지	×			
		제1폐사지	×			
		제2폐사지	×			
		제3폐사지	×			
A13	琿春 亭岩山城병영지	31기	○	ㄷ?	3	
A14	琿春 甩彎子유적	F1	×			
A15	琿春 東六洞유적	F2	×			
A16	汪淸 紅云村절터		×			
A17	和龍 西古城	제1궁전지	×			
		제2궁전지	○?	?	?	曲자형 평면

(표 11-2에서 계속)

번호	유적명	주거지명	쪽구들			비고
			유무	형태	고래 수	
		제2궁전지 東配殿	×			
		제2궁전지 西配殿	×			
		제3궁전지	○?	?	?	曲자형 평면
		제4궁전지	○	一, ㄱ	2	曲자형 평면 유사
		제5궁전지	×			
		내성 1호 房址	○	ㄱ	2	曲자형 평면 유사
A18	和龍 龍海유적	제1건축지	?			
		제2건축지	○	?	?	
A19	撫松 新安고성	3기	×			
A20	白山(渾江) 永安유적	F1	×			
		F2	×			
		F3	×			
		F4	×			
		F5	×			
		F6	×			
A21	集安 民主유적		○	?	?	
A22	集安 國內城	門球場F2	×			
A23	크라스키노 성터	사원	×			
		1호	○	ㄷ	2	
		2호	○	ㄷ	2	
		3호	○	?	?	
		4호	○	?	?	
		5호	×			
		초석 건물지	×			
A24	포시에트 동굴 유적		○	一?	1	
A25	콘스탄티노프카 취락지	4호	○	ㄱ	1	추가 노지
A26	스타로레첸스코예 취락지	1호	○	一	2	
A27	코르사코프카 취락지	1호	○	?	2	
A28	코프이토 절터 집자리	1호	×			
A29	고르바트카 성터	1호	?			
		2호	?			

(표 11-2에서 계속)

번호	유적명	주거지명	쪽구들			비고
			유무	형태	고래 수	
		3호	×			
		4호	○	?	?	
		5호	?			
		6호	?			
		7호	?			
		8호	×			
		9호	?			
		10호	?			
A30	니콜라예프카Ⅰ 성터	1호	×			
		2호	×			
A31	니콜라예프카Ⅱ 성터	1호	×			
		2호	×			
		3호	×			
		4호	×			
		5호	×			
		6호	×			
		7호	×			
		8호	×			
		1a호	×			
		2a호	×			
		3a호	×			
A32	아우로프카 성터	2호	○	ㄱ	2	
		3호	○	ㄱ	2	
		4호	○	ㄱ	2	
		5호	○	ㄱ	2	
A33	노보고르데예프카 성터	1호	?			
		2호	×			
		3호	×			
		4호	×			
		5호	×			
		6호	?			
		2a호	×			

(표 11-2에서 계속)

번호	유적명	주거지명	쪽구들			비고
			유무	형태	고래 수	
		1a호	○	ㄷ	1~2	
		3a호	○	ㄱ		
		4a호	○	一		
		5a호	○	?		
		6a호	○	?		
		7a호	○	ㄷ		
		18호	○	ㄱ	2	
A34	노보고르데예프카 성터 밖 북쪽 취락지	1호	○	ㄱ	2	
A35	노보고르데예프카 취락지	1호	×			
		2호	?			
		3호	○	?	?	
		4호	○	?	?	
		5호	○	?	?	
A36	마리야노프카 성터	1호	×			
		2호	?			
		3호	×			
		Ⅰ-1호	×			
		Ⅱ-4호	×			
A37	신포 오매리 절골유적	절골1호	○	ㄱ	2	
		절골2호	○	ㄱ	2→1	
A38	신포 금산건물지	1호	○	ㄱ	2	
		2호, 8각형 건물지	×			
A39	신포 청해토성(북청토성) 건물지	북쪽1호	○	?	2	
		북쪽2호	○	?	2	
		북쪽3호	○	?	2	
		북쪽4호	○	?	2	
		북쪽5호	○	?	2	
		북문에서 남쪽90m지점	?			관청지
		서문 동쪽 건축지	○	?	?	관청지
		정미소 부근	○	ㄱ	2	관청지

(표 11-2에서 계속)

번호	유적명	주거지명	쪽구들			비고
			유무	형태	고래 수	
		토성동북모서리	○	ㄱ	2	살림집
		동남쪽 관청터부근	?	?	3	병영터
		토성동북쪽	○			살림집
A40	김책시 성상리토성	관청지	○	ㄱ	2	

표 11-3. 고구려 주거지, 절터 및 쪽구들

번호	유적명	편호	쪽구들			비고
			유무	형태	고래 수	
B1	集安 國內城	체육장F1	×			
		체육장F2	×			
		체육장F3	×			
		체육장F4	×			
		門球場F1	×			
B2	集安 東台子유적	F1(동)	○	ㄱ	1	曲자형 평면
		F2(서)	○	ㄱ	2	
		F3	×			
		F4	?			
B3	集安 民主遺址	院落1호F1	×			
		院落1호F2	×			
		院落2호F1	×			
		院落2호F2	×			
		院落2호F3	×			
		院落2호F4	×			
		院落2호F5	×			
B4	集安 丸都山城	1호	×			
		2호	×			
		3호	×			
		4호	×			
		5호	×			
		6호	×			
		7호	×			
		8호	×			

(표 11-3에서 계속)

번호	편호	주거지명	쪽구들			비고
			유무	형태	고래 수	
		9호	×			
		10호	×			
		11호	×			
B5	桓仁 五女山城	J2(이하 中期)	×			
		J3	×			
		F13	○	ㄱ	3	兵營
		F14	○	ㄱ	3	兵營
		F15	○	ㄱ	3	兵營
		F16	○	ㄱ	3	兵營
		F17	○	ㄱ	3	兵營
		F19	○	ㄱ	?	兵營
		F20	○	?	?	兵營
		F21	○	?	?	兵營
		F22	○	?	?	兵營
		F23	○	?	?	兵營
		F24	?			兵營
		F25	○	ㄱ	1	兵營
		F26	○	ㄱ	1	兵營
		F27	○	?	1?	兵營
		F28	○	ㄱ	3	兵營
		F29	○	ㄱ	1	兵營
		F30	○	?	1?	兵營
		F31	○	ㄱ	1	兵營
		F32	○	ㄱ	1	兵營
		F33	○	ㄱ	1	兵營
		F37	○	ㄱ	1?	兵營
		F38	○	ㄱ	1	초소
		F39	○	ㄱ?	1	초소
		F63	○	ㄱ	1 → 2	초소
		F70	○	一	2,3	초소
		F71	○	一	3	초소
		F72	○	一, ㄱ	2,3	초소

(표 11-3에서 계속)

번호	유적명	편호	쪽구들			비고
			유무	형태	고래 수	
		F4	?			
		F11	○	?	?	
		F42	○	?	2	
		F51	?			
		F52	○	ㄱ	1	
		F54	×			
		F65	○	ㄱ	1	
		F66	?			
B6	通化 万發撥子 유적	4기 모두	○	ㄷ	2	
B7	新賓 黑溝山城	F1	×			
		F2	×			
		F3	×			
		F4	○	?	?	
		F5	×			
		F6	×			
B8	撫順 高尒山城	중앙주거지	○	ㄱ	1	
		E지점주거지	?			
		西門內주거지	○	ㅡ?	1	
		소형 건축군	○	ㄱ	?	
B9	瀋陽 石台子산성	F1	○	ㅡ?	1?	
		2기	?			
		20여기(Ⅰ區 서북부) 일부	○	?	?	
		Ⅲ區 과수원	○	?	?	
		3기(Ⅳ區 西南高地) 모두	○	ㄱ		
		02SSⅢF1	○	ㅡ(U)	1	
B10	평양 대성산성	주작봉 장대터	×			
		주작봉 창고지	×			
		국사봉 장대터	×			
B11	평양 안학궁지	남궁1호궁전	×			
		남궁2호궁전	×			
		남궁3호궁전	×			

(표 11-3에서 계속)

번호	유적명	편호	쪽구들			비고
			유무	형태	고래 수	
		중궁1호궁전	?			
		중궁1호앞채	×			
		중궁1호뒤채	×			
		중궁2호궁전	×			
		북궁1호궁전	×			
		북궁2호궁전	×			
		북궁3호궁전	×			
		북궁4호궁전	?			
		북궁5호궁전	?			
		북궁6호궁전	×			
		북궁7호궁전	×			
		동궁1호궁전	×			
		동궁2호궁전	×			
		동궁3호궁전	×			
		동궁4호궁전	×			
		동궁5호궁전	×			
		동궁6호궁전	×			
		서궁1호궁전	×			
		서궁2호궁전	×			
		서궁3호궁전	×			
		서궁4호궁전	×			
B12	평양 장안성	내성 북벽 안쪽	?			
B13	평양 청암리절터	8각형건물지	×			8각탑지
		8각건물 북쪽	×			금당지
		8각건물 동쪽	×			금당지
		8각건물 서쪽	×			금당지
B14	평양 상오리절터	8각형건물지	×			8각탑지
		8각건물 동쪽	×			금당지
		8각건물 서쪽	×			금당지
B15	평양 정릉사지	1구역1호	×			8각탑지
		1구역2호	×			
		1구역3호	×			

(표 11-3에서 계속)

번호	유적명	편호	쪽구들			비고
			유무	형태	고래 수	
		1구역4호	×			회랑중문지
		1구역5호	×			장경각지
		1구역6호	×			중금당지
		1구역7호	×			종루
		1구역8호	×			강당
		1구역9호	×			강당 부속건물
		1구역10호	○	ㅡ	1	
		2구역1호	○	ㄱ	1	
		2구역2호	×			
		4구역1호	×			
		5구역1호	○	ㄱ	1	
		5구역2호	○	ㄱ	1	
		5구역3호	×			
B16	구의동유적		○	ㅡ	1	兵營
B17	아차산4보루	1호건물지	○	ㅡ	1	兵營
		2호건물지	×			兵營
		3호건물지	○	ㄱ	1	兵營
		4호건물지	×			兵營
		5호건물지	○	ㄱ	1	兵營
		6호건물지	○	ㅡ, ㄱ	1	兵營
		7호건물지	○	ㄱ	1	兵營
		3호밖 야외	○	ㅡ	1	
B18	아차산 시루봉유적	1호건물지	○	ㅡ	1	兵營
		2호건물지	○	ㅡ	1	兵營
		3호건물지	×			兵營
		4호건물지	○	ㅡ	1	兵營
		5호건물지	○	ㅡ	1	兵營
		6호건물지	?			兵營
		7호건물지	×			兵營
		8호건물지	○	ㅡ, ㄱ?	1	兵營
		9호건물지	○	ㅡ?	1	兵營

(표 11-3에서 계속)

번호	유적명	편호	쪽구들			비고
			유무	형태	고래 수	
B19	아차산 홍련봉1보루	1호건물지	×			兵營
		2호건물지	×			兵營
		3호건물지	×			兵營
		4호건물지	×			兵營
		5호건물지	○	ㄱ	1	兵營
		6호건물지	○	一	1	兵營
		7호건물지	×			兵營
		8호건물지	×			兵營
		9호건물지	×			兵營
		10호건물지	○	一	1	兵營
		11호건물지	○	ㄱ	1	兵營
		12호건물지	○	一	1	兵營
		13호건물지	×			兵營
	통일신라?	14호건물지	○	一	1	兵營
	통일신라?	15호건물지	○	一	1	兵營
		18호건물지	×			兵營
		1호수혈건물지	×			
B20	아차산 홍련봉2보루	1호건물지	○	ㄱ	1	兵營
		2호건물지	○	一	1	兵營
		3호건물지	○	一	1	兵營
B21	몽촌토성	온돌건물지	○	ㄱ	1	
B22	청원 남성골유적		○	一	1	

제12장 용해구역 고분 발굴에서 드러난 발해국의 성격

1. 머리말

2천년대에 들어 중국에서 중요한 발해 유적들을 대대적으로 발굴했다. 길림성에서는 六頂山고분군, 龍頭山고분군 龍海구역, 西古城, 八連城을 발굴했고, 흑룡강성에서는 上京城을 발굴했다. 이 발굴들은 발해 유적을 유네스코 세계문화유산에 등록하려는 준비 작업인 것으로 알려졌다.

발굴 결과는 육정산고분군, 용해구역, 팔련성 발굴은 簡報로 소개되었고,[1] 서고성 및 상경성 발굴은 정식 보고서로 출간되었다.[2] 여기에 더하여 1992년부터 1995년까지 4년간 진행된 흑룡강성 寧安市 虹鱒魚場고분군의 발굴 성과도 간보로 소개되었다가 최근에 정식 보고서가 출판되었다.[3]

---

1. 吉林省文物考古研究所·敦化市文物管理所, 「吉林敦化市六頂山墓群2004年發掘簡報」『考古』 2009-6; 吉林省文物考古研究所·吉林大學邊疆考古研究中心, 「吉林琿春市八連城內城建築基址的發掘」『考古』 2009-6; 吉林省文物考古研究所·延邊朝鮮族自治州文物管理委員會辦公室, 「吉林和龍市龍海渤海王室墓葬發掘簡報」『考古』 2009-6; 黑龍江省文物考古研究所, 「渤海上京城第四階段考古發掘主要收獲」『文物』 2009-6.

2. 吉林省文物考古研究所·延邊朝鮮族自治州文化局·延邊朝鮮族自治州博物館·和龍市博物館 편저, 『西古城-2000~2005年度渤海國中京顯德府故址田野考古報告-』 文物出版社, 2007; 黑龍江省文物考古研究所, 『渤海上京城-1998~2007年度考古發掘調查報告-』 上·下, 文物出版社, 2009.

3. 黑龍江省文物考古研究所, 「黑龍江寧安市虹鱒魚場墓地的發掘」『考古』 1997-2; 黑龍江省文物考古研究所, 『寧安虹鱒魚場-1992~1995年度渤海墓地考古發掘報告-』 上·下, 文物出版社, 2009.

이 가운데 가장 주목되는 것이 용해구역 발굴 성과이다. 중국 길림성 和龍市에 속하는 용해구역 고분들은 해란강의 지류인 福洞河를 따라 남북으로 뻗은 7.5km 길이의 龍頭山 산줄기 중간에 자리잡고 있다. 원래 용두산고분군이라 하면 정효공주묘가 있는 구역 즉 지금의 용해구역만 가리켰다. 그런데 1987년에 龍湖구역이 발견되고 1988년에는 石國구역이 발견되면서 용두산 줄기의 다른 지역에도 고분들이 존재하는 것이 확인되었다. 이에 따라 세 구역으로 나누고 이를 모두 포괄하여 용두산고분군이라 부르게 되었다. 용두산 줄기 중간에 용해구역이 있고, 그 남쪽 2.3km 지점에 石國구역, 북쪽 1.2km 지점에 龍湖구역이 위치한다. 석국구역에서는 석실묘에서 三彩 陶俑이 처음 발굴되어 수복을 남겼다.[4] 또 용호구역에서는 말각조정 천정으로 된 지하식 석실봉토묘(M1)가 발굴되었고, 토광묘나 건축지 등도 그 일대에서 확인되었다.[5]

용해구역에서는 오래전에 貞孝公主墓를 발굴했고,[6] 그 주변에 10기 정도의 고분이 있는 것으로 추정해왔다.[7] 그러다가 2004년과 이듬해에 정식으로 발굴되면서 고분 분포 정황과 고분군의 성격이 제대로 드러났으니, 이곳은 육정산고분군에 못지않은 왕실 및 귀족의 매장지였음이 밝혀진 것이다.

아직 정식 보고서가 발간되지 않아서 간보로 판단할 수밖에 없지만, 이번에 발굴된 두 皇后의 묘지명은 정혜공주와 정효공주의 묘지명 발굴 이래로 최대의 성과를 거둔 것으로 평가된다. 이 묘지명과 더불어 고분 구조나 출토 유물도

---

4. 國家文物局·中國歷史博物館 中國革命博物館 편,『國之瑰寶-中國文物事業五十年(1949~1999)-』朝華出版社, 1999, p.242; 김민지·이순원,「石國墓 출토 渤海 三彩 女俑의 복식 연구」『服飾』50-3, 2000.

5. 延邊朝鮮族自治州文物管理委員會·延邊朝鮮族自治州博物館,「吉林省和龍龍湖渤海墓葬」『博物館研究』1993-1; 朴潤武,「龍頭山龍湖墓區調査與發掘」『渤海墓葬研究』吉林人民出版社, 2000.

6. 延邊朝鮮族自治州博物館,「渤海貞孝公主墓發掘清理簡報」『社會科學戰線』1982-1.

7. 鄭永振,「和龍縣龍海古迹調査」『黑龍江文物叢刊』1983-2; 延邊博物館,「和龍縣龍海渤海墓葬」『博物館研究』1983-3.

그림 12-1. 용해구역 분포도(簡報 p.24)

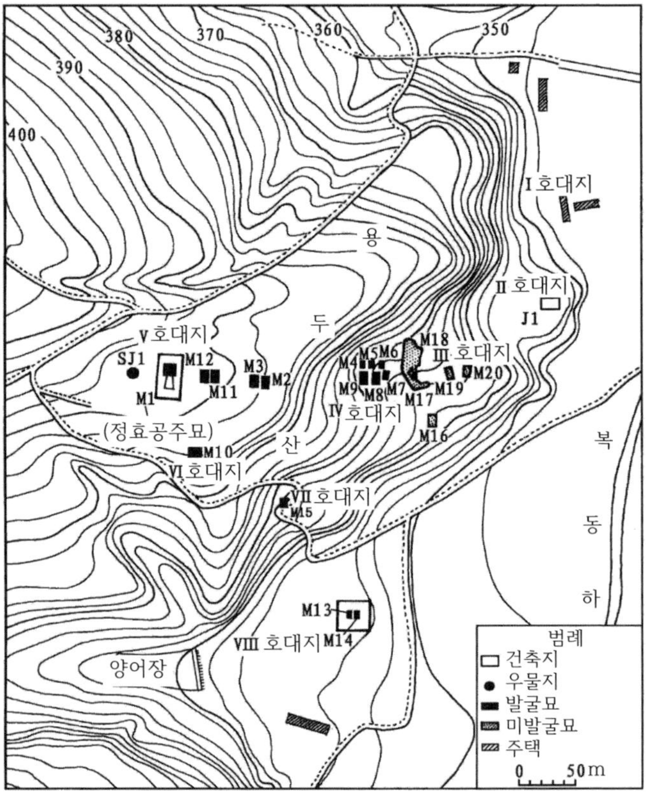

발해국의 성격에 대해서 결정적인 자료를 제공해주었다.

중국 연구자들은 발해국을 '속말말갈족이 주체가 된 중국 동북지방의 지방봉건정권'으로 미리 규정하고, 여기서 벗어난 목소리를 인정하지 않는 편향성을 드러낸다. 과연 속말말갈족이 주체인지 아니면 고구려 유민이 주체인지, 지방세력에 불과한지 아니면 황제국을 지향한 독립국인지에 대해서 대등하게 객관적으로 토론할 수 있는 여건이 마련되어 있지 않다.

이번 용해구역의 발굴은 이와 같은 중국측의 발해 인식을 근본적으로 흔들어 놓는 결과를 가져왔다. 중국측의 명제가 성립할 수 없는 사실을 적나라하게 보여주기 때문이다. 따라서 이 글에서는 발해국 속성에 대한 두 가지 쟁점을 중심으로 발굴 성과를 재검토해보고자 한다.

2. 말갈족의 나라인가?

용해구역에서는 모두 20기의 고분 및 건축지 1기, 우물 1기가 확인되었고, 그중에서 15기가 발굴되었다. 1980년과 이듬해에 貞孝公主墓(M1)가 발굴되었고, 2004년과 이듬해에 고분 14기(M2~M15)와 우물 1기가 발굴되었다.

이 고분군의 성격에 대해서 발굴자는 발해의 왕실 및 귀족 묘지로 보았다. 일찍이 정효공주묘가 발굴되었고, 최근 발굴에서 文王의 배우자인 孝懿皇后 및 簡王의 배우자인 順穆皇后 묘지명이 발굴되었기 때문이다. M13과 M14호에서는 순금제 장신구들이 출토되어 발해 왕 또는 그에 버금가는 최고위층이 묻힌 것으로 판단된다.

용해구역 분포 상황을 보면 무덤 2기가 한 쌍을 이루는 경우가 많은데, 대체로 부부가 異穴合葬된 것으로 생각된다(그림 12-1). 두 황후 및 M13·M14의 경우에 여성이 모두 서쪽에 묻혀 있는 것으로 보아서 합장시 男東女西의 원칙이 있었던 듯하다. 河南村의 부부합장묘도 이 원칙과 부합된다.[8] 그렇다면 순목황후묘(M3, 그림 12-2)와 짝을 이루는 M2, 효의황후묘(M12)와 짝을 이루는 M11은 각각 9대 간왕과 3대 문왕의 무덤 또는 그의 假墓일 가능성이 농후하다. 따라서 고분군의 성격에 대한 발굴자의 견해는 수긍할 수 있다.

용해구역에서는 양식상 石室墓와 塼室墓가 주축을 이루고, 土壙墓는 전혀 확인되지 않았다. 이 양상은 또 하나의 왕실 내지 귀족 무덤 소재지인 육정산고분

8. 郭文魁, 「和龍渤海古墓出土的幾件金飾」 『文物』 1973-8.

그림 12-2. 순목황후묘(간보 p.27)

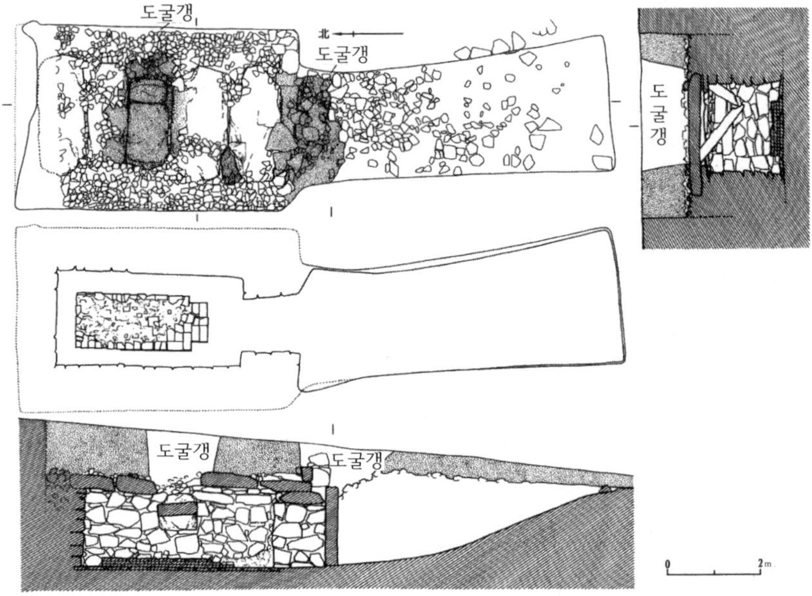

군의 경우와 비교해볼 수 있다. 육정산고분군은 1949년에 처음 조사했고, 이후 1964년까지 모두 32기를 발굴했다. 이 고분군은 두 구역으로 나뉘는데, 제1구역에서 12기, 제2구역에서 20기를 발굴했다. 2004년에는 제1구역에서 기왕에 발굴했던 7기를 재정리하고, 제2구역에서 9기를 새로 발굴했다.

육정산고분군은 石室墓·石槨墓 계통과 土壙墓 계통의 두 종류로 대별된다. 제1구역에서는 석실묘와 석곽묘들이 조사되었고, 제2구역에서는 다수의 토광묘가 확인되었다. 제2구역에서 확인된 고분 130기 가운데 토광묘가 67기로서 과반을 차지하고, 나머지는 石墓이지만 규모가 대형석실묘에는 미치지 못한다. 이러한 구역별 차이는 무덤 주인공들의 신분적 및 종족적 구별과 관련이 있다.[9]

---

9. 송기호, 「六頂山 古墳群의 성격과 발해 건국집단」 『汕耘史學』 8, 1998 (본서 제1장).

대형석실묘가 분포하는 제1구역 중·하부는 貞惠公主墓에서 보듯이 왕실 및 최상층 귀족들이 묻힌 곳이고, 제1구역 상부 및 제2구역은 그보다 낮은 신분의 인물들이 묻혔다. 이처럼 신분에 따라 묻힌 구역이 달랐다. 그러면서도 이 고분군에 석실묘·석곽묘와 토광묘가 병존하는 것은 발해 지배층의 이원적 종족 구성을 반영한다. 발해는 고구려계와 말갈계의 인물들이 연합하여 세운 정권이니, 석실묘·석곽묘는 고구려 속성에 가깝고 토광묘는 말갈 속성에 가까운 것이다. 최상층의 무덤이 대형석실묘인 점은 발해를 주도한 인물들이 고구려계였음을 증언해준다.

이러한 분포 정황을 고려하면, 용해구역은 육정산고분군의 제1구역 중·하부와 대응시킬 수 있다. 다만, 용해구역에서 벽돌무덤의 요소가 좀 더 농후하게 나타나는 차이가 있다. 이것은 당나라 영향을 더 많이 받은 뒷시기의 고분들이기 때문이다. 그런 점에서 용해구역은 육정산고분군보다 조성 시기가 늦다. 육정산 제1구역에서 출토된 암키와와 수키와가 西古城 출토 것보다 이르다는 것도 이를 뒷받침한다.[10]

결국, 용해구역은 발해 왕실 및 최고위 귀족이 묻혔던 사실을 증언해준다. 그렇다면 어느 종족 계통이 발해국의 핵심세력을 이루었는지는 이 구역의 발굴 자료를 통해서 확인할 수 있을 것이다. 이와 관련하여 다음 몇 가지 사항을 검토해보겠다.

첫째, 고분 양식이다. 고분은 대형 및 중형의 石室封土墓 9기(M2, M3, M4~M7, M9, M11, M12), 대형의 塼室墓 2기(M8, M15), 대형의 塼室塔墓 2기(M1, M10), 墓上建物이 딸린 異穴合葬墓 1쌍(M13, M14)으로 분류된다.

석실봉토묘는 묘실과 연도, 묘도로 구성되어 있다. 보고자는 이들을 다시 대형과 중형으로 분류했는데, 이것은 크기를 기준으로 한 것이며 구조는 대동소

10. 宋玉彬, 「渤海都城故址研究」 『考古』 2009-6, p.43.

이하다. 돌을 쌓아 장방형 묘실을 만들고 그 위에 큰 판석을 덮어 천정을 만든 점은 고구려 석실봉토묘에 가깝다. 특히 중형묘인 M7의 경우에 삼각고임 천정을 하고 있어 고구려 영향을 더욱 실감할 수 있다.

그렇지만 묘실 천정이 지표보다 아래에 만들어져 묘실이 지하식인 점은 고구려 고분이 반지하식인 점과 구별된다. 물론 고구려 고분에도 지하식이 일부 있는 것으로 알려져 있으나,[11] 이곳의 지하식은 당나라 무덤에서 영향받은 것으로 보는 것이 타당할 것이다. 부분적으로 棺臺 등에 벽돌을 사용한 점까지 고려한다면 이는 더욱 분명해진다.

이런 석실봉토묘는 貞惠公主墓와 비교된다. 정혜공주묘도 묘실과 연도, 묘도로 구성되어 있고, 벽돌을 일부 사용하였다는 점에서 유사하다. 다만, 정혜공주묘는 반지하식으로 축조되고 말각조정 천정을 하고 있어 고구려 요소가 더욱 뚜렷하게 보인다. 물론 石獅子像이나 墓誌石을 부장한 점은 당나라로부터 영향을 받은 것이다.

이에 비해서 전실묘, 전실탑묘, 이혈합장묘는 벽돌무덤 요소가 더욱 증가하여 당나라 양식에 더욱 가까워진 것들이다.

塼室墓도 묘실, 연도, 묘도로 구성되어 있다. 큰 판석을 덮어 천정을 삼은 것은 석실묘와 동일하지만, 묘실 네 벽을 벽돌로 쌓은 점은 상이하다. 전실탑묘는 貞孝公主墓 발굴을 통해서 이미 알려졌다. 전실묘이면서 그 위에 塼塔까지 추가된 형식이다. 앞에서 언급한 무덤들은 묘도가 지표에서 지하의 墓門까지 비스듬히 낸 경사로 형태인데 비해서, 이 고분들에서는 계단식으로 축조하여 묘도 구조에 약간의 차이가 보인다.

이혈합장묘는 지하에 토광을 파서 두 개의 塼槨을 나란히 만든 뒤에 각각 목관을 넣은 형식이다. 두 묘광 위에 하나의 건물 대지를 판축하고 대형의

11. 鄭永振, 『高句麗渤海靺鞨墓葬比較硏究』 延邊大學出版社, 2003, p.102, p.263.

回字形 건물을 세운 점이 특색을 이룬다.

결국, 발해 최상층부의 무덤은 석실봉토묘가 기본이었다. 시간이 흐르면서 당나라 영향을 받아 벽돌무덤 요소가 여기에 추가되어 갔으며, 나중에는 전실묘로 전환해가는 양식상의 변화가 보인다. 전실묘라 하더라도 큰 판석을 이용하여 천정을 만드는 방식은 포기하지 않았다. 더구나 정효공주묘에서는 고구려 전통의 평행고임 천정을 하였다. 결국, 이런 다양한 고분 양식의 출발점이 되는 석실봉토묘는 고구려 석실봉토묘에 연원을 둔 것임에 틀림없다.

둘째, 출토 유물이다. 男女 陶俑을 포함한 三彩 기물, 銅鏡 등은 당나라 영향을 받은 것이다. 그렇지만 가로띠 손잡이가 달린 단지(罐)와 같은 고구려계 기물도 보인다.

특별히 주목되는 것은 도굴의 피해를 입지 않은 M13과 M14의 출토 유물이다. 유물로 보아 M13은 여성, M14는 남성이 묻힌 부부합장묘이다. 두 무덤에서는 금제품이 다수 발굴되었다. M13에서는 금팔찌와 금비녀 등이 출토되었고, M14에서는 금관 장식, 금판을 붙인 玉帶 등이 출토되었다. 여기서 특히 중요한 것이 金製 冠裝飾이다(그림 12-3). 이런 유형은 중국에서 보이지 않으므로 三國의

그림 12-3. 금제 관장식(간보 p.36)

관모, 특히 고구려에서 계승된 것으로 판단되기 때문이다.

금제 관장식은 길다란 잎사귀가 세 갈래로 갈라진 모양인데, 가운데 것은 위로 곧게 솟아 있고, 그 양쪽 것은 뒤로 날개를 편 듯이 구부러져 있다. 도면이 다소 부정확하게 그려져 있는데, 대체로 立飾에는 如意雲紋과 花紋이 한 줄기로 중심선을 따라 장식되어 있고, 양쪽 측면에는 반씩 자른 줄기 문양이 배치되어 있으며, 중간 여백은 魚子紋으로 빼곡하게 채웠다. 날개 모양 장식에도 양쪽 측면을 따라 줄기와 꽃 문양을 나타냈고, 가운데 여백은 어자문으로 채웠다. 전체 높이는 16.8cm이고, 양쪽 너비는 20.7cm이다. 금제 관장식은 한 점이 출토된 데다가 양쪽 날개가 뒤로 구부러져 있는 것으로 보아서 머리에 꽂았을 것이다.

전반적으로 식물체를 표현했지만, 전체 모습은 고구려 조우관과 매우 닮아 있다. 가장 유사한 것으로는 요령성박물관에 전시되어 있는 集安 출토품이 있다(그림 12-4).[12] 금동 제품이라 재질에는 차이가 있지만, 가운데에 立飾이 있고 그 양쪽으로 새 날개 모양의 장식이 달려 있는 점이 상통한다. 입식 상부에는 三葉紋이 투조되어 있다. 참고로 公州 水村里 Ⅱ-1호, Ⅱ-4호에서 각각 출토된 백제 금동관에도 이와 유사한 장식이 달려 있는 것이 확인되었다.[13]

따라서 발해의 금제 관장식은 삼국시대의 鳥羽形 또는 鳥翼形 冠飾의 전통과 맥이 닿아 있다. 구체적으로는 고구려로부터 계승된 것이 분명하다. 그러면서 표현 모티프가 변형된 것은 고구려 멸망으로부터 많은 세월이 흘렀기 때문일 것이다. 주지하는 바와 같이 새 깃털 장식은 청동기 시대 이래로 삼국시대까지

12. 申大坤, 「高句麗 金屬製 一括遺物의 한 例」 『考古學誌』 3, 한국고고미술연구소, 1991; 東潮, 『高句麗考古學研究』 吉川弘文館, 1997, pp.437~442; 徐秉琨 · 孫守道 주편, 『東北文化-白山黑水中的農牧文明-』 商務印書館, 1996, p.154.

13. 국립공주박물관, 『백제의 관』 2010, pp.34~37.

그림 12-4. 금동제 관장식(東潮 p.438)

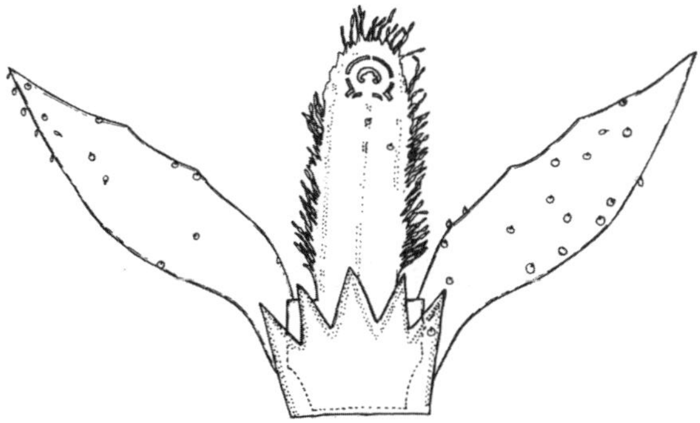

매우 특징적으로 사용했다.[14] 반면에 당나라에서는 이런 관식을 사용하지 않았다.[15] 黑水靺鞨이 꿩 꼬리로 관을 장식했다고 하지만,[16] 이 금제 관장식과 연계시키기는 어렵다. 따라서 발해 鳥羽冠은 고구려를 계승한 것으로 이해할 만하다.

발해에서도 조우관 전통을 지니고 있었다는 사실은 이번에 처음 확인되었다. 더구나 금제품인 점은 무덤 주인공이 왕이거나 그에 버금가는 왕실 인물이었음을 의미한다. 이 점에서 발해 최고위층이 고구려계라는 사실을 유추할 수 있다.

여기서 추가로 문제를 제기할 것이 있다. 고구려 멸망 후에 등장하는 조우관 자료를 그동안 고구려와만 연계시켜왔는데, 발해와 관련되었을 가능성도 고려해야 한다는 점이다. 당 章懷太子 禮賓圖에 보이는 조우관 인물이나 西安 출토 銀盒에 나타나는 '高麗國'의 조우관 인물을 고구려인 대신에 발해인으로 파악하려는 시도[17]에 귀를 기울일 필요가 있다.

---

14. 노태돈, 『예빈도에 보인 고구려』 서울대학교출판부, 2003.
15. 周錫保, 『中國古代服飾史』 中國戲劇出版社, 1984, pp.174~193.
16. 『新唐書』 권219, 黑水靺鞨傳 「俗編髮, 綴野豕牙, 揷雉尾爲冠飾, 自別於諸部.」.
17. 西谷正, 「唐・章懷太子李賢墓の禮賓圖をめぐって」 『兒嶋隆人先生喜壽記念論集 古文

셋째, 墓上 建築物의 계통이다. 중국 연구자들은 三陵屯고분군이나 六頂山고분군에서 발견되는 묘상 건축물의 전통을 거의 일률적으로 勿吉과 연계시켜 왔다. 이 주장은 『魏書』 勿吉傳에서 "부모가 봄이나 여름에 사망하면 매장하고 무덤 위에 집을 지어 비에 젖지 않게 한다"[18]는 기록에 근거한다. 그러면서 물길은 靺鞨의 선조이므로 말갈족도 이와 동일할 것이란 전제가 깔려 있다. 이것은 발해가 말갈족의 나라였다는 주장과 궤를 같이 한다.

아직 물길족의 무덤 실체가 드러나지 않았지만, 말갈 무덤은 다수가 발굴되었다. 말갈 무덤은 거의 모두가 土壙墓이고, 일부에서는 고구려 무덤의 영향을 받아 石墓 양식을 받아들인 것도 보인다. 그러나 무덤 위에 건물을 지었던 흔적은 아직까지 발견되지 않았다. 설령 썩기 쉬운 자재로 가건물 같은 것을 세웠을 가능성이 있다 하더라도, 이것은 묘상 건축물에 기와나 벽돌을 사용한 발해의 경우와 다른 것이다.

오히려 문헌 기록에는 보이지 않지만, 고구려의 묘상 건축물은 그 사례가 많이 알려져 있다. 예컨대 태왕릉, 장군총, 천추총, 서대묘 등에서 벽돌과 기와가 발견되거나 난간을 세웠던 흔적이 확인되었다.[19] 다만, 적석총 말기 단계의 무덤에서만 발견되고 석실봉토묘 단계에서는 보이지 않는 문제점이 있다. 이것은 묘상 건축물에 대한 기록이 물길에서만 보이고 그 뒤에 등장하는 말갈 단계에서는 보이지 않는 점과 유사하다. 어느 쪽과 연계를 시켜보든 중간에 공백기가 있게 된다.[20]

化論叢』 1991; 赤羽目匡由, 「都管七国六瓣銀盒銘文の一考察-唐後期の渤海認識にふれて-」 『人文學報』 346, 2004.

18. 『魏書』 勿吉傳 「其父母春夏死, 立埋之, 冢上作屋, 不令雨濕. 若秋冬, 以其屍捕貂, 貂食其肉, 多得之.」.

19. 耿鐵華, 「高句麗墓上建築及其性質」 『高句麗研究文集』 延邊大學出版社, 1993; 정호섭, 『高句麗 古墳의 造營과 祭儀』 고려대학교 박사학위 논문, 2009. 7., pp.187~194.

20. 鄭永振, 앞책 pp.276~277.

따라서 직접적으로 어느 쪽 전통을 계승했는지 단언하기 어렵다. 다만, 용해구역에서 고구려와 당나라 문화 요소가 보이고, 말갈 문화 요소는 찾아보기 어렵다는 사실에 주목해야 한다. 육정산고분군에서 묘상 건축물이 토광묘보다 석실묘와 연계되어 나타나는 사실에도 유의해야 한다. 이것은 묘상 건축물이 말갈이 아닌 다른 곳으로부터 영향받았음을 암시한다.

석실묘와 연계시켜 볼 때에 고구려 영향일 가능성이 크지만, 정혜공주묘의 돌사자나 묘지석에서 볼 수 있는 바와 같이 중원으로부터 영향을 받았을 가능성도 완전히 배제할 수 없다. 중국에서는 先秦시기에 이미 묘상 건축물이 등장했다.[21] 예를 들어서 商나라 安陽 婦好墓나 大司空村 고분, 戰國時代 魏 왕릉 등에서 분묘 위에 건물을 지었던 사실이 확인되었다.[22] 그렇지만 前漢時代가 되면 묘상 건축이 묘옆 건축으로 전환된다. 따라서 당나라 무렵이 되면 극히 예외적인 사례를 제외하고[23] 묘상 건축 전통은 보이지 않는다.

발해의 묘상 건축물은 말갈이 아니라 고구려 아니면 중원에서 영향을 받아서 부활한 것이다.[24] 이 가운데 어느쪽인지 현재로서 단정하기 어렵지만, 무덤 위에서 건축자재인 기와나 벽돌이 출토되는 점에서 발해 무덤은 고구려 무덤에 더 가까운 것으로 판단된다. 건축자재인 瓦當도 고구려 연화문 와당을 계승하면서 발해 고유의 양식을 띠고 있어서, 고구려 연원을 더욱 암시해준다.

발해의 묘상 시설물은 육정산고분군에서 이미 그 자취가 확인되었다. 여기

---

21. 楊鴻勛, 「關于秦代以前墓上建築的問題」 『考古』 1982-4; 楊寬, 「先秦墓上建築和陵寢制度」 『文物』 1982-1.

22. 楊寬 저, 장인성·임대희 옮김, 『중국 역대 陵寢 제도』 서경문화사, 2005, pp.51~62.

23. 용해구역 발굴 간보에는 隋 李靜訓 묘의 사례를 들었다.

24. 위구르 시대의 무덤에도 묘상 건축물이 있는 사례가 있다. 2009년 8월 몽골 하르발가스 성터 부근의 두루불진(Durvuljin) 귀족무덤 발굴 현장을 방문했을 때에 전실묘 위에 건물을 세웠던 사례를 보았다. 시기는 8~9세기라고 한다.

그림 12-5. M13, M14호(간보 p.31)

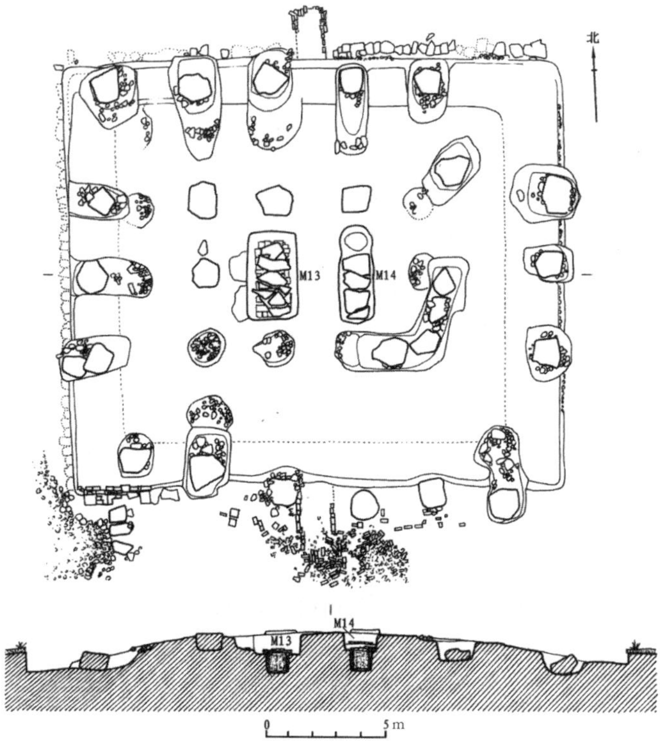

에는 석실봉토묘의 고구려식 무덤 구조에다가 묘지석이나 석사자상과 같은 당나라식 유물이 결합되어 있는 정혜공주묘도 포함된다. 상경성 부근의 三陵屯 1호분에서는 주춧돌이 확인되어 건물을 묘 위에 세웠던 사실이 더욱 분명해졌다.

그리고 마침내 용해구역의 M13, M14 고분의 발굴을 통해 건물 양식을 확인할 수 있게 되었다. 두 무덤 위에 장방형 대지를 판축하고 回字形 평면의 건물을 세웠던 것이 밝혀졌기 때문이다(그림 12-5). 이 고분의 발굴 양상은 일찍이 발굴되었던 河南村고분과 매우 유사하다. 두 개의 塼築 墓壙이 병렬된 부부합장묘이고, 묘상에 건물을 세웠던 자취가 남아 있으며, 내부에서 순금제 유물이 출토된 점이 그러하다.[25] 따라서 두 고분은 모두 발해 왕릉급에 해당한다.

그러면 이제 주춧돌 배치를 알 수 있게 된 M13, M14호 고분의 건물 성격을 검토해볼 필요가 있다. 이 건물은 분명히 망자를 위한 추도시설이었을 것이다. 그런 시설로는 祠堂, 佛堂이나 塔을 상정할 수 있다. 그런데 당나라나 통일신라에서 무덤 위에 탑(부도)을 세운 사례가 있으므로 이곳에도 탑을 세웠을 가능성이 크다.

당나라에서 무덤 위에 탑을 세운 사례는 이러하다. 734년에 郭元誠 부부 무덤을 만들고 雙塔을 조성한 사실이 그의 묘지명을 통해서 확인되었다.[26] 묘지명에서 "敬窆于高陽縣, 樹雙塔于積德里"라고 하였는데, 이것은 高陽縣 積德里에 매장하고 무덤 위에 쌍탑을 세운 사실을 수사적으로 표현한 것으로 보인다. 묘지명에서는 이 탑을 靈塔이라 적었다. 유명한 시인인 王維(699~761)의 어머니 무덤에도 봉토 없이 높이 2m 정도의 벽돌탑을 쌓았다.[27] 이것은 佛家에서 탑을 세워 禪僧의 유골을 안치하던 것을 모방한 것으로 여겨진다. 사실 통일신라 禪僧들의 경우에도 전통적 매장법에 따라 유체를 석관이나 목관에 넣어 매장한 뒤 그 위에 浮屠를 세운 사례가 많이 보인다.[28]

이를 고려하면 M13, M14호 고분 위의 시설물도 木塔이었을 가능성이 크다. 더구나 건물 구조도 回字形이라서 탑의 평면과 유사하다. 종래에 기와나 벽돌로 봉토 위에 뭔가의 시설을 하던 방식이 불교 영향에 따라 봉토를 없애고 묘실 위에 목탑을 세우는 방식으로 바뀌었던 것 같다. 그런 점에서 三陵屯 1호의 주초건물도 秋山進午의 추정처럼 목탑으로 봐야 할 것이다.[29] 그런데 벽돌탑이

---

25. 郭文魁, 앞논문.

26. 桑紹華·張蘊, 「西安出土文安公主等墓志及郭彦塔銘」 『考古與文物』 1988-4, p.82; 周炅美, 「韓國 古代 佛舍利莊嚴에 미친 중국의 영향」 『美術史學研究』 235, 한국미술사학회, 2002, p.56.

27. 桑紹華·張蘊, 윗논문.

28. 嚴基杓, 「新羅 僧侶들의 葬禮法과 石造浮屠」 『文化史學』 18, 한국문화사학회, 2002.

그림 12-6. M10호(간보 p.30)

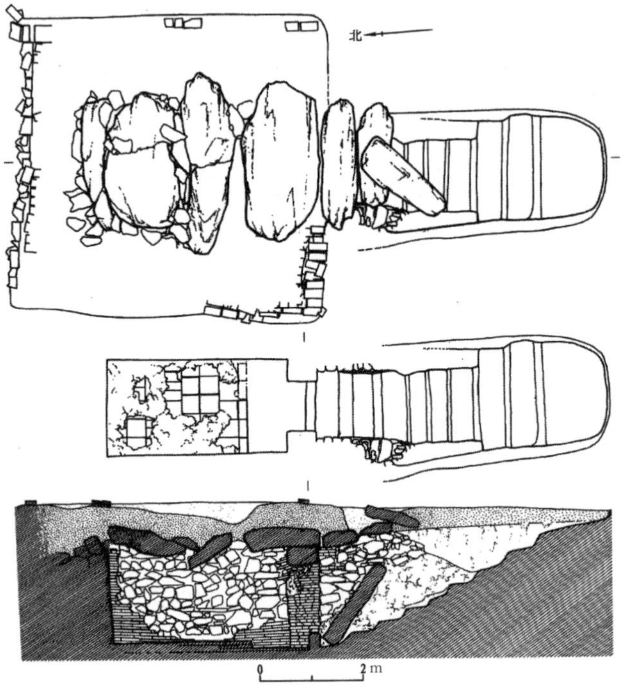

아니라 목탑이라는 점에서 이때에 직접적으로 당나라 영향을 받은 것 같지는 않으며, 그 뒤에 목탑이 벽돌탑으로 전환될 때에 비로소 당나라 영향을 받은 것으로 여겨진다. 용해구역의 정효공주묘 및 그 앞에 조성된 M10(그림 12-6)의 시설물이 그런 것이고, 靈光塔과 馬滴達塔도 아마 그러할 것이다.

결론적으로 용해구역에는 발해의 왕실과 최상층 귀족이 묻힌 것이 분명하다. 이 구역에서 석실봉토묘가 주축을 이루고 조우관 계통의 장식물이 출토된 것으로 보아서, 고구려의 전통이 계승된 사실이 명백해졌다. 고구려 문화를 바탕으로 하면서 당나라 문화를 흡수해간 정황이 밝혀진 것이다. 또 묘상 건축물은 고구려

29. 秋山進午, 「渤海塔基"壁畵"墓の發見と研究」 『大鏡』 10, 富山考古學會, 1986 p.163

고분으로부터 영향을 받은 것으로 판단되며, 불교 영향을 받아서 목탑으로 바뀌고 당나라 영향을 받아서 전탑으로 변화해간 것으로 생각된다. 여기서 특별히 명심할 것은 용해구역에서 말갈 요소는 찾아보기 어렵다는 점이다.

결국 고구려 문화에 기반을 둔 인물들이 발해국을 이끌어갔을 것이다. 발해 문화가 고구려 문화에 기반을 두고 있는 사실에 대해서 이미 여러 고고학적 증거가 제시되었지만, 여기에 하나 더 추가할 수 있는 사례가 있다. 중국 흑룡강성 牡丹江市에 있는 龍頭山古城은 牡丹江과 海浪河가 합류되는 삼각형의 절벽 대지 위에 조성되었는데, 성벽은 절벽을 제외하고 평지와 연결되는 부분에만 쌓았다(그림 12-7).[30] 이러한 입지 선택이나 성벽 축조 위치는 임진강변에 있는 漣川 瓠蘆古壘, 隱垈里城, 堂浦城에서 익히 보아온 것이다.[31]

물론 고구려 문화를 계승한 사람들이 종족적으로 고구려에 속했는가 아니면 말갈에 속했는가는 판단할 길이 없다. 그 어느쪽이건간에 발해 지배자들이 말갈 문화가 아니라 고구려 문화에 흠뻑 젖어 있었던 것만은 분명하다. 이들은 점차 선진적인 당나라 문화를 받아들여 문화적 자양분을 삼았던 것도 사실이다.

그림 12-7. 용두산고성

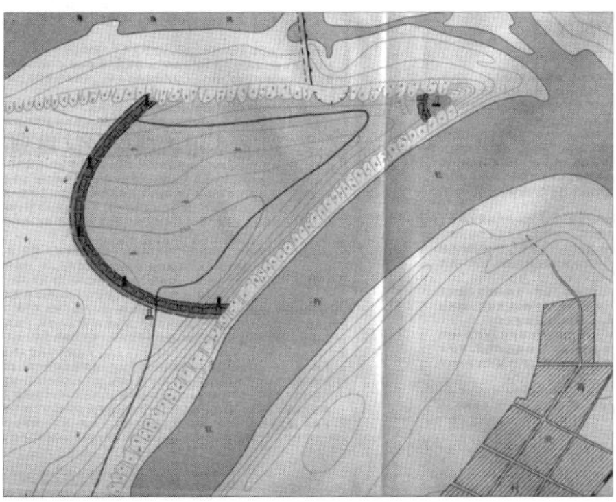

30. 牡丹江市土地管理局 · 牡丹江市文物管理站 編著, 『牡丹江市文物保護單位保護區規劃』 黑龍江省文物管理委員會, 1992, pp.40~42.

31. 한국토지공사 토지박물관 · 연천군, 『漣川 瓠蘆古壘』 1999.

9세기에 당나라가 海東盛國이라 부르고, 시인 溫庭筠이 발해 왕자에게 준 시에서 '車書本一家(문물은 본래 한 집안)'라 평한 것은 이와 같은 당 문화의 확산을 높이 평가한 결과물인 것이다.

3. 당나라 지방세력이었나?

중국에서는 발해가 당나라의 지방세력이었다는 주장을 굽히지 않고 있다. 그러나 문헌 기록과 발굴 자료는 발해가 독립국가였음을 분명히 보여준다. 『新唐書』 渤海傳에는 대조영이 震國王을 '自號'했다고 서술되어 있으니, 이것은 당나라가 하사한 것도 아니고 인증하지도 않은 호칭임을 암시한다.

더구나 대조영, 대무예, 대흠무가 사망한 뒤에 각각 '私諡'했다고 적었고, 무왕의 연호 제정에 대해서도 '私改年'했다고 적었다. 이 시호와 연호도 당나라에서 인정하지 않은 사사로운 행위였음을 드러낸 것이다.[32] 이것은 발해가 초기부터 당나라와 일정한 거리를 두고 독자적인 행보를 했던 사실을 반영한다. 私(사사로이)'를 덧붙인 것은 바로 그러한 태도에 불쾌감을 드러낸 것이다. 또 근래에 발굴된 上京城 제2궁전지는 전면 19칸에 달하는 큰 규모로서 당나라 장안성의 최대 건물인 含元殿이 11칸에 불과한 것과 대비되는데, 발굴자도 지적했듯이 이것은 중국 禮制로 볼 때에 참람된 것이었다.[33] 이러한 참람된 궁전 건물도 발해국이 어떠한 의지를 가지고 있었는지 잘 웅변해준다.

발해가 독립국이었을 뿐 아니라 나아가 황제국을 지향했던 사실은 이미 지적한 적이 있다.[34] 정효공주 묘지명에 문왕을 '皇上'이라 부른 것이나 詔書 작성

---

32. 汪受寬, 『諡法研究』 上海古籍出版社, 1995, pp.201~202.

33. 黑龍江省文物考古研究所, 앞논문 『文物』 2009-6, p.52.

34. 송기호, 「皇帝 칭호와 관련된 발해 사료들」 1993. 3. 26. 고려대 민족문화연구소 발해사

및 반포에 관련된 宣詔省과 詔誥舍人이 존재하는 것은 결정적인 근거들이다. 이밖에 9세기 불상 명문에 許王府가 등장하고, 일본에 대해서 天孫을 자칭한 것도 방증 자료가 된다. 또 독자적인 年號를 지속적으로 사용한 것이나, 휘하의 말갈족들을 藩國으로 상정하여 통치한 것도 참고할 수 있다.

그런데, 이번 발굴에서 모습을 드러낸 두 왕비의 묘지명은 황제국을 표방했던 발해국의 면모를 더욱 실감나게 증언해준다. 묘지명 전문이 공개되지 않아서 아쉽지만, 3대 문왕의 배우자는 孝懿皇后, 9대 簡王의 배우자는 順穆皇后였음이 밝혀짐으로써, 발해 왕의 배우자는 皇后로 불렸던 사실이 명백해졌다. 이것은 문왕을 皇上이라 부른 것과 짝이 된다.

그러면서도 순목황후 묘지명에는 '簡王의 皇后 泰氏'라고 적었다. 간왕은 사후에 붙인 謚號로서, 황제가 아니라 왕이었다. 이것은 배우자를 황후라 부르면서도, 스스로는 황제로 호칭하지 않은 것을 의미한다. 발해는 이처럼 황제국을 지향하면서도 당나라에 대해서는 稱臣하는 이중적인 태도를 취했다. 대외적으로 제후국이면서 내부적으로 황제체제를 따른 것이다.

이러한 外王內帝의 사례는 高麗에서도 찾아볼 수 있다.[35] 국왕은 海東天子라 자칭하면서 그 아래에 다시 諸王, 親王으로 불린 왕족들을 두었다. 이와 같이 왕 아래에 다시 왕이 존재하는 양상은 발해의 경우와 동일하다. 또 수도를 皇都라 부르고 서경을 西都라 불렀으며, 하늘에 독자적으로 제사를 지냈다. 그밖에도 황제국의 제도를 많이 도입했다. 그런가 하면 북방민족을 藩으로

국제학술회의 발표문(「渤海國의 位相」『渤海政治史硏究』一潮閣, 1995 재수록); 송기호, 「대외관계에서 본 발해 정권의 속성」『한국 고대국가와 중국왕조의 조공·책봉관계』 고구려연구재단, 2006.

35. 노명호, 「동명왕편과 이규보의 다원적 천하관」『진단학보』 83, 1997; 김기덕, 「고려의 諸王制와 황제국체제」『국사관논총』 78, 1997; 노명호, 「고려시대의 다원적 천하관과 해동천자」『한국사연구』 105, 1999; 박재우, 「고려 군주의 국제적 위상」『한국사학보』 20, 고려사학회, 2005.

상정하여 이들의 조공을 받기도 했다.[36]

외왕내제란 측면에서 볼 때에 발해와 고려는 이처럼 서로 닮아 있다. 통일신라에서도 황제제도를 채택했던 면이 보이기는 하지만, 발해나 고려보다 적극적이지는 않았다. 따라서 이 제도는 고려가 발해로부터 물려받은 유산일 것이다. 개성 만월대에서 발굴된 柱礎裝飾瓦(기둥밑장식)도 고려가 발해로부터 받아들인 것으로 판단된다. 발해에서만 이런 주초장식와가 발견되기 때문이다.

4. 맺음말: 남은 문제

이상의 고찰을 통하여 발해는 속말말갈이 아니라 고구려계 유민들이 주체가 된 나라였고, 당나라 지방봉건세력이 아니라 황제국을 지향했던 엄연한 독립국이었음이 확인되었다. 용해구역의 고분군 발굴은 이러한 역사적 사실을 더욱 명백하게 밝혀주었다.

그럼에도 이 보고서의 결론 부분에서는 唐나라 및 勿吉로부터 영향을 받은 요소만 지적하였다. 중국의 다른 보고서들도 항상 이런 식으로 당나라 및 말갈 요소만 강조하고 고구려 요소는 외면한다. 다행히 최근 보고서에서 이 경향에 변화가 나타나기 시작했다. 虹鱒魚場 고분군은 거의 石墓로 이루어져 있는데, 이것은 고구려 고분의 전통을 반영하는 것이라는 사실을 지적하여 주목된다.[37]

앞에서 지적했듯이 묘상 건축물이 물길로부터 영향을 받았을 가능성은 적다. 따라서 물길 요소의 지적은 의미없는 일이다. 그렇다면 보고서에서 당나라 요소만 강조한 결과가 되는데, 이상의 고찰에서 알 수 있듯이 용해구역의 고분군

36. 추명엽, 「고려전기 '번' 인식과 '동·서번'의 형성」『역사와 현실』 43, 2002.

37. 黑龍江省文物考古研究所, 『寧安虹鱒魚場』 下册 pp.560~562.

은 고구려 전통을 기반으로 하면서 당나라의 문물을 받아들여 양자가 복합된 양상을 띠고 있다. 그럼에도 고구려에 대해서는 언급이 전혀 없다.

마지막으로 하나 더 지적할 것이 있다. 왜 발해 왕실과 귀족이 中京 지역인 용해구역에 묻혔는가 하는 의문점이다. 일찍이 貞孝公主墓(M1)가 발굴되었을 때만 해도 먼저 사망한 공주의 남편을 따라 묻힌 것으로 이해할 수 있었다. 그런데 이번에 효의황후(M12)와 순목황후(M3)의 무덤이 발굴되었고, 그 배우자인 왕도 여기에 합장되었을 것으로 여겨진다.

순목황후는 건흥 12년 즉 宣王 때인 829년 7월에 묻혔으므로, 簡王이 사망한 818년으로부터 10여년이 흐른 뒤이다. 이때에 "遷安△陵"하였다고 하므로, 왕릉에 배장되었을 것이다. 그런데 간왕이 사망했을 때나 순목황후가 사망했을 때에는 모두 上京에 도읍했던 시절이다.

효의황후는 묘지명이 공개되지 않아서 언제 매장되었는지 알 수 없지만, 역시 文王과 합장되었을 것이다. 문왕은 793년 3월에 사망했다. 그로부터 몇 년전에 東京으로 도읍했다가 그의 사망 직후에 上京으로 되돌아갔다.

결국 용해구역은 上京에 도읍했을 때에 조성되었거나, 아니면 東京에 도읍했을 때에 조성되었다. 그렇다면 수도에 묻히지 않고 왕실 인물들이 도읍지와 무관한 중경에 대거 묻혔는지 이유를 설명할 길이 없다.

지금까지 敦化 지역이 첫 도읍지인 舊國에 속하고 육정산고분군은 건국집단이 묻힌 곳으로 이해되어 왔다. 무덤 양식이나 출토 유물로 보아서 육정산고분군은 용해구역보다 이른 시기에 조성되었다. 일부 연구자가 중경 부근에 동모산이 있는 것으로 주장하거나,[38] 현재의 자료로는 동모산 비정이 어렵다는 유보적인 견해도 있지만,[39] 아직은 돈화 지역에 동모산이 있을 가능성이 가장 크다.

---

38. 王禹浪·都永浩, 「渤海東牟山考辨」『渤海史研究』 9, 延邊大學出版社, 2002.

39. 宋玉彬, 앞논문 p.42 p.47.

중경은 구국에서 상경으로 옮기기 전에 잠시 머물렀던 도읍지로 파악해온 것은 수정되어야 할 것이다. 이번 발굴을 통해서 중경이 그 이상으로 중시되었음이 분명해졌다. 그 원인은 명확하지 않다. 구국에서 오래 있지 않고『新唐書』의 기록처럼 '天寶中'이 아니라『武經總要』의 기록처럼 '天寶 以前'에 이미 중경으로 천도했을 가능성이 크다.[40] 그만큼 발해 건국집단은 중경을 중시했을 것이니, 그 이유는 고구려의 故地였던 데에 원인이 있을 것이다. 당나라의 추격에 쫓겨 돈화까지 피신해서 건국했던 기억을 떠올리게 되면, 고구려 고지 가운데 당나라로부터 제일 멀리 떨어져 안전하면서도 평야가 넓어서 물산이 풍부한 중경 지역에 주목했을 것이다. 비록 安祿山의 난이 일어나 더 북쪽의 상경성으로 천도했지만, 구국과 중경은 상경에 버금가는 중심지 역할을 했던 것으로 판단된다.

40. 송기호,『渤海政治史研究』일조각, 1995, pp.96~97.

▌논문 출전 ▌

제 1 장 「六頂山 古墳群의 성격과 발해 건국집단」『汕耘史學』 8, 1998. 12.

제 2 장 「粟末靺鞨의 원류와 扶餘系 집단 문제」『한반도와 만주의 역사 문화』 서울대학교출판부, 2003. 3.

제 3 장 「渤海의 地方 統治와 그 실상」『韓國 古代社會의 地方支配』 韓國古代史研究 11, 한국고대사연구회, 신서원, 1997. 2.

제 4 장 「渤海 首領의 성격」『韓國 古代·中世의 支配體制와 農民』 金容燮敎授停年紀念 韓國史學論叢 2, 知識産業社, 1997. 10.

제 5 장 「발해 5京制의 연원과 역할」『강좌 한국고대사』 제7권, 촌락과 도시, 가락국사적개발연구원, 2002. 12.

제 6 장 「渤海佛教의 展開過程과 몇 가지 特徵」『伽山李智冠스님華甲紀念論叢 韓國佛教文化思想史』 上, 논총간행위원회, 1992. 11.

제 7 장 「咸和四年銘 발해 碑像 검토」『西巖趙恒來教授華甲紀念 韓國史學論叢』 亞細亞文化社, 1992. 12.

제 8 장 「발해 문화사의 연구 현황과 과제」 한국사연구회 학술대회 발표문, 2002. 12. 21.

이 글은 두 개의 글로 나누어 각각 발표하였다.

① 「발해 유적의 조사와 연구 현황」『해동성국 발해』 특별전 도록, 서울대학교 박물관, 2003. 7.

② 「발해 문화사의 연구 현황과 과제」『韓國史研究』 122, 2003. 9.

제 9 장 「발해의 고구려 계승성」 하버드대학 한국연구소 고구려학술회의 발표문, 2005. 4. 5.~7.

제10장 「渤海의 高句麗 繼承性 補論」 『東아시아속의 渤海와 日本』 한일문화교류기금 · 동북아역사재단 편, 경인문화사, 2008. 6.

제11장 「발해 온돌의 유래와 특징」 『한국 고대사 연구의 현단계』 석문 이기동교수 정년기념논총간행위원회, 주류성출판사, 2009. 5.

제12장 「용해구역 고분 발굴에서 드러난 발해국의 성격」 『高句麗渤海硏究』 38, 2010. 11.

▌참고문헌▐

Ⅰ. 문헌 사료

1. 중국 문헌

『史記』『後漢書』『三國志』『晉書』『魏書』『周書』『隋書』『北史』『舊唐書』『新唐書』『唐會要』『册府元龜』『資治通鑑』『舊五代史』『五代會要』『遼史』『宋史』『宋會要』『金史』

『管子』『水經注』『翰苑』『唐六典』『通典』『太平寰宇記』『武經總要』『宣和奉使高麗圖經』『松漠紀聞』『文苑英華』『全唐文』『本草綱目』『法苑珠林』『高僧傳』『續高僧傳』『宋高僧傳』

2. 한국 문헌

『三國史記』『三國遺事』『高麗史』『太宗實錄』『世祖實錄』

『帝王韻紀』『新增東國輿地勝覽』『東文選』『東史綱目』『東史世家』

3. 일본 문헌

『日本紀略』『續日本紀』『日本後紀』『續日本後紀』『日本三代實錄』『日本逸史』『類聚國史』『類聚三代格』『入唐求法巡禮行記』

『文華秀麗集』『經國集』『都氏文集』『延喜式』『菅家文草』『高野大師御廣傳』

Ⅱ. 저서

James Huntley Grayson, *Early Buddhism and Christianity in Korea*, E.J. Brill, Leiden, 1985.

姜賢淑,『高句麗 古墳 硏究』 서울대학교 고고미술사학과 박사학위 논문, 2000. 2.

鎌田茂雄 저, 申賢淑 역,『韓國佛敎史』 民族社, 1988.

고구려연구재단·러시아극동역사고고민속학연구소,『2005년도 러시아 연해주 크라스키노성 발굴 보고서』 2006.

橋本義彦 편,『古文書の語る日本史』 제2권 平安, 筑摩書房, 1991.

國家文物局·中國歷史博物館·中國革命博物館 편,『國之瑰寶-中國文物事業五十年(1949~1999)-』 朝華出版社, 1999.

국립공주박물관,『백제의 관』 2010.

국립문화재연구소·러시아과학원 시베리아지부 고고학민족학연구소,『연해주 불로치까 유적 I -제4차 한·러공동발굴조사-』 2004.

국립문화재연구소·러시아과학원 시베리아지부 고고학민족학연구소,『연해주 불로치까 유적 II -제5차 한·러공동발굴조사-』 2005.

국립문화재연구소·러시아과학원 시베리아지부 고고학민족학연구소,『연해주 불로치까 유적 III -제6차 한·러공동발굴조사-』 2006.

국사편찬위원회,『한국문화사의 이해와 편찬 방향』 제28회 한국사 학술회의, 2001. 6. 29. 발표요지.

국사편찬위원회,『한국사』 3, 1978.

菊池俊彦,『北東アジア古代文化の硏究』 北海道大學 圖書刊行會, 1995.

金元龍·安輝濬,『新版 韓國美術史』 서울대학교출판부, 1993.

金毓黻,『東北通史』 권5, 國立東北大學硏究室叢書, 1940; 洪氏出版社, 臺北, 1976 재간행.

金毓黻,『渤海國志長編』 華文書局, 1934.

吉林省文物考古硏究所 편,『楡樹老河深』 文物出版社, 1987.

吉林省文物考古硏究所·延邊朝鮮族自治州文化局·延邊朝鮮族自治州博物館·和龍

市博物館 편저, 『西古城-2000~2005年度渤海國中京顯德府故址田野考古報告-』 文物出版社, 2007.
吉林省文物志編委會, 『吉林市郊區文物志』 1983.
吉林省文物志編委會, 『龍井縣文物志』 1984.
吉林省文物志編委會, 『楡樹縣文物志』 1984.
吉林省文物志編委會, 『集安縣文物志』 1984.
吉林省文物志編委會, 『琿春縣文物志』 1984.
吉林省文物志編委會, 『和龍縣文物志』 1984.
吉林省文物志編委會, 『圖們市文物志』 1985.
吉林省文物志編委會, 『敦化市文物志』 1985.
吉林省文物志編委會, 『安圖縣文物志』 1985.
吉林省文物志編委會, 『永吉縣文物志』 1985.
吉林省文物志編委會, 『樺甸縣文物志』 1986.
吉林省文物志編委會, 『延吉市文物志』 1986.
吉林省文物志編委會, 『長春市文物志』 1987.
吉林省文物志編委會, 『渾江市文物志』 1987.
吉林省文物志編委會, 『農安縣文物志』 1987.
吉林省文物志編委會, 『撫松縣文物志』 1988.
吉林省文物志編委會, 『長白朝鮮族自治縣文物志』 1988.
吉林市地方志編纂委員會, 『吉林市志文物志』 吉林文史出版社, 1994.
김민지, 『渤海 服飾 硏究』 서울대학교 의류학과 박사학위 논문, 2000. 8.
김종혁, 『동해안 일대의 발해 유적에 대한 연구』 중심, 2002.
김혁철, 『발해사연구』 6, 력사지리 2, 사회과학출판사, 1998.
洛陽區考古發掘隊, 『洛陽燒溝漢墓』 科學出版社, 1959.
盧泰敦, 『고구려사 연구』 사계절, 1999.
노태돈, 『예빈도에 보인 고구려』 서울대학교출판부, 2003.
大村西崖, 『支那美術史 彫塑篇』 圖書刊行會, 1917.
稻葉岩吉, 『滿洲發達史』 大阪屋號出版部, 1915.

東京帝國大學,『大日本古文書』16, 동경제국대학 문학부 史料編纂掛, 1927.
동북아역사재단·러시아극동역사고고민속학연구소,『2006년도 러시아 연해주 크라스키노 성 발굴보고서』2007.
東亞考古學會,『東京城-渤海國上京龍泉府址の發掘調査-』東方考古學叢刊 甲種 第五册, 1939.
東潮,『高句麗考古學硏究』吉川弘文館, 1997.
董學增,『西團山文化硏究』吉林文史出版社, 1993.
디야코바 오.붸.,『소련 극동의 중세 초기 도기들-4~10세기의 사료로서-』과학출판사.
羅福頤 輯,『滿洲金石志』;『石刻史料新編』제1집 제23책, 新文豊出版公司, 臺北, 1982; 法仁문화사 영인본, 1987.
羅振玉 編輯,『歷代符牌圖錄』中國書店, 1998.
羅哲文,『中國古塔』中國靑年出版社, 1985.
牡丹江市土地管理局·牡丹江市文物管理站 編著,『牡丹江市文物保護單位保護區規劃』黑龍江省文物管理委員會, 1992.
박시형,『발해사』김일성종합대학출판사, 1979; 박시형 저, 송기호 해제,『발해사』이론과실천, 1989 재간행.
邊太燮,『高麗政治制度史硏究』一潮閣, 1971.
北海道開拓記念館,『第40回特別展 ロシア極東諸民族の歷史と文化-ロシア科學アカデミー極東支部所藏資料-』1994.
샤프쿠노프 에.붸. 엮음, 송기호·정석배 옮김,『러시아 연해주와 발해 역사』대우학술총서 번역 97, 민음사, 1996.
徐秉琨·孫守道 주편,『東北文化-白山黑水中的農牧文明-』商務印書館, 1996.
서울대학교박물관,『渤海 高句麗 樂浪遺物』전시회 도록, 1982.
石井正敏,『日本渤海關係史の硏究』吉川弘文館, 2001.
石川縣立歷史博物館,『魅惑の日本海文化』1990.
石川縣立歷史博物館,『波濤をこえて-古代·中世の東アジア交流-』1996.
孫進己·馮永謙 主編,『東北歷史地理』2, 黑龍江人民出版社, 1989.
宋基豪,『渤海政治史硏究』一潮閣, 1995.

송기호, 『한국 고대의 온돌: 북옥저, 고구려, 발해』 서울대학교출판부, 2006.
松原三郎, 『增補中國佛敎彫刻史硏究』 吉川弘文館, 1966.
숭실대학교, 『한국기독교박물관 도록』 숭실대학교출판부, 1988.
新妻利久, 『渤海國史及び日本との國交史の硏究』 東京電氣大學出版局, 1969.
申瀅植, 『韓國古代史의 新硏究』 一潮閣, 1984.
楊寬 저, 장인성·임대희 옮김, 『중국 역대 陵寢 제도』 서경문화사, 2005.
余昊奎, 『1~4세기 고구려 政治體制 연구』 서울대학교 국사학과 박사학위 논문 1997. 8.
연변박물관 집필소조, 『연변문화유물략편』 연변인민출판사, 1989.
영남대학교 박물관, 『韓國의 옛 地圖』 도판편, 1998.
오클라드니코프 아.페. 저, 加藤九祚·加藤晋平 역, 『シベリアの古代文化-アジア文化の一源流-』 講談社, 1974.
汪受寬, 『謚法硏究』 上海古籍出版社, 1995.
王承禮 저, 송기호 역, 『발해의 역사』 한림대학 아시아문화연구소, 1987.
魏存成, 『高句麗考古』 吉林大學出版社, 1994.
柳得恭 지음, 宋基豪 옮김, 『발해고』 홍익출판사, 2000.
李基白, 『新羅思想史硏究』 일조각, 1986.
이병건, 『발해 24개돌유적에 관한 건축적 연구』 건국대학교 대학원 건축공학과 박사학위 논문, 2001. 6.
李丙燾, 『高麗時代의 硏究』 改訂版, 亞細亞文化社, 1980.
이성시 지음, 박경희 옮김, 『만들어진 고대』 삼인, 2001.
李振泉·李楨·王本琳·郝凌云 編著, 『吉林省地理』 吉林文史出版社, 1991.
李俠·曉峰 編著, 『中國北方民族貨幣史』 黑龍江人民出版社, 1989.
임기환, 『고구려 정치사 연구』 한나래, 2004.
張國剛, 『唐代官制』 三秦出版社, 1987.
장국종, 『발해사연구』 1, 성립과 주민, 사회과학출판사, 1998.
장국종, 『발해사연구』 2, 사회과학출판사, 1988.
齋藤甚兵衛, 『半拉城-渤海の遺蹟調査-』 琿春縣公署, 1942.

전제헌, 『동명왕릉에 대한 연구』 사회과학출판사, 1994.
田中良之, 『古墳時代親族構造の研究-人骨が語る古代社會-』 柏書房, 1995.
田村晃一 外, 『「日本道」關連渤海遺跡の考古學的調査』 平成11·12年度科學研究費補助金研究成果報告書, 2001.
田村晃一, 『古代國家渤海と日本の交流に關する考古學的調査』 平成8年度~平成10年度科學研究費補助金(海外學術調査)研究成果報告書, 1999.
井上秀雄, 『新羅史基礎研究』 東出版, 1974.
鄭永振, 『高句麗渤海靺鞨墓葬比較研究』 延邊大學出版社, 2003.
程志·韓濱娜, 『唐代的州和道』 三秦出版社, 1987.
정호섭, 『高句麗 古墳의 造營과 祭儀』 고려대학교 박사학위 논문, 2009. 7.
鳥山喜一 저·船木勝馬 편, 『渤海史上の諸問題』 風間書房, 日本, 1968.
鳥山喜一, 『渤海史考』 奉公叢書 第三編, 東京奉公會, 1915; 『渤海史考』 『圖書季刊』 1939 중국어 번역; 陳清泉 역, 『渤海史考』 商務印書館, 臺北, 1964 재간행.
鳥山喜一, 『北滿の二大古都址-東京城と白城-』 京城帝國大學 滿蒙文化研究會報告 2, 1935.
조선유적유물도감 편찬위원회, 『조선유적유물도감』 4, 고구려편, 외국문종합출판사, 1990.
조선유적유물도감 편찬위원회, 『조선유적유물도감』 8, 발해편, 외국문종합출판사, 1991.
조중공동고고학발굴대, 『중국 동북지방의 유적 발굴 보고(1963~1965)』 사회과학원출판사, 1966.
佐伯好郎, 『景教の研究』 東方文化學院東京研究所, 1935.
朱國忱·魏國忠, 『渤海史稿』 黑龍江省文物出版社編輯室, 1984.
朱國忱·朱威, 『渤海遺迹』 文物出版社, 2002.
酒寄雅志, 『渤海と古代の日本』 校倉書房, 2001.
周錫保, 『中國古代服飾史』 中國戲劇出版社, 1984.
주영헌, 『발해문화』 사회과학출판사, 1971.
주영헌, 『중국 동북 지방의 고구려 및 발해 유적 답사 보고』 사회과학원출판사, 1966.
中國社會科學院考古研究所 編著, 『六頂山與渤海鎮-唐代渤海國的貴族墓地與都城遺址-』中國田野考古學報告集 考古學專刊 丁種 56號, 中國大百科全書出版社, 1997.
中國社會科學院考古研究所 編著,『中國考古學中碳十四年代數据集(1965~1991)』文物出版社, 1992.
中央研究院 歷史語言研究所,『唐代墓誌銘彙編附考』 제10책, 1989.
陳茂同,『歷代職官沿革史』 華東師範大學出版社, 1988.
崔夢龍·鄭永鎬·宣逸,『서울大 博物館所藏 渤海遺物』 서울大學校博物館學術叢書 7, 서울大學校 博物館, 1998.
최봉익,『봉건시기 우리 나라에서의 불교철학의 전파와 그 해독성』 사회과학출판사, 1976.
최봉익,『조선철학사개요』 사회과학출판사, 1986.
최종택,『高句麗土器硏究』 서울대학교 고고미술사학과 박사학위 논문, 1999. 2
크루샤노프 아.이. 책임편집, 成于衆 역, 王德厚·候玉成 校,『蘇聯極東史-從遠古到17世紀-』 哈爾濱出版社, 1993.
韓國古代社會研究所 편,『譯註 韓國古代金石文』 III, 駕洛國史蹟開發研究院, 1992.
韓國文化財保護財團 외,『尙州 靑里遺蹟(III)』 1998.
한국토지공사 토지박물관·연천군,『漣川 瓠蘆古壘』 1999.
韓圭哲,『渤海의 對外關係史-南北國의 形成과 展開-』 신서원, 1994.
한병삼,『토기와 청동기』 교양국사총서 8, 1974.
黃壽永,『韓國金石遺文』 제3판, 一志社, 1981.
黑龍江省文物考古研究所,『渤海上京城-1998~2007年度考古發掘調查報告-』上·下, 文物出版社, 2009.
黑龍江省文物考古研究所,『寧安虹鱒魚場-1992~1995年度渤海墓地考古發掘報告-』上·下, 文物出版社, 2009.
『위대한 수령 김일성 동지의 혁명사상에 의한 민족문화유산연구』 사회과학출판사, 1972.
『中國大百科全書』 中國歷史 III, 中國大百科全書出版社, 北京·上海, 1992.

Ⅲ. 논문

Heather Pringle, "The Battle Over Amaknak Bridge", *Archaeology* vol.60 no.3, Archaeological Institute of America, 2007.

Qinghua Guo, "The Chinese Domestic Architectural Heating System[Kang]: Origins, Applications and Techniques" *Architectural History*, SAHGB Publications Limited. Vol.45, 2002.

「吉林和龍西古城城址」『2001中國重要考古發現』 國家文物局 主編, 文物出版社, 2002.

「부록: 몇개의 발해건축에 대한 외관복원」『고고민속론문집』3, 사회과학출판사, 1971.

賈偉明·魏國忠, 「論挹婁的考古學文化」『北方文物』 1989-3; 『東北民族史研究』 2, 中州古籍出版社, 1995 재수록.

干志耿, 「靺鞨族及黑龍江流域的靺鞨遺存」『北方文物』 1985-1.

江谷寬, 「沿海州における佛教遺蹟-渤海時代アブリコソボ寺院-」『古代學』13-2, 1966.

강인욱, 「동아시아 고고학·고대사 연구 속에서 옥저문화의 위치-옥저·읍루 문화권의 제기를 중심으로-」『고고학으로 본 옥저문화』동북아역사재단, 2008.

강현숙, 「고구려 봉토 석실분의 변천에 관하여」『韓國考古學報』 31, 1994.

京田良志, 「渤海塼佛と陶製佛像押型」『北陸の古代寺院-その源流と古瓦-』北陸古瓦研究會, 桂書房, 1987.

耿鐵華, 「高句麗墓上建築及其性質」『高句麗研究文集』 延邊大學出版社, 1993.

耿鐵華·林至德, 「集安高句麗陶器的初步研究」『文物』 1984-1.

郭文魁, 「和龍渤海古墓出土的幾件金飾」『文物』 1973-8.

關金泉, 「渤海國的佛教」『渤海史學術討論會論文集』黑龍江省渤海上京遺址博物館, 1990.

교량 저, 박룡연 역, 「발해말갈도기 시기구분 초탐」『발해사연구』7, 연변대학출판사, 1996.

喬梁, 「靺鞨陶器分期初探」『北方文物』 1994-2.

駒井和愛, 「渤海國の二佛竝座石像」『學海』 3-4, 1946; 『中國考古學論叢』 慶友社, 1974 및 『中國都城·渤海硏究』 雄山閣, 1977 재수록.

駒井和愛, 「渤海の佛像-特に二佛竝座石像について-」『遼陽發見の漢代墳墓』 考古學硏究 제1책, 東京大學 文學部 考古學硏究室, 1950; 『中國都城·渤海硏究』 雄山閣, 1977 재수록.

菊池俊彦, 「靺鞨の同仁文化の遺跡」『北海道考古學』 24, 1985; 「同仁文化と靺鞨文化」『北東アジア古代文化の硏究』 北海道大學圖書刊行會, 1995 재수록.

菊池俊彦, 「黑龍江省蘿北縣の靺鞨の遺跡」『史朋』 23, 北海道大學東洋史談話會, 1989; 「同仁文化と靺鞨文化」『北東アジア古代文化の硏究』 北海道大學圖書刊行會, 1995 재수록.

權五重, 「靺鞨의 種族系統에 관한 試論」『震檀學報』 49, 1980.

金吉植, 「百濟 始祖 仇台廟와 陵山里寺址-仇台廟에서 廟寺로-」『한국고고학보』 69, 2008.

金東宇, 「渤海 首領의 時期別 變化와 그 意義」 고려대학교 대학원 사학과 석사학위 논문, 1995. 12.

金武植, 「渤海 文學 硏究」 한국정신문화연구원 한국학대학원 석사학위 논문, 1992. 7.

金鍾圓, 「渤海의 首領에 대하여-地方統治制度와 關聯하여-」『全海宗博士華甲紀念史學論叢』 一潮閣, 1979.

金昌鎬, 「嶺南地方 橫穴式石室墳 연구에 대한 몇가지 提言」『嶺南考古學』 22, 1998.

金哲埈, 「韓國古代國家發達史」『韓國古代史硏究』 서울大學校出版部, 1990.

金太順, 「渤海墓葬硏究中的幾個問題」『考古』 1997-2.

金泰植, 「『三國史記』 地理志 新羅條의 史料的 檢討」『三國史記의 原典檢討』 한국정신문화연구원, 1995.

金賢淑, 「高句麗 中·後期 中央集權的 地方統治體制의 發展過程」『韓國 古代社會의 地方支配』 신서원, 1997.

旗田巍, 「高麗王朝成立期の「府」と豪族」『法制史硏究』 10, 1960; 『朝鮮中世社會史の硏究』 法政大學出版局, 1972 재수록.

吉林省文物考古硏究所, 「吉林永吉査里巴靺鞨墓地」『文物』 1995-9.

吉林省文物考古研究所, 「吉林汪淸縣紅云渤海建築遺址的發掘」『考古』 1999-6.
吉林省文物考古研究所·吉林大學邊疆考古研究中心, 「吉林琿春市八連城內城建築基址的發掘」『考古』 2009-6.
吉林省文物考古研究所·敦化市文物管理所, 「吉林敦化市六頂山墓群2004年發掘簡報」『考古』 2009-6.
吉林省文物考古研究所·延邊朝鮮族自治州文物管理委員會辦公室, 「吉林和龍市龍海渤海王室墓葬發掘簡報」『考古』 2009-6.
吉林省文物工作隊, 「吉林長蛇山遺址的發掘」『考古』 1980-2.
吉林省文物工作隊·吉林市博物館·永吉縣文化局, 「吉林永吉楊屯遺址第三次發掘」『考古學集刊』 7, 1991.
吉林省文物工作隊·長春市文管會·楡樹縣博物館, 「吉林楡樹縣老河深鮮卑墓群部分墓葬發掘簡報」『文物』 1985-2.
吉林市博物館, 「吉林市泡子沿前山遺址和墓葬」『考古』 1985-6.
吉林市博物館, 「吉林永吉楊屯大海猛遺址」『考古學集刊』 5, 1987.
吉林市博物館, 「吉林帽兒山漢代木槨墓」『遼海文物學刊』 1988-2.
김기덕, 「고려의 諸王制와 황제국체제」『국사관논총』 78, 1997.
김남일, 「연차골 1지구무덤떼를 통하여 본 고구려와 발해의 계승관계」『조선고고연구』 2005-2.
김민지·이순원, 「石國墓 출토 渤海 三彩 女俑의 복식 연구」『服飾』 50-3, 2000.
金炳坤, 「崔致遠의 三韓觀에 대한 認識과 評價」『韓國古代史硏究』 40, 2005.
김영진, 「발해삼채의 연원에 대하여」『조선고고연구』 1997-1.
김영진, 「도자기를 통하여 본 고구려와 발해의 계승관계에 대하여」『조선고고연구』 1998-4.
김종복, 「渤海 國號의 성립 배경과 의미」『韓國史硏究』 128, 2005.
김종혁, 「청해토성과 그 주변의 발해유적」『조선고고연구』 1990-4.
김종혁, 「동해안일대 발해유적의 고구려적성격에 대하여」『조선고고연구』 1997-4.
김종혁, 「우리 나라 동해안일대에서 조사발굴된 발해의 유적과 유물」『발해사연구론문집』 2, 과학백과사전종합출판사, 1997.

김종혁·김지철,「신포시 오매리 금산발해건축지 발굴중간보고」『조선고고연구』1989-2.

김종혁·김지철,「신포시 오매리 절골1호발해건축지 발굴 보고」『조선고고연구』1990-2.

김태순 저, 마성길 역,「발해 질그릇의 시기획분에 대하여」『발해사연구』3, 연변대학출판사, 1992; 金太順,「略談渤海陶器分期」『渤海文化研究』吉林人民出版社, 2000 재수록.

김태순·황경림 저·마성길 역,「발해무덤의 시기획분 및 그와 유관된 문제」『발해사연구』4, 연변대학출판사, 1993.

김혁철,「실학자들의 발해력사관」『발해사연구론문집』1, 과학백과사전종합출판사, 1992.

김현영,「고려판정백성의 실체와 성격」『史學研究』38, 1984.

南希叔,「新羅 法興王代 國家發展과 佛教受容」『韓國史論』25, 1991

盧連城,「長白靈光塔名稱考」『博物館研究』1989-2.

노명호,「동명왕편과 이규보의 다원적 천하관」『진단학보』83, 1997.

盧明鎬,「高麗 支配層의 渤海遺民에 대한 認識과 政策」『汕耘史學』8, 1998.

노명호,「고려시대의 다원적 천하관과 해동천자」『한국사연구』105, 1999.

盧泰敦,「三韓에 대한 認識의 變遷」『韓國史研究』38, 1982.

盧泰敦,「渤海國의 住民構成과 渤海人의 族源」『韓國古代의 國家와 社會』일조각, 1985.

盧泰敦,「扶餘國의 境域과 그 變遷」『國史館論叢』4, 1989;『고구려사 연구』사계절, 1999 재수록.

丹化沙(朱國忱),「黑龍江省寧安縣出土的的舍利函」『文物資料叢刊』2, 1978.

丹化沙(朱國忱),「關于興隆寺與渤海大石佛」『北方論叢』1980-6.

丹化沙(朱國忱),「渤海歷史地理研究情況述略」『黑龍江文物叢刊』1983-1.

譚英杰·趙虹光,「靺鞨故地上的探索-試論黑水靺鞨與粟末靺鞨物質文化的區別-」『北方文物』1990-2.

譚英杰·趙虹光,「靺鞨-女眞帶飾研究」『中國考古學會第八次年會論文集(1991)』文物出版社, 1996.

大隅晃弘,「渤海の首領制-渤海國家と東アジア世界-」『新瀉史學』17, 1984.

稻葉岩吉,「滿洲國號の由來-東方諸民族と佛教との關係-」『增訂 滿洲發達史』附錄, 日本評論社, 1934.

董延壽·趙振華,「洛陽,魯山,西安出土的唐代百濟人墓志探索」『東北史地』2007-2.

董長富,「集安出土的幾件渤海時期文物」『博物館研究』1997-1.

東潮,「渤海墓制と領域」『朝鮮學報』176·177, 2000.

董學增,「吉林東團山原始,漢,高句麗,渤海諸文化遺存調査簡報」『博物館研究』1982-1.

鄧梅珍,「渤海文化源流芻議」『牡丹江師院學報』1987-2.

藤田亮策,「新羅九州五京攷」『朝鮮學報』5, 1953;『朝鮮學論考』藤田先生記念事業會, 1963 재수록.

디야코바 오.붸.,「발해인의 도기 제조에 보이는 말갈 전통」『소련 극동의 고고자료』소련과학원 극동학센터 극동민족 역사학·고고학·민족학 연구소, 블라디보스톡, 1981.

디야코바 오.붸.,「소련 극동의 중세 초기 집자리-사료, 복원, 해석-」『소련 극동 고고학의 문제들』소련과학원 극동지부 극동민족 역사학·고고학·민족학 연구소, 블라디보스톡, 1987.

瀧川政次郎,「日·渤官制の比較」『建國大學研究院 研究期報』1, 滿洲帝國協和會建國大學分會出版部, 1941.

류병흥,「위대한 수령 김일성동지의 현명한 령도밑에 고고학분야에서 이룩한 성과」『조선고고연구』1992-2.

류병흥,「동해안일대의 발해유적발굴에서 이룩한 성과에 대하여」『조선고고연구』1997-1.

리준걸,「함경남북도일대의 발해유적유물에 대한 조사보고」『조선고고연구』1986-1.

리창진,「발해도자기의 연원에 대하여」『조선고고연구』1997-1.

리창진,「고려푸른자기는 발해푸른자기의 계승발전」『조선고고연구』2001-1.

馬一虹,「唐封大祚榮"渤海郡王"號考-兼及唐朝對渤海與高句麗關係的認識-」『北方文物』2002-2.

牡丹江市文物管理站·寧安縣文物管理所,「黑龍江寧安沙蘭熱水坑熔岩石穴遺址調查」『北方文物』1998-4.

木村誠,「統一新羅郡縣制浿江地方經營」『朝鮮歷史論集』上, 旗田巍先生古稀記念會, 1979.

武田幸男,「牟頭婁一族と高句麗王權」『朝鮮學報』99·100, 1981;『高句麗史と東アジア』岩波書店, 1989 재수록.

文明大,「渤海 佛像彫刻의 流派와 樣式 硏究」『高句麗·渤海 硏究』II, 강좌 미술사 14, 발해미술特輯號, 1999.

바실리예프 유.엠. 저, 濱海 역,「作爲歷史資料的黑龍江女眞文化的腰帶金屬飾件」『歷史與考古信息』1995-1.

박룡연,「고고학방면으로부터 본 발해의 불교문화」『발해사연구』4, 연변대학출판사, 1993.

朴淳發,「高句麗土器의 形成에 대하여」『百濟硏究』29, 충남대학교 백제연구소, 1999.

박시형,「발해사 연구를 위하여」『력사과학』1962-1.

박시형,「발해력사는 조선력사의 한 부분이다」『력사과학』1976-3.

박시형,「발해는 고구려의 계승국」『발해사연구론문집』1, 과학백과사전종합출판사, 1992.

朴洋震,「族屬 추정과 夫餘 및 鮮卑 고고학자료의 비교 분석」『韓國考古學報』39, 1998.

박영해,「발해는 고구려를 계승한 국가」『력사과학』1986-3.

박윤무,「발해석실봉토무덤에 대한 고찰」『발해사연구』2, 연변대학 발해사연구실 편, 연변대학출판사, 1991.

박윤무,「안도동청발해무덤」『발해사연구』2, 연변대학 발해사연구실 편, 연변대학출판사, 1991.

박윤무,「룡두산 발해무덤구역내의 룡호무덤떼에 대한 고찰과 발굴」『발해사연구』4, 연변대학출판사, 1993.

朴潤武,「龍頭山龍湖墓區調查與發掘」『渤海墓葬硏究』吉林人民出版社, 2000.

朴潤武,「略論渤海石室封土墓」『渤海文化硏究』渤海史論叢 上卷, 吉林人民出版社, 2000.

박재우,「고려 군주의 국제적 위상」『한국사학보』20, 고려사학회, 2005.

박진욱,「최근년간 우리 나라 동해안일대에서 발굴된 발해유적들과 그 성격에 대하여」『연변대학조선학국제학술토론회론문집』 학술토론회조직위원회, 1989.
朴泰祐,「統一新羅時代의 地方都市에 對한 硏究」『百濟硏究』18, 충남대학교 백제연구소, 1987.
方舟,「長白靈光塔維修中發現地宮」『博物館硏究』 1984-2.
龐志國·柳嵐,「撫松縣前甸子渤海古墓淸理簡報」『博物館硏究』 1983-3.
方學鳳,「渤海以舊國中京東京爲王都時期的佛敎試探」『延邊大學學報』1986-4;『발해사연구』 정음사, 1989에 번역되어 수록됨.
배종도,「新羅下代의 地方制度 개편에 대한 고찰」『學林』 11, 연세대 사학연구회, 1989.
白鳥庫吉,「金の上京に就いて」 1909년 11월 27일 南滿洲鐵道會社歷史調査部滿洲史料展覽會講演速記;『白鳥庫吉全集』 5, 塞外民族史硏究 下, 岩波書店, 1970 재수록.
白鳥庫吉,「渤海國に就いて」『史學雜誌』 44-12, 1933;『白鳥庫吉全集』 5, 塞外民族史硏究 下, 岩波書店, 1970 재수록.
白鳥庫吉,「渤海史上の難問題に就いて」『史學雜誌』 46-9, 1935;『白鳥庫吉全集』 5, 岩波書店, 1970 재수록.
范壽琨,「李石族屬新證」『學習與探索』 1983-5.
邊太燮,「高麗時代 地方制度의 構造」『國史館論叢』 1, 1989.
볼딘 붸.이.·이블리예프 아.엘.·호례프 붸.아. 샤프쿠노프 붸.에.,「연해주 발해 집자리의 새로운 유형」『소련 극동의 중세 고고 및 역사 자료』 연구논문집, 블라디보스톡, 1990.
三上次男,「高句麗と渤海-その社會·文化の近親性-」『末永先生古稀記念古代學論叢』 1967.
三上次男,「半拉城出土の二佛并座像とその歷史的意義-高句麗と渤海を結ぶもの-」『朝鮮學報』 49, 1968.
三上次男,「渤海國에 對하여-特히 高句麗와의 文化關係에 대하여-」『종합학술회의논문집』 대한민국학술원, 1975.
森田悌,「渤海の首領について」『國史硏究』 94, 弘前大學, 1993.

森田鐵次, 「渤海の五京に就いて」『渤海・金の歷史地理的考察』滿鐵教育研究所 研究要報 10, 1937.

桑紹華・張蘊, 「西安出土文安公主等墓志及郭彦塔銘」『考古與文物』 1988-4.

샤프쿠노프 에.붸. 저, 宋基豪 역, 「沿海州의 발해 문화 유적」『白山學報』 30・31합, 1985.

샤프쿠노프 에.붸., 셰메니첸코 엘.예. 저, 송기호 역, 「소련 연해주의 발해 문화 연구」『韓國史論』 23, 서울대학교 국사학과, 1990.

샤프쿠노프 에.붸. 저, 송기호 역, 「연해주에서 출토된 발해의 청동제 符節」『韓國古代史論叢』 3, 한국고대사회연구소, 1992.

샤프쿠노프 에.붸., 이블리에프 아.엘. 저, 송기호 역, 「연해주에서 출토된 발해 板佛」『美術資料』 50, 1992.

샤프쿠노프 에.붸., 「발해 문화 형성의 특징에 대하여」『러시아과학원 극동지부 통보』 1995-1, 블라디보스톡.

西谷正, 「唐・章懷太子李賢墓の禮賓圖をめぐって」『兒嶋隆人先生喜壽記念論集 古文化論叢』 1991.

徐殿魁, 「試論唐開元通寶的分期」『考古』 1991-6.

石井正敏, 「日渤交涉における渤海高句麗繼承國意識について」『中央大學大學院研究年報』 4, 1975; 『日本渤海關係史の研究』 吉川弘文館, 2001 재수록.

石井正敏, 「渤海の日唐間における中繼的役割について」『東方學』 51, 1976; 『日本渤海關係史の研究』 吉川弘文館, 2001 재수록.

小嶋芳孝, 「日本 국내의 발해 관계 자료」『高句麗研究』 6, 발해건국 1300주년(698~1998), 1999.

邵春華, 「長白靈光塔」『博物館研究』 1983-1.

孫秉根, 「渤海墓葬的類型與分期」『漢唐與邊疆考古研究』 1, 科學出版社, 1994.

孫秀仁, 「唐代渤海的佛像和舍利函」『黑龍江古代文物』 黑龍江人民出版社, 1979.

孫秀仁, 「略論海林山咀子渤海墓葬的形制,傳統和文物特徵」『中國考古學會第一次年會論文集(1979)』 文物出版社, 1980.

손영종, 「발해의 서변에 대하여」 1 『력사과학』 1980-1; 「발해의 서변에 대하여」『발해사

연구론문집』 1, 과학백과사전종합출판사, 1992 재수록.

孫元吉·樊万象, 「渤海故都上京龍泉府發現金佛」『北方文物』 1991-4.

孫仁杰, 「高句麗積石墓葬具研究」『高句麗研究文集』 延邊大學出版社, 1993.

孫仁杰, 「集安洞溝古墓群三座古墓葬清理」『博物館研究』 1994-3.

孫進己, 「唐代渤海的文化」『東北民族史研究』 1, 中州古籍出版社, 1994.

孫進己·干志耿·莊嚴, 「勿吉和靺鞨的物質文化」『博物館研究』 1985-1.

孫進己·艾生武·莊嚴, 「渤海的族源」『學習與探索』 1982-5.

孫鐵山, 「唐李他仁墓志考釋」『遠望集 』 下, 陝西人民美術出版社, 1998.

宋基豪·全虎兌, 「咸和四年銘 발해 碑像 검토」『西巖趙恒來教授華甲紀念 韓國史學論叢』 亞細亞文化社, 1992 (본서 제7장).

宋基豪, 「발해의 불교 자료에 대한 검토」『崔永禧先生華甲紀念 韓國史學論叢』 探求堂, 1987.

송기호, 「발해에 대한 신라의 양면적 인식과 그 배경」『韓國史論』 19, 서울대학교 국사학과, 1988.

宋基豪, 「東아시아 國際關係 속의 渤海와 新羅」『韓國史 市民講座』 5, 일조각, 1989.

송기호, 「발해 城址의 조사와 연구」『韓國史論』 19, 국사편찬위원회, 1989.

송기호, 「발해 불교의 성격과 전개」『불교신문』 재조명 한국불교사 시리즈14, 1990년 11월 7일.

宋基豪, 「조선시대 史書에 나타난 발해관」『韓國史研究』 72, 1991.

宋基豪, 「渤海佛敎의 展開過程과 몇 가지 特徵」『伽山李智冠스님華甲紀念論叢 韓國佛敎文化思想史』 上, 논총간행위원회, 1992 (본서 제6장).

송기호, 「皇帝 칭호와 관련된 발해 사료들」 1993. 3. 26. 고려대 민족문화연구소 발해사 국제학술회의 발표문; 『渤海政治史研究』 一潮閣, 1995 재수록; 『渤海史의 綜合的 考察』 민족문화연구총서 68, 고려대학교 민족문화연구원, 2000 재수록.

宋基豪, 「渤海의 盛衰와 疆域」『白山學報』 47, 1996.

宋基豪, 「渤海의 地方 統治와 그 실상」『韓國 古代社會의 地方支配』 韓國古代史研究 11, 한국고대사연구회, 신서원, 1997 (본서 제3장).

宋基豪, 「六頂山 古墳群의 성격과 발해 건국집단」『汕耘史學』 8, 高麗學術文化財團,

1998 (본서 I-1).
宋基豪,「고구려 유민 高玄 墓誌銘」『서울大學校 博物館 年報』10, 서울大學校 博物館, 1999.
송기호,「다양한 문화 성격」『발해를 다시 본다』주류성, 1999.
宋基豪,「史實과 前提: 발해 고분 연구의 경우」『韓國文化』25, 2000.
宋基豪,「일본에서 접근한 발해사-酒寄雅志와 石井正敏의 저서를 읽고-」『歷史學報』174, 2002.
송기호,「발해 문화사의 연구 현황과 과제」『한국사연구』122, 한국사연구회, 2003 (본서 제8장).
宋基豪,「粟末靺鞨의 원류와 扶餘系 집단 문제」『한반도와 만주의 역사 문화』서울대학교출판부, 2003 (본서 제2장).
송기호,「발해의 고구려 계승성」하버드대학 한국연구소 고구려학술회의 발표문, 2005. 4. 5.~7. (본서 제9장).
송기호,「대외관계에서 본 발해 정권의 속성」『한국 고대국가와 중국왕조의 조공·책봉관계』고구려연구재단, 2006.
송기호,「고구려 유민 高氏夫人 墓誌銘」『한국사론』53, 서울대학교 국사학과, 2007.
송기호,「渤海의 高句麗 繼承性 補論」『東아시아속의 渤海와 日本』한일문화교류기금·동북아역사재단 편, 경인문화사, 2008 (본서 제10장).
宋玉彬,「渤海都城故址研究」『考古』2009-6.
宋玉彬·全仁學·王志剛,「延邊和龍西古城城址發掘廓清歷史懸案」『中國文物報』2003. 1. 10.
松井浪八,「渤海五京考」上·下,『史學界』1-4·1-7, 1899·1899.
송호정,「부여의 성립」『한국사』4, 국사편찬위원회, 1997.
수보티나 아.엘.,「한반도의 중도식 토기문화와 크로우노프카문화의 비교-옥저문화와 한반도의 상호교류에 대한 실증적 비교연구-」『고고학으로 본 옥저문화』동북아역사재단, 2008.
神崎勝,「夫餘の歷史に關する覺書」下『立命館文學』544, 1996.
申大坤,「高句麗 金屬製 一括遺物의 한 例」『考古學誌』3, 한국고고미술연구소, 1991.

아르체미예바 엔.게., 「연해주 중세 초기 집자리」『소비에트 고고학』 1987-1.
아르체미예바 엔.게., 「연해주 지역 집자리의 발전 과정」『러시아 극동에서의 중세 사학 연구』 극동과학출판사, 블라디보스톡, 1994.
安啓賢, 「韓國佛敎史 上-古代篇-」『韓國文化史大系』 VI, 宗敎哲學史, 1970.
楊寬, 「先秦墓上建築和陵寢制度」『文物』 1982-1.
楊保隆, 「新舊唐書《渤海傳》考辨」『學習與探索』 1984-2.
楊保隆, 「勿吉地域西南部邊至考」『北方文物』 1985-4.
梁志龍·王俊輝, 「遼寧桓仁出土靑銅遺物墓葬及相關問題」『博物館研究』 1994-2.
楊虎·譚英杰·張泰湘, 「黑龍江古代文化初論」『中國考古學會第一次年會論文集(1979)』 文物出版社, 1980.
楊鴻勛, 「關于秦代以前墓上建築的問題」『考古』 1982-4.
嚴基杓, 「新羅 僧侶들의 葬禮法과 石造浮屠」『文化史學』 18, 한국문화사학회, 2002.
엄장록·박룡연, 「북대발해무덤연구」『발해사연구』 2, 연변대학 발해사연구실 편, 연변대학출판사, 1991.
嚴長錄, 「扶餘의 遺迹과 遺物에 對하여」『民族文化의 諸問題』 于江權兌遠敎授定年紀念論叢, 1994.
呂遵祿, 「黑龍江省寧安林口發現古墓葬群」『考古』 1962-11.
余昊奎, 「3세기 후반~4세기 전반 고구려의 교통로와 지방통치조직-南道와 北道를 중심으로-」『韓國史研究』 91, 1995.
余昊奎, 「高句麗 千里長城의 經路와 築城背景」『國史館論叢』 91, 2000.
연변박물관, 「동청발해무덤발굴보고」『발해사연구』 3, 연변대학출판사, 1992.
延邊朝鮮族自治州博物館, 「渤海貞孝公主墓發掘淸理簡報」『社會科學戰線』 1982-1.
延邊博物館, 「和龍縣龍海渤海墓葬」『博物館研究』 1983-3.
延邊朝鮮族自治州博物館, 「吉林汪淸考古調査」『北方文物』 1985-4.
延邊博物館·和龍縣文物管理所, 「吉林省和龍縣北大渤海墓葬」『文物』 1994-1.
延邊朝鮮族自治州文物管理委員會·延邊朝鮮族自治州博物館, 「吉林省和龍龍湖渤海墓葬」『博物館研究』 1993-1.
延邊朝鮮族自治州博物館·和龍縣文化館, 「和龍北大渤海墓葬淸理簡報」『東北考古與歷史』 1, 1982.

閻萬章, 「瀋陽歷史沿革及有關問題」『瀋陽地方志資料叢刊』 2, 1983; 『遼寧省博物館學術論文集』 1(1949~1984), 遼寧省博物館, 1985 재수록.

鈴木靖民, 「渤海の首領について」『朝鮮史研究會會報』 54, 1979.

鈴木靖民, 「渤海の首領に關する豫備的考察」『朝鮮歷史論集』 上, 旗田巍先生古稀記念會, 龍溪書舍, 1979; 『古代對外關係史の研究』 吉川弘文館, 1985 재수록.

鈴木靖民, 「渤海の首領制-渤海の社會と地方支配-」『歷史學研究』 547, 1985.

鈴木靖民, 「日本における戰後の渤海史研究-研究の動向と課題-」『발해의 민족 형성과 연구사』 발해사 국제학술회의 발표 요지, 고려대학교 민족문화연구소, 1993. 3. 26.; 『渤海史의 綜合的 考察』 민족문화연구총서 68, 고려대학교 민족문화연구원, 2000 재수록.

鈴木靖民, 「あとがき」『古代對外關係史の研究』 吉川弘文館, 1985.

오영찬, 「楡樹 老河深 유적을 통해 본 부여 사회」『한반도와 중국 동북 3성의 역사문화』 서울대학교출판부, 1999.

오치르, 「몽골과 동아시아의 교류(10~11세기)」『발해와 동아시아』 동북아역사재단 국제학술회의 발표논문집, 2008. 7. 2.~3.

王綿厚, 「東北古代夫余部的興衰及王城變遷」『遼海文物學刊』 1990-2; 『東北古族古國古文化研究』 中, 黑龍江教育出版社, 2000 재수록.

王綿厚, 「隋與唐初粟末靺鞨的南遷及其駐地考」『東北古族古國古文化研究』 中, 黑龍江教育出版社, 2000.

王培新, 「靺鞨-女眞系銅帶飾及相關問題」『北方文物』 1997-1.

王培新, 「中國における渤海都城と交通路の研究」『アジア遊學』 6, 勉誠出版, 1999

王素, 「麴氏高昌中央行政體制考論」『文物』 1989-11.

王昭, 「談吉林帽兒山出土絲織品的處理與封護」『博物館研究』 1997-3.

王承禮, 「敦化六頂山渤海古墓群調査簡記」『吉林省文物工作通訊』 1957.

王承禮, 「敦化六頂山渤海墓淸理發掘記」『社會科學戰線』 1979-3.

王承禮, 「唐代渤海 "貞惠公主墓志"和"貞孝公主墓志"的比較研究」『社會科學戰線』 1982-1.

王承禮,「渤海的儒學和佛教」『學術研究叢刊』 1983-2.
王承禮·曹正榕,「吉林敦化六頂山渤海古墓」『考古』 1961-6.
王禹浪·都永浩,「渤海東牟山考辨」『渤海史研究』 9, 延邊大學出版社, 2002.
王俠,「貞惠公主墓與貞孝公主墓」『學習與探索』 1985-4.
王洪峰,「吉林市帽兒山夫余遺址」『中國考古學年鑒(1994)』 文物出版社, 1997 .
外山軍治,「金代遼陽の張氏と熊岳の王氏について」『橋本博士古稀記念東洋學論叢』 1960 .
外山軍治,「金代遼陽の渤海人と佛教」『塚本博士頌壽記念佛教史學論集』 京都, 1961.
外山軍治,「金朝治下の渤海人」『金朝史研究』 京都大學 동양사연구실, 1964.
姚玉成,「俄羅斯尼古拉耶夫斯克遺址出土魚形青銅信符考實」『北方文物』 1993-3.
原田淑人,「渤海の佛像」『文化』 2-11, 1935;『東亞古文化研究』 1940 재수록 .
魏國忠·朱國忱,「渤海國政治制度述略」『求是學刊』 1981-3; 魏國忠,「渤海國的政治制度」『東北民族史研究』 2, 中州古籍出版社, 1995 재수록.
魏國忠,「唐代渤海五京制度考」『博物館研究』 1984-3 .
魏國忠,「關于勿吉族的幾個問題」『東北民族史研究』 2, 中州古籍出版社, 1995.
魏國忠·郭素美·魏建華,「關于渤日交聘中的"高麗國"問題」『北方文物』 2001-1.
魏存成,「渤海王室貴族墓葬」『中國考古學會第三次年會論文集』 文物出版社, 1984.
魏存成,「高句麗,渤海文化之發展及其關係」『吉林大學學報』 社會科學, 1989-4.
魏存成,「高句麗,渤海墓葬之比較」『古民俗研究』 1990-1;『高句麗渤海研究集成』 高句麗卷2, 哈爾濱出版社, 1994 재수록.
위존성 저·방학봉 역,「발해문화연구에 관한 몇개 문제」『발해사연구』 2, 연변대학 발해사연구실 편, 연변대학출판사, 1991; 魏存成,「有關渤海文化研究的幾個問題」『渤海文化研究』 吉林人民出版社, 2000.
魏存成,「渤海文化的特徵與形成」『渤海と環日本海交流』 環日本海論叢 第8號, 1995.
魏存成,「第二松花江中游地區的靺鞨,渤海墓葬」『北方文物』 1998-1.
劉景文,「吉林市郊帽兒山古墓群」『中國考古學年鑒(1990)』 文物出版社, 1991.
劉景文,「吉林市帽兒山古墓群」『中國考古學年鑒(1991)』 文物出版社, 1992.

劉景文,「吉林市帽兒山墓地南山墓群」『中國考古學年鑒(1998)』文物出版社, 2000.
劉景文·龐志國,「吉林楡樹老河深墓葬群族屬探討」『北方文物』1986-1.
劉濱祥·郭仁,「渤海瓦當的分類與分期研究」『北方文物』1995-3.
劉振華,「永吉楊屯遺址試掘簡報」『文物』1973-8.
劉振華,「渤海大氏王室族屬新證-從考古材料出發的考察-」『社會科學戰線』1981-3.
劉曉東·付曄,「試論三靈墳的年代與墓主人身份」『北方文物』1992-1.
劉曉東,「渤海墓葬的類型與演變」『北方文物』1996-2.
劉曉東,「“車書本一家”的考古學詮釋-論渤海文化與中原唐文化的趨同性-」『北方文物』2002-1.
劉曉東·程松,「突地稽事蹟考略」『北方文物』1985-3.
尹龍九,「중국출토의 韓國古代 遺民資料 몇 가지」『韓國古代史研究』32, 2003.
尹郁山,「吉林永吉縣查里巴村發現二座渤海墓」『考古』1990-6.
이강,「발해의 문자」『발해국사』정음사, 1988.
李健才,「夫餘的疆域和王城」『社會科學戰線』1982-4;『東北史地考略』吉林文史出版社, 1986.
李琦錫,「韓國 古代都市 條坊(坊里)制 研究에 대한 傾向과 課題」『地理敎育論集』38, 서울대학교 사범대학 지리교육과, 1997.
李南奭,「渤海墓制의 研究」『國史館論叢』62, 1995.
이병건,「발해시대 사찰건축 연구」건국대학교 건축공학과 석사학위 논문, 1991. 12.
李丙燾,「高麗南京建置に就いて」『靑丘學叢』2, 1930.
李丙燾,「夫餘考」『韓國古代史研究』修訂版, 博英社, 1985.
李成市,「穢族の生業と民族」『古代東アジアの民族と國家』岩波書店, 1998.
李英魁,「黑龍江省蘿北縣團結墓葬淸理簡報」『北方文物』1989-1.
李龍範,「渤海王國의 形成과 高句麗遺族」上·下『東國大學校論文集』10·11, 1972.·1973;『中世 滿洲·蒙古史의 研究』同和出版公社, 1988 재수록.
李龍範,「大陸關係史」『白山學報』19, 1975;『古代의 滿洲關係』春秋文庫 20, 한국일보사, 1976 재수록.
李殿福,「從考古學上看唐代渤海文化」『學習與探索』1981-4.

李殿福,「渤海文化」『松遼文物』 1985-1.

李殿福,「渤海咸和四年銘佛龕」『東北亞考古與歷史信息』 1993-1·2합.

李殿福,「渤海咸和四年銘文佛龕考釋」『社會科學戰線』 1994-3.

李正鳳·李强,「吉林龍井富民渤海古墓」『博物館研究』 1986-1.

李正鳳·李强,「吉林龍井英城渤海古墓」『博物館研究』 1986-1.

李陳奇,「黑龍江省における靺鞨·渤海考古學の新進展」『渤海と環日本海交流』環日本海論叢 第8號, 新潟大學環日本海研究會, 1995.

이한상,「정지산유적의 편년과 성격」『"공주 정지산" 학술발표회 발표요지』국립공주박물관, 1998.

李亨求,「高句麗의 享堂制度研究」『東方學志』 32, 1982.

李亨求,「高句麗와 百濟와의 文化的 關係-高句麗와 百濟의 積石塚과 享堂制度-」『百濟史의 比較研究』 忠南大學校 百濟研究所, 1993.

日野開三郎,「勿吉考」『史淵』35, 1946;『東北アジア民族史』上, 日野開三郎 東洋史學論集 14, 三一書房, 1988, 재수록.

日野開三郎,「靺鞨七部の住域に就いて」『史淵』36·37, 1947;『東北アジア民族史』中, 日野開三郎 東洋史學論集 15, 三一書房, 1991 재수록.

日野開三郎,「靺鞨七部の前身とその屬種」『史淵』38·39합, 1948;『東北アジア民族史』中, 日野開三郎 東洋史學論集 15, 三一書房, 1991 재수록.

日野開三郎,「總章元年唐將薛仁貴の攻陷せる扶餘城-靺鞨七部考第三章附說-」『史淵』44, 1950;「附說 總章元年唐將薛仁貴の攻陷せる夫余城」『東北アジア民族史』中, 日野開三郎 東洋史學論集 15, 三一書房, 1991 재수록.

日野開三郎,「附說: 唐に歸屬せる粟末靺鞨烏素固部」『東北アジア民族史』中, 日野開三郎 東洋史學論集 15, 三一書房, 1991.

林炳泰,「新羅小京考」『歷史學報』35·36합, 1967.

林碩奎,「東京大 所藏 渤海佛像의 現狀과 性格」高句麗研究會 편, 6,『발해건국 1300주년: 698~1998』 학연문화사, 1999.

林沄,「夫餘史地再探討」『北方文物』 1999-4.

장국종,「발해의《고려후국》의 존립과 그 수도에 대하여」『력사과학』 1992-2.

張國鍾 저·李成出 역,「渤海の領域と五京制」『高句麗·渤海と古代日本』在日本朝鮮社會科學者協會歷史部會 編, 雄山閣, 1993.
張乃翥·張成渝,「洛陽龍門山出土的唐李多祚墓志」『考古』1999-12.
張立明,「吉林泡子沿遺址及其相關問題」『北方文物』1986-2.
張博泉·程妮娜,「論渤海國的社會性質」『學習與探索』1982-5.
張碧波,「關於渤海王室高句麗意識的考辨」『北方論叢』2002-1.
張碧波,「漢唐郡望觀念與渤海大氏-渤海大氏三考-」『學習與探索』2002-1.
장상렬,「발해 상경룡천부터에 표현된 도시계획 방법과 그 고구려적성격」『조선고고연구』1998-2.
장상렬,「발해의 수도 상경룡천부와 고구려의 수도 평양성의 계승관계에 대하여」『조선고고연구』1998-4.
張錫瑛,「琿春馬滴達渤海塔基淸理簡報」『博物館研究』1984-2.
張雪岩,「吉林集安東大坡高句麗墓葬發掘簡報」『考古』1991-7.
張殿甲,「渾江地區渤海遺迹與遺物」『博物館研究』1988-1.
張鐵寧,「渤海上京龍泉府宮殿建築復原」『文物』1994-6.
장철만,「동해안일대의 발해무덤에 대하여」『조선고고연구』1997-1.
장철만,「발해무덤의 고구려적성격에 대하여」『조선고고연구』1998-4.
張太湘,「大城子古城調査記」『文物資料叢刊』4, 1981.
梓筠,「寧安縣發現的唐代舍利函」『學習與探索』1979-4.
齋藤優,「間島省海蘭平野の渤海遺蹟」『考古學雜誌』40-1, 1954.
赤羽目匡由,「都管七国六瓣銀盒銘文の一考察-唐後期の渤海認識にふれて-」『人文學報』346, 2004.
田島公,「第六章 海外との交涉」『古文書の語る日本史』제2권 平安, 筑摩書房, 1991.
全俊鉉,「三韓問題の再檢討」『朝鮮民族と國家の源流』雄山閣, 1995.
田中俊明,「新羅五小京の成立と國原小京」『古代の日本と渡來の文化』學生社, 1997.
田村晃一,「新夫餘考」『青山考古』3, 1987.
田村晃一,「渤海の瓦當文樣に關する若干の考察」『青山史學』19, 2001.

田村晃一, 「渤海瓦當論再考」 『早稻田大學大學院文學研究科紀要』 47, 2002.
全虎兌, 「渤海의 고분벽화와 발해문화」 『高句麗研究』 6, 발해건국 1300주년 (698~1998), 1999.
鄭炳模, 「渤海 貞孝公主墓 壁畵 侍衛圖의 연구」 『高句麗·渤海 研究』 II, 강좌 미술사 14, 발해미술特輯號, 1999.
鄭永振, 「和龍縣龍海古迹調查」 『黑龍江文物叢刊』 1983-2.
鄭永振, 「渤海墓葬研究」 『黑龍江文物叢刊』 1984-2.
정영진, 「발해무덤연구」 『발해사연구』 1, 연변대학 발해사연구실 편, 연변대학출판사, 1990.
정영진, 「1988년에 발굴한 북대발해무덤 및 3채그릇」 『발해사연구』 2, 연변대학 발해사연구실 편, 연변대학출판사, 1991.
鄭永振, 「高句麗·渤海·靺鞨 墓葬形制 比較研究」 『百濟研究』 22, 1991.
鄭永振, 「최근년간 중국동북지역에서의 발해유적 조사 발굴과 발해사연구동향」 『韓國上古史學報』 9, 1992.
鄭永振, 「1991年에 發掘한 三陵屯渤海壁畵墓와 高句麗壁畵墓와의 關係」 『韓國上古史學報』 16, 1994.
정영진, 「발해의 建國年代와 建國地, 建國集團과 國號에 대하여」 『東北亞歷史論叢』 16, 동북아역사재단, 2007.
鄭永振·嚴長錄, 『渤海墓葬研究』 吉林人民出版社, 2000.
鄭永鎬, 「渤海의 佛教와 佛像」 『高句麗研究』 6, 발해건국 1300주년(698~1998), 1999.
정요근, 「高麗前期 驛制의 整備와 22驛道」 『한국사론』 45, 2001.
鄭鎭憲, 「渤海 住民 構成의 新解析-《類聚國史》의 渤海 史料를 중심으로-」 『慶熙史學』 19, 1995.
程妮娜, 「渤海與日本交聘中"高麗國"的辨析」 『吉林大學社會科學學報』 2001-4.
젤레즈냐코프(Железняков К.А.) 카.아. 著, 孫秀仁 譯, 「阿什河下游河灣地帶考古調查收穫」 『黑龍江文物叢刊』 1983-2.
조동일, 「4.7.남북국 시대의 상황과 문학」 『한국문학통사』 1, 지식산업사, 1982.
趙鳴岐, 「試論洪皓使金」 『北方論叢』 1982-1.

조법종, 「高句麗의 馬韓繼承 認識論에 대한 檢討」『韓國史硏究』 102, 1998.

鳥山喜一, 「東京城寺址調査略報告」『東京城』滿洲古蹟古物名勝天然紀念物保存協會誌 6, 1943.

鳥山喜一, 「渤海國の五京について-渤海史上の諸問題の一節-」『東洋大學紀要』11 社會科學篇, 1957.

周炅美, 「韓國 古代 佛舍利莊嚴에 미친 중국의 영향」『美術史學硏究』235, 한국미술사학회, 2002.

朱國忱 · 張泰湘 · 吳文銜 · 魏國忠, 「唐代渤海文化初探」『黑龍江省文博學會成立紀念文集』 1980.

朱國忱·魏國忠, 「再論渤海王國的族屬問題」『北方論叢』 1983-1.

朱國忱·張太湘·魏國忠·吳文銜, 「渤海國的族屬問題」『學習與探索』 1980-5.

酒寄雅志, 「渤海の王都と領域支配」『古代文化』50-9, 1998; 酒寄雅志, 『渤海と古代の日本』 校倉書房, 2001 재수록.

주영헌, 「발해는 고구려의 계승자」『고고민속』 1967-2.

주영헌, 『발해문화』 사회과학출판사, 1971.

中村裕一, 「渤海國咸和一一年中臺省牒に就いて-古代東アジア國際文書の一形式-」『隋唐帝國と東アジア世界』汲古書院, 1979; 임상선 편역, 『발해사의 이해』 열린서사 1, 신서원, 번역 수록, 1990.

池內宏, 「勿吉考」『滿鮮地理歷史硏究報告』 15, 東京帝國大學文科大學, 1937.

津田左右吉, 「勿吉考」『滿鮮地理歷史硏究報告』 1, 東京帝國大學文科大學, 1915.

陳顯昌, 「渤海國的佛像」『學習與探索』 1980-5.

陳顯昌, 「唐代渤海上京龍泉府遺址」『文物』 1980-9.

集安縣文物保管所, 「集安縣上,下活龍村高句麗古墓淸理簡報」『文物』 1984-1.

차달만, 「발해무덤을 통하여 본 발해와 고구려와의 계승관계」『고조선 · 고구려 · 발해 발표 논문집』 고구려연구재단, 2005.

車玉信, 「渤海佛像에 관한 연구」 이화여자대학교 미술사학과 석사학위 논문, 1990. 11.

채태형, 「발해 동경룡원부-훈춘 팔련성설에 대한 재검토」『력사과학』 1990-3.

채태형, 「료동반도는 발해국의 령토」 『력사과학』 1992-1.
天野哲也, 「「靺鞨」社會の特徵-コルサコフ墓地の帶飾板を中心に-」『日本古代の傳承と東アジア』 吉川弘文館, 1995.
塚本善隆, 「龍門石刻錄」 『龍門石窟の硏究』二(本文篇), 附錄第二, 同朋舍, 1941.
塚本善隆, 「龍門石窟に現れたる北魏佛教」 『龍門石窟の硏究』二(本文篇), 附錄第一, 同朋舍, 1941.
최맹식, 「三國 암막새의 始原에 관한 小考」 『文化史學』 21, 한국문화사학회, 2004.
崔柄憲, 「新羅 佛敎思想의 전개」 『역사도시 慶州』 열화당, 1984.
崔柄憲, 「불교사상과 신앙」 『한국사특강』 서울대학교출판부, 1990.
崔聖銀, 「渤海(698~926)의 菩薩像 樣式에 대한 考察」 『高句麗·渤海 硏究』 II, 강좌미술사 14, 발해미술特輯號, 1999.
최종택, 「漢江流域 高句麗土器 硏究」 『韓國考古學報』 33, 1995.
최태길, 「발해국에서 사용한《백성》이란 단어에 대하여」 『발해사연구』 3, 연변대학출판사, 1992.
추명엽, 「고려전기 '번' 인식과 '동·서번'의 형성」 『역사와 현실』 43, 2002.
鄒寶庫, 「遼寧發現金代塔銘刻石」 『文物』 1995-12.
秋山進午, 「渤海塔基"壁畵"墓の發見と硏究」 『大鏡』 10, 富山考古學會, 1986.
鄒秀玉, 「貞孝公主墓志反映出的儒家思想」 『博物館硏究』 1983-3.
土肥義和, 「敦煌發見 漢文文書에 나타난 韓國關係 記事에 관하여」 『大東文化硏究』 23, 성균관대학교 대동문화연구원, 1989.
판카즈 모한, 「6세기 신라에서의 왕권과 불교 간의 관계」 『불교학연구』 9, 2004.
何明, 「吉林和龍高産渤海寺廟址」 『北方文物』 1985-4.
何明, 「淺談唐代渤海的佛教」 『博物館硏究』 1983-3.
河上洋, 「東北アジア地域の佛教-渤海を中心として-」 『大谷大學史學論究』 1, 1987.
河上洋, 「渤海の地方統治體制-一つの試論として-」 『東洋史硏究』 42-2, 1983.
河上洋, 「渤海の交通路と五京」 『史林』 72-6, 1989.
河上洋, 「渤海の東京と二佛竝座像」 『佛教史學硏究』 35-2, 1992.
河上洋, 「遼五京の外交機能」 『東洋史硏究』 52-2, 1993.

河泰奎, 「高麗時代 百姓의 槪念과 그 存在形態」『國史館論叢』 20, 1990.
韓圭哲, 「渤海의 西京 鴨淥府 硏究」『韓國古代史硏究』 14, 1998.
韓圭哲, 「高句麗의 繼承性을 통해 본 渤海國의 正體性」『高句麗硏究』 18, 2004.
韓道誠, 「渤海國與唐文化」『東北論文集』 2, 中國文化學院 東北硏究所, 臺北, 1967.
한용걸, 「발해건축의 몇가지 특징에 대하여」『조선고고연구』 1998-4.
한인덕, 「성상리토성에 대하여」『조선고고연구』 1993-1.
한인호, 「발해의 령광탑」『조선고고연구』 1988-3.
한정훈, 「신라통일기 육상교통망과 五通」『釜大史學』 27, 2003.
許英子, 「試論渤海的佛教宗派及其特點」『博物館硏究』 1999-2.
洪峰, 「吉林市郊區帽兒山漢代墓地」『中國考古學年鑒(1992)』 文物出版社, 1994.
洪亨雨, 「고고학에 있어서 인골의 연구성과와 방향」『韓國上古史學報』 17, 1994.
和田淸, 「渤海國地理考」『東洋學報』 36-4, 1954 ; 『東亞史硏究』 滿洲篇, 東洋文庫, 1955 재수록.
黃景林, 「寧安市東蓮花村渤海貴族墓」『北方文物』 1996-1.
黃林啓, 「寧安縣渤海鎭西石崗古墓群出土文物簡介」『北方文物』 1990-4.
黃善榮, 「新羅下代의 府」『한국 중세사 연구』 1, 1994.
黑龍江省文物考古工作隊·吉林大學歷史系考古專業, 「黑龍江東寧縣大城子渤海墓發掘簡報」『考古』 1982-3.
黑龍江省文物考古工作隊, 「寧安縣鏡泊湖地區文物普查」『黑龍江文物叢刊』 1983-2.
黑龍江省文物考古硏究所, 「黑龍江海林北站渤海墓試掘」『北方文物』 1987-1.
黑龍江省文物考古硏究所, 「黑龍江海林二道河子渤海墓葬」『北方文物』 1987-1.
黑龍江省文物考古硏究所, 「黑龍江蘿北縣團結墓葬發掘」『考古』 1989-8.
黑龍江省文物考古硏究所, 「黑龍江省海林二道河子考古調查」『北方文物』 1991-1.
黑龍江省文物考古硏究所, 「黑龍江省牡丹江樺林石場溝墓地」『北方文物』 1991-4.
黑龍江省文物考古硏究所, 「黑龍江寧安市虹鱒魚場墓地的發掘」『考古』 1997-2.
黑龍江省文物考古硏究所, 「黑龍江省海林市羊草溝墓地的發掘」『北方文物』 1998-3.
黑龍江省文物考古硏究所, 「渤海上京城第四階段考古發掘主要收獲」『文物』 2009-6.
黑龍江省博物館, 「牡丹江中下游考古調查簡報」『考古』 1960-4.

▌찾아보기 ▌

[ㄱ]

干志耿 68, 69
開心寺 124, 214, 219, 272
開元通寶 17, 20
契丹 109
乞乞仲象 95, 294, 295
乞四比羽 95, 294, 295
景敎 223, 232, 233
景方昶 178
桂婁郡王 300, 322
古今郡國志 176
高南申 111, 115
高多佛 153, 218
高麗 190, 191, 367
高麗圖經 326
高麗侯國 125
高模翰 141
鼓腹罐 11, 16, 21, 23
高禮進 224
高產 절터 273
高氏 부인 320
高洋弼 128
高延壽 314
高說昌 127
高齊德 153
高震 315, 319~321
高惠眞 314
曲字形 평면 336
空海 216
과판 22, 34, 35, 40
郭元誠 221, 363
關金泉 278
관음상 222, 223
관음신앙 222, 231
喬梁 85
駒井和愛 178, 222
國書 278, 293
菊池俊彦 71, 85
궁성희 263
權五重 69
厥稽部 23
圭形 묘지 28
그레이슨(Grayson J. H.) 201
金나라 190, 226, 228
金谷 고분군 33

金銅板 205, 206
金城 고분군 32, 33
金製 冠裝飾 357, 358
기둥밑장식 → 柱礎裝飾瓦
騎馬人物像 233
羈縻州 89
己閼棄蒙 148
金武植 278
金玟志 279
金毓黻 94, 105, 106, 134, 152, 178
金鍾圓 106
김종혁 265, 267
金太順 271

[ㄴ]

나이펠드 고분 66, 132
나이펠드 유형 85
難元慶 321
南京城 179
南城子古城 14
南詔 142
南海府 116, 177
盧泰敦 70, 106, 320
老河深 14, 16, 18~23, 66, 80~88, 132
農安 95
農安說 74
祢寔進 321
니콜라예프카 성 129

[ㄷ]

多京制 192
다라니경 216
多人葬 10, 21, 32, 33
團結 유적 16, 22
團結 고분군 66
團結-크로우노프카 문화 330~332
達姑 130
唐六典 137
大城子 고분군 16
大首領 148
大嵩璘 293
大隅晃弘 106
大原美術館 224, 235
대원화상 214
大彝震 120
大祚榮 41, 294, 322
大昌勃價 145
大海猛 유적 14, 16~23, 66, 80, 86, 131
데레비얀코 아.페. 86
都督府 165
道制 124
都護府 166
突厥 142
突厥式 22
突騎施 142
突地稽 23, 93, 94
東京城 179
洞溝 고분군 32

東台子 고분　22
東台子 유적　336
동명왕릉　29
同仁 유적　16, 33, 66
同仁 문화　131
董學增　14
디야코바 오.붸.　85, 285

[ㄹ]

瀧川政次郎　134

[ㅁ]

馬一虹　320, 321
馬滴達塔　211, 220, 364
馬韓　293, 313, 314, 316~318
靺鞨　330
靺鞨系(粟末靺鞨系) 高句麗人　41, 295
靺鞨罐　35
靺鞨 문화　131, 332
貊人　42
貊種　42
牟頭婁　73
帽兒山 고분군 14, 31, 78
慕容廆　72
木簡　42, 212
목곽　10, 19, 31
목관　10, 19, 31
木塔　211, 363
廟屯 절터　203
墓誌石　356
墓塔(무덤탑)　220
武經總要　370
武寧王　32
武王　108~110
文明大　279
문수사리보살　251
文王　110, 177, 208, 210
勿吉　28, 70~72, 74~78, 98

[ㅂ]

박룡연　278
朴時亨　106, 283, 306
渤海郡王　322
渤海樂　279
方學鳳　262
白山靺鞨　95, 328
百姓　150, 151
백제　73, 74, 317
白鳥庫吉　161, 266
藩國　154
蕃長　153
법화신앙　222, 231
벽돌탑(塼塔)　211

弁韓 318
변형 목곽 20
寶露國 130
볼쇼이 두랄 계곡 유적 328
부여 西遷 72
부여성 94, 95
扶餘隆 316, 321
扶餘族 68, 71
府州縣制 116, 120
北大 고분군 16
北蕃風俗記 90
北沃沮人 330~332
北魏 양식 223
北狄傳 300
北匈奴 325
불로치카 유적 328, 329
블라고슬로벤노예 유형 85

[ㅅ]

4京 191
4경제 188
史都蒙 218
사리탑 221
査里巴 고분군 14, 16, 18~23, 66
사리함 221
山字形 銅釵 17
薩多羅 214
3京(都)制 168, 170, 187, 188
3京 163, 164, 171, 191
3級制 157
삼각고임 28
三陵屯(三靈屯) 고분 30, 211, 363
三上次男 69, 207, 273, 285, 306
森田鐵次 161, 162
上京 173, 174
上京城 178
샤프카 산 유적 328
샤프쿠노프 에.붸. 285
西京城 179
西團山 문화 84
西安 출토 銀盒 359
胥要德 111, 115, 153
石槨墓 8, 9, 26, 132
石棺墓 8, 9, 26, 132
釋無名 215
石獅子像 28, 356
石室墓 8, 9, 26, 27, 132, 302, 353, 355~357
釋仁貞 213
釋貞素 213, 278
石井正敏 279, 285, 306, 307
石村洞 적석묘 28
石峴 고분군 33
船口 고분군 32
鮮卑 80
禪僧 363
宣王 120
聶利計 129, 130

城山子山城　39, 301
小高句麗國　125
小嶋芳孝　264
昭聖皇后 劉氏　229
小地營 유적　330
粟末靺鞨　14, 23, 30~32, 33, 35, 36, 38, 40, 66, 67, 71, 78, 90~99, 131
粟末水　13
涑州　13, 14, 31
孫進己　68, 105, 282
宋基豪　278
松漠紀聞　204, 226, 295
松井等　94, 105, 178
松井浪八　178
水經注　327
獸骨　11, 33
首領　106, 126, 128, 134
首領制　106, 152
愁思嶺部落　91, 92
竪穴土壙墓　82, 131, 132
肅愼　69, 78
宿衛學生　145
順穆皇后 泰氏　353, 367, 369
시카치 알랸 성터　327, 328
新羅　142, 145, 209
新興洞 고분군　32, 33
深腹罐 → 筒形罐
瀋陽 고궁　338
瀋陽　217
15부　180
雙耳陶壺　83, 84, 87, 88, 98

[ㅇ]

아무르式　22
아미타신앙　242
아브리코스 절터　220
아우로프카 성터 10호 주거지　327, 328
樂游縣　125
安啓賢　201
安吉人(安倍吉人)　216
安車骨部　33
押靺鞨使　128
애머크낵(Amaknak) 다리　325
艾生武　68
若忽州 都督　111, 153
안콥스키 문화　332
楊吉福　128, 310
兩都(京)制　168
兩貊　316
楊保隆　70
梁誠之　191
楊承慶　111, 115
魚形 符節　129
茹富仇　128, 130, 154
女眞　22, 133
淵蓋蘇文　321
延喜式　146

列周道 183
靈光塔 211, 220, 272, 364
鈴木靖民 106, 135, 152
靈仙 213
永安 유적 328
濊貊族 69
5京 165
5京制 157
5都 165
5方 160, 163
5部 160, 162, 163
5小京 160, 164, 165
5行·5方 사상 159, 160
五女山城 332
梧梅里 유적 205, 272
烏素固部落 91, 92
五銖錢 81
五行大布 17, 20, 81
올가 문화(폴체 문화) 328, 329, 330, 332
瓦當 303
王承禮 161
王新福 211
王維 221, 363
王庭筠 230, 278
王孝廉 176, 216
外山軍治 279
外王內帝 367
遼나라 184, 185, 189, 190
遼陽 125, 226, 229, 230
僫薩 114
龍頭山古城 365
龍原府式 223
龍泉府式 222
龍海구역 350
虞婁部 128, 129
虞婁部 蕃長 154
元五里 절터 222
原田淑人 273
魏國忠 70, 105, 161
魏存成 4, 281, 282
柳得恭 178
劉振華 25
類聚國史 112, 150, 296
劉曉東 4, 281, 282
六頂山 고분군 3~42, 132, 302, 354~355, 369
乙力支 75~77
挹婁 74, 76
2級制 165
2次葬 20, 21, 32, 33, 83
李居正 217
李謹行 78, 315
李多祚 95, 96, 315
二佛竝坐像 206, 207, 222, 223, 273, 304
李成市 69, 106
24個石 유적 275
李敖 73
李龍範 152, 201, 284, 306

李殿福　281, 283
李盡忠　315
李他仁　315
이혈합장묘　356
1차장　33
일본　143
日野開三郎　68, 94
入唐求法巡禮行記　309

[ㅈ]

자금성　338
張建章　76, 116
長慶宣明曆　169
張高　281, 282
張國鍾　162
장군총　29
張文休　109
長腹罐 → 筒形罐
莊嚴　68
張行願　228
張浩　228, 310
章懷太子 禮賓圖　359
載雄　214, 225
轉輪聖王　208, 209
塼佛　222
塼室墓　353, 356
塼室塔墓　356
田村晃一　268
塼塔　30, 210
節度使　122, 124, 130
정릉사지　337
定理府　129, 130
定安國　292, 293, 316, 317, 319
丁若鏞　105, 178
鄭英德　105
鄭永振　5, 262, 271
貞懿皇后 李氏　229
貞惠公主　7, 37, 40, 302, 355, 356
貞孝公主　30, 210, 211, 302, 351
鳥居龍藏　266
趙東一　278
趙文休　225, 238, 240~242, 248
鳥山喜一　161, 162, 178, 266
朝鮮國八道全圖　296
朝鮮八道之圖　296
趙崇德　227
鳥羽形(鳥翼形) 冠飾　358, 359
曹廷杰　105
左驍衛將軍　129
朱國忱　70
酒寄雅志　279
朱榮憲　4, 261, 283, 306
柱礎裝飾瓦(기둥밑장식)　368
中京　370
中京城　178
中臺省牒　128, 146, 147, 250, 278
池內宏　68, 94
指頭紋 기와　303

지장보살 251
振國(震國) 299
珍陵 7, 37
津田左右吉 70, 94, 105, 178
陳顯昌 105
振興 유적 333
쪽구들 304, 324

[ㅊ]

册府元龜 139
柵城府 113
處閭近支 114
千佛像 222
天孫 206, 210, 367
天孫意識 310
泉井郡 113, 176
천추총 29
鐵利(鐵勒) 130, 154
鐵利人 127, 128, 154
青海土城 267
체르냐티노 고분군 313
村落文書 164
村長 151
村主 152
최맹식 303
최봉익 214
崔烏斯(崔烏斯多) 141
崔致遠 144, 145, 297, 298, 314, 316
추가 노지(추가 화덕) 330
酋渠首領 137, 138
秋山進午 363
鄒秀玉 279
則天武后 209
勅書 141, 142
親王制度 240
친톨고이 유적 338

[ㅋ]

코르사코보 고분군 66
코치코바트카 고분군 66
코프이토 절터 220
콘스탄티노프카 유적 330, 331
크라스키노 성터 266, 333
크로우노프카 문화 →
團結-크로우노프카 문화

[ㅌ]

탄소연대 측정치 15
耽羅國 154
土壙墓 9, 19, 23, 26, 30, 39, 303, 353, 360
吐蕃 142
土石混築墓 9
土人 151

統一新羅 119, 164, 165
筒形罐(深腹罐, 長腹罐, 筒形雙脣陶罐) 11, 16, 21, 23, 25, 34, 35, 40, 71, 84, 85, 98, 303
트로이츠코예 고분군 22, 66, 132

[ㅍ]

八連城 206, 207
浿江 110
牌飾 22
平城京 42
平城宮 212
평행고임 28
포노소프 붸.붸. 266
폴체 문화 → 올가 문화

[ㅎ]

河口 유적 333
河南村 고분 211, 362
何明 278
河上洋 106, 152
何瑟羅道(江陵) 110
하이퍼코스트(hypocaust) 324
賀正表 277
韓圭哲 69, 162
韓道誠 281
韓鎭書 105, 178
韓致奫 105, 178
咸和 238, 250
行木底州 刺史 111
許國公 242
許英子 279
許王府 239, 240~242, 367
玄菟州 111, 116
穴太 유적 337
壺形 토기 71, 85
혼령 정화 움막 325
虹鱒魚場 고분군 132, 368
花郞制度 209
花瓶形 토기 71, 85
火葬 10, 20, 32, 33, 83
和田淸 94, 105, 178
黃家崴子 유적 65, 85, 132
皇上 210
皇帝國 154, 366
回鶻 143
回字形 평면 362
孝懿皇后 353, 367, 369
後唐 187
後梁 187
後晋 187
毁器 83
黑水靺鞨 33, 66, 109, 131
黑齒常之 321
黑齒俊 321
興隆寺 221

국문초록

발해 사회문화사 연구

宋 基 豪

이 책은 『渤海政治史硏究』(1995)에 이어서 두 번째로 내는 발해사 연구서이다. 앞 책에서는 주로 문헌기록을 바탕으로 발해사의 전개과정을 복원하는 데에 주력했다고 한다면, 이 책에서는 고고자료를 많이 활용하여 발해의 사회구조 및 문화사, 고구려 계승성 연구에 중점을 두었다. 제Ⅰ부는 발해 건국 집단의 種族的 屬性에 관한 연구로서 앞 책에서 이미 문헌으로 접근했던 것을 이번에는 고고학적으로 규명한 것이다. 제Ⅱ부는 지방 사회의 지배구조와 그 실상을 파악한 것이다. 제Ⅰ부와 제Ⅱ부가 사회사 연구라고 한다면 제Ⅲ부는 문화사 연구로서, 발해 불교의 전개과정을 정리해보고 새로운 불상 명문을 소개하는 데에 치중했다. 제Ⅳ부는 발해사의 핵심 논쟁으로서 단시일내에 해결하기 어려워 일단 보류해두었던 발해의 고구려 계승성 문제를 본격적으로 穿鑿해본 것이다.

제1장은 발해 건국세력이 묻혀 있는 곳으로 지목되는 六頂山古墳群 자료를 재정리하고, 이를 粟末靺鞨 고분 및 高句麗 고분과 비교하여 분석한 것이다. 육정산고분군을 분석해보니, 고분 양식에서 高句麗的인 요소가 강한 반면에 副葬 陶器와 埋葬 習俗에서는 靺鞨的인 요소가 강하였다. 두 가지 요소는 고분군의 區域에 따라서도 달리 나타나는데, 제1구역 중 · 하부에서는 고구려적 요소가 두드러지고, 제1구역 상부와 제2구역에서는 말갈적 요소가 두드러진다. 이것은 발해 건국집단이 고구려인과 말갈인으로 구성되었으되 상층부는 고구려인이 우세했던 반면에 하층부는 말갈인이 다수였던 사실을 반영한다.

제2장은 발해 건국의 한 축을 이루었던 粟末靺鞨의 원류를 밝힌 것이다. 과거 扶餘國 지역에서 속말말갈이 發祥한 사실을 들어서 扶餘人이 그 母胎가 된 것이라는 주장에 대한 반론이기도 하다. 속말말갈은 勿吉이 西進하여 형성된 것으로 부여와는 무관하니, 이 사실은 楡樹 老河深 유적을 통해서 확인된다. 老河深 中層은 前期 扶餘의 유적이고 上層은 속말말갈의 유적인데, 두 층위 사이에는 큰 시간적 공백이 있는데다가 고분 양식, 매장 방식, 부장품에서도 큰 차이를 보인다. 이것은 부여에서 속말말갈로 계승된 것이 아님을 보여주며, 따라서 서로 종족적 속성이 달랐음을 의미한다. 오히려 속말말갈의 陶器는 부여 도기와 다르고 다른 말갈족과 相通하므로 물길의 확산으로 속말말갈이 형성된 것이 분명하다.

제3장은 발해 지방통치제도의 변화 과정과 지방통치의 실상을 검토한 것이다. 발해의 지방통치제도는 대체로 세 단계로 변모했으니, 초기에 고구려식 제도가 채택되었다가 나중에 당나라식 府州縣制로 전환되었고, 다시 부주현제가 변형되면서 郡·道 등이 도입되었다. 또 지금 18州의 75縣 명칭만 온전히 전해지는데, 발해에 62州가 있었던 점을 감안하면 通說보다 훨씬 많은 200개 이상의 縣이 설치된 것으로 추정해보았다. 발해의 지방제도 자체는 정연하게 잘 짜여져 있는 듯하지만, 실제로는 중앙의 권력이 지방 깊숙이 침투하지 못했다. 지방의 독자적인 세력들 위에 중앙 권력이 얹혀 있었다. 이 한계는 멸망의 한 원인이 되었고, 멸망 후에 渤海人과 女眞人으로 다시 분리되는 현상을 낳게 했다.

제4장은 지방에서 독자적인 세력을 유지했던 首領의 성격을 논한 것이다. 발해는 首領이란 용어를 당나라로부터 차용하여 지방의 독립적인 지배자들을 지칭하는데 사용했다. 이들은 중앙 정부로부터 官職이나 官品을 받지 않아서 형식적으로는 말단 관리보다도 지위가 낮았지만, 실제로는 외국에 보내는 중앙정부의 使臣團에 동행할 정도로 실질 세력은 막강했다. 首領이 일반 백성을 직접 장악했고, 중앙에서 파견된 지방관은 이들 위에 군림하였기 때문이다.

발해는 이런 수령 세력을 제대로 해체하지 못한 데에서 통치에 한계를 지니고 있었지만, 다른 한편으로 이들을 蕃國의 지배자로 설정하여 스스로 皇帝國을 自任했던 면도 보인다.

제5장은 발해의 독특한 제도인 5京制의 기원, 역할 및 후대에 끼친 영향을 밝힌 것이다. 발해 5경은 고구려 3京이나 통일신라의 5小京과 유래가 다르며, 8세기 중·후반에 설치된 당나라의 5京·5都에서 착안하여 대체로 760년대 중반쯤에 도입했을 것이다. 발해 5경은 수도가 북쪽에 치우쳐 있었던 점을 보완하고자 지방통치의 거점으로 마련한 것이며, 5경 사이를 간선도로로 연결하면서 대내외 교통의 거점으로도 활용하였다. 발해 오경제가 직접적으로 당나라의 영향을 받았지만, 당나라 제도는 단기간에 그친 반면에 발해는 이를 長期持續의 제도로 정착시켰고 요나라와 금나라에게까지 물려주었다는 점에 주목할 필요가 있다. 조선 초기에도 발해 5경제를 모방하려는 시도가 나타났다. 그렇지만 고려 3경은 중국의 영향을 받은 것이다.

제6장은 발해 불교의 역사를 몇 단계로 정리하고 몇 가지 특징을 추출해본 것이다. 8세기 초반의 건국기에 이미 불교가 유포되어 있었는데, 문왕 시기에는 왕권과 밀착되어 있었던 정황이 포착된다. 9세기에는 승려와 귀족의 불교 활동이 많이 나타나고, 사원 개창과 불상 조성도 활발해졌다. 멸망 후에도 遺民의 불교 활동은 遼陽 지방과 金나라 황실을 중심으로 지속되었으며, 특히 금나라 황실이 불교를 받아들이는 데에 유민 출신의 后妃들이 큰 역할을 하였다. 발해 불교는 고구려 불교에 기반을 두면서 왕실과 밀접한 관련 속에서 발전했으며, 觀音信仰과 法華信仰이 지역적으로 나뉘어 성행했다. 또한 景教가 발해 불교계에 전래되어 습합된 현상도 일부 보인다.

제7장은 일본에 소장되어 있는 발해 불상을 처음으로 학계에 소개한 연구이다. 咸和 4년(834)에 조성된 이 碑像은 당나라 초기 양식을 띠고 있어, 다른 발해 불상에서도 보이듯이 古式을 띠고 있다. 그러면서도 阿彌陀如來의 脇侍菩薩로

서 文殊舍利菩薩과 地藏菩薩이 함께 등장하는 점은 다른 데서 찾아볼 수 없는 독특한 현상이다. 또한 銘文에 許王府가 등장하는 것으로 보아서 발해에서도 親王制度를 실시했던 사실이 밝혀졌으니, 이것은 발해왕이 내부적으로 황제적인 지위에 있었다는 사실을 증명해준다.

제8장은 문화사 연구 동향을 전반적으로 정리해본 것이다. 아직 이 방면의 연구는 깊지 못하고 쟁점도 별로 없으며 발굴조사 자료를 소개하는 데에 그치고 있을 뿐이다. 다만 발해 문화를 바라보는 시각에서 두드러진 차이가 나타나는데, 중국에서는 발해 문화의 靺鞨的 基盤과 唐나라의 影響에 초점을 맞추고 러시아에서는 靺鞨的 傳統을 크게 강조하는 반면에 남북한과 일본에서는 고구려적 요소에 더 관심을 기울인다. 발해 문화에 대한 이와 같은 一方的 視角은 국가 이해와 관련된 政治的 要因 때문에 나타나기도 하고 서로간에 발굴자료의 교류가 제대로 이루어지지 않기 때문에도 나타난다. 前者는 당장 해결하기는 어려운 것으로 판단되지만, 後者는 학술 교류나 공동 발굴을 통하여 풀어나갈 수 있을 것이다.

제9장에서는 발해에 대한 認識 및 文物制度의 측면에서 발해가 고구려를 계승한 사실을 밝혀보았다. 발해인 자신의 기록을 보건대 지배층은 건국부터 멸망 후까지도 고구려 계승의식을 지속적으로 지니고 있었다. 일본, 신라, 당나라 등 주변국에서는 자신의 이해관계에 따라 발해를 고구려계 국가로 보기도 하고 말갈계 국가로 보기도 했지만, 기본적으로는 고구려 계승국임을 인정하였다. 발해의 상층문화는 초기에 고구려 문화를 계승하다가 점차 당나라 문화로 전환되었지만, 瓦當 문양, 불상, 쪽구들(炕) 등에서는 고구려 문화를 끝까지 고수된 면이 보인다.

제10장은 제9장의 연구를 보완한 것이다. 발해가 고구려계 국가를 표방한 사료는 많지만 말갈계 국가를 내세운 적은 없다. 발해 사신이 말갈 사신을 押領한 것으로 보아서, 발해는 말갈족을 他者化하였을 뿐이다. 그리고 고구려와

발해를 모두 馬韓으로 호칭한 것은 발해가 고구려의 後身으로 본 증거이다. 그렇지만 고구려 遺民인 高震 및 그의 딸 묘지명에 渤海人이라 한 것은 渤海國을 염두에 둔 것이 아니라 중국의 명망 가문인 渤海 高氏의 일원임을 내세운 것이다. 따라서 고구려 유민이 발해국에 귀속의식을 지녔던 근거가 되지는 않는다.

제11장은 발해의 난방시설인 쪽구들(炕)의 유래를 다룬 것이다. 쪽구들은 北沃沮人이 발명한 것으로서, 남쪽으로 전파되면서 高句麗에 유입되어 被支配層이 주로 애용하였다. 하지만 고구려 멸망 후에 그 유민이 발해 건국의 주체가 되면서 쪽구들은 지배층의 생활문화로 확대되었고, 이에 따라 발해에서는 都城 유적에서도 쪽구들이 등장한다. 沿海州에서는 북옥저인의 전통이 남아 있어 발해까지 이어진 면이 보이지만, 쪽구들 계승의 주된 경로는 북옥저 → 고구려 → 발해였다. 발해 쪽구들은 2고래가 중심을 이루는데, 이것은 1고래가 대다수인 고구려식 쪽구들을 발전시킨 것이다. 또 발해는 쪽구들을 靺鞨-女眞族에게 전수시켜 멸망 후에 쪽구들이 이민족에게 확산되는 계기를 마련하였다. 청나라의 炕은 그 결과물로 나타난 것이다.

제12장은 龍頭山古墳群 龍海區域에서 최근에 발굴된 발해 고분 자료를 바탕으로 발해국의 속성을 다시 한 번 논한 것이다. 우선 발해는 고구려 계승국이었다. 이 사실은 石室封土墓를 기본으로 하는 고분 양식이나 M14호분에서 출토된 金製 冠裝飾 등에서 분명히 드러난다. 특히 鳥翼形 冠裝飾은 과거의 고구려 양식이 재현된 것으로 발해 왕실이 고구려계 인물이었음을 결정적으로 증언하는 것이다. 둘째 발해는 外王內帝의 국가였다. 이 사실은 이미 『渤海政治史研究』에서 밝혔지만, 이번에 발견된 두 황후의 묘지명은 이 연구가 옳았음을 증명해준다. 최고지배자는 王이었지만 그 배우자는 皇后로 불린 것이 확인되었기 때문이다. 이와 같은 외왕내제의 제도는 渤海에서 高麗로 계승되었다.

中文抄錄

渤海社會文化史研究

宋 基 豪

本書是繼《渤海政治史研究》(1995)之後的第二本有關渤海歷史的研究著作。《渤海政治史研究》主要以文獻記錄為依據，對渤海史的整個發展過程進行了復原，而本書則是靈活運用了諸多考古資料，重點研究了渤海的社會構成、文化史以及高句麗的繼承性等問題。第一部分是有關渤海建國集團之種族屬性的研究，相關研究在《渤海政治史研究》一書中曾有所涉及，但本書則從考古學的角度對此進行了更近一步的闡明。第二部分中對地方社會的支配結構及其實況進行了全面認識。如果說前面這兩部分是社會史研究的話，那麼第三部分則屬於文化史研究。第三部分中，重點整理了渤海佛教發展的過程，并介紹了新近佛像的銘文。作為渤海史爭論的核心 — 渤海高句麗承繼性問題，因短期內解決難度較大而曾一度被擱置，本書第四部分將正式探討這一問題。

在第1章中，重新整理了被視為埋葬渤海建國勢力的六頂山古墓群資料，繼而與粟末靺鞨古墓及高句麗古墓做了對比分析。由分析六頂山古墓群的結果可知，其在古墓樣式上更傾向於高句麗，而從隨葬陶器及埋葬習俗來看，則更傾向於靺鞨。這兩點又跟隨古墓群的區域來有所不同，第一區域的中下部高句麗因素較為明顯，第一區域上部及第二區域靺鞨的因素則較為明顯。這就說明渤海的建國集團是由高句麗人和靺鞨人構成，並且反映出上層部分高句麗人佔優勢，而下層部分則多為靺鞨人的事實。

第2章中闡明了形成渤海建國一支的粟末靺鞨的源流，同時也反駁了因粟末靺鞨發祥于故扶余國地區從而認為扶餘人是其根源的主張。粟末靺鞨是因勿吉的西進而成，與扶餘無關，這一事實已通過榆樹老河深遺跡得到確認。老河深中層是前期扶餘的遺址，上層則為粟末靺鞨的遺址。但此兩層間存在著時間跨度較大的空白期，且二者在墓葬樣式、埋葬方式、隨葬品等方面也存在很大差異。這就說明粟末靺鞨並非繼承于扶餘，同時也說明了這兩者的種族屬性是不同的。粟末靺鞨的陶器與扶餘不同，反倒與其他靺鞨族相同，這就充分說明了粟末靺鞨是因勿吉的擴散而形成的。

第3章主要探討了渤海地方統治制度的演變過程及地方統治的實際情況。渤海的地方統治制度大致可分為三個階段。初期採用了高句麗式制度，之後轉換為唐朝式的府州縣制，而後府州縣制也有了變化，最終採用了郡道等制度。儘管現在能確認的僅是18個州中所設縣的全部個數為75，但鑒於其曾設有62州，以此類推，渤海下設縣之個數要達到200以上，遠遠多於成說。渤海的地方制度貌似井然有序，但實際上中央權力未能廣泛滲透至各地方，僅是名義上淩駕於地方獨立勢力之上而已。這種局限性也成為了渤海滅亡的原因之一，同時也導致了滅亡之後渤海人與女真人再次分裂的局面。

第4章論述了維持地方獨立勢力之首領的性質。渤海首領一詞借用於唐朝，是地方獨立支配者的稱謂。他們雖然未被中央政府授予官職或官品，表面上地位也要低於末級官吏，但事實上他們勢力之強勁，達到能與中央政府向國外派遣的使臣團同行之程度。一般百姓由首領直接掌握，而被中央派遣的地方官則淩駕於他們之上。儘管渤海因未能整治好這種首領勢力而出現統治上的局限，但他們自視為藩國的統治者、自稱為皇帝國的情形亦可從中窺見一斑。

第5章揭示了渤海特有的五京制之起源、作用及其對後世的影響。渤海五京的由來不同於高句麗三京和新羅五小京，而是源於8世紀中後期在唐朝設置的五京五都，約於760年代中叶引入。渤海五京是為了彌補首都過於偏北這一點，同時也是作為地方統治的據點而設置的。渤海將五京之間的主要道路相連接，用以建立內外交通的基地。這裡我們需要注意的是，渤海五京雖直接受到唐朝影響，但唐朝這一制度持續的時間較短，而渤海則將這一制度定為長期持續性制度，直至後來傳至遼、金。朝鮮早期曾嘗試模仿渤海五京制度，而高麗三京則是受到了中國影響。

第6章分段整理了渤海佛教史，並就其中的幾項特徵進行了闡述。在8世紀建國初期，佛教已經深入至渤海，文王時期出現了與王權緊密相連的情形。9世紀，僧侶和貴族的佛教活動頻繁出現，寺院建設及佛像建造活動盛行。渤海滅亡後，其遺民的佛教活動仍以遼陽地區和金國皇室為中心持續展開。尤其是金國皇室在接受佛教的過程中遺民出身的后妃們發揮了重要的作用。渤海的佛教文化以高句麗佛教文化為基礎，在與王室的密切聯繫中不斷得到發展。按地區可分為觀音信仰和法華信仰，此外我們還能看到景教傳至渤海佛教界并與之糅合的現象。

第7章中首次向學界介紹了现藏于日本的渤海佛像。该碑像刻于咸和4年(834)，如其它渤海佛像一樣，具有唐初的古式风格。然而，阿彌陀如來的胁侍菩薩-文殊舍利菩薩與地藏菩薩被放置一處的情形，則是從別處無法看到的特有現象。此外，銘文中的“許王府”也說明了渤海國確實實施過親王制度，這也證實了渤海王在其內部的地位等同於皇帝。

第8章全面整理了文化史研究動態。鑒於目前此方面研究尚不夠深入，也無甚爭端，因此本章僅止於對挖掘調查資料的相關介紹。各國在看待渤海文化的角度上存在明顯差異，中國方面側重於渤海文化中的靺鞨根基及唐朝之影響；俄羅斯方面主要強調靺鞨的傳統；反之，南北韓與日本則更傾向於關注其間的高句麗因素。之所以出現這樣的情形，一方面是因為涉及政治因素，也關乎國家利害；而另一方面也與發掘資料的交流不夠全面有關。虽然前者尚需时日不易解決，但後者可通過學術交流或共同發掘來得以解決。

第9章從對渤海的認識及文物制度層面證明了渤海承繼高句麗之事實。從渤海人自己的記錄中可看出， 統治階層從建國到滅亡後一直帶有繼承高句麗之意識。日本、新羅、唐朝等周邊國家因各自的利害關係，既將渤海看為高句麗系國家，也將其視為靺鞨系國家，但基本上認定其為高句麗繼承國。渤海的上層文化在初期時繼承了高句麗文化，儘管後來逐漸轉變為唐朝文化，但在瓦當紋樣、佛像、火炕等方面則自始至終堅守了高句麗文化。

第10章是對第9章研究的補充。關於渤海標榜為高句麗系國家的史料很多，但卻從未見過有其自視為靺鞨系國家的史料。從渤海使臣押領靺鞨使臣的記載來看，渤海只不過將靺鞨族當做與己不同的“外人、他人”而已。此外，將高句麗與渤海均稱為“馬韓”，則是將渤海看為高句麗後繼者的有力證據。但是，高句麗遺民高震及其女兒墓誌銘上的“渤海人”並非念及渤海國，僅是為了炫耀其為中國名門望族 — 渤海高氏之一員而已。因此，這不能成為高句麗遺民具有渤海國歸屬意識的根據。

第11章講述了渤海的取暖設備 — 火炕的由來。炕是北沃沮人發明的， 後向南傳播至高句麗，主要為被統治階層所用。隨著高句麗的滅亡，高句麗遺民成為渤海建國的主體，火炕則逐漸擴散至統治階層的生活文化之中，因此渤海都城的遺跡中也有了火炕的出現。雖然在沿海州仍能看到火炕保留著北沃沮人的傳統並延續至渤海的情形，但是炕的主要承繼路徑為北沃沮 → 高句麗 → 渤海。渤海火炕主要有2條煙道，這是在1條煙道的高句麗火炕之基礎上發展而來的。渤海火炕還被傳播至靺鞨 — 女真族， 這也為渤海滅亡後火炕能向其他民族傳播提供了契機。例如，清朝的火炕正是此过程的产物。

第12章以最近在龍頭山古墓群龍海區域挖掘的渤海墓葬資料為據， 再次討論了渤海國的屬性。首先渤海國是高句麗的繼承國，通過墓葬的基本樣式 — 石室封土墓或是M14墓葬中出土的金制冠裝飾等方面可明確得知這一事實。尤其是鳥翼形冠裝飾再現了過去高句麗的樣式， 這是證明渤海王室是高句麗系人物的決定性根據。第二，渤海曾是外王內帝的國家。這一事實已在《渤海政治史研究》中有所闡明，但此次發現的兩位皇后的墓誌銘證實了這一事實之準確，我們亦能從中確認到渤海的最高統治者是王，而其配偶卻被稱為皇后的現象。後來高麗繼承了渤海的這種外王內帝制度。

송기호

1956년 대전 출생으로 서울대학교 인문대학 국사학과를 졸업하고 동 대학에서 석·박사 학위를 취득했다. 한림대학교 사학과 조교수를 거쳐 1988년 8월부터 서울대학교 국사학과 교수로 재직하고 있다. 서울대학교 기록관장(2001~2005, 2012)과 박물관장(2007~2011)을 역임했다. 미국 하버드대학 옌칭연구소(1997~1998), 캐나다 브리티시 컬럼비아대학(2006), 영국 케임브리지대학(2013)에서 연구년을 보냈다. 학부 시절부터 발해사를 연구하여 다수의 논저를 발표했고, 근래에는 생활사 연구도 진행하여 우리역사읽기 7권을 발간했다.

주요 저서

『발해의 역사』 역서, 1987

『발해를 찾아서』 1993

『발해정치사연구』 1995

『러시아 연해주와 발해 역사』 공역, 1996

『발해를 다시 본다』 1999 초판, 2008 개정판

『발해고』 역서, 2000

『한국 고대의 온돌: 북옥저, 고구려, 발해』 2006

『동아시아의 역사분쟁』 2007; *The Clash of Histories in East Asia*, 2010(영문판)

『이 땅에 태어나서』 우리역사읽기 1, 2009; 개정증보판 2015

『시집가고 장가가고』 우리역사읽기 2, 2009; 개정증보판 2015

『말 타고 종 부리고』 우리역사읽기 3, 2009; 개정증보판 2015

『농사짓고 장사하고』 우리역사읽기 4, 2014

『과거보고 벼슬하고』 우리역사읽기 5, 2014

『임금되고 신하되고』 우리역사읽기 6, 2014

『강 넘고 바다 건너』 우리역사읽기 7, 2016